Die Arbeitsgemeinschaft in der Bauwirtschaft

Europäische Hochschulschriften
Publications Universitaires Européennes
European University Studies

Reihe II
Rechtswissenschaft

Série II Series II
Droit
Law

Bd./Vol. 3587

PETER LANG
Frankfurt am Main · Berlin · Bern · Bruxelles · New York · Oxford · Wien

Dirk Weitze

Die Arbeitsgemeinschaft in der Bauwirtschaft

Rechtsform und Besteuerung

PETER LANG
Europäischer Verlag der Wissenschaften

Bibliografische Information Der Deutschen Bibliothek
Die Deutsche Bibliothek verzeichnet diese Publikation in der Deutschen Nationalbibliografie; detaillierte bibliografische Daten sind im Internet über <http://dnb.ddb.de> abrufbar.

D 700
ISSN 0531-7312
ISBN 3-631-50253-2

www.peterlang.de

Meinen Eltern

Vorwort

Die vorliegende Arbeit wurde im WS 2002/2003 von der Universität Osnabrück als Dissertation angenommen. Rechtsprechung und Literatur konnten bis zum 1. Oktober 2002 berücksichtigt werden.

Mein herzlicher Dank gebührt zunächst meinem Doktorvater Herrn Professor Dr. Jörg Manfred Mössner, der die Erstellung dieser Arbeit mit großer Hilfsbereitschaft begleitet und meine Bemühungen um die Gewährung eines Stipendiums durch das Land Niedersachsen nachhaltig unterstützt hat. Herrn Professor Dr. Siegbert F. Seeger danke ich für die zügige Erstellung des Zweitgutachtens.

Bedanken möchte ich mich auch bei Herrn Hermann Pump für die zwischenzeitliche Durchsicht des Manuskriptes sowie bei meinem Bruder, Herrn StB Frank Weitze für seine Diskussionsbereitschaft.

Herzlich bedanken möchte ich mich bei meiner Freundin Yvonne, die mir stets mit großer Geduld zur Seite stand und mich auch an den Tagen, an denen es kein Vorankommen gab, zum Weiterarbeiten ermutigte.

Ein ganz besonderer Dank gebührt meinen Eltern, die mich während meiner gesamten Ausbildung in jeglicher Hinsicht unterstützt haben. Ihnen ist diese Arbeit gewidmet.

Osnabrück, im Oktober 2002 *Dirk Weitze*

Inhaltsübersicht

Inhaltsverzeichnis

Abkürzungsverzeichnis

A ....Österreich
a.A. ....anderer Ansicht
ABGB ....(österreichisches) Bürgerliches Gesetzbuch
a.F. ....alte Fassung
ähnl. ....ähnlich
AEAO.......................Anwendungserlass zur Abgabenordnung 1977 (BMF)
AO ....Abgabenordnung vom 16.03.1976 (AO 1977)
AÖFV ....Amtsblatt der Österreichischen Finanzverwaltung
ARGE ....Arbeitsgemeinschaft in der Bauwirtschaft
ARGE-MV ....Muster eines Arbeitsgemeinschaftsvertrages
.................................(Hrsg. Hauptverband der Deutschen Bauindustrie e.V.
.................................und Zentralverband des Deutschen Baugewerbes e.V.)
ausf. ....ausführlich
BAL ....Baustellenausstattungs- und Werkzeugliste
.................................(Hrsg. Hauptverband der Deutschen Bauindustrie e.V.)
BAO.........................Österreichische Bundesabgabenordnung
BGL ....Baugeräteliste
.................................(Hrsg. Hauptverband der Deutschen Bauindustrie e.V.)
BMF.........................Bundesministerium der Finanzen
CH ....Schweiz
diff. ....differenzierend
Dach-ARGE-MV .....Mustervertrag eines Dach-Arbeitsgemeinschaftsvertrages
.................................(Hrsg. Hauptverband der Deutschen Bauindustrie e.V.)
DDH ....Das Dachdecker-Handwerk (Zeitschrift)
EEG ....Eingetragene Erwerbsgesellschaft
EGG.........................Erwerbsgesellschaftengesetz vom 24.04.1990 [A]
Einf. ....Einführung
ff. ....folgende Seiten
FS.............................Festschrift
GbR..........................Gesellschaft bürgerlichen Rechts gem. §§ 705 ff. BGB
GesBR......................Gesellschaft bürgerlichen Rechts gem. §§ 1175 ff. ABGB
GU ....Generalunternehmer
HDB.........................Hauptverband der Deutschen Bauindustrie e.V.
HFA ....Hauptfachausschuss (IDW)
h.M. ....herrschende Meinung
h.L............................herrschende Lehre
HS ....Halbsatz
IDW ....Institut der Wirtschaftsprüfer in Deutschland e.V.
i.e.S. ....im engeren Sinne

i.w.S. .... im weiteren Sinne
i.S.d. .... im Sinne der/des
i.S.v. .... im Sinne von
JMEA .... Japan Machinery Exporters' Association
Kap. .... Kapitel
LS .... Leitsatz
m.a.W. .... mit anderen Worten
MU'schaft .... Mitunternehmerschaft
m.w.N. .... mit weiteren Nachweisen
NU .... Nachunternehmer (Subunternehmer)
OECD .... Organisation for Economic Cooperation and Development
OECD-MA .... OECD-Musterabkommen zur Vermeidung der Doppel-
.... besteuerung auf dem Gebiet der Steuern vom Einkommen
.... und Vermögen (Stand: OECD-MA 2000)
öEStG .... (österreichisches) Einkommensteuergesetz
OHG .... offene Handelsgesellschaft gem. §§ 105 ff. HGB
ORGALIME .... Organisme de Liaison des Industries Métalliques
.... Européennes
OVGStE .... Entscheidungssammlung des Königlich Preußischen
.... OVG in Staatssteuersachen
RAO .... Reichsabgabenordnung v. 22.05.1931
Rz. .... Randzeichen
SBA .... Sonderbetriebsausgaben
SBE .... Sonderbetriebseinnahmen
SBV .... Schweizerischer Baumeisterverband
umf. .... umfassend
V. .... Vertrag
VIBÖ .... Vereinigung Industrieller Bauunternehmungen Österreichs
ZDB .... Zentralverband der Deutschen Bauindustrie e.V.

Im Übrigen wird auf das Verzeichnis von H. Kirchner -Abkürzungsverzeichnis der Rechtssprache- Bezug genommen.

Verzeichnis der besprochenen Verträge

Arbeitsgemeinschaftsvertrag

.... Hrsg. vom Hauptverband der Deutschen Bauindustrie e.V.

.... und Zentralverband des Deutschen Baugewerbes e.V.

.... in der Fassung von 2000 -Nachdruck 2002-

Dach-Arbeitsgemeinschaftsvertrag

.... Hrsg. vom Hauptverband der Deutschen Bauindustrie e.V.

.... in der Fassung von 2000

Los-ARGE-Vertrag

.... Hrsg. vom Zentralverband des Deutschen Baugewerbes e.V.

.... in der Fassung von 2002

Bietergemeinschaftsvertrag

.... Hrsg. vom Hauptverband der Deutschen Bauindustrie e.V.

.... in der Fassung von 1997

Einleitung

„Arbeitsgemeinschaft: Zusammenschluss von Einzelpersonen, Gruppen und Institutionen zu Erfahrungsaustausch oder gemeinsamen Handeln.“

(Quelle: Brockhaus)

Das Thema dieser Arbeit lautet: „Die Arbeitsgemeinschaft in der Bauwirtschaft -Rechtsform und Besteuerung-“. Aus der Formulierung dieses Arbeitsauftrages drängt sich die Frage auf: Was ist unter einer Arbeitsgemeinschaft zu verstehen?

Die allgemeine Definition einer Arbeitsgemeinschaft ist dem Anfang dieser Bearbeitung vorangestellt. Sowohl im alltäglichen als auch im juristischen Sprachgebrauch wird dieser Begriff häufig als Synonym für eine bestimmte Form der Zusammenarbeit zu einem konkreten Zweck genutzt. Die allgemein bekannteste Arbeitsgemeinschaft ist sicherlich die „**A**rbeitsgemeinschaft der öffentlich-rechtlichen **R**undfunkanstalten der Bundesrepublik **D**eutschland“ (ARD).
Als weitere Beispiele sind die Arbeitsgemeinschaften von Leistungsträgern im Sozialbereich (vgl. §§ 278 SGB V, 282 SGB V, 94 SGB X), der geläufige Zusammenschluss von Abfallbetrieben auf dem Sektor der kommunalen Entsorgung, die freiberuflichen Arbeitsgemeinschaften von Architekten und Statikern zwecks Planung größerer Bauprojekte sowie die Arbeitsgemeinschaften im Baugewerbe zu nennen.

Unter den genannten Arbeitsgemeinschaften zählt die Arbeitsgemeinschaft in der Bauwirtschaft zur wichtigsten Erscheinungsform dieser Unternehmenskooperation. In diesem Wirtschaftszweig gehört die Zusammenarbeit mehrerer Unternehmen in einer Arbeitsgemeinschaft bereits seit mehreren Jahrzehnten zum festen Bestandteil der unternehmerischen Tätigkeit. Der Begriff Arbeitsgemeinschaft, kurz ARGE, ist dort zu einem feststehenden Terminus gereift.

Vereinfacht dargestellt handelt es sich bei einer ARGE in der Bauwirtschaft um einen vorübergehenden Zusammenschluss selbständiger Unternehmer zur gemeinsamen Ausführung eines bestimmten Bauauftrages. Die Gründe dafür, diese Kooperationsform einer wissenschaftlichen Analyse zu unterziehen, ergeben sich unmittelbar aus der rechtlichen und tatsächlichen Entwicklung der Baurechtspraxis in den letzten Jahren. So hat die Arbeitsgemeinschaft zuletzt - insbesondere für *mittelständische Bauunternehmen* - entscheidend an Bedeutung gewonnen. Es ist zu erwarten, dass dieser Trend auch in der Zukunft anhalten wird. Dass die ARGE gerade für diesen Unternehmerkreis in den Blickpunkt des Interesses geraten ist, erklärt sich aus der kritischen Lage, in der sich die Bauwirtschaft derzeit befindet.

Die Situation der deutschen Bauwirtschaft ist dadurch gekennzeichnet, dass sich diese seit Mitte der 90er Jahre kontinuierlich rückläufig entwickelt. Nach dem kurzzeitigen, wiedervereinigungsbedingten Bauboom befindet sich die Bauwirtschaft aktuell in einer konjunkturellen Talsohle. Die Gründe für diese Rezession sind zu komplexer Natur, als dass sie sich in einem Satz erklären ließen. Die Auswirkungen hingegen sind für jedermann ersichtlich. Neben den spektakulären Firmenzusammenbrüchen, wie im Fall der Philipp Holzmann AG, erreicht die Zahl der Firmeninsolvenzen jährlich neue Höchststände. Diese anhaltenden konjunkturellen und strukturellen Probleme auf dem deutschen Baumarkt haben sich auf die Unternehmensstrategie der großen deutschen Baukonzerne dahingehend ausgewirkt, dass diese auf die kontinuierliche Steigerung des Auslandsanteils am Geschäftsvolumen ausgerichtet ist.

Der Auslandsbau zeichnet sich dadurch aus, dass der weit überwiegende Teil der Baumärkte für Wohn- und Funktionsgebäude sowie der Infrastruktureinrichtungen lokaler Betriebe und Gebietskörperschaften nach wie vor ein lokaler oder regionaler Markt ist. International ausgeschrieben werden nur die großen Infrastrukturprojekte wie z.B. Hochgeschwindigkeitstrassen, Brücken und Tunnel in geologisch schwierigem Gelände, Untergrundbahnen, Flughäfen, Staudämme oder Kraftwerke[1]. Da diese internationalen Projekte häufig als Betreibermodelle in Form einer *Public Private Partnership* (PPP) konzipiert sind, erfordern diese von den Unternehmen eine bestimmte Größe und setzen eine spezifische Kernkompetenz in planerisch-technisch-organisatorischer Hinsicht voraus. In Anbetracht dieser Anforderungen auf den internationalen Märkten scheidet die Unternehmensstrategie der Internationalisierung naturgemäß für alle kleineren oder mittelständischen Betriebe aus. Sie sind darauf angewiesen, sich auf dem nationalen Markt neue Geschäftsfelder zu erschließen.

Diese neuen Betätigungsfelder können v.a. für mittelständische Betriebe darin liegen, sich zukünftig verstärkt um Aufträge zu bemühen, die bislang den „Großen" der Branche vorbehalten waren. Hierzu sei darauf hingewiesen, dass viele private, aber auch die öffentlichen Auftraggeber regelmäßig ein großes Interesse an einer „Schlüsselfertigen Erstellung" eines Objektes zu Festpreisen und garantierten Terminen haben. Mit der Durchführung dieser Projekte wird regelmäßig ein einziger leistungsfähiger Anbieter beauftragt, der als Generalunternehmer die Projektrealisierung aus einer Hand vornimmt. Bei allen technisch und/oder wirtschaftlich umfangreicheren Bauvorhaben war diese Funktion bislang den großen deutschen Baukonzernen vorbehalten. Den mittelständischen Betrieben fehlt es hierfür an der technischen Ausstattung, dem für die unterschiedlichen Gewerke benötigten Fach-Personal/Know-how und nicht zuletzt an

[1] Vgl. Syben, Die Baustelle der Bauwirtschaft, S. 183.

einer ausreichenden Kapitalausstattung, um solche Projekte aus eigener Kraft durchführen zu können. Gerade für diese Unternehmen besteht jedoch die Möglichkeit, diese Defizite über die Bildung von Arbeitsgemeinschaften auszugleichen[2]. Mittels einer Kooperation mit gleichberechtigten Betrieben besteht für alle Mittelständler die realistische Chance, im Verbund mit Anderen die zur Durchführung größerer Bauvorhaben benötigte Leistungsfähigkeit zu erzielen. Neben dieser möglichen Erschließung neuer Geschäftsfelder ist die Bildung von Arbeitsgemeinschaften für viele mittelständische Unternehmen auch ein probates Mittel, sich aus ihrer Abhängigkeit von den großen Baukonzernen zu befreien, indem sie sich verstärkt aus ihrer Funktion als reiner Subunternehmer lösen. Dies hat für diese Unternehmen den Vorteil der größeren Wirtschaftlichkeit und höheren Rentabilität, da sie ihre Leistungen im Verbund zum gleichen Preis anbieten können wie ein herkömmlicher Generalunternehmer. Der ansonsten zu akzeptierende Subunternehmerabschlag entfällt in diesen Konstellationen.

Die Zusammenarbeit in einer Arbeitsgemeinschaft bietet hierfür eine geeignete Form der kontrakt- bzw. projektgebundenen Unternehmenskooperation. Bei öffentlichen Ausschreibungen ist die gemeinsame Abgabe eines Angebots mehrerer Unternehmen nicht nur zugelassen (vgl. § 25 Nr. 6 VOB/A), sondern häufig aus arbeitsmarktpolitischen Gründen erwünscht. Als richtungsweisendes politisches Signal in diese Richtung hat das zuständige Bundesministerium für Verkehr, Bau- und Wohnungswesen durch einen Erlass vom 17.12.1997 den Oberfinanzdirektionen und der Bundesbaudirektion aufgetragen, bei Ausschreibungen verstärkt darauf zu achten, dass durch Bildung von Bietergemeinschaften mittelständische Bauunternehmen und Betriebe des Bauhandwerks in die Angebotsabgabe einbezogen werden[3]. Obgleich diese Aufforderung aus Sicht des Mittelstandes nicht mehr als eine politische Absichtserklärung geblieben ist[4], hat inzwischen eine kleine Anzahl mittelständischer Bauunternehmen in unternehmerischer Eigeninitiative die Chance ergriffen, sich im Wege einer projektbezogenen Bündelung ihrer unternehmerischen Aktivitäten an Ausschreibungen für Großaufträge zu beteiligen. Als Vorzeigeprojekt sei an dieser Stelle auf die sog. *„ARGE Mittelstand"* verwiesen. Hierbei handelte es sich um einen Zusammenschluss von zwölf mittelständischen Bauunternehmen, die sich in Form einer Dach-ARGE für die Ausführung eines Bauloses der „ICE-Neubaustrecke Köln-

---

2 Vgl. hierzu auch Wallau/Kayser/Stephan, Die Dach-ARGE für mittelständische Bauunternehmen, S. 46.

3 Zitiert nach Burchardt/Pfülb, ARGE, § 25, Rz. 82.

4 Aus den Kreisen des Mittelstandes werden in diesem Zusammenhang häufig die wenig mittelstandsgerechten Ausschreibungsbedingungen kritisiert, vgl. hierzu auch die Äußerungen von Seiten der Bundesvereinigung Mittelständischer Bauunternehmen e.V. unter *„http://www.bvmb.de"*.

Rhein/Main“ erfolgreich beworben hatten[5]. Das eigentliche Novum dieser ARGE bestand in der technischen und wirtschaftlichen Dimension dieses Auftrages, da sich das Gesamtvolumen für dieses Los auf mehr als € 500 Mio. belief. Nachdem die „ARGE-Mittelstand“ mittlerweile ihre Arbeit erfolgreich abgeschlossen hat, gilt es an dieser Stelle zu konstatieren, dass dieses Projekt eine gewisse Signalwirkung entfaltet hat, da sich inzwischen einige Projekte dieser Art nachweisen lassen[6]. Dieser Trend dürfte sich in den nächsten Jahren fortsetzen. Es ist zu erwarten, dass sich auch bei künftigen Großprojekten wie z.B. den „21er Projekten“ der Deutschen Bahn AG verstärkt Bietergemeinschaften von mittelständischen Betrieben für einzelne Lose bewerben dürften.

Aufgrund dieser weithin zu beobachtenden Entwicklung zur Bildung von Arbeitsgemeinschaften macht es Sinn, sich mit dieser Kooperationsform auseinander zu setzen. Hierbei sollte stets auf die zuvor beschriebene Entwicklung geachtet werden, wonach die ARGE gerade bei technisch und wirtschaftlich größeren Projekten an Bedeutung gewinnt. Ganz im Gegensatz zur praktischen Bedeutung hat die „ARGE“ in der wissenschaftlichen Literatur bislang kaum Anklang gefunden. Zuletzt im Jahr 1971 hat sich *Barner* mit den gesellschaftsrechtlichen Grundlagen einer ARGE beschäftigt. Die in den nachfolgenden Jahren veröffentlichten Beiträge zeichnen sich allesamt dadurch aus, dass diese sich mit einzelnen Problemen der rechtlichen Gestaltung oder der Besteuerung von ARGEN auseinandersetzen. Eine Gesamtbetrachtung, die sich sowohl den gesellschaftsrechtlichen als auch den steuerrechtlichen Grundzügen einer ARGE widmet, existiert bislang nicht.

Dies überrascht umso mehr, als sich aus den Eigenarten einer ARGE und dem nur fragmentarisch vorhandenen System kodifizierter ARGE-Vorschriften einige Widersprüche zwischen Rechtsanwendungspraxis und Gesetzesrecht nachweisen lassen.

Als Beispiel sei an dieser Stelle nur auf die Stellung der ARGE im kaufmännischen Geschäftsverkehr hingewiesen. Obwohl eine ARGE bisweilen der Durchführung zweistelliger Millionenaufträge dient, wird für diese Kooperationsform seit Jahrzehnten die Rechtsform einer Gesellschaft bürgerlichen Rechts vereinbart. Während diese Gesellschaftsform im Rechtsverkehr bislang mangels „Rechtsfähigkeit“ weitestgehend vernachlässigt werden konnte, hat der *Bundesgerichtshof* mittlerweile in einem Urteil vom 29.01.2001 die umfassende Rechtsfähigkeit der Außen-GbR anerkannt. Die Fragen und Probleme, die sich

---

5 Vgl. zu diesem Projekt auch die Berichterstattung unter „*http://www.arge-nbs.de*“.

6 Als ein weiteres exponiertes Projekt dieser Art sei auf die „*ARGE BMWi Gebäude G*“ verwiesen. Eine ausführliche Darstellung dieses Projektes findet sich in der o.g. Schrift von Wallau/Kayser/Stephan.

aus dieser geänderten Rechtsauffassung für die Stellung der ARGE im kaufmännischen Geschäftsverkehr ergeben, bedürfen einer hinreichenden Erörterung und möglicherweise auch einer Neubewertung der betrieblichen Rechtsformwahl für eine ARGE. Hierfür ist es jedoch notwendig, sich hinreichend mit der Argumentation auseinander zu setzen, wonach die ARGE im Ergebnis die Rechtsform einer GbR einnimmt.

Gleiches gilt für die Besteuerung von Arbeitsgemeinschaften. Obwohl diese Kooperationsform keineswegs nur zur Durchführung kleinerer und finanziell unbedeutender Projekte eingesetzt wird, werden nahezu alle Arbeitsgemeinschaften im Verfahren der einheitlichen und gesonderten Gewinnfeststellung kraft Gesetz als *Fall von geringer Bedeutung* erachtet. Bei einem Vergleich der ARGE mit den übrigen Fällen von geringer Bedeutung wird jedoch schnell ersichtlich, dass die Sachverhalte erhebliche Differenzen aufweisen. Diese Unterschiede machen es erforderlich, den in § 180 IV AO normierten ARGE-Sondertatbestand einer kritischen Analyse zu unterziehen.

Diese nur schematisch dargestellten Problembereiche mögen an dieser Stelle ausreichen, um aufzuzeigen, dass sich die ARGE-Praxis bisweilen erheblich von der vertraglich vereinbarten oder der gesetzlichen Ausgangslage entfernt hat. Diese Differenzen bieten genügend Anlass, sich noch einmal intensiv mit den gesellschaftsrechtlichen und steuerrechtlichen Grundfragen einer „Arbeitsgemeinschaft im Baugewerbe“ zu beschäftigen. Ausgehend von dieser Zielstellung gliedert sich die nachfolgende Untersuchung in zwei Abschnitte.

Im ersten Abschnitt werden die zivil- und gesellschaftsrechtlichen Grundlagen einer ARGE abgehandelt. In diesem Rahmen trifft der Verfasser bereits eine Vorauswahl der behandelten Themen, um vornehmlich die Fragen zu erörtern, die im Hinblick auf die nachfolgende Untersuchung der steuerlichen Grundfragen einer ARGE (2. Abschnitt) von Relevanz sein können. In der Schlussbetrachtung werden die wesentlichen Ergebnisse dieser Untersuchung zusammengefasst.

1. Abschnitt
Rechtsgrundlagen der Arbeitsgemeinschaft

A. Die Arbeitsgemeinschaft in der Bauwirtschaft

I. Einführung

1. Definition einer Arbeitsgemeinschaft im Baugewerbe (ARGE)

Zu Beginn der nachfolgenden Analyse der Rechtsform und -gestaltung einer Arbeitsgemeinschaft im Baugewerbe (kurz: ARGE) ist es erforderlich, diese zu definieren. Wie im weiteren Verlauf der Untersuchung noch darzulegen ist, haben wir es im Bereich der Unternehmenskooperationen in der Bauwirtschaft nämlich mit einer Vielzahl von Gestaltungsvarianten zu tun, die sich entweder als „ARGEN i.w.S." oder als „ARGE-verwandte Unternehmereinsatzformen" subsumieren lassen[7].

Eine Legaldefinition der ARGE existiert nicht. Gleichwohl wird die Arbeitsgemeinschaft, deren alleiniger Zweck in der Erfüllung eines einzigen Werk- oder Werklieferungsvertrages besteht, in mehreren Gesetzen wie z.B. der Abgabenordnung (§ 180 IV AO), dem Gewerbesteuergesetz (§ 2a GewStG) oder dem Arbeitnehmerüberlassungsgesetz (§ 1 I AÜG) als bekannt vorausgesetzt. Abweichend vom allgemeinen Sprachgebrauch wird eine *Arbeitsgemeinschaft im Baugewerbe* regelmäßig wie folgt definiert:

α.) „Die **Arbeitsgemeinschaft** in der Bauwirtschaft ist ein vorübergehender Zusammenschluss von selbständigen Unternehmern zur gemeinsamen Ausführung eines bestimmten Bauauftrages."[8]

β.) „**Arbeitsgemeinschaften** sind Zusammenschlüsse von Unternehmern auf vertraglicher Grundlage mit dem Zweck, Bauaufträge für gleiche oder verschiedene Fachgebiete oder Gewerbezweige gemeinsam auszuführen; sie können vertikal (Unternehmen verschiedener Fachrichtungen) oder horizontal (Unternehmen gleicher Fachrichtung z.B. Ingenieur-Hochbau) gegliedert sind."[9]

---

7 Vgl. hierzu die nachfolgenden Kapitel: *B.* und *C.*

8 Palandt-*Sprau*, BGB, § 705, Rz. 45; MüKo-*Ulmer*, BGB, Vor § 705, Rz. 30; HK-*Ruß*, HGB, § 1, Rz. 24; OLG Düsseldorf v. 02.05.1996 -6 U 8/95-, DB 1996, 2173 (2173).

9 Unter Hinweis auf Nr. 2 zu § 8 VOB/A des Vergabehandbuchs für die Durchführung von Bauaufgaben des Bundes im Zuständigkeitsbereich der Finanzbauverwaltung (VHB): Koeble/Schwärzel-Peters, DStR 1996, 1734 (1734); Locher, Priv. BauR, Rz. 380.

χ.) „Unter einer **Arbeitsgemeinschaft** versteht man einen Zusammenschluss von zwei oder mehreren selbständigen Bauunternehmen, die sich gegenseitig verpflichten, ein Bauvorhaben gemeinsam auszuführen und die zur Erreichung dieses gemeinsamen Zwecks vereinbarten Beiträge und Leistungen in der vertraglich bestimmten Qualität und Quantität termingerecht zu erbringen."[10]

Obgleich sich diese Definitionen im Detail unterscheiden, lassen sich aus ihnen folgende konstitutiven Elemente einer ARGE ableiten:
- Vertraglicher Zusammenschluss
- mehrerer selbständiger Unternehmen
- zur gemeinsamen Ausführung
- eines Bauauftrages.

Hieraus folgt, dass es sich bei einer ARGE um einen noch näher zu bestimmenden gesellschaftsrechtlichen Zusammenschluss mehrerer Unternehmen handelt. Als eines der wesentlichsten Elemente einer „*einfachen ARGE*" sei noch einmal hervorgehoben, dass diese definitionsgemäß nur der Durchführung eines einzigen Bauauftrages dient.

2. Motive zur Bildung von ARGEN

Die Motive zur Bildung einer ARGE können vielfältiger Natur sein. Aus *Unternehmersicht* kommen vor allem zwei Punkte in Betracht, die für eine Auftragsübernahme im Rahmen einer ARGE sprechen: Der Umfang eines Auftrages und/oder seine technischen Schwierigkeiten übersteigen oftmals die Kapazität und Spezialerfahrung eines Einzelunternehmens. Zu denken wäre hierbei an Groß-Projekte, die trotz vielfältiger technischer Spezialaufgaben als ein geschlossener Auftrag vergeben werden. Aus technischer Sicht erfordern diese Aufträge häufig ein bestimmtes technisches Know-how, über das nur einige Spezialfirmen verfügen. Zur Bündelung dieser unterschiedlichen technischen Fertigkeiten kann es für diese Unternehmen von Vorteil sein, sich im Wege einer Bietergemeinschaft selbst für diesen Auftrag zu bewerben, anstatt sich mit der Funktion eines reines Subunternehmers zu begnügen. Neben diesen technischen können wirtschaftliche Gesichtspunkte den Ausschlag für eine breit angelegte Unternehmenszusammenarbeit geben. Dies gilt es v.a. mit Blick auf den Umfang der Vorfinanzierung (Planungskosten) und einer gesunden Risikoverteilung zu beachten. Letztlich kann sich die Bildung einer ARGE auch deswegen als wirtschaftlich erweisen, wenn die Auftragsübernahme ansonsten die Unternehmenskapazität einseitig auslasten würde und die gleichzeitige Durchführung anderer Aufträge mit dem verbliebenen Personal und Material unmöglich wäre.

[10] Burchardt/Pfülb, ARGE, Einf., Rz. 8.

Aus *Auftraggebersicht* sprechen ebenfalls eine Vielzahl von Gründen für die Auftragsvergabe an eine Arbeitsgemeinschaft. Neben der breiteren Haftungsmasse geben oft konjunktur- bzw. lokalpolitische Gründe den Ausschlag für eine solche Vergabe. Der letztgenannte Aspekt gilt v.a. für die Auftragsvergabe der öffentlichen Hand und dabei insbesondere der Kommunen. Diese haben häufig ein Interesse daran, bei bestimmten Bauvorhaben möglichst eine Vielzahl örtlicher Firmen zu beteiligen. So kommt es nicht selten vor, dass sich in einer Arbeitsgemeinschaft ein überregional tätiges Unternehmen mit einem lokalen Unternehmer zusammenschließt. Wenn diese Kooperationsbereitschaft erst auf „Wunsch" des Auftraggebers entsteht, nennt man dies auch eine „Zwangs-ARGE", da sich in diesem Fall Unternehmen zusammen finden, die einander fremd sein können. Letztlich kann die Bildung von Bietergemeinschaften aber auch zu einer Belebung des Wettbewerbes führen, da sich hierdurch der Kreis der potentiellen Anbieter vergrößern kann.

II. Rechtsform der ARGE

Nach diesen allgemeinen Ausführungen gilt es die Frage zu beantworten, welche Rechtsform für die „einfache ARGE" in Betracht kommt. Bevor dies im Einzelnen erörtert wird, werden zunächst die allgemeinen Grundsätze der Rechtsformwahl im Gesellschaftsrecht dargestellt, da sich hieraus möglicherweise Beschränkungen für die Wahl einer geeigneten Rechtsform der ARGE ergeben.

1. Rechtsformwahl im Gesellschaftsrecht (Grundzüge)

Grundsätzlich haben die Beteiligten bei der Wahl einer betrieblichen Rechtsform die freie Wahl zwischen den im Gesetz geregelten verkehrstypischen Gesellschaftsformen. Dies folgt aus dem Grundsatz der Privatautonomie. Ihre Grenze findet die freie Typenwahl im *gesetzlichen Typenzwang* und in der *gesetzlichen Typenbeschränkung*[11].

Wenn das Gesetz zwingend die Verwendung einer bestimmten Rechtsform vorsieht, haben sich die Beteiligten dieser Rechtsform auch dann zu bedienen, wenn sie ausdrücklich eine andere Gesellschaftsform vereinbart haben (gesetzlicher Typenzwang). Schreibt das Gesetz andererseits vor, dass bestimmte Vergemeinschaftungsformen nur gewählt werden dürfen, wenn die Beteiligten bestimmte Zwecke verfolgen, steht diese Gesellschaftsform für die Verfolgung anderer Zwecke nicht zur Verfügung (gesetzliche Typenbeschränkung)[12].

---

11 Vgl. zur nachfolgenden Terminologie: Blaurock, Stille Gesellschaft, Rz. 17 ff.

12 Vgl. § 1 PartGG, wonach sich nur Angehörige Freier Berufe zu einer Partnerschaft i.S.d. PartGG zusammenschließen können.

Eine weitere nicht unerhebliche, mittelbare Einschränkung erfährt die freie Typenwahl durch den *Rechtsform- bzw. Typenzwang*. Während v.a. in den 70er Jahren auf höchster wissenschaftlicher Ebene kontrovers über die Problematik „Vertragsfreiheit kontra Typengesetzlichkeit" diskutiert wurde, besteht heutzutage ein allgemeiner Konsens, dass bei der Ausgestaltung eines Gesellschaftsverhältnisses ein Typenzwang zu beachten ist[13]. Die Rechtsordnung sieht einen *numerus clausus* der Gesellschaftsformen vor. Dieser hindert im konkreten Fall die Gründer eines gesellschaftsrechtlich verfassten Unternehmens daran, Gesellschaftsformen frei zu konstruieren, die ganz außerhalb des gesetzlichen Typenkatalogs liegen. Als Beispiel sei hierbei auf die Bildung sog. Phantasiegesellschaften verwiesen wie z.B. einer „OHG mit beschränkter Haftung"[14]. Da diese Gesellschaften häufig nur der Umgehung zwingender gesetzlicher Vorschriften dienen, findet der Rechtsformzwang seine Rechtfertigung im Schutz des Rechtsverkehrs und der Rechtssicherheit im Wirtschaftsleben. Zur praktischen Relevanz des Rechtsformzwangs ist folgendes kritisch anzumerken:

Obwohl die Existenz des Rechtsform- bzw. Typenzwangs als integrativer Bestandteil der Gesellschaftsrechtsordnung nahezu unbestritten ist, hat dieses Grundprinzip scheinbar jede praktische Relevanz eingebüsst. Unter der Prämisse, der Wirtschaft bedarfsgerechte, moderne Handlungsalternativen anheimzustellen, werden immer neue Gesellschaftsformen konstruiert und in den Rechtsverkehr eingebracht. Dem Einfallsreichtum der Kautelarjurisprudenz sind nahezu keine Grenzen gesetzt. Unter den Stichworten *Typenvermischung* und *Typendehnung* entstehen neue Gesellschaftsformen[15] wie z.B. die stille GbR, die (inzwischen auch gesetzlich anerkannte) GmbH & Co. KG, die (höchstrichterlich anerkannte) GmbH & Co. KGaA[16] oder die als steuerliches Gestaltungsinstrument konstruierte GmbH & Co. GbR mbH[17].

Im Gegensatz zum Gesetzgeber, der auf diese Entwicklung nur zögerlich reagiert, stehen Teile der Rechtsprechung dieser Entwicklung aufgeschlossen gegenüber. Viele der kautelarpraktischen Gestaltungen werden auch dann gebilligt, wenn sie vom gesetzlichen Regeltypus abweichen. Dass es sich hierbei in Ein-

---

13 Verwiesen sei hierbei auf die Habilitationsschriften von H.P. Westermann, Vertragsfreiheit und Typengesetzlichkeit im Recht der PersGes., 1970; Nitschke, Die körperschaftlich strukturierte Personengesellschaft, 1970 und Teichmann, Gestaltungsfreiheit in Gesellschaftsverträgen, 1970. Vgl. zum aktuellen Meinungsstand: Schmidt, GesR, § 5 II 1 a.

14 **A.A.** *Nagel*, der sich für die Zulässigkeit der beschränkten Ges'terhaftung bei der OHG ausspricht und darüber hinaus sogar die Firmierung „OHG mbH" für zulässig erachtet, in: NZG 2001, 202 (208).

15 *Westermann* spricht von einem „gelockerten Typenzwang", in: Vertragsfreiheit, S. 122.

16 BGH v. 24.02.1997 -II ZB 11/96-, BGHZ 134, 392 (392).

17 Diese Konstellation ist mittlerweile hinfällig, vgl. die nachfolgenden Ausführungen.

zelfällen kaum mehr um eine gesetzesimmanente, sondern um eine gesetzesübersteigende Rechtsfortbildung handelt, die in Grenzbereichen den zulässigen Rahmen einer Rechtsprechung „*praeter legem*“ tangiert, dürfte nicht von der Hand zu weisen sein. Der BGH jedenfalls gewährt immer dann Freiheit zu privatautonomen Gestaltungen, wenn sich die Abweichungen „innerhalb der durch die zwingenden gesetzlichen Regelungen und den unabweisbaren Bedürfnissen des Rechtsverkehrs“[18] bewegen.

In Anbetracht dieser praxisfreundlichen Rechtsprechung, die v.a. vom II. Zivilsenat des BGH forciert wird, verdient ein Urteil vom 27.09.1999 besondere Aufmerksamkeit[19]. Für die ARGE-Praxis von enormer Relevanz, hat der II. Senat mit dieser Entscheidung die jahrelange Diskussion über die Zulässigkeitsvoraussetzungen der „GbR mbH“ auf einen Schlag beendet. Im Kern soll der Ausschluss der persönlichen Gesellschafterhaftung bei einer GbR nur noch im Wege einer individualvertraglichen Vereinbarung mit dem jeweiligen Vertragspartner zulässig sein[20]. Eine Haftungsbeschränkung auf das Gesellschaftsvermögen der GbR durch einen einseitigen Akt, etwa in Form eines Namenszusatzes („mbH“), gilt fortan als unwirksam. Im Ergebnis wird der Rechtsfigur „GbR mbH“ damit eine klare Absage erteilt.

Bezogen auf die Rechtsformwahl im Gesellschaftsrecht lässt sich dieses Urteil in der Weise interpretieren, dass sich der Rechtsformzwang keineswegs erledigt hat. Unter dem Aspekt des Verkehrsschutzes ist wieder verstärkt darauf zu achten, dass eine gewählte Konstruktion als typengerecht einzustufen ist[21]. Für die Rechtsform einer GbR hat dies zur Konsequenz, dass trotz der weitestgehend dispositiven §§ 705 ff. BGB davon auszugehen ist, dass der Gesetzgeber mit der GbR einen Gesellschaftstypus geschaffen hat, der einen unabänderlichen Kern rechtlicher Strukturprinzipien aufweist[22]. Die grundsätzlich unbeschränkte Haftung der Gesellschafter für die Verbindlichkeiten der Gesellschaft ist eines dieser Strukturprinzipien. Die Konstruktion der „GbR mbH“ ist damit zurecht für

---

18 BGH v. 24.02.1997 -II ZB 11/96-, BGHZ 134, 392 (393).

19 BGH v. 27.09.1999 -II ZR 371/98-, BGHZ 142, 315 (315 ff.). Vgl. zu den steuerrechtlichen Konsequenzen: BMF, Schreiben v. 18.07.2000, IV C 2 - S 2241-56/00, DStR 2000, 1435.

20 Nach OLG Stuttgart v. 09.11.2001 -2 U 138/01, NZG 2002, 84 kann diese Haftungsbeschränkung auch nicht im Wege eines formularmäßig ausbedungenen Haftungsausschlusses herbeigeführt werden [Verstoß gegen § 9 II Nr. 1 AGBG a.F. = § 307 II Nr. 2 BGB].

21 Der BGH folgt diesem Gedanken ohne ausdrücklich auf die Typenlehre und den Rechtsformzwang einzugehen, indem er darauf hinweist, dass eine Haftungsbeschränkung durch einseitigen Akt der Gesellschaft entgegen dem „System des geltenden Rechts im Ergebnis wie die Schaffung einer neuen Gesellschaftsform wirken" würde, in: BGHZ 142, 315 (322). Im Ergebnis auch OLG Stuttgart, a.a.O.

22 Vgl. hierzu die nachfolgenden Ausführungen unter: *A.II.1.*

unzulässig erklärt worden, da diese „Phantasiegesellschaft" dem „Gesellschaftstypus GbR" widerspricht. Dies ist zum Schutz des Rechtsverkehrs auch gerechtfertigt, da diese Rechtsform die Vorteile einer GmbH bringt, ohne einen den Vorschriften des GmbHG hinsichtlich der Aufbringung des Mindestkapitals und der Kapitalerhaltung adäquaten Gläubigerschutz zu gewähren.

2. Gesellschaft bürgerlichen Rechts

Unter Berücksichtigung dieser Erkenntnisse haben die Beteiligten bei der Gründung einer ARGE grundsätzlich die freie Wahl zwischen den im Gesetz geregelten verkehrstypischen Gesellschaftsformen, sofern nicht ein gesetzlicher Typenzwang oder eine gesetzliche Typenbeschränkung eingreift. Hält man sich die Ausgangslage der Unternehmen vor Augen, die sich zu einer ARGE zusammenschließen, gilt es zunächst festzustellen, dass sich diese im Regelfall außerhalb dieses Auftrags als Konkurrenten im Wettbewerb gegenüberstehen. Bei den ARGE-Partnern handelt es sich keineswegs um „freundschaftlich" verbundene Unternehmen, die sich darüber verständigt haben, für unbestimmte Zeit in einem genau festgelegten Arbeitsbereich zusammen arbeiten zu wollen. Die klassische Ausgangslage der ARGE sieht vielmehr ein von vornherein begrenztes, *projektbezogenes Zweckbündnis* vor. Angestrebt wird nicht ein echtes Gemeinschaftsunternehmen, sondern eine zeitlich und sachlich begrenzte Unternehmenskooperation. Daher ist es sinnvoll sich einer Gesellschaftsform zu bedienen, die ein hohes Maß an Gestaltungsflexibilität aufweist und die aufgrund weniger Formalien einfach zu gründen und schnell zu beenden ist.

a. Die ARGE als GbR

Zur Verwirklichung dieser Zielsetzung wird in der Baurechtspraxis für die Zusammenarbeit in einer ARGE einheitlich die Rechtsform einer Gesellschaft bürgerlichen Rechts vereinbart. Diese Geschlossenheit lässt sich dadurch erklären, dass in der ARGE-Praxis vorwiegend ein Mustervertrag für die Gründung einer ARGE herangezogen wird. Dieser Arbeitsgemeinschaftsvertrag, der gemeinschaftlich vom Hauptverband der Deutschen Bauindustrie e.V. und dem Zentralverband des Deutschen Baugewerbes e.V. herausgegeben wird*, sieht in seiner Präambel *expressis verbis* die Gründung einer GbR vor. Diese Rechtsformwahl wird von der nahezu einhelligen Auffassung in Literatur[23] und Rechtsprechung[24] nicht in Frage gestellt.

---

* Dieser Arbeitsgemeinschaftsvertrag wird im Folgenden mit ARGE-MV abgekürzt. Ein Auszug der wichtigsten Regelungen dieses Mustervertrages ist im Anhang veröffentlicht.

23 MüKo-*Ulmer*, BGB, Vor § 705, Rz. 30; HK-*Ruß*, HGB, § 1, Rz. 24; Schmidt, GesR, § 58 III 3; Kornblum, ZfBR 1992, 9 (10); Burchardt/Pfülb, ARGE, Präambel, Rz. 4; Ingenstau/Korbion, VOB, Anh. 1, Rz. 16. **A.A.** die in FN 126 genannten.

24 BGH v. 14.02.1957 -VII ZR 250/56-, BGHZ 23, 307 (313); v. 15.07.1997 -XI ZR 154/96-, BGHZ 136, 254 (256); v. 29.01.2001 -II ZR 331/00-, BGHZ 146, 341 (341 ff.).

Dass bei einer ARGE die rechtlichen Mindestvoraussetzungen für den Zusammenschluss zu einer GbR erfüllt sind, ist unzweifelhaft und bedarf keiner weitergehenden Untersuchung. Das Ziel einer ARGE besteht in der Fertigstellung eines bestimmten Bauobjektes. Rechtlich erfolgt die Auftragsübernahme durch den Abschluss eines Werk- oder Werklieferungsvertrages. Dieser wird zwischen dem Bauauftraggeber (Besteller) und der ARGE, als eigenständigen Vertragspartei, abgeschlossen. Die gemeinsame Zweckverfolgung bei der ARGE besteht somit in der Abwicklung und Erfüllung des mit dem Auftraggeber abgeschlossenen Bauvertrages[25]. Da es sich hierbei um einen erwerbswirtschaftlichen Zweck handelt, bedarf es einer Abgrenzung zu den Personenhandelsgesellschaften (OHG).

b. Exkurs: Die Stellung der GbR im Rechtsverkehr

Zur Beantwortung dieser für die ARGE-Praxis wichtigen und klärungsbedürftigen Frage nach der Stellung der GbR im Rechtsverkehr ist es unvermeidlich, sich zunächst mit der Rechtsnatur einer GbR vertraut zu machen. Dies lenkt den Blick auf eine der schwierigsten und umstrittensten Zivilrechtsproblematik unserer Zeit: Der Theorie der Gesamthand.

Einer der renommiertesten Gesellschaftsrechtler unserer Tage stellte hierzu jüngst fest, dass es sich hierbei um eine „zu den dogmengeschichtlich bemerkenswertesten Streitfragen der letzten Jahrzehnte und zu den die Praxis am nachhaltigsten verändernden Rechtsfortbildungsprozessen unter dem BGB“ handelt[26]. Im Mittelpunkt dieses Theorienstreits steht die Frage nach der Rechtsnatur und Rechtssubjektivität der GbR[27].

aa. Dogmatische Grundlagen einer GbR

(1.) Meinungsstand in der Literatur

In der Literatur standen sich bislang im Wesentlichen zwei Positionen gegenüber. Nach der ***traditionellen Lehre*** (auch: Individualistischer Ansatz) wird die Rechtssubjektivität der GbR verneint; Rechtsträger sind ausschließlich die Gesellschafter. Das Gesamthandsvermögen wird nicht als Vermögen der Gesellschaft, sondern als ein den Gesellschaftern in ihrer gesamthänderischen Verbundenheit zustehendes Sondervermögen behandelt[28].

---

25 Dieser gemeinsame Zweck wird im Mustervertrag in § 2.3 ARGE-MV manifestiert.

26 K. Schmidt, NJW 2001, 993 (993).

27 In Anbetracht der zahllosen Beiträge, die zu dieser Problematik erschienen sind, soll im Nachfolgenden auf eine weitere detaillierte Darstellung dieses Themas verzichtet werden und lediglich ein kurzer Überblick zum Streitstand wiedergegeben werden.

28 Vgl. hierzu: Zöllner, FS Kraft, S. 701 ff.; Berndt/Boin, NJW 1998, 2854 (2855 ff.).

Dem hingegen erblicken die Befürworter der ***Gruppenlehre*** (auch: Kollektiver Ansatz) in der GbR nicht nur die Gesamtheit der Gesellschafter, sondern einen organisierten und verselbständigten Personenverband[29]. Dogmatisch bricht diese Lehre mit der traditionellen Auffassung, wonach ausschließlich natürlichen und juristischen Personen Rechtssubjektivität zukomme und sie erkennt eine durch den Gesellschaftszweck relativierte Rechtssubjektivität der Gesamthand an. Als Ausfluss dieser zumindest (Teil-)Rechtsfähigkeit wird die GbR als selbständiger Träger von Rechten und Pflichten im Rechtsverkehr anerkannt. Bei den Verbindlichkeiten, die im Namen der GbR begründet werden, handelt es sich um echte Verbindlichkeiten der Gesellschaft (Gesamthandsverbindlichkeiten). Dass daneben eine Verbindlichkeit der Gesellschafter besteht, ist dem Grunde nach unbestritten und wird bejaht[30]. Die Gesamthand ist als kollektive Einheit auch Trägerin des Gesellschaftsvermögens.

Die Gruppenlehre wird im Ansatz von der Mehrheit im Schrifttum getragen. Dennoch kann keineswegs von einer homogenen Lehre gesprochen werden, da einige Wissenschaftler grundsätzliche Bedenken gegen den rechtstechnischen Begriff der „Teilrechtsfähigkeit" vorgetragen haben. Im Ergebnis lehnen diese die Differenzierung zwischen juristischen Personen und rechtsfähigen Personengesellschaften ab und fordern die völlige Gleichstellung der Gesamthandsgesellschaften mit den juristischen Personen („Gleichstellungsthese")[31].

(2.) Meinungsstand in der Rechtsprechung

In der Rechtsprechung wurde der GbR lange Zeit die Fähigkeit aberkannt, als selbständiger Träger von Rechten und Pflichten am Rechtsverkehr teilzunehmen. Begründet wurde dies mit der fehlenden Rechtspersönlichkeit einer GbR[32]. Ein tiefer Einschnitt in diese ständige Rechtsprechung wurde mit einem Beschluss des II. Zivilsenats des BGH vom 4.11.1991 vollzogen. In dieser Entscheidung stellte der erkennende Senat klar, dass eine GbR als Teilnehmer am Rechtsverkehr grundsätzlich jede Rechtsposition einnehmen könne, soweit dem

---

29 Grundlegend bereits Gierke, ArchBürgR 19 (1901), 114 (117 ff.). Zur *Gruppenlehre* fortentwickelt von Flume, ZHR 136 (1972), 177 (181 ff.). Vgl. zum aktuellen Meinungsstand die in FN 37 zitierten Beiträge.

30 An dieser Stelle besteht Streit über die dogmatischen Grundlagen dieser Ges'terhaftung. Nach der „*Akzessorietätstheorie*" zieht die Ges'schuld stets eine akzessorische gesamtschuldnerische Haftung sämtlicher Ges'ter nach sich, wobei zur Begründung entweder auf eine Analogie zu § 128 HGB oder auf das Wesen der Gesamthand verwiesen wird. Nach der „*Doppelverpflichtungstheorie*" wird die persönl. Ges'terhaftung dadurch konstruiert, dass neben der rechtsgeschäftlich begründeten Ges'schuld stets eine persönl. gesamtschuldnerische Verbindlichkeit der einzelnen Ges'ter begründet werden soll.

31 Vgl. Raiser, ACP 194 (1994), S. 495 ff.; ders., FS Zöllner I, S. 469 ff. sowie Timm, NJW 1995, 3209 (3209 ff.); Hadding, FS Kraft, 137 (146), ders., ZGR 2001, 712 (717 f.).

32 Statt vieler: BGH v. 26.03.1981 -VII ZR 160/80-, BGHZ 80, 222 (227) [st. Rspr.].

nicht spezielle rechtliche Gesichtspunkte entgegenstehen[33]. In der Folgezeit baute die Rechtsprechung, jeweils unter Bezugnahme auf diese Formel, die selbständige Position der GbR im Rechtsverkehr weiter aus, ohne sich jedoch über die Rechtsfähigkeit der GbR grundsätzlich zu äußern oder gar diese anzuerkennen[34]. Dieser Schritt wurde erst mit einem Urteil des II. Senats des BGH vom 29.01.2001 vollzogen[35]. In dieser Grundlagenentscheidung stellt der erkennende Senat fest:

1. Die (Außen-)Gesellschaft bürgerlichen Rechts besitzt Rechtsfähigkeit, soweit sie durch die Teilnahme am Rechtsverkehr eigene Rechte und Pflichten begründet.
2. Die (Außen-)Gesellschaft bürgerlichen Rechts ist im Zivilprozess aktiv und passiv parteifähig.
3. Die (Außen-)Gesellschaft bürgerlichen Rechts ist wechselfähig.
4. Soweit der Gesellschafter einer GbR für die Verbindlichkeiten der Gesellschaft persönlich haftet, entspricht das Verhältnis zwischen der Verbindlichkeit der Gesellschaft und der Haftung des Gesellschafters derjenigen bei der OHG („Akzessorietätstheorie“)[36].

(3.) Stellungnahme

Mit dieser Entscheidung lässt der BGH die traditionelle Lehre der Gesamthand hinter sich und schließt sich den Erkenntnissen der Gruppenlehre an. In Übereinstimmung mit dieser Lehre wird die GbR als verselbständigter Personenverband anerkannt. In der Frage der Gesellschafterhaftung bekennt sich der BGH ausdrücklich zum Modell der *akzessorischen Gesellschafterhaftung*, so wie dies in § 128 HGB für die OHG normiert ist.

In der Literatur ist dieses Urteil in den ersten Stellungnahmen auf breite Zustimmung gestoßen, auch wenn sich mittlerweile einige kritische Stimmen zu Wort gemeldet haben[37]. Unstimmigkeiten bestehen nach wie vor in terminologi-

---

33 BGH v. 04.11.1991 -II ZB 10/91-, BGHZ 116, 86 (88) = [DStR 1992, 514 ff.].

34 BGH v. 02.10.1997 -II ZR 249/96-, NJW 1998, 376 (376) [Ges'terstellung bei GbR], v. 15.07.1997 -XI ZR 154/96-, BGHZ 136, 254 (254 ff.) [Scheckfähigkeit einer GbR].

35 BGH v. 29.01.2001 -II ZR 331/00-, BGHZ 146, 341 (341 ff.) [„*ARGE Weißes Ross*“]. Diese als VU ergangene Entscheidung ist nach der zwischenzeitigen Erledigung in der Hauptsache auch rechtskräftig, vgl. hierzu auch den Kostenbeschluss: BGH, Beschl. v. 18.02.2002 -II ZR 331/00-, NZG 2002, 322 (322 f.). Der II. Zivilsenat verneint in diesem B. auch die Voraussetzungen für eine Vorlage an den Großen Senat für Zivilsachen, dessen oder eine Anrufung des Gemeinsamen Senats der obersten Gerichtshöfe des Bundes.

36 *Anm*: Diese Thesen stimmen nicht mit den amtlichen Leitsätzen überein.

37 Überwiegende Zustimmung von: Schmidt, NJW 2001, 993 (1003.); Dauner-Lieb, DStR 2001, 356 (361); Habersack, BB 2001, 477 (477); Ulmer, ZIP 2001, 585 (599). *Unklar*: Westermann, NZG 2001, 289 (295); Peifer, NZG 2001, 296 (300), die auf Folgeprobleme dieses Urteils hinweisen. *Ablehnend*: Prütting, EWiR 2001, 341 (342); Schemmann, DNotZ 2001, 244 (245); Heil, NZG 2001, 300 (301); Müther, MDR 2001, 461 (462).

scher Hinsicht, so z.B. bei den Begriffen der „Rechtsfähigkeit“ und „Teilrechtsfähigkeit“ oder der „Rechtssubjektivität“ und „beschränkten Rechtssubjektivität“. Ebenso besteht Unsicherheit, ob die von einigen Wissenschaftlern vorgetragene „Gleichstellungsthese“ mit diesem Urteil obsolet oder ob diese Thematik weiterhin klärungsbedürftig ist[38]. Zu dieser dogmatischen und den weiteren terminologischen Fragen wird hiermit wie folgt Stellung bezogen:

Im Ansatz dürfte Einigkeit bestehen, dass die Rechtsfähigkeit grundsätzlich keine absolute Größe darstellt. Die konkrete Rechtsfähigkeit eines Subjekts ist stets in Abhängigkeit vom individuellen Rechtssatz und dessen normativen Regelungsgehalt aus zu beurteilen. Unbestritten können auch juristische Personen oder natürliche Personen, deren Rechtsfähigkeit *per Definition* unbeschränkt ist, nicht sämtliche Rechte und Pflichten der Rechtsordnung wahrnehmen. *Fabricius* stellte hierzu fest, dass der abstrakt-allgemeine Begriff der Rechtsfähigkeit kein Oberbegriff sei, aus dem deduktiv die Rechtsfähigkeit des einzelnen abgeleitet werden könne. Der konkrete Inhalt und Umfang der Rechtsfähigkeit einzelner Subjekte könne vielmehr nur induktiv aus den einzelnen Rechtssätzen gewonnen werden.“[39] M.a.W. spiegelt der Begriff „Rechtsfähigkeit“ kein universelles juristisches Vermögen wider, aus dem sich ein Mindestmaß an qualitativen und quantitativen Rechten und Pflichten ableiten lässt. Den Gegnern der begrifflichen Differenzierung zwischen „Rechtsfähigkeit“ und „Teilrechtsfähigkeit“ ist insoweit zuzustimmen, dass sich quantitativ keine Grenze zwischen vollrechtsfähigen und teilrechtsfähigen Rechtssubjekten ziehen lässt[40].

Gleichwohl sollte am Begriff der Teilrechtsfähigkeit festgehalten werden. Diese Bezeichnung rechtfertigt sich nämlich nicht nur aus dem Gedanken einer quantitativen Reduktion vorhandener Rechte und Pflichten im Rechtsverkehr, sondern kann ebenso als qualitative Wertung des betreffenden Rechtssubjektes gedeutet werden. Zur Begründung dieser These ist in einem ersten Schritt der Blick von der additiven, einzelfallbezogenen Bewertung einzelner Rechtssätze zu lösen, da eine quantitative Betrachtung nicht weiterhilft. In einem zweiten Schritt sind die qualitativen Unterschiede zwischen den Gesamthandsgesellschaften und den Organisationen, denen Rechtspersönlichkeit zuerkannt wird, herauszuarbeiten, um hieraus die Konsequenz der Differenzierung zwischen Rechts- und Teilrechtsfähigkeit ziehen zu können.

Nach der Grundkonzeption bestehen zwischen den juristischen Personen und den Gesamthandsgesellschaften tiefgreifende dogmatische Unterschiede. Bereits *Otto Gierke* betonte, dass die Gesamthandsgesellschaft keine juristische Person

[38] So Schmidt, NJW 2001, 993 (996), der die systematische Entwicklung für offen hält.
[39] Fabricius, Relativität, S. 51.
[40] Vgl. zu dieser rein „quantitativen Argumentation“: Scholz, NZG 2002, 153 (156).

sei, da sie keine von den Gliedpersonen verschiedene und ihnen gegenüber verselbständigte Verbandsperson, sondern nur die kollektive Einheit der verbundenen Personen darstelle[41]. Diese Aussage wurde von *Flume* im Sinne der Gruppenlehre dahingehend interpretiert, dass die Gesamthand als Gruppe der in ihr vereinigten Personen zu verstehen sei, wohingegen bei den juristischen Personen die Organisation als solche, als Person verabsolutiert werde[42]. Dieser strukturelle Unterschied findet seine Umsetzung in den für unverzichtbar erklärten Strukturprinzipien einer Personengesellschaft[43]. So ist beispielsweise in der Frage der Mitgliedschaft davon auszugehen, dass die Gesamthandsgesellschaft nicht ohne ihre Mitglieder existieren kann, da erst die Gruppe der Mitglieder die Gruppe als solche entstehen lässt. Dem hingegen kann eine juristische Person grundsätzlich auch ohne ihre Mitglieder bestehen, da deren Mitglieder nur einen funktionellen Teil der Organisation ausmachen, die ihnen gegenüber verselbstständigt ist. Zur Bestätigung dieser These sei auf die Rechtsfolgen verwiesen, die beim Ausscheiden eines Gesellschafters aus einer Zweimann-Gesellschaft eintreten. Während die Gesamthandsgesellschaft mit dem Ausscheiden des vorletzten Gesellschafters durch Konfusion erlischt, kann z.B. die GmbH ohne weiteres als Einmann-GmbH fortgeführt werden. Diese Verselbständigung gegenüber ihren Mitgliedern geht sogar so weit, dass die GmbH auch Inhaberin sämtlicher Geschäftsanteile werden kann, ohne dass sie im Moment der Anteilsvereinigung erlischt. Diese sog. „Keinmann-GmbH" wird zumindest vorübergehend für zulässig erachtet[44].

Diese vom Gesetzgeber vorgezeichneten Strukturunterschiede der einzelnen Organisationen gipfeln zu der Erkenntnis, dass z.B. Kapitalgesellschaften als Gesellschaften mit eigener Rechtspersönlichkeit ausgestattet sind. Aus dogmatischer Sicht kennzeichnet das Attribut „mit eigener Rechtspersönlichkeit" nichts Anderes, als dass bei diesen Organisationen eine vollständige Trennung der Rechtskreise von Sondervermögen und Mitgliedern erreicht wird. Dieses Höchstmaß rechtlicher Verselbständigung rechtfertigt die Zuerkennung einer umfassenden Rechtsfähigkeit. Bei den Gesamthandsgesellschaften ist der Grad rechtlicher Verselbständigung nicht so weit ausgeprägt. Obwohl sich im Rechtsverkehr keine wesentlichen Einschränkungen der rechtlichen Verpflichtungsfähigkeit nachweisen lassen, ist die Gesamthandsgesellschaft gegenüber ihren Mitgliedern nur relativ verselbständigt. Dieses qualitative Minus rechtlicher Verselbständigung mündet in der Feststellung, dass die Gesamthandsgesellschaft keine Gesellschaft mit eigener Rechtspersönlichkeit (juristische Person) ist. Für die zugrundeliegende Streitfrage wirkt sich dies in der Weise aus, dass

---

41 Gierke, ArchBürgR 19 (1901), 114 (119).
42 Flume, AT des Bürgerlichen Rechts I/1, § 7 II.
43 Vgl. hierzu: Ulmer, ZIP 2001, 585 (588).
44 Vgl. hierzu: Schmidt, GesR, § 8 IV m.w.N.

die Gesamthandsgesellschaft „nur“ als teilrechtsfähige Personenvereinigung bezeichnet werden sollte, da der Begriff Rechtsfähigkeit definitionsgemäß eine Rechtspersönlichkeit voraussetzt. Dieses fehlende Persönlichkeitselement rechtfertigt die sachliche Differenzierung zwischen Rechts- und Teilrechtsfähigkeit[45].

Dass diese Dreiteilung zwischen den natürlichen Personen, juristischen Personen und den (teilrechtsfähigen) Personengesellschaften auch vom Gesetzgeber so gewollt ist, zeigen neuere gesetzgeberische Entscheidungen wie z.B. § 14 BGB, § 11 InsO oder § 7 MarkenG. Der *BGH* spricht sich ebenfalls gegen eine Gleichstellung der GbR mit den juristischen Personen aus[46]. Ob die an dieser Stelle für sinnvoll erachtete Differenzierung zwischen „Rechtsfähigkeit“ und „Teilrechtsfähigkeit“ vom BGH nachvollzogen wird, ist offen. Auf eine einheitliche Terminologie hat sich dieser bislang nicht festgelegt[47].

bb. Die GbR als Teilnehmerin am Rechtsverkehr

Für die Stellung der GbR als Teilnehmerin am Rechtsverkehr folgt aus der prinzipiell anerkannten Rechtsfähigkeit, dass die GbR grundsätzlich unbeschränkt im Rechtsverkehr als selbständiges Zurechnungssubjekt von Rechten und Pflichten auftreten kann. Nicht die Gesellschafter in ihrer gesamthänderischen Verbundenheit, sondern ausschließlich die Gesellschaft ist Berechtigte oder Verpflichtete vertraglicher oder gesetzlicher Ansprüche. Dies gilt ebenfalls für alle dinglichen Rechte. Gleiches gilt für die im Geschäftsverkehr bedeutsame Wechsel- und Scheckfähigkeit. Im Zivilprozess ist die Gesellschaft, vertreten durch ihren vertretungsberechtigten Gesellschafter, aktiv und passiv parteifähig. Zum weiteren Umfang ihrer Rechtsfähigkeit ist festzustellen, dass der BGH in ständiger Rechtsprechung betont, dass eine GbR grundsätzlich jede Rechtsposition einnehmen könne, „soweit nicht spezielle rechtliche Gesichtspunkte entgegenstehen“ [48]. Der II. Zivilsenat hält an dieser Rechtsprechung ausdrücklich fest[49].

---

45 **A.A.** Wertenbruch, BB 2001, 737 (739); (jetzt auch) Ulmer, ZIP 2001, 585 (589), der jedoch zugesteht, dass sich die Anerkennung *vollrechtsfähiger PersGes* nur schwer in die Systematik des BGB einordnen lässt.

46 BGH v. 29.01.2001 -II ZR 331/00-, BGHZ 146, 341 (347), v. 23.10.2001 -XI ZR 63/01-, WM 2001, 2379 (2380).

47 Trotz anerkannter „Rechtsfähigkeit der Außen-GbR“ ist der BGH stets bemüht festzustellen, dass die GbR nur insoweit rechtsfähig sei, „*soweit* sie durch die Teilnahme am Rechtsverkehr eigene Rechte und Pflichten begründet“. Zudem greift der BGH in den Entscheidungsgründen auch die Formulierung „*beschränkte* Rechtssubjektivität“ auf, vgl BGHZ 146, 341 (344). Auch *Goette* betont, dass der GbR nur „*prinzipiell* Rechtsfähigkeit“ attestiert werde, in: DStR 2001, 315 (315). **Anders** BGH v. 09.11.2001 -LwZR 4/01-, NZG 2002, 125, wo ausdrücklich von einer „Teil-Rechtsfähigkeit“ die Rede ist.

48 Vgl. zu dieser Formel bereits: BGH v. 04.11.1991 -II ZB 10/91-, BGHZ 116, 86 (88).

49 BGH v. 29.01.2001 -II ZR 331/00-, BGHZ 146, 341 (343).

Unter Berücksichtigung dieser Formel sollte darüber diskutiert werden, ob die allgemein anerkannte Rechtsfähigkeit der (Außen-)GbR notwendigerweise auch die Fähigkeit einer GbR zur Beteiligung als persönlich haftender Gesellschafter einer OHG/KG und die Grundbuchfähigkeit erfasst?

Zur Beantwortung dieser Frage ist die Diskussion weg vom Problem der Rechtsfähigkeit, hin zum Gesichtspunkt der **Verkehrsfähigkeit** zu verlagern. Gedanklich vereinigt die Verkehrsfähigkeit Aspekte des Verkehrsschutzes mit der Identifizierbarkeit des handelnden Subjekts aus Sicht des Rechtsverkehrs. Als wichtigste Ausprägung der Verkehrsfähigkeit gilt die *Registerpublizität*. Diese stellt sicher, dass für Dritte die Möglichkeit der Einsichtnahme in die Handlungsstruktur jeder beliebigen Gesellschaft besteht. Dies ist v.a. wichtig für die Überprüfbarkeit der Vertretungsverhältnisse. Für eine GbR besteht kein Registerzwang. Aus diesem Grund wird im Nachfolgenden, exemplarisch für den Fall der Beteiligung einer GbR an einer anderen Gesellschaft, überprüft, ob sich die fehlende Registerpublizität negativ auf die Beteiligungsfähigkeit auswirkt.

Gegen die Beteiligung einer GbR an einer Kapitalgesellschaft bestehen keine Bedenken[50]. Die fehlende Registerpublizität der GbR wirkt sich in diesem Fall nicht negativ aus, da der personale Bezug zum Gesellschafter aufgrund der eigenständigen Haftungs- und Organisationsstruktur der Kapitalgesellschaft nur eine untergeordnete Bedeutung einnimmt[51]. Gleiches gilt im Wesentlichen auch für die Beteiligung einer GbR als Kommanditistin einer KG[52]. Da ein Kommanditist nicht zur Vertretung der Gesellschaft berechtigt ist (§ 170 HGB) und er den Gläubigern der Gesellschaft unmittelbar nur bis zur Höhe seiner Einlage haftet (§ 171 HGB), ist dessen „Publizität" für den Rechtsverkehr nicht von entscheidender Bedeutung. Jedenfalls reicht es aus, wenn dieser namentlich bezeichnet ist.

Eine hiervon abweichende Beurteilung gilt für die Beteiligung einer GbR als persönlich haftende Gesellschafterin (phG) einer OHG oder KG. Hier gewinnt der personale Bezug zum Gesellschafter entscheidend an Bedeutung. Dies folgt aus der persönlichen Gesellschafterhaftung und der originären Berechtigung zur Wahrnehmung der Geschäftsführung und Vertretung der Gesellschaft (§§ 125,

---

50 Zur *GmbH*: BGH v. 03.11.1980 -II ZB 1/79-, BGHZ 78, 311 (313.), zur *AG*: BGH v. 13.04.1992 -II ZR 277/90-, BGHZ 118, 83 [LS].

51 Sondervorschriften wie z.B. § 11 II GmbHG bleiben an dieser Stelle unberücksichtigt. Auch die KGaA ist auszublenden, da auf die Situation des phG einer KGaA die nachfolgenden Ausführungen zutreffen.

52 Für die Beteiligtenfähigkeit: BGH v. 17.07.2001 -II ZB 23/00-, BGHZ 148, 291 ff. *Anm*: Der BGH gibt mit diesem Beschluss seine in ständiger Rspr. vertretene gegenteilige Auffassung auf.

161 II HGB). Der Rechtsverkehr hat aufgrund dieser engen Gesellschafteranbindung nicht nur ein Interesse an der Offenlegung des Gesellschafts-, sondern auch an der Offenlegung der Gesellschafterverhältnisse. Der Gesetzgeber hat auf dieses gesteigerte Informationsbedürfnis der Gesellschaftsgläubiger mit einer Reihe von Vorschriften für die erforderliche Transparenz gesorgt, vgl. §§ 106-108, 125 IV, 143, 144 II, 157 HGB. Dieses sorgfältig tarierte System des Verkehrsschutzes würde durch die Beteiligung einer GbR konterkariert. Die mangelnde Transparenz der GbR würde sich zwangsläufig, negativ auf die Transparenz des Gesellschaftsverhältnisses auswirken.

Zur Lösung dieser Problematik wird vielfach vorgeschlagen, die Namen aller Gesellschafter mit einem die Gesellschaft andeutenden Zusatz in das Handelsregister einzutragen. Hierbei handelt es sich nur um eine Scheinlösung, da diese Eintragung zwar zur Kennzeichnung des Haftungssubjektes beitragen würde; die notwendige Offenlegung der Handlungsorganisation des Gesellschafter-Geschäftsführers wird hiermit jedoch nicht erreicht. Dies gilt in besonderem Maße für eine GbR, bei der oft eine von §§ 709 ff. BGB abweichend geregelte Festlegung der Geschäftsführungs- und Vertretungsverhältnisse zu beobachten ist[53]. Diese für den Rechtsverkehr oftmals nicht nachvollziehbare Organisationsstruktur wirkt sich insbesondere im Fall des § 125 IV HGB negativ aus. Auf den Punkt gebracht stellt sich nämlich die Frage: Wie sollen die Vertretungsverhältnisse der Gesellschaft offengelegt werden, wenn nicht einmal die Vertretungsverhältnisse des Gesellschafters offengelegt sind?

Nach diesen Erläuterungen steht fest, dass die GbR zumindest als persönlich haftende Gesellschafterin einer OHG/KG nicht in Betracht kommt[54]. Vergleichbare Probleme der mangelnden Registerpublizität einer GbR ergeben sich auch für die *Grundbuchfähigkeit*. Nach § 15 GBV ist die Eintragung des Namens oder der Firma einer Personenhandelsgesellschaft ausreichend, weil die Eintragung „für die Firma" in diesen Fällen bereits auf der Grundlage registerrechtlicher Prüfung und Eintragung der Gesellschaft, ihrer Entstehung und ihres Bestandes sowie einer entsprechenden Verlautbarung mit Publizitätswirkung be-

53 Als Beispiel für diese oftmals undurchsichtige Organisationsstruktur der GbR sei auf die Ausgestaltung bei einer ARGE verwiesen. Als Vorgriff auf die nachfolgenden Ausführungen sei bereits an dieser Stelle erwähnt, dass bei der ARGE das Prinzip der Gesamtvertretung abbedungen ist. Darüber hinaus wird auch die Vermutungsregel des § 714 BGB außer Kraft gesetzt und durch ein kompliziertes Geflecht verschiedener Vertretungsbefugnisse ersetzt, vgl. hierzu: *A.III.2.c.*

54 So bereits BGH v. 19.02.1990 -II ZR 42/89-, ZIP 1990, 505 (507) und Breuninger, S. 70. Auch nach der anerkannten Rechtsfähigkeit der GbR: Ulmer, ZIP 2001, 585 (596). **A.A.** Westermann, NZG 2001, 289 (294).

ruht[55]. Diese aus Sicht des Verkehrsschutzes unerlässlichen Merkmale sind bei der GbR *de lege lata* nicht vorhanden[56].

Nichts Anderes gilt für die *Parteifähigkeit* einer GbR im Zivilprozess. Ohne diese Problematik weiter ausführen zu wollen, begegnet auch die Parteifähigkeit aufgrund der mangelnden Registerpublizität einer GbR Bedenken[57]. Als Nachweis für diese Bedenken sei an dieser Stelle nur auf die mangelnde Überprüfbarkeit der einheitlichen Verwendung eines GbR-Namens verwiesen[58]. Dieser Umstand verdeutlicht die gesetzgeberischen Defizite bei der Herstellung eines ausreichenden Verkehrsschutzes im Umgang mit einer GbR. Dies wurde in zutreffender Weise auch vom II. Senat in einem Beschluss vom 16.11.1992 festgestellt: „Denn auch wenn man eine solche materielle Teilrechtsfähigkeit anerkennen will, ist damit über die Prozessfähigkeit noch nichts gesagt; sie knüpft nach der gesetzgeberischen Entscheidung daran an, dass eine juristische Person oder Personenvereinigung vorliegt, deren Existenz durch eine Eintragung in ein öffentliches Register dokumentiert ist. Der Gesetzgeber stellt also im Interesse der gerade im Prozessrecht besonders bedeutsamen Rechtssicherheit auf leicht feststellbare Umstände ab."[59]

Im Ergebnis gilt es festzustellen, dass die Bedenken gegen die soeben dargestellten Fähigkeiten der GbR im Rechtsverkehr nicht aus einer nur unzureichenden Rechtsfähigkeit resultieren, sondern ausschließlich in der mangelnden Verkehrsfähigkeit der GbR begründet sind. Gerade bei den genannten Rechten, bei denen ein gesteigertes Bedürfnis nach Formalisierung und Rechtssicherheit be-

---

55 OLG Düsseldorf v. 05.03.1997 -3 Wx 461/96-, NJW 1997, 1991 (1991). Das OLG verneint die Grundbuchfähigkeit auch unter der Annahme, dass am traditionellen Verständnis der GbR nicht festgehalten wird.

56 Zur Lösung dieses Publizitätsdefizites schlagen z.B. *Ulmer/Steffek* vor, die Grundbucheintragung einer GbR von der Vorlage einer der Form des § 29 I 1 GBO genügenden Ges'terliste sowie daneben vom Nachweis der Vertretungsverhältnisse in der GbR abhängig zu machen, in: NJW 2002, 330 (336). *Anm*: Dies wäre zumindest ein Schritt zur Herbeiführung einer *partiellen Registerpublizität*. Damit diese Wirkung auch nach der Eintragung fortwirkt, müsste jedoch gewährleistet sein, dass alle nachträglichen Änderungen der Ges'schaftsverhältnisse dem GBA angezeigt werden müssen. Dies käme dann der Einführung eines Gesellschaftsregisters gleich!

57 *Gegen* die Parteifähigkeit: Prütting, EWiR 2001, 341 (342); Schemmann, DNotZ 2001, 244 (245); Müther, MDR 2001, 461 (461). Auch der Gesetzgeber, der im Zuge des Handelsrechtsreformgesetzes über die Neuregelung des § 105 II HGB zu befinden hatte, ging davon aus, dass eine GbR nicht parteifähig sei. Als Problemursache wurde ebenfalls die unzureichende Verkehrsfähigkeit einer GbR erkannt, vgl. BT-Drucks. 13/8444, S. 40.

58 Ebenso Heil, NZG 2001, 300 (305). Auch *Wertenbruch*, der sich ansonsten für die Parteifähigkeit der GbR ausspricht, weist auf die Gefahren der fehlenden Registrierung hin, in: NJW 2002, 324 (329).

59 BGH v. 16.11.1992 -II ZR 271/91-, DStR 1992, 1771 (1772).

steht, fehlt es *de lege lata* an einer geeigneten Registerpublizität. Der *BGH* hat sich die Option offengehalten, der GbR einzelne Fähigkeiten im Rechtsverkehr abzusprechen, sofern spezielle Gesichtspunkte gegen diese Rechtsposition sprechen. Bei den genannten Rechten greift dieser Ausschlussgrund ein!

Zur Lösung dieser Problematik bestehen im Grunde zwei Möglichkeiten: Mangels ausreichender Verkehrsfähigkeit könnte die *Rechtsprechung* weiterhin die Grundbuchfähigkeit und die Fähigkeit, sich als phG an einer OHG/KG zu beteiligen, ablehnen. Hinsichtlich der höchstrichterlich anerkannten Parteifähigkeit im Zivilprozess könnte diese Rechtsposition durch die Anknüpfung an bestimmte Mindestvoraussetzungen restriktiv ausgelegt oder sogar vollständig wieder aufgegeben werden. Auf der anderen Seite könnte der *Gesetzgeber* in der Weise tätig werden, dass er mittels gesetzlicher Anordnung die o.g. Rechtspositionen der GbR ausdrücklich vorenthält, oder dass er für eine GbR die Mindestvoraussetzungen einer ausreichenden Verkehrsfähigkeit schafft. Dies würde die Einführung eines öffentlichen Registers in Form eines „Gesellschaftsregisters" erfordern.

Ob diese weitgehende Verselbständigung der GbR für alle Außen-Gesellschaften gelten oder auf bestimmte Erscheinungsformen der Außen-GbR beschränkt werde sollte, ist bereits seit längerer Zeit Gegenstand einer breiten wissenschaftlichen Diskussion. Auch wenn sich die Reformvorschläge im Detail unterscheiden, zielen diese im Ergebnis allesamt darauf ab, die GbR als Einheitsfigur aufzuspalten und eine sachliche Differenzierung zwischen den verschiedenen Gestaltungsvarianten einer GbR herbeizuführen[60]. Diese Überlegungen werden im weiteren Verlauf der Untersuchung an geeigneter Stelle nochmals aufgegriffen[61].

3. Offene Handelsgesellschaft

Nach § 105 I HGB ist eine Gesellschaft, deren Zweck auf den Betrieb eines Handelsgewerbes unter gemeinschaftlicher Firma gerichtet ist, eine offene Handelsgesellschaft. Als Handelsgewerbe gilt jeder Gewerbebetrieb, es sei denn, dass das Unternehmen nach Art und Umfang einen in kaufmännischer Weise eingerichteten Geschäftsbetrieb nicht erfordert (§ 1 II HGB). Ob der mit einer ARGE verfolgte Zweck auf den Betrieb eines Handelsgewerbes gerichtet ist, soll Gegenstand der nachfolgenden Untersuchung sein.

---

60 So z.B. *Schmidt*, Gutachten, S. 480 ff. sowie NJW 2001, 993 (1002) [Differenzierung zwischen Mitunternehmer-BGB-Gesellschaften und schlicht zivilistischen Gesellschaften] oder *Ulmer*, ZIP 2001, 585 (594) u. *Breuninger*, S. 34 ff. [Beschränkung der Rechtsfähigkeit auf solche Ges., die über eine bestimmte Identitätsausstattung und Handlungsorganisation verfügen].

61 Vgl. hierzu die nachfolgenden Ausführungen unter: *A.II.3.d.bb.*

a. Verhältnis zur GbR

Vor dieser Untersuchung ist das Konkurrenzverhältnis zwischen GbR und OHG zu klären. In der ARGE-Praxis vereinbaren die Beteiligten regelmäßig die Gründung einer GbR. Ob diese Parteiendisposition Bestand hat, wenn der mit einer ARGE verfolgte Zweck auf den Betrieb eines Handelsgewerbes gerichtet ist, hängt davon ab, ob der Grundsatz der freien Rechtsformwahl auch im Verhältnis der GbR zur OHG seine Wirkung entfaltet?

Diese Frage ist zu verneinen. Beim Betrieb eines Handelsgewerbes wandelt sich eine als GbR gegründete Gesellschaft kraft Gesetz in eine OHG um. Dies folgt unmittelbar aus § 105 I HGB[62]. Dieser identitätswahrende Rechtsformwechsel tritt ein, ohne dass es einer Willenserklärung der Gesellschafter bedarf oder ein entgegenstehender Parteiwille dies verhindern könnte (*gesetzlicher Typenzwang*). Auch die fehlende Handelsregistereintragung steht dem nicht entgegen, da diese für das Entstehen einer OHG nicht *konstitutiv* ist. Für den vorliegenden Sachverhalt hat dies zur Konsequenz, dass eine ARGE, sofern ihr Gesellschaftszweck auf den Betrieb eines Handelsgewerbe gerichtet ist, **zwingend** die Rechtsform einer OHG einnimmt. Die praktische Relevanz dieser notwendigen Differenzierung zwischen GbR und OHG ergibt sich aus der gesetzlichen Kaufmannsstellung einer OHG. Hieraus resultieren eine Vielzahl von Rechten und Pflichten, die sich erheblich von denen einer GbR unterscheiden. So ist eine OHG beispielsweise handelsregisterpflichtig, buchführungspflichtig (§§ 238 ff. HGB) und zur Vornahme von Handelsgeschäften fähig (§§ 343 ff. HGB).

b. Der Gewerbebegriff im Handelsrecht

Für die Beurteilung, ob der mit einer ARGE verfolgte Zweck auf den Betrieb eines Handelsgewerbes gerichtet ist, ist der Blick zunächst auf den Begriff des Gewerbebetriebs zu lenken, da nach der Systematik des § 1 II HGB für den Betrieb eines Handelsgewerbes die Existenz eines Gewerbebetriebs erforderlich ist. Der Gesetzgeber verwendet in §§ 1 ff. HGB sowohl den Begriff Gewerbebetrieb (§ 1 II HGB) als auch die Begriffe „gewerbliches Unternehmen" (§ 2 HGB) oder einfach „Gewerbe" (§ 5 HGB). Aus dem gesetzlichen Regelungszusammenhang lässt sich nichts dafür herleiten, dass der Gesetzgeber mit dieser unterschiedlichen Terminologie auf inhaltliche Unterschiede hinweisen wollte. Es spricht daher nichts dagegen, die Begriffe „Gewerbebetrieb" und „Gewerbe" synonym zu verwenden.

---

[62] So auch BGH v. 17.06.1953 -II ZR 205/52-, BGHZ 10, 91 (97), v. 29.01.2001 -II ZR 331/00-, BGHZ 146, 341 (346).

aa. Definition und historische Entwicklung

Der Gewerbebegriff gilt als *der* Zentralbegriff des Handelsrechts. Trotz dieser zentralen Stellung hat der Gesetzgeber auf eine Legaldefinition verzichtet. Bereits die „Nürnberger Kommission“ zur Beratung eines allgemeinen deutschen Handelsgesetzbuchs (ADHGB) verzichtete im Jahr 1858 auf die Aufstellung einer Legaldefinition, da sie den Ausdruck „gewerbsmäßig“ für populär genug hielt, „um einer richtigen Anwendung in einzelnen Fällen versichert sein zu können“[63]. Diese Auffassung wird noch heute vom Gesetzgeber geteilt[64].

Diese Zurückhaltung des Gesetzgebers ebnete den Weg für die Rechtsprechung, einzelne Tatbestandsmerkmale des Gewerbebegriffs herauszuarbeiten und diese im Laufe der Zeit fortzuentwickeln. In einer der ersten wichtigen Entscheidungen hatte das **Reichs-Oberhandelsgericht** darüber zu befinden, ob die Staats-Eisenbahn als Kaufmann zu qualifizieren sei[65]. Das ROHG gelangte dabei zu der Erkenntnis, dass die *Planmäßigkeit* sowie die *Gewinnerzielungsabsicht (Entgeltlichkeit)* einer Betätigung als Merkmale eines gewerbsmäßigen Betriebs zu prüfen seien. Diese Kriterien wurden in der Folgezeit vom ROHG und später vom Reichsgericht in ständiger Rechtsprechung angewendet.

Ein Wandel dieser Rechtsprechung vollzog sich mit der Einführung des Bürgerlichen Gesetzbuchs. Im Rahmen der Auslegung des Tatbestandsmerkmals „Gewerbebetrieb“ in § 196 BGB stellte das Reichsgericht die *Berufsmäßigkeit* der Betätigung in den Vordergrund. Gewerbsmäßigkeit erforderte demnach eine „dauernde und berufsmäßig fließende Einnahmequelle“ [66]. Hieran anknüpfend versteht auch der Bundesgerichtshof unter einem Gewerbetrieb i.S.v. § 196 I Nr. 1 BGB a.F.[67] „einen berufsmäßigen Geschäftsbetrieb, der von der Absicht dauernder Gewinnerzielung beherrscht wird“[68].

Hierzu bedarf es des klarstellenden Hinweises, dass die zuletzt zitierte Rechtsprechung im eigentlichen Sinne nichts zur Klärung des handelsrechtlichen Gewerbebegriffs beiträgt, da sämtliche Urteile zu § 196 BGB a.F. ergangen sind.

63 Vgl. Bericht zur CLVI. Sitzung der Kommission zur Beratung eines allgemeinen deutschen Handelsgesetzbuches vom 27. 01.1858, S. 1306.

64 Vgl. die Gesetzesbegründung zum Handelsrechtsreformgesetz v. 22.06.1998, BT-Drucks. 13/8444, S. 24.

65 ROHG v. 14.12.1871, ROHGE 3 ,405 (407 f.).

66 RG v. 23.04.1907 -Rep. VII 261/06-, RGZ 66, 48 (51); v. 05.07.1910 -Rep. VII 252/10-, RGZ 74, 150 (150).

67 Diese Vorschrift wurde durch das Schuldrechtsmodernisierungsgesetz v. 26.11.2001 inhaltlich aufgehoben.

68 BGH v. 07.07.1960 -VIII ZR 215/59-, BGHZ 33, 321 (324); v. 10.05.1979 -VII ZR 97/78- BGHZ 74, 273 (276); 02.07.1985 -X ZR 77/84-, BGHZ 95, 155 (157); v. 23.09.1992 -IV ZR 196/91-, BGHZ 119, 252 (256).

An diesem Punkt steht außer Frage, dass der Begriff des Gewerbebetriebs für jedes Gesetz selbständig, nach Inhalt und Zweck der jeweiligen Vorschrift zu bestimmen ist[69]. Trotz dieser prinzipiellen Eigenständigkeit ist davon auszugehen, dass die Begriffe in § 196 BGB und § 1 HGB Parallelen aufweisen. Beide Vorschriften dienen der Abgrenzung einer Privatperson vom beruflich tätigen Gewerbetreibenden. Sofern auf diese Abgrenzungsfunktion abgestellt wird[70], erscheint es sachgerecht, beide Gewerbebetriebsbegriffe identisch auszulegen.

Während sich die Rechtsprechung v.a. in der frühen Entwicklungsphase darauf beschränkte, einzelne Kriterien gewerbsmäßigen Handelns herauszuarbeiten, war die Literatur von Anfang an bemüht, eine komplexe Definition zu entwickeln. Als einer der ersten stellte *Levin Goldschmidt* folgende Definition auf: „Gewerbemäßig ist der Betrieb als ständige Einkommensquelle: jedes einzelne Handelsgeschäft erscheint als Theil eines gewollten, auf Erzielung eines Einkommens gerichteten Geschäftscomplexes von an sich unbestimmten Umfange, als bloßes Glied einer im Voraus in unbestimmter und unbestimmbarer Zahl beabsichtigten Reihe von Einzelgeschäften, welche durch das innere Band des einheitlichen (Gewerbs-)Willens zusammengehalten werden“[71]. Diese Definition wurde im Laufe der Zeit sprachlich modernisiert, ohne dass sich hieran im Kern etwas geändert hat. Im modernen Schrifttum wird ein Gewerbe definiert, als jede „selbständige, auf Dauer angelegte und nach außen erkennbare Tätigkeit, die von der Absicht dauernder Gewinnerzielung getragen ist, soweit sie nicht freiberuflicher, künstlerischer oder wissenschaftlicher Art ist“[72]. Der Gesetzgeber hat sich ausdrücklich zu dieser Definition bekannt[73].

Dieser Gewerbegriff ist indes nicht unumstritten. Die Kritik entzündet sich v.a. am Merkmal der Gewinnerzielungsabsicht und dem generellen Ausschluss der freien Berufe vom Handelsrecht[74]. Ohne dies weiter vertiefen zu wollen, besteht der handelsrechtliche Gewerbebegriff nach überwiegender Auffassung in Literatur und Rechtsprechung aus folgenden Merkmalen:

---

69 So auch die übereinstimmende Auffassung aller Bundesgerichte: BGH v. 16.03.2000 -VII ZR 324/99- BGHZ 144, 86 (88) sowie BVerwG v. 24.06.1976 -1 C 56/74-, NJW 1977, 772 (772) und BSG v. 10.08.1996 -3 RK 11/95-, NJW 1997, 1659 (1660).

70 Unterschiede bestehen v.a. in der Einbeziehung der Land- und Forstwirte in den Anwendungsbereich des § 196 BGB a.F., vgl. BGH v. 07.07.1960 -VIII ZR 215/59-, BGHZ 33, 321 (324). *Anm*: Dies ist konsequent, da der Inhaber eines landwirtschaftlichen Betriebes hinsichtlich seiner betrieblichen Forderungen weniger mit einem Privatmann, als mit dem Inhaber eines Gewerbebetriebs vergleichbar ist.

71 Goldschmidt, Handbuch des Handelsrechts, S. 454.

72 Statt vieler HK-*Ruß*, HGB, § 1, Rz. 28.

73 BT-Drucks. 13/8444, S. 24. [Gesetzesbegründung zum HRefG].

74 Vgl. Schmidt, HandelsR, § 9 IV 2 d; Röhricht/Graf von Westphalen-*Röhricht*, HGB, Vor §§ 1-7, Rz. 12, die sich für das Kriterium „Entgeltlichkeit“ aussprechen.

- Selbständigkeit
- Dauerhaftigkeit, d.h. planmäßige Geschäftstätigkeit
- Erkennbarkeit, d.h. anbietende Tätigkeit am Markt
- Gewinnerzielungsabsicht oder Entgeltlichkeit
- Keine freiberufliche Tätigkeit.

bb. Methodische Einordnung

Für die methodische Einordnung des Gewerbebegriffs ist es erforderlich, sich mit den Grundstrukturen des *Klassen- und Typusbegriffs* vertraut zu machen.

(1.) Klassenbegriff contra Typusbegriff

Immer dann, wenn sich Rechtswissenschaftler über die Auslegung eines bestimmten Tatbestandsmerkmals streiten, gehört es seit langer Zeit zum guten Ton einer wissenschaftlich geführten Diskussion, die Denkfiguren des *Klassen- und Typusbegriffs* als erweiterte Diskussionsgrundlage einzuführen. Der Typusbegriff wird zumeist dann herangezogen, wenn sich ein Lebenssachverhalt nicht unter einen „gewünschten" Rechtssatz subsumieren lässt. Das Ziel der nachfolgenden Ausführung soll nicht darin bestehen, sich mit allen Einzelheiten des Typusbegriffs auseinander zu setzen oder eine grundlegende Klärung pro Typus oder pro Klassenbegriff herbeizuführen. Vielmehr soll der Nachweis erbracht werden, dass sich die in vielen Diskussionen scharf akzentuierten, gegenteiligen Positionen in letzter Konsequenz nicht aufrechterhalten lassen, und dass oftmals das Gleiche gemeint ist, obwohl dies unterschiedlich bezeichnet wird.

Das Typusdenken an sich ist weder eine Besonderheit der Rechtswissenschaft noch ist dieses Denken auf einzelne Rechtsgebiete beschränkt[75]. Gerade die letztgenannte Aussage erklärt sich von selbst, wenn man sich die Ursprünge des Klassen- und Typusbegriffs vor Augen hält. Hierfür ist es erforderlich, sich noch einmal mit den elementaren Grundstrukturen der Rechtsanwendung vertraut zu machen. Vergegenwärtigt man sich die Funktion und die wesentlichen Grundstrukturen eines Rechtssatzes, gilt es zunächst festzustellen, dass die einzelnen Rechtssätze niemals isoliert voneinander stehen, da sie stets Teil eines ihnen übergeordneten Regelungszusammenhangs sind[76]. Als notwendiges Bindeglied, dass die zum Teil höchst individuellen Rechtssätze zu einem in sich geschlosse-

---

75 *Anm*: Es kann jedoch ohne Umschweife behauptet werden, dass gerade im Steuerrecht die Diskussion um die typologische Rechtsfindung besonders intensiv geführt wird. Dieser Umstand lässt sich relativ einfach dadurch erklären, dass es besonders im Steuerrecht (neben dem Strafrecht) als einem der einschneidendsten Eingriffsrechte des Staates um die Einhaltung der Tatbestandsmäßigkeit der Besteuerung geht.

76 *Anm* zur Terminologie *Rechtssatz* und *-norm*: Nach *Larenz* weisen diese Begriffe einen identischen Bedeutungsgehalt auf, da jede Rechtsnorm sprachlich nur als ein Satz ausgedrückt werden kann, in: Methodenlehre, S. 250. **A.A.** Tipke/Kruse-*Kruse*, AO, § 4, Rz. 1.

nen Rechtssystem verbindet, fungiert die transzendierte Wertvorstellung des Gesetzgebers. Diese überlagert als *causa* den normierten Regelungszusammenhang. Soll das Verständnis der einzelnen Rechtssätze in ihrer eigenständigen Bedeutung und im Zusammenspiel untereinander erschlossen werden, gelingt dies nur mittels einer Betrachtung, die sich diesen übergeordneten „leitenden Wertgesichtspunkten“[77] zuwendet. Deren Bedeutung erstreckt sich aber nicht ausschließlich auf den Regelungszusammenhang, als einem in sich geschlossenen Normenkomplex, sondern auch auf den einzelnen Rechtssatz, weil dieser wiederum ein in-sich geschlossenes System von Tatbestand und Rechtsfolge bildet. Versinnbildlicht meint dies, dass der Gesetzgeber bei der Regelung eines Normenkomplexes Gedanken vor Augen hat, die jeweils abgestuft ihre Umsetzung im Regelungszusammenhang und im einzelnen Rechtssatz erfahren.

Als Beispiel sei auf das Handelsrecht verwiesen. Von der Grundidee ist der Gesetzgeber davon ausgegangen, dass er für eine bestimmte Personengruppe die rechtlichen Beziehungen untereinander anders gestalten könne, weil diese Personen über die notwendige Geschäftserfahrenheit verfügen. Rechtstechnisch ist er dann in der Weise vorgegangen, dass er einen bestimmten normativ abgegrenzten Bereich aus dem einheitlichen Gesamtkomplex „Privatrecht“ ausgesondert und in einem einheitlichen Gesetzbuch kodifiziert hat. Man spricht insofern auch vom Handelsrecht als dem Sonderprivatrecht der Kaufleute. Diese dem HGB transzendierte Wertvorstellung des Gesetzgebers vereinigt nicht nur die einzelnen Vorschriften zu einem einheitlichen Gesamtgefüge, sondern ist auch bei der Auslegung jeder individuellen Regelung zu berücksichtigen. Der Norminterpret hat sich stets zu fragen, ob eine möglicherweise dem Wortsinn entsprechende Auslegung im Einklang mit dem steht, was der Gesetzgeber beabsichtigte umzusetzen. Die Suche nach der *„ratio legis“* entspricht somit der Suche nach dem „leitenden Wertgesichtspunkt“.

Bei der Analyse des Rechtssatzes bzw. der Rechtsnorm zählt es ebenfalls zu den grundlegenden Erkenntnissen, dass der Gesetzgeber nicht jedes Bild bzw. jeden Sachverhalt, den er zu regeln beabsichtigt, einem einzelnen Rechtssatz zuführen kann. Vielmehr ist er darauf angewiesen, das Typische aus einer Vielzahl von Sachverhalten zu deduzieren, um mittels einer Abstraktion Anknüpfungsmerkmale herauszuarbeiten, die bei allen gleichgelagerten, aber auch bei den nur ähnlich gelagerten Fällen eine möglichst eindeutige Zuordnung des Sachverhaltes zum Tatbestand ermöglichen[78]. *Esser* stellt in diesem Zusammenhang die

---

77 Diese Formulierung geht auf *Larenz* zurück, vgl. Methodenlehre, S. 264.

78 Eine andere Methodik besteht darin, im Wege der Kasuistik möglichst enge und lebensgetreue Tatbestände zu formen. Obwohl unsere Rechtsordnung im Wesentlichen davon geprägt ist, generalisierende Tatbestände aufzustellen, tendiert bspw. die Steuergesetzgebung dazu, nachträglich korrigierend einzelfallbezogene Regelungen zu erlassen.

Forderung auf, dass „die Begriffe des Gesetzes geeignet sein müssen, mehrere rechtlich gleich zu wertende Vorgänge des Lebens, auch wenn sie in der Volkssprache verschieden benannt sind, in sich zu vereinigen“[79]. Steht somit fest, dass für den Gesetzgeber die Notwendigkeit der Abstraktion besteht, erklärt sich auch die engere Tatbestandsstruktur.

Tatbestände im Allgemeinen sind gegliederte Gebilde, d.h. Sätze, die sich wiederum aus einer begrenzten Anzahl weiterer Bestandteile, den Wörtern, zusammensetzen. *Hassemer* charakterisiert die Beziehung zwischen Tatbestand und Tatbestandsmerkmal in der Weise, dass die Elemente gegenseitig die hermeneutische Dimension des anderen konstituieren[80]. Genauso wie die Tatbestandsmerkmale den Tatbestand ausmachen und seinen Bedeutungsgehalt festlegen, beeinflusst der Tatbestand als Ganzes den Wortsinn seiner Merkmale. Die eigentliche Dimension dieser Aussage erschließt sich erst bei einer näheren Auseinandersetzung mit der Auslegung im Rechtssinne. Hierunter ist ein vermittelndes Tun zu verstehen, durch das sich der Auslegende den Sinn eines Textes zum Verständnis bringt, der ihm problematisch geworden ist[81]. Die Ursache dieser Problematik besteht darin, dass der Gesetzgeber bedingt durch die notwendige Abstraktion, Begriffe als Tatbestandsmerkmale wählt, die zwar möglichst konkret und wirklichkeitsbezogen, aber zugleich auch allgemein und wirklichkeitserfassend sind.

Die nächste Ebene ist der weite Bereich der Rechtsanwendung. Rechtsanwendung im Allgemeinen erfordert die schrittweise Angleichung von Sachverhalt und Rechtsnorm und zwar sowohl die schrittweise Angleichung des Sachverhaltes an die Norm als auch den umgekehrten Fall[82]. Herkömmlicherweise wird diese Rechtsanwendung auf den Begriff der Subsumtion reduziert. Bei der Rechtsanwendung wird letztlich ein Lebenssachverhalt dahingehend untersucht, ob sich bestimmte Merkmale, d.h. tatsächliche Bezugspunkte unter die geschriebenen oder teilweise auch ungeschriebenen Tatbestandsmerkmale subsumieren lassen. Nach *Larenz* haben wir es nur dann mit einer eindeutigen Subsumtion zu tun, wenn sich der Tatbestand durch die Angabe hinreichend bestimmter Begriffe in der Weise definieren lässt, dass „nur dann und immer dann“ wenn sämtliche Merkmale erfüllt sind, die im Rechtssatz beschriebene Rechtsfolge von diesem Sachverhalt ausgelöst wird[83]. Diese idealisierte Vorstellung der Subsumtion

79 Esser, Grundbegriffe, S. 131.

80 Hassemer, Tatbestand und Typus, S. 102.

81 Larenz, Methodenlehre, S. 312.

82 Ausführlich hierzu: Tipke/Kruse-*Kruse*, AO, § 4, Rz. 71 ff.

83 Larenz, Methodenlehre, S. 221. **A.A.** Weber-Grellet, FS Beisse, 551 (559), der unter einer Subsumtion nicht nur die logische, rationale Unterordnung unter wohldefinierte Klassenbegriffe, sondern auch die meist wertende Zuordnung zu einem Typusbegriff versteht.

als einem wertungsfreien Vorgang lässt sich jedoch in dieser Klarheit nicht in die Rechtswirklichkeit umsetzen, weil nicht alle Tatbestandsmerkmale eine logische Sachverhaltssubsumtion zulassen. Dies beruht auf dem Umstand, dass sich der Gesetzgeber zur Formulierung eines Tatbestandes einer verklausulierten Rechtssprache bedient, deren Fachtermini ein durchaus unterschiedliches Abstraktionsniveau aufweisen. Im Bestreben, möglichst eine Vielzahl realer Sachverhalte abstrakt zu erschließen, verwendet der Gesetzgeber häufig Generalklauseln und Rechtsbegriffe i.w.S., die inhaltlich keine klar umschriebenen und eindeutigen Abgrenzungen zulassen. Die Tatbestandsmerkmale, die sich einer schlichten „Entweder-oder“ Subsumtion entziehen und einer „Mehr-oder-weniger“ Zuordnung gleichen, werden als Typusbegriffe bezeichnet.

Bevor näher auf den Typusbegriff eingegangen werden kann, bedarf es des klarstellenden Hinweises, dass es *den Typusbegriff* als solchen nicht gibt. Dieser Begriff zeichnet sich in der wissenschaftlichen Diskussion geradezu durch eine Vielzahl unterschiedlicher Begriffsbestimmungen aus. Gleichwohl besteht zwischen allen Beteiligten ein Konsens, dass das Wesen jeder Typuskonzeption in der Abgrenzung des Typus- vom Klassenbegriff (bzw. Allgemeinbegriff) besteht[84]. Als Beispiel für eine durchaus konsensfähige Formulierung in dieser Abgrenzungsfrage sei auf eine Aussage von *Arthur Kaufmann* verwiesen:

„Der Typus bildet die Mittelhöhe zwischen dem Allgemeinen und dem Besonderen, er ist ein vergleichsweise Konkretes, ein universale in re. So unterscheidet sich der Typus auf der einen Seite vom abstrakt-allgemeinen Begriff, der durch eine begrenzte Anzahl isolierender Merkmale definiert ist. Der Typus in seiner größeren Wirklichkeitsnähe, Anschaulichkeit und Gegenständlichkeit ist demgegenüber nicht definierbar, sondern nur explizierbar, er hat zwar einen festen Kern, aber keine festen Grenzen, so dass von den für einen Typus charakteristischen Zügen auch der eine oder andere fehlen kann, ohne dass damit die Typizität eines bestimmten Sachverhaltes in Frage gestellt zu sein braucht.
Der Begriff ist geschlossen, der Typus ist offen. Der Begriff kennt nur das scharfe „Entweder-oder“ [...]. Der Typus bequemt sich dem „Mehr-oder-minder“ der mannigfaltigen Wirklichkeit an [..]. Unter dem Typus kann daher auch nicht wie unter den Begriff subsumiert werden, man kann ihm einen konkreten Sachverhalt vielmehr nur in höherem oder geringerem Grad zuordnen.“[85]

Verkürzt formuliert, gilt folgende Abgrenzungsformel:

[84] Larenz, Methodenlehre, S. 216 ff.; Engisch, Konkretisierung, S. 242 ff.; Leenen, Typus und Rechtsfindung, S. 34 ff.; Strache, Denken, S. 21 ff. **A.A.** Zippelius, FS Engisch, S. 224 ff. [Keine strenge Abgrenzung möglich].

[85] Kaufmann, Analogie, S. 37.

„Während der Klassenbegriff durch eine endliche Zahl notwendiger und hinreichender Merkmale abschließend umschrieben und die Sachverhaltsanwendung im Wege der Subsumtion erfolgt, zeichnet sich der Typusbegriff durch sein offenes Gesamtbild aus, dem ein Sachverhalt nur mittels eines Ähnlichkeitsvergleichs in wertender Betrachtungsweise zugeordnet werden kann."

Trotz dieser auf dem ersten Blick klaren und eindeutigen Abgrenzung darf nicht übersehen werden, dass die gesamte Konzeption auf der These beruht, wonach sich Klassen- und Typusbegriff in einem unwiderruflichen Exklusivitätsverhältnis zueinander befinden. Auf der einen Seite steht der Klassenbegriff, der sich durch seine Eindeutigkeit, Exaktheit und der Sicherheit in seiner Anwendung auszeichnet und gleichsam als Repräsentant eines axiomatischen, unwiderruflichen Rechtssystems steht. Auf der anderen Seite steht der Typusbegriff, der Eigenschaften wie Anschaulichkeit und Ganzheitlichkeit verkörpert, die im Ergebnis eine dem Klassenbegriff überlegene Wirklichkeitsnähe entstehen lassen[86]. Diese Dominanz wird im Allgemeinen durch die „Offenheit" des Typus gekennzeichnet. Doch was verbirgt sich hinter dieser „Offenheit"?

(a.) Die „Offenheit" des Typus -Merkmal der Überlegenheit oder Trugschluss?

Die Überlegenheit der Typuskonzeption wird regelmäßig damit begründet, dass sich die Typusbegriffe durch ihre Realitätsbezogenheit auszeichnen. Als eine der ersten haben *Hempel/Oppenheim*[87] diese Dominanz mit der „Offenheit" des Typusbegriffs begründet. Nach *Strahl* lässt sich diese „Offenheit" mithilfe von drei prägenden Teilelementen kennzeichnen:

1. Die Nichtabgeschlossenheit der Merkmalsmenge des Typus
2. Die Veränderlichkeit der Merkmalsmenge des Typus
3. Die Abstufbarkeit der einzelnen Merkmale des Typus[88].

Ein wesentlicher Vorzug der Typuskonzeption, der sich aus diesen Eigenschaften ableitet, soll in seiner Dynamik bestehen. Im Gegensatz zur statischen Begriffssubsumtion unterliegen die Typenbilder in der Weise einem stetigen Wandel, dass einzelne Merkmale im Laufe der Zeit stärker hervortreten, während andere schwächer oder ganz verschwinden und dafür neue hinzukommen können[89]. Der Typus gilt somit als entwicklungsfähig. Diese Anpassungsfähigkeit hängt eng mit einer weiteren wichtigen Eigenschaft des Typusbegriffs zusammen: Die **Abstufbarkeit** der einzelnen Merkmale.

---

86 Vgl. zu diesem Gegensatz: Leenen, Typus und Rechtsfindung, S. 28 ff., S. 34 ff.
87 Hempel/Oppenheim, Der Typusbegriff, S. 1.
88 Strahl, Typisierende Betrachtungsweise, S. 198.
89 Strache, Denken, S. 48.

Zwischen allen Typuskonzeptionen besteht Einigkeit, dass diese Abstufbarkeit nicht eine (von vielen) kumulativen Eigenschaften ist, sondern den Typusbegriff in seiner Existenz berührt. Nach dem Grundverständnis der Typuslehre ist ein Klassenbegriff durch seine Definition in der Weise festgelegt, dass er auf einen Sachverhalt nur dann anzuwenden ist, wenn in ihm sämtliche Merkmale der Definition anzutreffen sind. Beim Typusbegriff soll diese Abhängigkeit nicht gelten. Nicht alle nach der Beschreibung des Typus angegebenen Merkmale müssen immer vollständig verwirklicht sein; sie können in unterschiedlichem Maße „mehr" oder „weniger" vorhanden sein. Vielmehr noch sind sie häufig auch abstufbar und bis zu einem gewissen Grade gegenseitig austauschbar[90]. Als Quintessenz ließe sich sagen, dass im Gegensatz zum schlichten Abgleichen verschiedener positiver oder negativer Merkmale, die häufig isoliert voneinander stehen, sich beim Typusbegriff ein Urteil aus dem Gesamtbild der Verhältnisse ergibt. Als notwendiges Bindeglied, das die Merkmale zu einem Typus zusammenfügt, gilt der „leitende Wertgesichtspunkt"[91]. Abstrakt formuliert ist daher begriffliches Denken merkmalsbezogenes Denken, wohingegen typisierendes Denken ganzheitsbezogenes Denken ist[92].

An diese Feststellung schließt sich die berechtigte Frage an, ob es auch bei einem Typusbegriff einen unabänderlichen Kernbestand gibt, d.h. ein objektiv nachvollziehbares Merkmalsgefüge auf das nicht verzichtet werden kann? Bei der Beantwortung dieser Frage geht es im Wesentlichen darum, festzustellen, ob sich der unwiderrufliche Gegensatz von Typus- und Klassenbegriff tatsächlich nachweisen lässt, oder ob nicht gewisse Schnittpunkte zwischen diesen Rechtsbegriffen bestehen, die es in bestimmten Grenzfällen ermöglicht, eine methodische Einordnung offen zu lassen.

Aus verfassungsrechtlicher Sicht ist der Gesetzgeber nicht verpflichtet, bei der Regelung einer typischen Erscheinung des sozialen Lebens, jeden Tatbestand mit exakt definierbaren Merkmalen zu umschreiben. Bedient er sich einer Generalklausel oder eines unbestimmten Rechtsbegriffs, so ist dies nach ständiger Rechtsprechung des Bundesverfassungsgerichts unbedenklich[93]. Die gesetzliche Vorschrift muss mit Blick auf den *Bestimmtheitsgrundsatz* nur so bestimmt sein, „wie dies nach der Eigenart der zu regelnden Sachverhalte mit Rücksicht auf den Normzweck möglich ist. Es genügt, dass die Betroffenen die Rechtslage er-

---

90 So Larenz, Methodenlehre, S. 221. Im Kern geht die Einführung dieses komparativen Denkens auf die Arbeit von *Hempel/Oppenheim* zurück, vgl. Der Typusbegriff, S. 22 ff.

91 Vgl. hierzu Strahl, Typisierende Betrachtungsweise, S. 219 ff.

92 Strahl, Typisierende Betrachtungsweise, S. 217.

93 So z.B. BVerfG v. 10.10.1961 -2 BvL 1/59-, BVerfGE 13, 153 (160) [ständige Rspr.].

kennen und ihr Verhalten danach einrichten können"[94]. Diese relativ offene Formel besagt nicht mehr, aber auch nicht weniger, als dass der Rechtsanwender in der Lage sein muss, sich den Sinngehalt einer Rechtsnorm erschließen zu können. Auch die „offenen Merkmale" müssen demnach zumindest so weit fixiert sein, dass sich objektiv die Übereinstimmung eines Sachverhaltes mit dem Tatbestand überprüfen lässt.

Diese Erkenntnis ist den Anhängern der Typuslehre nicht verborgen geblieben. Bereits *Larenz* gelangte zu der Erkenntnis, dass sich bestimmte Typusbegriffe durch eine jahrelange konstante Rechtsanwendung den Klassenbegriffen in der Weise annähern können, dass diese durch die Festlegung einiger **unverzichtbarer Merkmale** die Vorstufe einer Begriffsbildung erlangen[95]. Diese auch als „Gattungstypus"[96] deklarierten Typen zeichnen sich dadurch aus, dass sie in ihrer Offenheit begrenzt, Züge eines fest umschriebenen Begriffs aufweisen[97]. Hieraus leitet *Zippelius* sogar die Feststellung ab, ein Typus als solcher sei nicht notwendig unbestimmter als ein Begriff[98].

Verlassen wir diese abstrakte Ebene und beantworten konkret die Frage nach der Erkennbarkeit von Typen im Recht, wird dies allgemein dadurch beantwortet, dass der im Gesetz verwendetet Begriff als Klassenbegriff zu qualifizieren ist, wenn die Wörter in der Norm selbst oder in einer anderen Norm durch die Festlegung der wesentlichen Merkmale definiert sind. Fehlt eine solche Definition, ist von einem Typusbegriff auszugehen. Diese an sich klare und eindeutige Abgrenzung wird nicht stringent durchgehalten. So geht u.a. *Strahl* davon aus, dass sich auch solche im Gesetz verwendeten „Rechtsbegriffe i.w.S.", die durch Merkmale näher bestimmt werden, als Typen einstufen lassen[99].

---

94 BVerfG v. 17.11.1992 -1BvL 8/87-, BVerfGE 87, 234 (263). *Kunig* leitet hieraus sogar ein subj. Recht des Stpfl. aus Art. 14 I und 2 I GG ab, dass er nur aufgrund obj. fassbarer Normen belastet werden darf, in: Das Rechtsstaatsprinzip, S. 410.

95 Larenz, Methodenlehre, S. 223.

96 Vgl. Strache, Denken, S. 24.

97 Bei Tipke/Lang, Steuerrecht, § 5, Rz. 45 [16. Aufl.] findet sich sogar die Forderung, dass der Gesetzgeber überall dort, wo es in besonderem Maße auf Rechtssicherheit und Berechenbarkeit ankomme, die noch offenen Typusbegriffe durch abstrakte Begriffe ersetzt.

98 Zippelius, FS Engisch, 224 (231).

99 Nach *Strahl* ist die Einordnung eines Tb-Merkmals als abstrakter Begriff oder als Typusbegriff nicht im Gesetz angelegt. Nicht der Gesetzgeber, sondern der Rechtsanwender solle im Wege einer funktionalen Betrachtung darüber entscheiden, ob er die im Gesetz niedergelegten Wörter, die durch Merkmale näher bestimmt werden, als Begriffe oder Typen verstanden wissen will, S. 252. *Anm*: *Drüen* kritisiert diese Sichtweise zurecht, denn wenn der Rechtsanwender autonom eine Entscheidung in dieser Frage treffen kann, verliert der auch von *Strahl* postulierte Gegensatz zwischen Klassen- und Typusbegriff an der erforderlichen Trennschärfe, vgl. Drüen, StuW 1997, 261 (266).

Als kurzer Vorgriff auf die Ausführungen im 2. Abschnitt sei bereits an dieser Stelle erwähnt, dass der in § 15 II EStG definierte Begriff des Gewerbebetriebs von einem Großteil in der Literatur als Typusbegriff qualifiziert wird. Bereits an dieser Stelle muss die Frage erlaubt sein, ob auch auf die in § 15 II EStG normierten Tatbestandsmerkmale gänzlich verzichtet werden kann? Die Beantwortung dieser Frage folgt aus dem Gesetz!

Gelangen wir somit zu der Erkenntnis, dass auch die Typusbegriffe im Laufe der Zeit eine bestimmte relative Konstanz der Versinnbildlichung und damit eine gewisse Stabilisation des elastischen Merkmalsgefüges aufweisen können, lässt sich die These von der „Offenheit“ des Typusbegriffs nicht mehr in dieser Konsequenz aufrechterhalten. Genauso wenig wie die Typusbegriffe in ihrem Merkmalsgefüge „offen“ und unbegrenzt sind, sind die Klassenbegriffe eindeutig und exakt in ihrer Anwendung. Es wäre geradezu illusorisch anzunehmen, dass es dem Gesetzgeber gelingen könnte, den abstrakten, univoken Begriff herzustellen. Hierbei dürfte Einigkeit bestehen, dass mit Ausnahme der Zahlen, Eigennamen und bestimmter technischer Ausdrücke, alle im Gesetz verwendeten Ausdrücke und Begriffe auslegungsfähig und -bedürftig sind[100].

Wenn sich zumindest in den *Grenzbereichen*[101] der methodisch scharf akzentuierte Gegensatz von Typus- und Klassenbegriff nicht nachweisen lässt, bedarf es nur noch eines Gedankenschrittes, um auch die Lücke zwischen typologischer Rechtsfindung und klassischer Norminterpretation zu schließen. Norminterpretation meint in diesem Zusammenhang Gesetzesauslegung. Hierbei dürfte es zu den sicheren Erkenntnissen der modernen Rechtswissenschaft zählen, dass eine Auslegung niemals am buchstäblichen Sinn einzelner Ausdrücke stehen bleiben darf[102]. Vielmehr muss stets der wirkliche Sinn des Rechtssatzes erforscht werden (teleologische Auslegung). Die Streitfrage, ob der vom Gesetzgeber im Zeitpunkt der Verabschiedung des Gesetzes verfolgte Zweck (Subjektiv-teleologische Auslegung) oder ein davon unabhängiger Zweck zu berücksichtigen ist (Objektiv-teleologische Auslegung), sollte nicht im Wege des „Entweder-oder“, sondern abhängig vom Einzelfall entschieden werden[103].

---

100 So auch Larenz, S. 205 sowie Leenen, Typus und Rechtsfindung, S. 33.

101 *Grenzbereich* meint in diesem Zusammenhang, dass bestimmte Typusbegriffe durch eine jahrelange konstante Rechtsanwendung eine solche Konstanz des an sich elastischen Merkmalsgefüges aufweisen, dass diese Begriffe den Status eines Gattungstypus oder eines kernbereichsbeschreibenden Typus aufweisen, bei denen die einzelnen Merkmale in der Rechtsanwendung wie bei einem Klassenbegriff unverzichtbar sind.

102 Vgl. Tipke/Lang, Steuerrecht, § 5, Rz. 50 ff.

103 Vgl. zu diesem Streit: Fischer, FS Tipke, 187 (187 ff.).

Ohne diese Streitfrage im Detail erörtern zu wollen, sei an dieser Stelle auf einen Vorteil der *objektiv-teleologischen Auslegung* hingewiesen. Diese Betrachtung versteht es am ehesten, die unvermeidbare Unvollkommenheit des Gesetzgebers zu verarbeiten, alle zukünftigen Entwicklungen vorausschauend berücksichtigen zu können. Dieser Verarbeitungsprozess dient der Umsetzung dessen, was als Anspruch an eine funktionsgerechte Rechtsordnung heranzutragen ist. Sie darf nicht nur auf den Zeitpunkt der Gesetzgebung gegenwartsbezogene Antworten liefern, sondern muss sich auch den Fragen stellen, die sich aus der stetigen Änderung der Realitäten ergeben. Eine Jurisprudenz, die sich diesem dynamischen Entwicklungsprozess verschließt und nur um ihrer selbst Willen betrieben wird, kann die an sie gestellten Erwartungen nicht befriedigen. M.a.W. sollte die teleologische Auslegung niemals statisch, sondern dynamisch im Einklang mit den sich ändernden Realitäten betrieben werden.

Bei einem in dieser Weise zugrundeliegenden Verständnis der Auslegung trifft es nicht zu, dem Klassenbegriff die Realitätsbezogenheit abzusprechen und ausschließlich dem Typusbegriff Wirklichkeitsnähe zuzuschreiben. Zwischen der typologischen Rechtsfindung und der teleologischen Norminterpretation besteht zumindest in den Fällen kein Unterschied, in denen auch beim Typusbegriff eine Konkretisierung des elastischen Merkmalsgefüges eingetreten ist, so dass auf bestimmte Merkmale nicht gänzlich verzichtet werden kann. *Arthur Kaufmann* beschreibt in diesem Zusammenhang zurecht das Wesen der teleologischen Interpretation in der Weise, dass diese nicht mit den abstrakt definierten Gesetzesbegriffen, sondern mit den dahinter stehenden Typen arbeite[104]. Berücksichtigt man diese Aussage ergeben sich keinerlei Unterschiede zwischen einer typologischen Rechtsfindung und einer teleologischen Norminterpretation. Bei dem einen steht die Suche nach dem leitenden Wertgesichtspunkt, der als notwendiges Bindeglied die einzelnen Merkmale zu einem typischen Ganzen verbindet, und bei dem anderen steht die Suche nach der *ratio legis* im Vordergrund, die als transzendierte Wertvorstellung bei jeder Auslegung einer Individualnorm zu beachten ist[105]. Dies sind identische Suchbegriffe.

Neben dieser Übereinstimmung in der Wesenskonzeption ergeben sich auch in der Methodik gewisse Parallelen. Nicht selten erfolgt die Korrektur einer unzutreffenden oder unzureichenden gesetzlichen Regelung im Wege der teleologischen Auslegung, sei es restriktiv als teleologische Reduktion oder extensiv als teleologische Extension. Beide Methoden sind fähig, die oftmals starren Fesseln des Gesetzeswortlautes aufzubrechen und eine die (dynamische) Intention des Gesetzgebers verwirklichende Normanwendung herbeizuführen. Somit kann

---

104 Kaufmann, Analogie, S. 40.

105 Bydlinski, Methodenlehre, S. 546.

auch im Wege der einfachen Gesetzesauslegung flexibel auf geänderte Realitäten reagiert werden. Die Flucht zum Typusdenken ist nicht erforderlich.

(b.) Zwischenergebnis

Diese Ausführungen sollten verdeutlicht haben, dass die vielfach erörterte Diskussion, ob ein Tatbestand oder Tatbestandsmerkmal als Klassen- oder Typusbegriff zu qualifizieren ist, vielfach nur eine Scheinlösung erzeugt. Diese Diskussion hilft zumindest dann nicht weiter, wenn der Rechtsbegriff i.w.S. in seinen Grenzen fixiert ist. In diesen Fällen erweist sich die Streitfrage, ob die Sachverhaltsanwendung typologisch im Wege einer wertenden Zuordnung oder klassifikatorisch im Wege einer echten Subsumtion erfolgen müsse, als praktisch irrelevant, da sich identische Ergebnisse erzielen lassen. Eine Überprüfung dieser These wird im weiteren Verlauf der Untersuchung anhand der Subsumtion der ARGE unter dem Begriff des *handels-* und *steuerrechtlichen Gewerbebetriebs* erfolgen.

(2.) Stellungnahme in Rechtsprechung und Literatur

Während sich im steuerrechtlichen Schrifttum zahlreiche Stellungnahmen zur methodischen Einordnung des Gewerbebetriebsbegriffs nachweisen lassen, findet diese Frage in der handelsrechtlichen Literatur kaum Beachtung. Für die Mehrheit erweist sich diese Frage auch nicht weiter als relevant, da sie die genannten positiven Merkmale zumindest wie „echte“ Tatbestandsmerkmale behandeln. M.a.W. liegt hiernach ein Gewerbebetrieb nur dann und immer dann vor, wenn sämtliche Merkmale erfüllt sind. Hiervon abweichend wird von einer Minderheit vertreten, dass der Gewerbebegriff trotz begrifflicher Fixierung den Status eines offenen Typusbegriffs nicht verlassen habe[106]. Dem gemäß könne auch beim Fehlen einzelner Merkmale die Gewerbsmäßigkeit bejaht werden, wenn die Betätigung insgesamt dem Bild eines typischen Gewerbetreibenden entspreche.

Von der *Rechtsprechung* wird diese methodische Grundfrage ebenfalls nicht eindeutig beantwortet. Auf dem ersten Blick ist davon auszugehen, dass der BGH den Gewerbebegriff wie einen Klassenbegriff auslegt. Zur Begründung dieser These sei auf eine Vielzahl von Urteilen verwiesen, in denen der BGH keine wertende Zuordnung, sondern eine klassische Sachverhaltssubsumtion wie unter normierte Tatbestandsmerkmale vornimmt[107]. Hierbei werden sämtliche positiven Merkmale der Gewerbedefinition für unverzichtbar erklärt. Diese klare Sichtweise wird jedoch dadurch getrübt, dass der BGH in allen strittigen Sach-

---

106 So Canaris, HandelsR, § 2 I 2 sowie Steisslinger, Der Gewerbebegriff, S. 383.

107 Vgl. BGH v. 19.01.1968 -VII ZR 101/65-, BGHZ 49, 258 ff., v. 02.07.1985 -X ZR 77/84-, BGHZ 95, 155 ff., in denen der BGH eine strenge Sachverhaltssubsumtion unter sämtliche Merkmale des Gewerbebegriffs vornimmt.

verhalten quasi in einem zweiten Prüfungsschritt die Verkehrsanschauung heranzieht[108]. Dieser zweistufige Prüfungsaufbau wird bereits seit den ersten Urteilen des Reichsgerichts in ständiger Rechtsprechung befolgt. Auch das RG ging nach erfolgter Sachverhaltssubsumtion dazu über, sein Auslegungsergebnis im Wege einer Gesamtbetrachtung dahingehend zu überprüfen, ob die erzielten Ergebnisse mit den „Anschauungen des Verkehrs" [109] oder dem „gewöhnlichen Sprachgebrauch"[110] übereinstimmen.

Methodisch greift diese Vorgehensweise zumindest auf die Denkstrukturen einer typologischen Rechtsfindung zurück, da es sich hierbei im Ergebnis um eine wertende Zuordnung handelt. Diese Aussage findet ihre Bestätigung in einer Formulierung des *BGH*, wonach der Begriff Gewerbebetrieb in Abhängigkeit von der jeweiligen Verkehrsauffassung einem stetigen inhaltlichen Wandel unterliege[111]. Nach der Rechtsprechung lässt sich der Gewerbebegriff somit nicht eindeutig als Klassen- oder Typusbegriff kennzeichnen.

Im Ergebnis ist davon auszugehen, dass der handelsrechtliche Gewerbebegriff zumindest die Vorstufe eines Klassenbegriffs erreicht hat. Die von der Rechtsprechung entwickelten Merkmale haben durch ihre jahrzehntelange Rechtsanwendung eine solche relative Konstanz gewonnen, dass auf keines der genannten Merkmale gänzlich verzichtet werden kann. Jedoch muss diese Begriffsbildung nicht zwangsläufig dazu führen, dass der Gewerbebegriff einen statischen Charakter einnimmt. Vielmehr lassen sich im Wege der teleologischen Auslegung auch die starren Begriffsmerkmale mit einem dynamischen Inhalt ausfüllen (s.o.).

---

108 BGH v. 07.07.1960 -VIII ZR 215/59-, BGHZ 33, 321 (336), v. 10.05.1979 -VII ZR 97/78-, BGHZ 74, 273 (278), v. 16.03.2000 -VII ZR 324/99-, BGHZ 144, 86 (89).

109 RG v. 23.04.1907 -Rep. VII 261/06-, RGZ 66, 48 (52).

110 RG v. 05.07.1910 -Rep. VII 252/10-, RGZ 74, 150 (151).

111 Vgl. BGH v. 07.07.1960 -VIII ZR 215/59-, BGHZ 33, 321 (331).

c. Subsumtion: Betreibt die ARGE ein Handelsgewerbe?

Im Folgenden gilt es konkret zu beantworten, ob die ARGE ein Handelsgewerbe betreibt. Dies konnte bis 1998 mit einem Hinweis auf § 1 II HGB a.F. verneint werden, da eine Bautätigkeit kein Grundhandelsgewerbe darstellte. Mit der Novellierung des HGB durch das „*Handelsrechtsreformgesetz*“[112] hat der Gesetzgeber diesen Katalog der Grundhandelsgeschäfte abgeschafft und durch die Regelung ersetzt, dass jedes gewerbliche Unternehmen ein Handelsgewerbe betreibt, es sei denn, dass das Unternehmen keinen kaufmännischen Geschäftsbetrieb erfordert. Aufgrund dieser Neuregelung wird von Teilen der Literatur neuerdings die Auffassung vertreten, dass eine ARGE „häufig“ als OHG zu qualifizieren sei[113]. Diese Aussage bedarf der sorgfältigen Prüfung, denn eines steht trotz der Neuregelung des § 1 II HGB fest. Die ARGE betreibt nur dann ein Handelsgewerbe, wenn sie gewerblich tätig ist. Hierzu müsste sie eine selbständige, auf Dauer angelegte, nach außen erkennbare und mit Gewinnerzielungsabsicht betriebene Tätigkeit ausüben.

aa. Selbständigkeit

Ein für die Gewerbedefinition unverzichtbares Kennzeichen ist die Selbständigkeit. Dieses Kriterium dient der Abgrenzung selbständig Tätiger von Arbeitnehmern. Für Handelsgesellschaften und andere nicht-natürliche Rechtsträger ist es unanwendbar, da diese konstitutionell selbständig sind[114]. Für die Beurteilung einer ARGE kommt diesem Merkmal somit keine eigenständige Bedeutung bei.

bb. Gewinnerzielungsabsicht/Entgeltlichkeit

Dass die Tätigkeit einer ARGE der Gewinnerzielung dient, ist evident.

cc. Erkennbarkeit

Dass sich die ARGE erkennbar am Wirtschaftsverkehr beteiligt, bedarf ebenso wenig einer Erläuterung, da eine ARGE ihre Leistungen am Markt anbietet.

dd. Dauerhaftigkeit bzw. Planmäßigkeit

Schwierig erweist sich hingegen die Beurteilung, ob eine ARGE dauerhaft bzw. planmäßig tätig ist. Diese Probleme resultieren aus dem Umstand, dass sich der Gesellschaftszweck einer ARGE auf die Durchführung eines einzigen Bauauftrages beschränkt. Ob diese Betätigung hierfür ausreicht, hängt von der konkreten Auslegung dieses Tatbestandsmerkmals ab.

---

[112] HRefG v. 22.06.1998, BGBl I 1998, S. 1474 ff.

[113] So Palandt-*Sprau*, BGB, § 705, Rz. 37; Joussen, BauR 1999, 1063 (1073) sowie die in FN 126 genannten.

[114] Vgl. Schmidt, HandelsR, § 9 IV 2 a.

(1.) Das Tatbestandsmerkmal im Lichte der Rechtsprechung und Literatur
Soweit ersichtlich hat sich die neuere *Rechtsprechung* bislang noch nicht ausdrücklich mit der Auslegung dieses Tatbestandsmerkmals auseinandergesetzt. Aus diesem Grund bedarf es wiederum eines Rückgriffs auf die historischen Ursprünge. In der bereits mehrfach zitierten „Reichseisenbahn-Entscheidung" vom 14.12.1871 gelangte das ROHG zu der Auffassung, dass zur Begründung eines gewerbsmäßigen Betriebes ein Wille vorliegen müsse, der „nicht von vornherein auf den Abschluss eines einzelnen oder einzelner Handelsgeschäfte, sondern auf den Abschluss von ganzen Reihen zusammengehöriger Handelsgeschäfte" [115] gerichtet sei. Während das ROHG in diesem Urteil die *Planmäßigkeit* i.S.e. Wiederholungsabsicht der Tätigkeit betonte, ging dasselbe Gericht in einer nachfolgenden Entscheidung dazu über, auf die *Dauerhaftigkeit* der Tätigkeit abzustellen[116]. Das Reichsgericht vereinigte diese Elemente indem es darauf abstellte, „dass die Absicht nicht auf die einzelnen vorgekommenen Geschäfte, sondern einheitlich [...] auf die ganze Reihe der im Willen verbundenen Geschäfte gerichtet ist, und dass die Absicht dahin geht, aus dieser Tätigkeit eine dauernde Einnahmequelle zu machen."[117]. Diese Formel liegt auch der Rechtsprechung des BGH zugrunde[118].

Es bleibt somit festzuhalten, dass dieses Tatbestandsmerkmal nahezu unverändert auf der Rechtsprechung des ROHG aus der zweiten Hälfte des 19. Jahrhunderts beruht. In den wenigen Urteilen überhaupt, in denen die Dauerhaftigkeit bzw. Planmäßigkeit einer Betätigung umstritten war, ging es ausnahmslos darum, die gelegentliche Betätigung von der gewerblichen, d.h. planmäßigen Tätigkeit abzugrenzen. Hierbei handelte es sich um Fälle des gelegentlichen Grundstückshandels[119], des PKW-Verkaufs[120] oder der Zimmervermietung[121]. Diese Sachverhalte gilt es im weiteren Verlauf der Untersuchung vor Augen zu halten.

Die in der modernen handelsrechtlichen *Literatur* anzutreffenden Äußerungen bezüglich der Auslegung dieses Tatbestandsmerkmals bringen keine neuen Erkenntnisse. Demzufolge ist dieses für ein gewerbsmäßiges Handeln unverzichtbare Tatbestandsmerkmal in ein objektives („Dauerhaftigkeit") und subjektives („Planmäßigkeit") Kriterium aufzuspalten.

---

115 ROHG v. 14.12.1871, ROHGZ 3, 405 (407).
116 ROHG v. 20.06.1874, ROHGZ 14, 114 (118).
117 RG v. 29.10.1896 -Rep. VI 167/96-, RGZ 38, 18 (20).
118 Jeweils bezugnehmend auf die vorherige Entscheidung: RG v. 05.07.1910 -Rep. VII 252/10-, RGZ 74, 150 (150); BGH v. 07.07.1960 -VIII ZR 215/59-, BGHZ 33, 321 (324).
119 KG v. 20.04.1901, OLGR 9, 238 ff.
120 OLG Dresden, v. 18.01.1917, OLGR 36, 249 ff.
121 RG v. 05.07.1910 -Rep VII 252/10-, RGZ 74, 150 ff.

(a.) Objektives Merkmal: „Dauerhaftigkeit als zeitliches Element"
Objektiv ist zur Ausübung eines Gewerbes eine dauerhafte Tätigkeit erforderlich. Wenn bereits der Gewerbebegriff konturenlos erscheint, wird dieser Eindruck noch durch dieses Merkmal verstärkt, da dieses durch seine Relativität besticht. Die Festlegung, dass ein Betrieb eine *dauerhafte* Einnahmequelle erzeugen müsse, ist als Definition eines Tatbestandsmerkmals, dem eine echte Abgrenzungsfunktion zuteil wird, völlig unbrauchbar. Dies folgt aus dem Gedanken, dass die Dauer ein in sich selbst nicht bestimmbares Absolutes, sondern stets etwas Relatives ist, dass sich aus der Beziehung zu anderen Verhältnissen bestimmt. M.a.W. folgt aus der reinen Zeitraumbetrachtung einer Tätigkeit noch nicht, ob diese dauerhaft ist, wenn nicht ein absoluter Maßstab für die Dauerhaftigkeit feststeht. Diese Verabsolutierung einer zeitlichen Dauer ist jedoch für die Beurteilung einer gewerblichen Tätigkeit nicht möglich, da sich diese unbestrittenermaßen auch in einer kurzfristigen Betätigung erschöpfen kann (z.B. Verkaufsstand auf Messe)[122]. Doch selbst wenn es für die Beurteilung einer ARGE auf deren zeitliche Dauer ankommen sollte, erweist sich der Zeitfaktor einer ARGE keinesfalls als gewerbeschädlich, da bei dieser von einer mindestens dreijährigen eher längeren Lebensdauer auszugehen ist[123].

(b.) Subjektives Merkmal: „Planmäßigkeit als Wiederholungsabsicht"
Subjektiv muss die Tätigkeit auf Wiederholung ausgerichtet sein, d.h. für ein gewerbliches Handeln ist die Absicht zur Ausführung unbestimmt vieler und nicht nur eines einzigen oder einzelner Geschäfte erforderlich. Während die zeitliche Komponente einer Tätigkeit in gewissem Grade vernachlässigt werden kann, ist das subjektive Element der Wiederholungsabsicht für die „Gewerblichkeit" von entscheidendem Gewicht. Funktional betrachtet dient dieses Tatbestandsmerkmal der Abgrenzung des nur gelegentlich Tätigen, von demjenigen, der eine gewinnbringende Tätigkeit planmäßig, man könnte auch sagen systematisch betreibt. Verlagert man diese Betrachtung auf Gesellschaftsebene wird herkömmlich zwischen Gelegenheitsgesellschaften und den gewerblichen, d.h. dauerhaft und planmäßig handelnden Gesellschaften differenziert. Entgegen der auf dem ersten Blick klar und unmissverständlichen Formulierung erweist sich gerade dieses Tatbestandsmerkmal in diesem Zusammenhang als problematisch, denn übt die ARGE tatsächlich nur ein einziges Geschäft aus?

---

122 HK-*Ruß*, HGB, § 1, Rz. 30.

123 Der Zeitraum von 3 Jahren ergibt sich bei einer einjährigen Bauphase unter Hinzurechnung der zweijährigen Verjährung (§ 13 Nr. 4, Abs. 1 VOB/B). Nach § 634 a I Nr. 2 BGB ergibt sich sogar ein Zeitraum von mindestens 6 Jahren. Vgl. hierzu auch die nachfolgenden Ausführungen zur *„Dauer einer ARGE"* unter: *A.III.2.e.*

Die überwältigende Mehrheit in Rechtsprechung[124] und Literatur[125] hat keine Zweifel daran, dass die ARGE als klassische *Gelegenheitsgesellschaft* keine planmäßige und damit keine gewerbliche Tätigkeit entfaltet. Der Terminus „Gelegenheitsgesellschaft" leitet sich aus der Erkenntnis ab, dass die typische ARGE nur zur Realisierung eines einzigen Bauobjektes gegründet wird. Dieses den Gesellschaftszweck bestimmende Grund- bzw. Hauptgeschäft besteht unstreitig in einer einmaligen Betätigung, sozusagen in der Wahrnehmung einer geschäftlichen Gelegenheit. Im Ergebnis ist nach dieser Auffassung für die Beurteilung der Planmäßigkeit einer ARGE ausschließlich auf das den Gesellschaftszweck bestimmende Vertragsverhältnis abzustellen. Anderweitige Vertragsverhältnisse, die bei der Durchführung dieses Grundgeschäftes anfallen, bleiben nach dieser Betrachtung unberücksichtigt. Terminologisch könnte man diese auch als ***„isolierende Betrachtungsweise"*** bezeichnen.

Die Einmütigkeit dieser Beweisführung verwundert beim Blick auf die Geschäftsaktivitäten, die von einer ARGE entfaltet werden. Zur Durchführung des erteilten Bauauftrages nimmt diese in vielfältiger Form am Geschäftsverkehr teil. Neben der intensiven Beteiligung am Waren- und Wirtschaftsverkehr, die sich in den Vertragsbeziehungen zu Stofflieferanten, beauftragten Subunternehmen und anderen Unternehmen niederschlägt, nimmt die ARGE auch am Kapitalverkehr teil. Aufgrund dieser Geschäftsaktivitäten, bei denen die ARGE stets als eigenständige Vertragspartei tätig wird, entsteht mit der ARGE ein aktiver Organismus im Rechts- und Wirtschaftsverkehr.

In Anbetracht dieser rechtsgeschäftlichen Aktivitäten geht eine im Vordringen befindliche Meinung in der Literatur davon aus, dass eine ARGE trotz ihrer Projektbezogenheit planmäßig tätig sei[126]. Zur Begründung dieser These stellt diese Literaturmeinung ebenfalls auf die o.g. Ausgangsdefinition planmäßigen Handelns ab. Bei der konkreten Sachverhaltsbeurteilung beziehen diese jedoch auch das Verhältnis ARGE-Dritte in ihre Betrachtung mit ein. In rechtswissenschaftliche Terminologie gefasst stellt die ***„abstrahierende Betrachtungsweise"***

---

124 So vertritt der BGH seit dem 14.02.1957 -VII ZR 250/56-, BGHZ 23, 307 (313) in ständiger Rspr. die Auffassung, dass die ARGE eine GbR sei. Vgl. hierzu insbes. auch die Rspr., die nach den Änderungen durch das HRefG ergangen ist: BGH v. 29.01.2001 -II ZR 331/00-, BGHZ 146, 341 ff. [„ARGE Weißes Ross"]; OLG Schleswig v. 12.01.2001 -1 U 13/00-, NZG 2001, 796 (797).

125 Für die *„isolierende Betrachtungsweise"*: Die unter FN 23 genannten sowie: Peifer, NZG 2001, 296 (300); Habersack, BB 2001, 477 (478), Breuninger, S. 195.

126 Soweit ersichtlich vertritt erstmalig *Joussen* das Ergebnis, dass eine ARGE nach der Neuregelung des § 1 II HGB als OHG am Rechtsverkehr teilnehme, in: BauR 1999, 1063 (1073). Ihm folgend Palandt-*Sprau*, BGB, § 705, Rz. 37 [„häufig OHG"] sowie Nagel, Gesellschaftsrecht, Kap. II.2.a., Breyer/Zwecker, BauR 2001, 705 (706). Ebenso *Müller*, der sich für die „abstrahierende Betrachtungsweise" ausspricht: Die ARGE, S. 38 [CH].

nicht alleine auf das Grundgeschäft der Gesellschaft, sondern auch auf die zur Durchführung dieses Geschäfts erforderlichen Hilfsgeschäfte ab. Da diese Hilfsgeschäfte nicht von vornherein zahlenmäßig begrenzt sind, nimmt die ARGE im Wege dieser Betrachtung den Status einer planmäßigen, mithin gewerblichen Gesellschaft ein.

Diese Diskussion hat durch ein Urteil des *OLG Dresden* vom 20.11.2001[127] einen neuen Impuls erhalten. Erstmalig im Laufe der jahrzehntelangen ARGE-Praxis vertrat ein Gericht *expressis verbis* die Auffassung, dass eine ARGE zur Erstellung eines Großbauvorhabens keine GbR, sondern eine OHG sei[128]. Argumentativ stützte das OLG Dresden seine Entscheidung im Wesentlichen darauf, dass aufgrund der tatsächlichen Begebenheiten (Dauer der Zusammenarbeit, Umfang der Geschäftstätigkeit u.a.) kein Unterschied zwischen einer ARGE und einer OHG auszumachen sei. Aus diesem Grund müsse im Wege einer stärker normzweckorientierten Interpretation des Gewerbebegriff die ARGE insgesamt als gewerblich tätig und damit als OHG qualifiziert werden[129]. Die gegen dieses Urteil eingelegte Revision beim BGH wurde vom zuständigen II. Senat mit Beschluss vom 31.05.2002 als unzulässig verworfen. Ob der BGH diese Argumentation des OLG Dresden auch in der Sache verworfen hätte, ist offen. Diese Frage bleibt somit einem anderen Verfahren vorbehalten.

(c.) Stellungnahme: Isolierende contra abstrahierende Betrachtungsweise

Für die Erörterung dieser Streitfrage ist es erforderlich, sich zunächst mit den Zielen des Handelsrechts vertraut zu machen. Dies folgt aus der Erkenntnis, dass eine Auslegung niemals am buchstäblichen Sinn einzelner Ausdrücke haften, sondern stets den wirklichen Sinn des Rechtssatzes erforschen muss.

Trotz großer Bemühungen ist es bislang nicht gelungen, die Vielzahl der handelsrechtlichen Normen auf ein prägendes Kriterium zurückzuführen. Gleichwohl lassen sich im Wege der Gesamtbetrachtung einige häufig wiederkehrende Eigenschaften aus dem normativen Handelsrecht und dem kaufmännischen Gewohnheitsrecht deduzieren[130]. Auf dem Punkt gebracht besteht eine Grundwertung des Handelsrechts darin, dass Kaufleute aufgrund ihrer Geschäftsgewandt-

---

127 OLG Dresden v. 20.11.2001 -2 U 1928/01-, BauR 2002, 1414 ff.

128 *Anm*: Die zuvor ergangene Entscheidung des *Kammergerichts Berlin*, die sich argumentativ auf der Grundlage der abstrahierenden Betrachtungsweise bewegt, kann nicht als erste Entscheidung zur Bejahung der OHG-Eigenschaft einer ARGE angeführt werden, da die streitgegenständliche GbR nicht nur bei der Errichtung, sondern auch bei der Verwaltung des errichteten Objektes tätig wurde. Zudem stand in diesem SV nicht zweifelsfrei fest, dass die GbR nur zur Errichtung eines Bauobjektes gegründet wurde, vgl. KG v. 22.08.2001 -29 AR 54/01-, BauR 2001, 1790 (1790 f.).

129 OLG Dresden v. 20.11.2001 -2 U 1928/01-, BauR 2002, 1414 (1416).

130 Vgl. zum Nachfolgenden: Canaris, HandelsR, § 1 II 2. .

heit und -erfahrenheit erhöhten Anforderungen unterliegen. So bedürfen sie auf der einen Seite in geringerem Maße dem Schutz der Rechtsordnung (§§ 348, 350 HGB u.a.) und auf der anderen Seite kann von ihnen in erhöhtem Maße die Einhaltung gewisser Sorgfaltspflichten (§§ 377, 378 HGB) verlangt werden. Eine andere Grundaussage ließe sich in der Weise formulieren, dass der kaufmännische Verkehr in besonderer Weise auf Flexibilität, Schnelligkeit, Einfachheit und Rechtssicherheit angewiesen ist[131].

Ausgehend von diesen Zielen des Handelsrechts gilt es vor der eigentlichen Abwägung der widerstreitenden Auslegungsvarianten die Grundfrage zu beantworten, ob das von der Rechtsprechung entwickelte Tatbestandsmerkmal der „Planmäßigkeit" ein sachgerechtes Kriterium ist. Die Rechtsprechung geht in dieser Sachfrage offensichtlich davon aus, dass nur derjenige ein Gewerbe betreibt, der dauerhaft und planmäßig tätig wird. Der nur gelegentlich Tätige soll nicht zum Kreis der Gewerbetreibenden zählen. Unter Berücksichtigung der allgemeinen Ziele des Handelsrecht impliziert dieses Abgrenzungskriterium, dass nur derjenige über die notwendige Geschäftserfahrenheit und erforderlichenfalls auch über die benötigte Geschäftsorganisation verfügt, der von Anfang an mit der Absicht handelt, eine Vielzahl gleichartiger Geschäfte durchzuführen.

Diese Vermutungsregel ist im Ansatz nicht zu beanstanden. In der Tat spricht einiges dafür, diejenigen aus dem Kreis der Gewerbetreibenden auszuschließen, die nur gelegentlich eine gewinnbringende Tätigkeit entfalten. Die Wiederholungsabsicht eines Handelnden bietet hierfür einen sachgerechten Maßstab. Gleichwohl sei bereits an dieser Stelle auf die Schwächen dieses Kriteriums hingewiesen. Diese treten immer dann auf, wenn sich die inneren Beweggründe nicht eindeutig nach außen manifestieren. In diesen Fällen ist es stets erforderlich, alleine aufgrund objektiver Beweisanzeichen auf die innere Motivationslage zu schließen. Hieraus resultieren jedoch häufig Grenzbereiche, in denen eine eindeutige Zuordnung nicht möglich ist. *Röhricht* spricht in diesem Zusammenhang zurecht davon, dass dieses Kriterium oftmals fließende Übergänge erlaubt, wo scharfe Schnitte erforderlich sind[132]. Obgleich sich hieraus nicht die generelle Untauglichkeit dieses subjektiven Merkmals ergibt, ist diese Kritik als Hinweis zu verstehen, die Tauglichkeit dieses Tatbestandsmerkmals hinsichtlich seiner Abgrenzungsfunktion bisweilen kritisch zu hinterfragen.

Diese bislang auf Einzelpersonen bezogenen Äußerungen gelten selbstverständlich auch bei der Vergemeinschaftung bestimmter Zwecke. Somit ist grundsätzlich auch bei einer ARGE zu prüfen, ob diese planmäßig tätig ist.

---

131 Vgl. hierzu auch die Ausführungen des BGH zur „*ratio legis*" des § 377 HGB: BGH v 13.05.1987 -VIII ZR 137/86-, BGHZ 101, 49 (53).

132 Röhricht/Graf von Westphalen-*Röhricht*, HGB, Vor §§ 1-7, Rz. 17.

Diese Überprüfung findet im Nachfolgenden auf der Grundlage des von der Rechtsprechung praktizierten „zweistufigen Prüfungsaufbaus“ statt. In einem ersten Prüfungsschritt ist damit streng auf der Grundlage der einschlägigen Definition „planmäßigen Handelns“ danach zu fragen, ob die ARGE eine auf Wiederholung gerichtete Tätigkeit ausübt. Zum dargestellten Streit hinsichtlich des sachlichen Anknüpfungspunktes, an dem die „Wiederholungsabsicht“ gemessen wird, ist folgendes festzustellen:

Will man diesem Tatbestandsmerkmal überhaupt eine sinnvolle Bedeutung beimessen, ist es erforderlich, einen eindeutigen und über den Einzelfall hinausgehenden Bezugspunkt zu abstrahieren. Ansonsten könnte nahezu jede Tätigkeit als „planmäßig“ erachtet werden, wenn man sie nur lange genug in eine Vielzahl von Einzelhandlungen seziert. Diese ersichtlich den Wortlaut überstrapazierende Auslegung würde die ohnehin nur fragmentarische Abgrenzungsfunktion dieses Tatbestandsmerkmals völlig zerstören. Geht es wie im vorliegenden Sachverhalt darum, die Tätigkeit einer Gesellschaft zu beurteilen, erscheint es einzig sinnvoll, sich hierfür auf das Kerngeschäft der Gesellschaft zu beziehen. Nur dieses, den Gesellschaftszweck bestimmende Grundgeschäft kann darüber entscheiden, ob es sich um eine gewerbliche Betätigung handelt[133]. Die hierzu erforderlichen Hilfsgeschäfte, die entweder der Vorbereitung des Grundgeschäfts dienen oder die akzessorisch zu ihm betrieben werden, sind aufgrund ihrer dienenden Funktion von vornherein durch das Hauptgeschäft begrenzt. Da es sich hierbei aus Gesellschaftssicht um unselbständige Geschäfte handelt, bleiben diese für die zugrundeliegende Sachfrage unberücksichtigt.

Für den ARGE-Sachverhalt ist hieraus abzuleiten, dass die ARGE im Ergebnis keine auf Wiederholung angelegte Tätigkeit entfaltet, da sie nach ihrer Wesenskonzeption nur ein einmaliges Grundgeschäft ausübt[134]. Dass die Hilfsgeschäfte einer ARGE weit über das Maß üblicher Vorbereitungs- und Abwicklungshandlungen hinausgehen, erweist sich für diese Beurteilung als irrelevant, da diese Geschäfte grundsätzlich unbeachtlich sind.

Bezieht man in einem zweiten Prüfungsschritt die *Verkehrsanschauung* in diese Betrachtung ein, stellt sich die Lage der Dinge anders dar. Nach der Ver-

---

133 So bereits Wieland, HandelsR., § 10 IV 1 [Mehrmaliger Abschluss gleichartiger Grundgeschäfte].

134 An dieser Stelle sollte m.E. nur auf die nach außen deklarierte und vertraglich dokumentierte Absicht der Unternehmen, sich zur Ausführung **eines** Bauvertrages zusammenschließen zu wollen, abgestellt werden. Wenn *Joussen* darüber hinaus bei jeder ARGE die Akquisition eines Folgeauftrages unterstellt, um hieraus die Wiederholungsabsicht herzuleiten [in: BauR 1999, 1063 (1071)], ist dieser Argumentation eine Absage zu erteilen, da dies der klaren Grundkonzeption einer ARGE widerspricht.

kehrsanschauung lässt sich die Bautätigkeit einer ARGE relativ unbefangen als eine typische gewerbliche Betätigung qualifizieren. Der BGH unterstellt in diesem Zusammenhang als üblichen Gedankengang der Verkehrsanschauung, dass „diese erfahrungsgemäß auf betriebliche, organisatorische und wirtschaftliche Gesichtspunkte abstellt, d.h. auf den Aufbau und die Ausgestaltung der jeweiligen Tätigkeit, wie sie nach außen in Erscheinung tritt“[135].

Auch unter Zugrundelegung dieser Wertung bestehen keine Zweifel daran, dass sich die ARGE in ihrer Außenwirkung als wirtschaftlich und rechtlich verselbständigte Organisationseinheit präsentiert. Obgleich es sich bei einer ARGE nur um einen „Unternehmensteilzusammenschluss auf Zeit“ handelt, nimmt die ARGE während der aktiven Phase der Bauausführung als selbständige Organisations- und Wirkungseinheit am Rechts- und Wirtschaftsverkehr teil[136]. Nicht die einzelnen Gesellschafter, sondern die ARGE selbst begibt sich in den Rechtsverkehr. Beim Vertragsschluss mit den Lieferanten und Subunternehmern wird ausschließlich die ARGE rechtlich verpflichtet. Obgleich sich im täglichen Geschehen diese scharfe Trennung zwischen eigenem Handeln und Handeln für die ARGE nicht immer eindeutig nachvollziehen lässt, hat aus rechtlicher Sicht eine klare Aufgabentrennung zu erfolgen. Nach der Verkehrsanschauung weist die ARGE somit Eigenschaften eines Gewerbebetriebes auf[137].

Nach diesen Ausführungen besteht somit ein offener Widerspruch im Auslegungsergebnis bei einer wortgetreuen Auslegung und einer aus Sicht der Verkehrsanschauung erfolgenden Betrachtung der Gesamtverhältnisse. An dieser Stelle setzt üblicherweise der Streit über die methodische Einordnung des Gewerbebegriffs ein. Als Kritikpunkt gegen die Vorgehensweise der *h.M.* ist vorzubringen, dass diese im vorliegenden Sachverhalt die einzelnen Merkmale der Gewerbedefinition isoliert voneinander prüft, ohne den Sachverhalt im ganzen zu berücksichtigen. Weiter noch verharrt sie begriffsstarr an den vorgegebenen Wortformeln (Definition der Planmäßigkeit), ohne über die gemeinte Interessenordnung nachzudenken. An diesem Punkt dürfte allenthalben Einigkeit bestehen, dass es reiner Formalismus ist, die ARGE nicht als einen Gewerbebetrieb zu qualifizieren. Auch der von der Gegenmeinung in der Literatur unternommene Versuch dieses Ergebnis, das sein kann, aber nicht sein darf, im Wege einer nachträglichen Änderung der vorhandenen Definition zu korrigieren, kann nicht überzeugen. Anstatt über die eigentliche Ursache dieses offensichtlich ver-

---

135 BGH v. 02.07.1985 -X ZR 77/84-, BGHZ 95, 155 (159).

136 **A.A.** Barner, S. 80 ff., der die ARGE zwar als einen in sich geschlossenen, voll funktionsfähigen wirtschaftlichen Organismus qualifiziert, dem jedoch die letzte wirtschaftliche Selbständigkeit fehle, da die in die ARGE eingebrachten Teile zu keinem Zeitpunkt eine untrennbare Verbindung eingingen.

137 Im Ergebnis auch OLG Dresden v. 20.11.2001 -2 U 1928/01-, BauR 2002, 1414 (1418).

fehlten Auslegungsergebnisses nachzudenken, hält auch diese Mindermeinung an der tradierten Definition der Planmäßigkeit fest, obwohl diese im zugrundeliegenden Sachverhalt evident versagt. Die nachträgliche Veränderung des Ansatzpunktes der zu beurteilenden, wiederholten Tätigkeit kann jedenfalls nicht überzeugen, da diese Betrachtungsweise jedwede Abgrenzungsfunktion dieses Tatbestandsmerkmals auf Null reduzieren würde.

Genau diese Probleme bilden den Nährboden für die Typuslehre. Die wortgetreue Auslegung der *h.M.*, die den Gewerbebegriff offensichtlich als Klassenbegriff qualifiziert, lässt den ARGE-Sachverhalt geradezu als einen Paradefall für den vielfach kritisierten Realitätsverlust erscheinen, der sich beim bloßen Abgleichen verschiedener abstrakter Tatbestandsmerkmale einstellen kann. Gingen wir an dieser Stelle methodisch davon aus, dass der Gewerbebegriff ein Typusbegriff ist, stünde außer Frage, dass die ARGE im Gesamtbild dem typischen Bild eines Gewerbetreibenden entspricht. Methodisch bestünden keine Bedenken dagegen, gänzlich auf das Tatbestandsmerkmal „Planmäßigkeit" zu verzichten, da die anderen stark gewerblich geprägten Eigenschaften einer ARGE dieses Defizit überlagern könnten[138].

Diese Argumentation steht jedoch im Widerspruch zu den Erkenntnissen, die bei der methodischen Einordnung des Gewerbebegriffs erzielt wurden. Hiernach ist davon auszugehen, dass die von der Rechtsprechung entwickelten Tatbestandsmerkmale im Kern unverzichtbar sind und der Gewerbebegriff zumindest die Vorstufe eines Klassenbegriffs erreicht hat. Somit kann nicht auf einzelne Tatbestandsmerkmale vollständig verzichtet werden!

Hopt schlägt in diesen Fällen vor, den Wertungswiderspruch durch eine realitätsnähere Auslegung aufzuheben[139]. In der Tat ist kritisch zu hinterfragen, ob das bei einer wortgetreuen Auslegung erzielte Ergebnis im Fall der ARGE nicht dem vom Gesetzgeber intendierten Gesetzeszweck widerspricht. Ausgehend von den Zielen des Handelsrechts ist es wenig überzeugend, die ARGE aus dem Kreis der Gewerbetreibenden auszuschließen und den schlicht bürgerlichen Personenvereinigungen zuzuordnen. Führt man dieses Tatbestandsmerkmal auf seine Grundfunktion zurück und verlässt in diesem Zusammenhang die „starren Wortfesseln" der herkömmlichen Definition, steht fest, dass die ARGE aufgrund ihrer Geschäftseinrichtung und ihres Auftretens am Markt nicht dem typischen Lager eines Nicht-Gewerbetreibenden zuzurechnen ist[140]. Zur Lösung dieser Problematik könnte einerseits das Tatbestandsmerkmal „Planmäßigkeit" insgesamt - aufgrund der nachgewiesenen Untauglichkeit - abgelehnt werden oder

---

138 So für den Fall der ARGE: Steisslinger, Der Gewerbebegriff, S. 382.
139 Hopt, ZGR 1987, 145 (170 ff.).
140 Im Ergebnis bereits: Ehrenberg, Handbuch des Handelsrechts (1918), § 3 III.

dieses Merkmal müsste in diesem speziellen Fall teleologisch auf seine Grundfunktion zurückgeführt werden.

Während der erstgenannte Lösungsansatz bereits zuvor verworfen wurde, stellt sich beim letztgenannten Vorschlag das Problem, dass sich an dieser Stelle ein interessen- und systemgerechtes Ergebnis nicht mit Hilfe dieser Auslegungsmethode erzielen lässt. Eine widerspruchsfreie *teleologische Auslegung* scheitert daran, dass sich der Sinn und Zweck des Handelsrechts nur anhand relativ vage formulierter Ziele nachweisen lässt (s.o.). Wenn sich der Gesetzeszweck jedoch nicht eindeutig feststellen lässt, ist davon auszugehen, dass weder für eine teleologische Extension noch für eine teleologische Reduktion Raum besteht[141]. Da weder die Gesetzgebungsmaterialien noch die einschlägigen Urteile oder die konkreten Stellungnahmen in der Wissenschaft als mögliche Anhaltspunkte einer gesetzeszweckorientierten Auslegung gewinnbringend heranzuziehen sind, hilft diese Auslegung des Tatbestandsmerkmals „Planmäßigkeit" an dieser Stelle nicht weiter.

Da sich offensichtlich im Wege der einfachen Auslegung kein befriedigendes Ergebnis erzielen lässt, wird als durchaus pragmatischer Lösungsansatz vorgeschlagen, in einem weiteren Prüfungsschritt die Stellung der ARGE im kaufmännischen Geschäftsverkehr zu analysieren. Sollte sich hierbei ergeben, dass sich für die ARGE ein rechtssystematisches Bedürfnis für eine eindeutig gewerbliche Qualifikation nachweisen lässt, werden im Anschluss hieran Lösungsvorschläge unterbreitet, die notfalls im Wege der gesetzlichen Fiktion die Gewerbebetriebseigenschaft unzweifelhaft begründen.

(2.) Zwischenergebnis

An dieser Stelle ist zu konstatieren, dass es bislang nicht gelungen ist, die ARGE als eindeutig gewerblich oder nicht-gewerblich einzustufen. Aus diesem Grund wird im weiteren Verlauf der Untersuchung zunächst die Stellung der ARGE im kaufmännischen Geschäftsverkehr analysiert, um im Anschluss hieran eine endgültige Klärung der Streitfrage herbeizuführen. Diese Untersuchung erfolgt unter der Annahme, dass eine ARGE in der Rechtsform einer GbR am Rechtsverkehr teilnimmt.

---

[141] Vgl. hierzu auch BFH v. 17.04.1975 -II R 64/72-, BStBl II 1975, 646 (647).

d. Die Stellung der ARGE im kaufmännischen Geschäftsverkehr

aa. Analyse

In der Rechtsform einer GbR kann die ARGE aufgrund der Systematik der §§ 105 I, 1 II HGB niemals die Kaufmannseigenschaft erlangen. Auf die Anwendbarkeit der Vorschriften, die den kaufmännischen Geschäftsverkehr regeln, hat dies folgende Auswirkungen:

Nach § 343 HGB gelten als Handelsgeschäfte alle Geschäfte eines Kaufmanns, die zum Betrieb seines Handelsgewerbes gehören. Für die Qualifikation eines Handelsgeschäfts kommt es nicht auf den Inhalt des Rechtsgeschäfts, sondern nur darauf an, ob es sich um das Geschäft eines Kaufmanns für seinen Gewerbebetrieb handelt (sog. „subjektives System"). Kurz um: Nur Kaufleute zählen zu den Normadressaten der §§ 343 ff. HGB.

Die praktisch bedeutsame Frage, ob die von einer ARGE getätigten Rechtsgeschäfte als Handelsgeschäfte zu qualifizieren sind, ist zu verneinen. *Ruß* gelangt ebenfalls zu dem Ergebnis, dass die Geschäfte einer ARGE keine Handelsgeschäfte seien, auch wenn alle Mitglieder der ARGE Kaufleute sind[142].
In der Praxis wird dem nicht gefolgt. Offensichtlich besteht stillschweigend Einigkeit darüber, dass dieses Ergebnis so nicht sein kann, denn es darf nicht sein, was sein kann, nämlich dass ein Bauunternehmer, der für sich tätig wird den strengen Regeln des HGB unterworfen ist. Handelt er hingegen in seiner Eigenschaft als geschäftsführender ARGE-Gesellschafter, gilt dies nicht, nur weil die ARGE als Vertragspartei selbst nicht Kaufmann ist. Aus diesem Grund verwundert es nicht, dass die Rechtsprechung diese „unbefriedigende Rechtslage" bislang in der Weise überwand, dass sie in dieser Frage nicht auf die ARGE als solche, sondern auf deren Gesellschafter abstellt[143]. Exemplarisch für diese Vorgehensweise sei auf ein Urteil des OLG Frankfurt/M. verwiesen.

(1.) OLG Frankfurt/M., Urteil vom 12.08.1999 -15 U 71/98-

In diesem auf dem ersten Blick völlig unbedeutenden Urteil stellt das OLG Frankfurt/M. fest, dass eine ARGE beim Auftrag zur Herstellung und Lieferung bestimmter Materialien die kaufmännische Rügeobliegenheit gem. § 377 HGB zu beachten habe[144]. Die Frage der Anwendbarkeit der §§ 343 ff. HGB wird vom OLG, ohne dass dies weitergehend problematisiert wird, mit dem Hinweis darauf beantwortet, dass an der ARGE zwei Kommanditgesellschaften und da-

---

[142] HK-*Ruß*, HGB, § 1, Rz. 24.

[143] Vgl. hierzu auch: BGH v. 24.04.1990 -VI ZR 358/89-, NJW 1992, 41 ff. [Schadensersatzanspruch der ARGE aus § 823 I BGB wegen eines Eingriffs in den eingerichteten und ausgeübten Gewerbebetrieb]; OLG München v. 29.9.1994 -U (K) 7111/93-, NJW 1995, 733 (734) [ARGE als Kaufmann i.S.v. § 24 I AGBG a.F.].

[144] OLG Frankfurt/M. v. 12.08.1999 -15 U 71/98-, BauR 2000, 423 [LS].

mit ausschließlich Kaufleute beteiligt seien. Da Handelsgesellschaften mangels einer privaten Rechtssphäre alle Geschäfte im Betrieb ihres Handelsgewerbes vornehmen, käme auch die genannte Vorschrift auf dieses Rechtsgeschäft zur Anwendung.

(2.) Stellungnahme

Im Ergebnis ist dem OLG Frankfurt/M. beizupflichten. Aus Sicht des Rechtsverkehrs wäre es geradezu grotesk die Rechtsgeschäfte einer ARGE aus dem kaufmännischen Geschäftsverkehr auszuklammern und dem privaten Rechtsverkehr zuzuweisen. Genau dies ist jedoch die Konsequenz, die sich aus der Rechtsformqualifikation einer ARGE ergibt. Eine GbR kann keine Handelsgeschäfte vornehmen. Das OLG Frankfurt/M. überwindet diese Problematik, indem es in der zugrundeliegenden Streitfrage nicht auf die ARGE selbst, sondern auf die an ihr beteiligten Gesellschafter abstellt. Aus Sicht der *traditionellen Gesamthandslehre* ist dies nicht nur konsequent, sondern zwingend erforderlich, da eine ARGE mangels Rechtsfähigkeit aus vertraglicher Sicht als „Nullum" gilt. Dass die ARGE selbst die erforderliche Kaufmannseigenschaft nicht aufweist, ist insofern irrelevant, solange diejenigen, die beim Vertragsschluss verpflichtet werden, Normadressaten des HGB sind. Da die ARGE-Gesellschafter Kaufleute sind, steht außer Frage, dass auch die „Rechtsgeschäfte der ARGE" Handelsgeschäfte sind.

Diese Argumentation steht und fällt jedoch in Abhängigkeit des untersuchten Rechtssubjekts. Nach der nun auch höchstrichterlich anerkannten Rechtsfähigkeit der (Außen-)GbR ist die vorherige Argumentation *obsolet*[145]. Nicht die Gesellschafter (in ihrer gesamthänderischen Verbundenheit), sondern ausschließlich die Gesellschaft ist Vertragspartei. Ob deren Gesellschafter Kaufleute sind oder nicht, ist unerheblich[146]. Ausweislich des *subjektiven Systems* des HGB kann eine ARGE keine Handelsgeschäfte vornehmen.

Wenn die Rechtspraxis gleichwohl bestrebt ist, deren Rechtsgeschäfte als Handelsgeschäfte anzuerkennen, kann dies nicht aus dem Gesetz hergeleitet werden. Dies kann allenfalls im Wege der *Analogie* erfolgen. Hierzu bedarf es jedoch einer Prüfung, ob die Voraussetzungen für eine Analogie gegeben sind[147]. Keinesfalls kann es hierfür genügen, wenn z.B. der *BGH* bei der Prüfung des § 366 HGB feststellt, dass „die Bundesbahn zwar nicht im Rechtssinne, aber doch der Sache nach Kaufmann sei"[148]. Diese Argumentation kann nicht ernsthaft zur Begründung einer Analogie ausreichen. Eine durchaus diskutable Lösung

---

145 Vgl. hierzu die vorherigen Ausführungen unter: *A.II.2.b.bb.*

146 **A.A.** offensichtlich Theurer, BauR 2001, 1791 (1792).

147 Vgl. Bydlinski, Methodenlehre, S. 472 [Gesetzeslücke als Voraussetzung für Analogie].

148 BGH v. 23.04.1951 -IV ZR 158/50-, BGHZ 2, 37 (51).

könnte allenfalls darin bestehen, die ARGE insgesamt im Wege der Gesamtanalogie als „kaufmannsähnliche Person" dem Kaufmann gleichzustellen. Doch auch diese Gesamtanalogie begegnet Vorbehalten[149]. Diese resultieren aus der Überlegung, dass der Kaufmannsbegriff ein Rechtsbegriff des HGB ist, und dass in Wirklichkeit nicht dieser, sondern die einzelnen Rechtsvorschriften einer Ausdehnung „praeter legem" bedürfen. Somit bliebe nichts Anderes übrig, als jede einzelne Vorschrift auf ihre Analogiefähigkeit zu prüfen.

Ohne diesen Gedanken weiter vertiefen zu wollen, kann an dieser Stelle konstatiert werden, dass sich die ARGE in einem echten Spannungsverhältnis zwischen Rechtsform und Rechtsanwendung befindet. Trotz ihrer Rechtsform hat der Rechtsverkehr ein berechtigtes Interesse daran, auf die Rechtsgeschäfte einer ARGE zumindest die Vorschriften der §§ 343 ff. HGB anzuwenden. Dies zeigt sich in besonderem Maße bei § 377 HGB. Nach der *ratio legis* dieser Vorschrift soll der Verkäufer aufgrund der sofortigen Mängelrüge des Empfängers in die Lage versetzt werden, entsprechende Feststellungen und notwendige Dispositionen zur Schadensabwendung unverzüglich ergreifen zu können[150]. In diesem Fall würden die schutzwürdigen Interessen der Lieferanten verkürzt, wenn die ARGE nicht zur sofortigen Mängelrüge verpflichtet wäre, nur weil sie als Vertragspartei nicht zu den Normadressaten dieser Vorschrift zählt. Dies würde der klaren Intention dieser Vorschrift widersprechen, da die für eine ARGE handelnden Personen allesamt die notwendige Geschäftserfahrenheit für diese erhöhte Sorgfaltspflicht aufbringen. Dieses Beispiel mag verdeutlichen, dass der Rechtsverkehr ein berechtigtes Interesse daran hat, die ARGE wie eine OHG zu behandeln.

Aus diesem Grund wird hiermit die Forderung vertreten, die ausgewiesene Mittelstellung einer ARGE zwischen GbR und OHG nicht länger hinzunehmen und notfalls im Wege einer Änderung der bestehenden Rechtslage, die Rechtsform der ARGE an die Erfordernisse des Rechtsverkehrs anzugleichen. Dies könnte durch eine Transformation der ARGE in das Recht der OHG oder durch eine Novellierung des Gesellschaftsverhältnisses GbR erfolgen.

---

149 Gegen eine solche Analogie: Schmidt, HandelsR, § 3 II 3 c.

150 Vgl. BGH v 13.05.1987 -VIII ZR 137/86-, BGHZ 101, 49 (53).

bb. Lösungsvorschläge

Bei den ersten Lösungsvorschlägen handelt es sich um zwei spezielle, auf den „Gesellschaftstypus ARGE“ bezogene Ansätze. Deren Ziel besteht in der Zuordnung der ARGE zum Anwendungsbereich der OHG. Im Anschluss hieran werden zwei weitere, allgemein das Gesellschaftsverhältnis GbR betreffende Reformvorschläge diskutiert. Gerade zur Darstellung der letztgenannten Ansätze sei bereits an dieser Stelle angemerkt, dass sich die Ausführungen im Wesentlichen auf eine praktikable Lösung des ARGE-Sachverhaltes beschränken.

(1.) Extensive Auslegung des § 105 II HGB (*de lege lata*)

Eine mögliche Lösung zur Verlagerung der ARGE in das Recht der OHG könnte § 105 II HGB sein. Dieser im Zuge des *HRefG* neu eingefügte Absatz sieht die Option vor, dass Gesellschaften durch Eintragung in das Handelsregister als OHG firmieren können, deren Gewerbebetrieb nicht schon nach § 1 II HGB Handelsgewerbe ist oder die nur eigenes Vermögen verwalten. Die Handelsregistereintragung hat hierbei konstitutive Wirkung.

Während die erste Alternative relativ unproblematisch ist, erweist sich die zweite als problematisch. In der Literatur herrscht Unstimmigkeit hinsichtlich der Auslegung des Tatbestandsmerkmals „Vermögensverwaltung“. In einer *extensiven Auslegung* vertritt z.B. *K. Schmidt* die Auffassung, dass jede Außen-Gesellschaft die Option des § 105 II HGB ausüben könne, wenn sie über eigenes Vermögen verfügt[151].

Folgt man einer *restriktiven Auslegung* dieser Vorschrift kann die ARGE nicht zur OHG optieren. Sie gilt weder als Kleingewerbetreibender (1. Alt.) noch übt sie eine rein vermögensverwaltende Tätigkeit aus (2. Alt.). Hierzu zählen ausweislich der Gesetzesmaterialien nur solche Gesellschaften, deren Gesellschaftszweck die Verwaltung eigenen Vermögens in nicht unbedeutendem Umfang vorsieht[152]. Der Gesellschaftszweck einer ARGE widerspricht dieser Intention des Gesetzgebers.

Einzig nach der *extensiven Auslegung* bestünde für die ARGE die Möglichkeit der Option zur OHG. Diese Streitfrage kann jedoch dahinstehen, denn selbst wenn eine fakultative Eintragungsmöglichkeit im Handelsregister bestünde, führt dies in der aufgeworfenen Problematik nicht weiter. Sollte es tatsächlich im Interesse der ARGE-Partner sein, die ARGE als OHG zu betreiben, könnte dies auch durch eine bewusst offene Formulierung des Gesellschaftszwecks bewirkt werden. So könnte z.B. im Gesellschaftsvertrag vereinbart werden, dass

151 So Schmidt, ZHR 163 (1999), 87 (90).
152 Vgl. BT-Drucks. 13/8444, S. 41.

die ARGE zum Zweck der Ausführung *„dieses und weiterer noch nicht benannter Aufträge“* gegründet wird. Diese Formulierung reicht aus, die Gewerbebetriebseigenschaft zu begründen. In dem hier untersuchten Sachzusammenhang sollen jedoch die Fälle ausgeschlossen werden, in denen sich die ARGE-Beteiligten bewusst gegen eine OHG entscheiden. Denn eines steht fest: Freiwillig wird in der ARGE-Praxis niemand auf die Rechtsform einer Personenhandelsgesellschaft zurückgreifen. Die bestehenden Lücken im System des Handelsrechts könnten zwar theoretisch durch eine Option zur OHG geschlossen werden. Nur wenn es wie nach der bisherigen Rechtslage des § 105 II HGB weiterhin im Ermessen der Gesellschafter steht, dies vorzunehmen, ist die bestehende Vorschrift für die beabsichtigten Zwecke als untaugliches Mittel abzulehnen.

(2.) Neuregelung des § 105 III HGB (*de lege ferenda*)

Da der § 105 HGB nach bestehendem Recht die gewünschte Funktion bislang nicht erfüllt, wird *de lege ferenda* die Einfügung eines weiteren Sondertatbestandes angeregt. Im Zuge einer Neugestaltung könnte der Gesetzgeber einen neuen Absatz III einfügen. Hiermit könnte er die Tendenz des *HRefG* aufgreifen und die ARGE als einen weiteren Spezialfall der OHG normieren. Im Ergebnis geht es darum, den Begriff des Gewerbebetriebs in den §§ 1, 105 HGB auch auf die nicht dauerhaft tätigen Erwerbsgesellschaften auszuweiten.

Der neue Absatz III könnte folgendermaßen lauten:

> ***„Eine Gesellschaft, deren alleiniger Zweck in der Erfüllung eines einzigen Werkvertrages oder Werklieferungsvertrages besteht, gilt als eine offene Handelsgesellschaft, sofern das Unternehmen einen nach Art und Umfang in kaufmännischer Weise eingerichteten Geschäftsbetrieb erfordert.“***

Zur Gesetzessystematik des *§ 105 III HGB n.F.* ist folgendes anzumerken:
Der Sinn und Zweck dieser Vorschrift soll darin bestehen, den Kreis der offenen Handelsgesellschaften um die Gesellschaften zu erweitern, die mangels wiederholter Tätigkeit bislang nicht eindeutig als Gewerbebetrieb qualifiziert werden konnten. Von der Gesetzestechnik her soll dies im Wege einer *Fiktion* erfolgen. Einer der Vorteile, der mit dieser Gesetzestechnik verbunden ist, besteht darin, dass die Kontinuität der Rechtsanwendung nicht durchbrochen wird. So bleibt z.B. im vorliegenden Sachverhalt die herkömmliche Definition „planmäßigen Handelns“ unangetastet, da der Gesetzgeber mit Hilfe der Fiktion zum Ausdruck bringen kann, dass sich der „ARGE-Sachverhalt“ seiner Meinung nach bislang nicht oder zumindest nicht eindeutig hierunter subsumieren lässt.

Konkret sollen vom Anwendungsbereich dieser Vorschrift Gesellschaften erfasst werden, deren Gesellschaftszweck auf die Erfüllung eines einzigen Werk- oder Werklieferungsvertrages gerichtet ist. Damit nicht jede dieser Gesellschaften zwingend die Rechtsform einer OHG einnimmt, wird als erforderliches Korrektiv der zweite Halbsatz eingefügt. Dieser stützt sich sprachlich und inhaltlich auf § 1 II HGB und soll sicherstellen, dass die Geschäftstätigkeit dieser Gesellschaft tatsächlich mit der einer Handelsgesellschaft vergleichbar ist. Bei der Beurteilung der Geschäftstätigkeit können alle rechtsgeschäftlichen Handlungen im Wege einer Gesamtbetrachtung berücksichtigt werden. Dies gilt auch für Hilfsgeschäfte z.B. im Waren- oder Kapitalverkehr. Sofern die ARGE keinen Geschäftsbetrieb erfordert, greift die Fiktion des § 105 III HGB n.F. nicht ein.

Von den praktischen Auswirkungen her führt diese Vorschrift zu keiner unangemessenen Benachteiligung der Normadressaten. Die Kritik, die von Seiten der Bauwirtschaft vermutlich gegen diese Neuregelung vorgetragen wird, dürfte sich in erster Linie gegen die erforderliche Handelsregistereintragung richten. Dass die Handelsregistereintragung aus Sicht der Beteiligten zu einem erhöhten Arbeits- und Kostenaufwand führt und damit als nachteilig empfunden wird, ist verständlich. Allerdings führt die Registerpflicht aus Sicht des Rechtsverkehrs zu einem erheblich verbesserten Verkehrsschutz. Als Kompensation dieser „lästigen“ Handelsregistereintragung kann auf die haftungsrechtlichen Vorzüge der Handelsgesellschaften hingewiesen werden. Dieser Vorteil ist nicht unbedeutsam, da das Haftungsrisiko nach wie vor als das Hemmnis für mittelständische Bauunternehmen gilt, sich an einer ARGE zu beteiligen. Die zur Vermeidung dieser Haftungsrisiken lange Zeit diskutierte Rechtsfigur der „GbR mbH“ kommt nicht mehr in Betracht. Insbesondere bei größeren Projekten könnte daher die Gründung einer GmbH & Co. KG in Erwägung gezogen werden.

Ein weiterer Nachteil der OHG könnte aus der Buchführungspflicht nach §§ 238 ff. HGB resultieren. Dies wirkt sich für die ARGE-Praxis jedoch nicht weiter negativ aus, da die Beteiligten bereits aus eigenen Motiven ein leistungsfähiges System der ARGE-Buchführung und -Rechnungslegung eingerichtet haben[153].

Die Einfügung eines neuen Absatzes III in § 105 HGB wäre somit geeignet, den nachgewiesenen Schwierigkeiten im Umgang mit der ARGE zu begegnen.

(3.) Der unternehmensrechtliche Ansatz (*de lege ferenda*)

Eine komplexe Novellierung des Handels-, Gesellschafts-, und weiterer benachbarter Rechtsgebiete sieht der *unternehmensrechtliche Ansatz* vor. Dieser geht von einer grundsätzlichen Neuorientierung am Unternehmensbegriff aus. Der

[153] Vgl. hierzu die entsprechenden Ausführungen im *2. Abschnitt.*

Gesetzgeber hat sich in jüngeren Gesetzesvorhaben bereits mehrfach diesen Begriff zu Eigen gemacht und ihn anstelle des Kaufmannsbegriffs in verschiedene gesetzliche Regelungszusammenhänge eingeführt[154]. Eine weitreichende Neuordnung des Handelsrechts zu einem Unternehmensrecht wurde jedoch bislang vermieden. Zuletzt im *HRefG* hat es der Gesetzgeber bewusst bei einer Überarbeitung des Kaufmannsbegriffs belassen und weiter reichenden Änderungsvorschlägen eine Absage erteilt. Gleichwohl kann der Hinweis in den Gesetzesmaterialien, dass „vor einer umfangreichen Neuordnung des Handelsrechts [...] zunächst die europäische Rechtsentwicklung in diesem Bereich abzuwarten ist“[155], dahingehend verstanden werden, dass dem unternehmensrechtlichen Ansatz keine prinzipielle, sondern nur eine vorübergehende Absage erteilt wurde.

Im Kern geht dieser Ansatz bei einer Änderung des HGB davon aus, dass die bisherigen Zentralbegriffe „Gewerbebetrieb“ und „Kaufmann“ durch die Begriffe „Unternehmen“ und „Unternehmensträger“ restituiert werden. In einem weitergehenden Ansatz soll dieses Unternehmensrecht auch Einzug in das Recht der GbR finden. Dort soll die bestehende „Einheitsfigur“ in die *zivilistischen* und *unternehmenstragenden* Gesellschaften aufgespalten werden[156]. In Abkehr vom Einheitsmodell sollen nur die unternehmenstragenden Gesellschaften rechts-, handlungs- und parteifähig sein. Nur auf diese soll das Recht der OHG partiell Anwendung finden. Quasi als Kompensation dessen wird aus Gründen des Verkehrsschutzes ein Bedürfnis nach Publizität des Gesellschaftsverhältnisses bestätigt. Hieraus resultiert die Eintragungspflicht im Handelsregister oder einem anderen öffentlichen Register[157].

Welche Gesellschaften unternehmenstragend sind, ist dem handelsrechtlichen Unternehmensbegriff zu entnehmen. Dieser ist in seinen Grundzügen bislang ebenso wenig klar definiert wie der zu ersetzende Gewerbebegriff. Als weitestgehend konsensfähig hat sich bislang folgende Definition herausgestellt: *„Ein Unternehmen betreibt, wer selbständig, planmäßig und auf Dauer an einem Markt entgeltliche Leistungen anbietet“*[158].

Bei einer Subsumtion der ARGE unter diesem Unternehmensbegriff ist ersichtlich, dass sie - jedenfalls unter Berücksichtigung der *isolierenden Betrachtungs-*

---

154 Vgl. u.a. § 310 BGB [AGB], § 491 BGB [Verbraucherdarlehensvertrag].

155 BT-Drucks. 13/8444, S. 23.

156 Grundlegend hierzu: Schmidt, Gutachten, S. 480 ff. Dieser Ansatz wird von *Schmidt* auch nach dem Urteil des BGH vom 29.01.2001 aufrecht erhalten, in: NJW 2001, 993 (1002).

157 *Schmidt* schlägt die Eintragung der „Mitunternehmer-BGB-Gesellschaften“ in das Handelsregister vor. Hierzu käme die Einführung einer neuen „Abteilung C“ in Betracht, in: Gutachten, S. 508.

158 Vgl. Raisch, Unternehmensrecht, S. 66; Schmidt, HandelsR, § 4 I 2 b.

weise - wiederum aus diesem Anwendungsbereich auszuschließen ist. Die ARGE als „Unternehmen auf Zeit“ nimmt eine charakteristische Zwischenstellung zwischen Unternehmen und Unternehmenskooperation ein. Als Unternehmensträger kommt sie nicht in Betracht[159]. Somit führt der unternehmensrechtliche Ansatz an dieser Stelle nicht weiter, da die Auslegungsprobleme im Umgang mit der ARGE nicht gelöst werden.

(4.) Einführung eines Erwerbsgesellschaftengesetzes (*de lege ferenda*)

Eine komplexe Novellierung des Gesellschaftsverhältnisses GbR verbirgt sich hinter dem Ansatz zur Einführung eines Erwerbsgesellschaftengesetzes. Die Grundidee hierfür basiert auf dem österreichischen Erwerbsgesellschaftengesetz (EGG). Aus diesem Grund werden zunächst die Grundzüge dieses Gesetzes dargestellt, um hieraus mögliche Schlussfolgerungen für die Fassung eines entsprechenden Regelungsvorschlages zu ziehen.

(a.) Österreichisches Erwerbsgesellschaftengesetz

Der österreichische Gesetzgeber hat im Jahr 1990 auf die jahrzehntelange Kritik an der Ausgestaltung des Rechts der Gesellschaft bürgerlichen Rechts (GesBR) mit der Einführung eines Erwerbsgesellschaftengesetzes (EGG) reagiert[160]. Ähnlich der Diskussion im deutschen Gesellschaftsrecht ist auch in Österreich die Frage umstritten, welche Rechtsnatur die GesBR einnimmt und ob diese eventuell Rechtsfähigkeit erlangen könne.

Die Ausgangslage für diesen Streit erscheint auf dem ersten Blick gewisse Parallelen aufzuweisen, da die nationalen Rechtsordnungen in den Grundzügen kongruent sind. Dennoch ist der Streit über die Rechtsfähigkeit einer bürgerlichrechtlichen Gesellschaft nicht identisch, denn bereits die gesellschaftlichen Grundstrukturen weichen in ihrer Ausgestaltung im *BGB* und *ABGB* erheblich voneinander ab. Während es im deutschen Gesellschaftsrecht außer Frage steht, dass eine GbR eine Gesamthandsgesellschaft ist und der jahrzehntelange Streit erst auf der Ebene der Rechtsfähigkeit einsetzte, ist in Österreich bereits die

[159] So die *h.M.*: Schmidt, GesR, § 58 III 3; Ulmer, ZIP 2001, 585 (593); Thiery, Die GesBR, S. 112 [A]; Breuninger, S. 195. **A.A.** Joussen, BauR 1999, 1063 (1072). Dieser sieht in einer fragwürdigen Argumentation die Unternehmereigenschaft einer ARGE als unstreitig an und leitet aus einer Formulierung in den Gesetzesmaterialien zum HRefG [„In der Sache dürften die Vorschläge Schmidts für ein Unternehmensgesetzbuch zu denselben praktischen Ergebnissen führen wie die Empfehlungen für eine Korrektur des Kaufmannsbegriffs.“] den Willen des Gesetzgebers ab, dass die ARGE bereits *de lege lata* ein Handelsgewerbe betreibt. *Anm*: *Joussen* verkennt an dieser Stelle, dass der in diesem Zusammenhang verwendete handelsrechtliche Unternehmensbegriff nicht mit dem Unternehmensbegriff in anderen Gesetzen wie z.B. § 14 BGB übereinstimmt. Nach dem handelsrechtlichen Unternehmerbegriff ist eine ARGE kein Unternehmen!

[160] Ein kurzer Auszug des EGG ist im Anhang veröffentlicht.

erste Frage umstritten. Nach bisher *h.M.*[161] jedenfalls wurde die GesBR als *reines Schuldverhältnis* erachtet.

Dies legt die Vermutung nahe, dass der vom *BGH* vollzogene Schritt der Anerkennung der Rechtsfähigkeit einer GbR in Österreich nicht bevorsteht. In Kenntnis dessen hat sich der Gesetzgeber zum Erlass eines Erwerbsgesellschaftengesetzes bewogen. Von der Regelungstechnik her handelt es sich beim EGG um ein Rumpfgesetz. Mittels gesetzlicher Verweisung wird das Recht der OHG in weiten Teilen auf die eingetragene Erwerbsgesellschaft (EEG) für anwendbar erklärt. Um den Rahmen dieser Darstellung nicht zu sprengen, sollen nur die besonders relevanten §§ 1, 3 EGG kurz besprochen werden.

Nach § 1 EGG ist eine Gesellschaft, die auf einen gemeinschaftlichen Erwerb unter gemeinsamer Firma gerichtet ist, zu deren Zweck jedoch eine OHG oder KG nicht gegründet werden kann, eine offene Erwerbsgesellschaft, wenn die Gesellschafterhaftung unbeschränkt ist oder eine Kommandit-Erwerbsgesellschaft, wenn die Haftung der Gesellschafter teils unbeschränkt und teils auf den Betrag einer bestimmten Vermögenseinlage beschränkt ist.

Diese Vorschrift wirft bereits nach einfacher Gesetzeslektüre zwei Fragen auf:
1.) Zu welchem Zweck kann eine EEG gegründet werden?
2.) Besteht ein Konkurrenzverhältnis zwischen EEG und GesBR?

Die Beantwortung der ersten Frage lässt sich nicht eindeutig dem Gesetz entnehmen. In der Literatur wird der Gesellschaftszweck einer EEG unterschiedlich ausgelegt. Die Meinungen reichen von der Feststellung einer Zweckneutralität der EEG[162], bis hin zur Annahme, dass § 1 EGG eine unternehmensähnliche Zweckverfolgung erfordere[163]. In einer mittleren Position wird zumindest ein wirtschaftlicher Zweck gefordert[164].

Diese Problematik hängt eng mit der zweiten, nicht eindeutig geklärten Frage des Konkurrenzverhältnisses zwischen EEG und GesBR zusammen. Nimmt man den Wortlaut und bezieht gleichzeitig § 3 EGG in diese Betrachtung ein, ist davon auszugehen, dass § 1 EGG *lex specialis* zu § 1175 ABGB ist. Im Gegensatz hierzu geht die Literatur nahezu einstimmig davon aus, dass diese Wertung

161 Vgl. Oberhammer, JBl 1997, 624 (635). Zum aktuellen Streitstand: Maaß/Siems, WBl 2002, 149 (151).
162 Thiery, FS Kastner, 431 (441).
163 Reiff, ZVglRWiss 90 (1991), 130 (144).
164 Krejci, EGG, § 1, Rz. 51 ff.

vom Gesetzgeber so nicht gewollt sei, und dass zwischen diesen Gesellschaftsformen ein Verhältnis der Wahlfreiheit bestehe[165].

Dieses Missverhältnis zwischen Intention des Gesetzgebers und verwirklichter Regelung hat ihre Ursache in § 3 EGG. Diese Vorschrift besagt, dass eine Gesellschaft nach § 1 EGG in das Firmenbuch einzutragen *„ist"*. Diese Regelungstechnik spricht gegen eine Wahlfreiheit zwischen EEG und GesBR. Wenn nämlich aufgrund von § 3 EGG alle Gesellschaften, bei denen die Voraussetzungen einer EEG erfüllt sind, zwingend in das Firmenbuch einzutragen sind, kann sich kein Wahlrecht entfalten. Für die GesBR verblieben nur die Anwendungsfälle, in denen eine Erwerbsgesellschaft nicht gegründet werden kann. Zur Korrektur dieser offenbar nicht gewollten gesetzlichen Regelung wird vorgeschlagen, § 3 EGG dahingehend (teleologisch?) auszulegen, dass ausschließlich jene Gesellschaften anmeldepflichtig sind, die schon vor Anmeldung unzweifelhaft als EEG im Rechtsverkehr auftreten[166].

Im Ergebnis ist damit festzuhalten, dass das österreichische Erwerbsgesellschaftengesetz an den entscheidenden Stellen mehr Fragen als Antworten aufwirft. Aufgrund einiger konzeptioneller Mängel kommen die vom Gesetzgeber intendierten Regelungsziele in der tatsächlichen Umsetzung nicht zum Tragen[167]. Diese Erkenntnisse sollten beim nachfolgend diskutierten Vorschlag zur Regelung eines deutschen Erwerbsgesellschaftengesetzes bedacht werden.

(b.) Besteht ein Regelungsbedarf für die Einführung eines Erwerbsgesellschaftengesetzes?

Dieser Vorschlag, der die Schaffung eines Erwerbsgesellschaftengesetzes anregt, ist keineswegs neu. Bereits in der Vergangenheit wurde mehrfach die Reformbedürftigkeit des Gesellschaftsverhältnisses GbR angemahnt und entsprechende Reformvorschläge unterbreitet. Das Erfordernis diese Thematik noch einmal aufzugreifen, folgt aus der weithin anerkannten Rechtsfähigkeit der Außen-GbR. Während in Österreich das Ziel des EGG darin besteht, bestimmten GesBR die Option zu erteilen, den Status einer teilrechtsfähigen Personenvereinigung zu erlangen, hat die GbR diesen Status bereits erreicht.

Die in diesem Zusammenhang zu erörternde Problematik besteht nach der weiten Sichtweise des *BGH* somit nicht in einem „zu wenig", sondern in einem „zu viel" rechtlicher Verselbstständigung. Diese Rechtsauffassung wurde bereits an anderer Stelle mit dem Hinweis auf die nur unzureichende Verkehrsfähigkeit

---

165 Krejci, EGG, Vorb, Rz. 20; Reiff, ZVglRWiss 90 (1991), 130 (151); Thiery, FS Kastner, 431 (432) sowie Roth/Fitz, WBl 1990, 189 (190) und Oberhammer, JBl 1997, 624 (635).

166 Krejci, EGG, Vorb, Rz. 26.

167 Im Ergebnis auch Roth/Fitz, WBl 1990, 189 (189 ff.).

einer GbR kritisiert. Aus rechtspolitischer Sicht bestünden zwei Möglichkeiten, gesetzgeberisch gestaltend auf diese Entwicklung zu reagieren.

Zum einen könnte die Rechtsposition der GbR nachträglich reduziert werden, indem durch eine entsprechende negative gesetzgeberische Maßnahme der GbR bestimmte Fähigkeiten im Rechtsverkehr ausdrücklich vorenthalten werden. Zum anderen könnten die vorhandenen Defizite der gesetzlichen Ausgestaltung (Publizität) positiv ausgeglichen werden, indem das rückständige Gesellschaftsverhältnis an die bestehende Rechtslage angepasst wird. Bei dieser Alternative dürfte klar sein, dass nicht für jede Erscheinungsform der Außen-GbR in gleicher Weise ein Bedürfnis nach einer *umfassenden Rechtsfähigkeit* besteht[168]. Es bleibt daher zu prüfen, für welche Erscheinungsformen der GbR ein solches berechtigtes Interesse besteht. Sollte dies nicht in hinreichendem Maße nachgewiesen werden, verbliebe nur die negative Korrektur als Handlungsalternative.

Wie bereits erwähnt, ist der Vorschlag zur Einführung einer Erwerbsgesellschaft nicht neu. Bereits in den Beratungen zum Entwurf des BGB wurde darüber diskutiert, einen eigenen, die Erwerbsgesellschaft betreffenden Paragraphen in das BGB aufzunehmen[169]. Zum Anwendungsbereich dieser Vorschrift sollten v.a. die Gesellschaften zählen, denen die Rechtsform der OHG mangels eines betriebenen Grundhandelsgewerbes verschlossen blieb. Dieser Entwurf wurde bekanntlich nicht verwirklicht und vom Gesetzgeber in der Folgezeit auch nicht wieder aufgegriffen.

In der weiteren Rechtsentwicklung spielte die Erwerbsgesellschaft keine große Rolle mehr, bis zunächst *Raisch* und anschließend *K. Schmidt* die Idee der unternehmenstragenden Gesellschaft wieder aufgriffen[170]. Unter Berücksichtigung dieses Modells und des österreichischen EGG konzipierte schließlich *Alberts* einen Gesetzgebungsvorschlag zur Einführung eines Erwerbsgesellschaftengesetzes[171]. Zu den wesentlichen Rechtsfortbildungszielen, die mit diesem Gesetzgebungsvorschlag erreicht werden sollen, zählt u.a. die Anerkennung einer umfassenden Rechtsfähigkeit für diese Gesellschaft[172]. Als notwendige „conditio" hierfür stellt auch *Alberts* die Forderung auf, eine geeignete Registerpublizität herzustellen. Obwohl der *BGH* bereits die Rechtsfähigkeit der Außen-GbR anerkannt hat, ist das Konzept des Erwerbsgesellschaftengesetzes noch nicht über-

---

168 Unter „umfassender Rechtsfähigkeit" sind die Fähigkeiten zu verstehen, die eine gesteigerte Verkehrsfähigkeit erfordern, vgl. die vorherigen Ausführungen unter: *A.II.2.b.bb.*

169 Vgl. Mugdan, Die gesamten Materialien zum BGB, S. 353 ff., S. 1002 ff.

170 Vgl. hierzu die vorherigen Ausführungen zum „unternehmensrechtlichen Ansatz".

171 Alberts, Die GbR im Umbruch, S. 175 ff. *Anm*: Ein Auszug dieses Gesetzgebungsvorschlags befindet sich Anhang.

172 Alberts, Die GbR im Umbruch, S. 165 ff.

holt, da genau die bereits mehrfach angemahnte Registerpublizität noch nicht besteht. Somit macht es weiterhin Sinn, sich mit dem konkreten Anwendungsbereich einer Erwerbsgesellschaft auseinander zu setzen.

(aa.) Anwendungsbereich

Allgemein zählen nach der Konzeption von *Alberts* zu den Erwerbsgesellschaften alle Gesellschaften, die zum Betrieb eines Gewerbes oder eines sonstigen Unternehmens eingegangen werden, sofern sie nicht bereits Handelsgesellschaft sind. Konkret dürften daher zum Anwendungsbereich einer Erwerbsgesellschaft alle Gesellschaften bürgerlichen Rechts zählen, die eine wirtschaftliche Betätigung ausüben, die nicht bereits auf den Betrieb eines Handelsgewerbes gerichtet ist. Nach *Ulmer* werden vom Typus der Erwerbsgesellschaft die Zusammenschlüsse von Freiberuflern, Land- und Forstwirten, Minderkaufleuten (jetzt Kleingewerbetreibende) und Arbeitsgemeinschaften erfasst[173]. Diese Auflistung könnte noch um die vermögensverwaltenden Gesellschaften ergänzt werden.

Zum möglichen Anwendungsbereich eines Erwerbsgesellschaftengesetzes gilt es zu konstatieren, dass der Gesetzgeber mit dem *HRefG* bereits eine umfassende Ausweitung der Handelsgesellschaften vorgenommen hat, indem er den überholten Katalog der Grundhandelsgeschäfte abgeschafft hat. Aus diesem Grund zählen bereits *de lege lata* eine Vielzahl der als GbR gegründeten Gesellschaften aus dem *Dienstleistungsgewerbe und Handwerk* zum Kreis der OHG.

Für alle *Kleingewerbetreibenden* wurde mit dem *HRefG* die Option eröffnet, nach § 105 Abs. II Satz 1, 1. Alt. HGB die Rechtsform der OHG zu wählen.

Für *Land- und Forstwirte* besteht seit der Neuregelung des § 3 HGB die Möglichkeit, ihre Tätigkeit in einer Personenhandelsgesellschaft auszuüben.

Für *Angehörige freier Berufe* hat der Gesetzgeber mit der Option zur Partnerschaftsgesellschaft eine adäquate Rechtsform bereitgestellt.

Für alle *vermögensverwaltenden Gesellschaften* besteht mit dem neuen § 105 Abs. II Satz 1, 2. Alt. HGB die Möglichkeit, zu einer OHG zu optieren.

Einzig für die *Arbeitsgemeinschaften und vergleichbare Gelegenheitsgesellschaften* besteht eine solche Option nach geltendem Recht nicht. Zumindest für die ARGE im Bauwesen wurde bereits an anderer Stelle nachgewiesen, dass sich deren fehlende Kaufmannseigenschaft nachteilig auf den Rechtsverkehr auswirkt. Diese Problematik kann jedoch am sinnvollsten dadurch gelöst wer-

---

173 MüKo-*Ulmer*, BGB, Vor § 705, Rz. 67.

den, dass die ARGE dem Recht der Personenhandelsgesellschaften zugerechnet wird. Die Einführung einer Erwerbsgesellschaft würde in diesem Zusammenhang auch nicht weiter helfen, da auf diese Gesellschaftsform das Handelsrecht nur partiell Anwendung finden könnte[174]. Die Vorschriften, die sich ausdrücklich nur auf Kaufleute beziehen, so z.B. die des dritten (§§ 238 ff. HGB) und vierten (§§ 343 ff. HGB) Buches des HGB, sollten einer Erwerbsgesellschaft vorenthalten werden. Aus diesem Grund könnten die Probleme im Umgang mit einer ARGE nicht über die Einführung einer Erwerbsgesellschaft gelöst werden.

(bb.) Zwischenergebnis

Sofern nicht eine grundsätzliche Reform des Handelsrechts gefordert wird, kann zur Zeit kein berechtigtes Interesse an der Regelung eines Erwerbsgesellschaftengesetzes nachgewiesen werden. Für die Erscheinungsformen einer GbR, die möglicherweise in den Anwendungsbereich eines solchen Gesetzes gelangen könnten, hat sich der Gesetzgeber bereits für eine Option zu einer *„höherstufigen Gesellschaft“* entschieden. Einzig für die ARGE besteht eine solche Zugangsmöglichkeit nicht. Der Gesetzgeber könnte diese Lücke schließen, indem er die ARGE mittels eines neuen § 105 III HGB als einen der letzten strittigen Fälle in das Recht der OHG verlagert. Für die verbliebenen Fälle einer GbR empfiehlt es sich, im Wege einer negativen gesetzgeberischen Maßnahme bestimmte Rechtspositionen auszuklammern. Hierbei handelt es sich konkret um die Rechtspositionen, die mangels ausreichender Verkehrsfähigkeit von einer GbR nicht in sinnvoller Weise wahrgenommen werden können. Dieser Vorschlag könnte durch eine entsprechende Regelung in §§ 705 ff. BGB oder in den betreffenden Spezialgesetzen umgesetzt werden.

4. Gesellschaft mit beschränkter Haftung

Als weitere mögliche Rechtsform könnte eine ARGE auch als GmbH betrieben werden. Deren Gesellschaftszweck setzt nach § 1 GmbHG nicht notwendigerweise eine gewerbliche Betätigung voraus (Zweckneutralität)[175]. Theoretisch bestehen demnach keine Bedenken, diese Rechtsform für eine ARGE zu vereinbaren[176]. In der ARGE-Praxis hingegen hat die GmbH bislang noch keine Rolle gespielt, da sich deren Gründungsvoraussetzungen für eine rein projektbezogene Unternehmenskooperation als zu aufwendig erweisen[177]. Verlässt man den Bereich der bauausführenden ARGE und bezieht weiterreichende Unternehmens-

---

174 Vgl. Schmidt, Gutachten, S. 511; Alberts, Die GbR im Umbruch, S. 177 sowie § 4 öEGG.

175 **Unzutreffend** daher *Wallau/Kayser/Stephan*, Die Dach-ARGE, S. 94.

176 Müller spricht sogar davon, dass die GmbH „ohne Einschränkungen als die für eine ARGE geeignetste Gesellschaftsform“ bezeichnet werden kann, in: Die ARGE, S. 55.

177 Dass diese Gestaltung durchaus praktische Relevanz aufweisen kann, beweist der Sachverhalt in BGH v. 03.11.1980 -II ZB 1/79-, BGHZ 78, 311 (311 ff.). Dort schlossen sich drei ARGEN zu einer GmbH in Form einer Dachgesellschaft zusammen.

verbindungen in diese Betrachtung ein, gewinnt die GmbH an Bedeutung. Dies gilt immer dann, wenn neben der Bauausführung noch weitere Aufgaben wie z.B. die Projektfinanzierung, der Projektbetrieb oder die Objektverwaltung übernommen werden[178]. Diese Gesellschaften sind jedoch definitionsgemäß nicht mehr als „ARGE" zu bezeichnen.

III. Rechtsgestaltung der ARGE

1. Der Arbeitsgemeinschaftsvertrag des HDB & ZDB

Die einfache ARGE wird als Gesellschaft bürgerlichen Rechts gem. §§ 705 ff. BGB gegründet[179]. Grundvoraussetzung für die Entstehung einer GbR ist der Abschluss eines Gesellschaftsvertrages. Bei der Gründung einer ARGE zählt es in der Bauwirtschaft zur gängigen Praxis, für den Abschluss des Gesellschaftsvertrages auf gewerbeübliche Musterverträge zurückzugreifen. Diese Musterverträge zeichnen sich durch einen hohen Verbreitungsgrad in den beteiligten Kreisen aus. Weitestgehend durchgesetzt hat sich dabei ein Formularvertrag, der gemeinsam vom Hauptverband der Deutschen Bauindustrie e.V. und Zentralverband des Deutschen Baugewerbes e.V. herausgegeben wird[180].

Dieser „*Arbeitsgemeinschaftsvertrag*" blickt auf eine jahrzehntelange Tradition zurück und ist ein Produkt kontinuierlicher vertraglicher Fortentwicklung[181]. Seine Ursprünge hat der ARGE-Mustervertrag in den 30er Jahren, wo der Reichsverband des Ingenieurbaus zunächst im Jahr 1934 ein „Vertragsmuster für einfache gemeinsame Bauausführungen" und ergänzend im Jahr 1938 ein „Vertragsmuster für Arbeitsgemeinschaften von Bauunternehmungen" herausgab. Erste staatliche Anordnungen zum ARGE-Vertrag waren die Durchführungsrichtlinien des Reichsministers für Bewaffnung und Munition aus dem Jahr 1943. Diese Durchführungsrichtlinien wurden in den 50er Jahren vom Hauptverband der Deutschen Bauindustrie e.V. aufgegriffen und in der Folgezeit mehrfach überarbeitet. Im Jahr 1971 wurde der ARGE-Vertrag erstmalig gemeinsam mit dem Zentralverband des Deutschen Baugewerbes e.V. herausgegeben. Es folgten die Musterverträge der Jahre 1979, 1987 und 1995. Gegenwärtig liegt der ARGE-Vertrag in der Fassung 2000 -Überarbeitung 2002- vor.

---

178 Vgl. hierzu die nachfolgenden Ausführungen zum „BOT-Modell" unter: *C.IV.*

179 Die nachfolgende Untersuchung der Rechtsgestaltung einer ARGE erfolgt auf der Grundlage der *h.M.*, die eine ARGE als GbR qualifiziert. Sollte sich die an anderer Stelle vorgeschlagene Novellierung des § 105 III HGB durchsetzen, kann im Wesentlichen auch weiterhin auf die nachfolgenden Ausführungen zurückgegriffen werden, da eine OHG in den Grundzügen auf den §§ 705 ff. BGB beruht (vgl. § 105 III HGB).

180 Vgl. hierzu auch die Feststellung des BGH v. 29.01.2001 -II ZR 331/00-, BGHZ 146, 341 (369). Weitere, praktisch nicht so relevante Musterverträge finden sich im Beck'schen Formularbuch von *Locher* (Kap. III G 7) und im Beratungshandbuch von *Zerhusen*, in: Mandatspraxis Privates BauR, § 13, Rz. 910 ff.

181 Vgl. zur Entwicklung dieses Mustervertrages: Burchardt/Pfülb, ARGE, Einf., Rz. 16.

2. Grundzüge der rechtlichen Ausgestaltung einer ARGE

Im Folgenden werden die wesentlichen gesellschaftsrechtlichen Merkmale der ARGE dargestellt. Diese Untersuchung erfolgt aufgrund seiner praktischen Bedeutung anhand des zuvor beschriebenen Mustervertrages. Die Bearbeitung beschränkt sich dabei im Wesentlichen auf die gesellschaftsrechtlichen Fragen, die im Hinblick auf die Besteuerung einer ARGE von Relevanz sind[182].

a. Verhältnis zu den §§ 705 ff. BGB

Allgemein gilt es zu den Vorschriften der §§ 705 ff. BGB anzumerken, dass es sich hierbei weitestgehend um dispositives Gesetzesrecht handelt. Als zwingende Gesetzesbestimmungen gelten entweder kraft Gesetz oder kraft richterlicher Rechtsfortbildung folgende Vorschriften:

Bestimmungen über die Geschäftsführung (§ 712 I, II BGB, *str.*)[183]; Kontrollrechte der Gesellschafter (§ 716 II BGB); Gesamthänderische Bindung (§ 719 I BGB); Kündigung (§§ 723 III, 724 I BGB, 725 I BGB) und über die Auflösung der Gesellschaft (§ 728 BGB)[184].

Die Herausgeber des Mustervertrages haben von der Möglichkeit der individuellen Ausgestaltung des Gesellschaftsverhältnisses regen Gebrauch gemacht, um auf diese Weise ein auf die speziellen Bedürfnisse der Bau-ARGE abgestimmtes Vertragsformular zu entwerfen. Diese im Wege einer langen Rechtsentwicklung mehrfach angepassten ARGE-spezifischen Regelungen haben einen vom gesetzlichen Leitbild der GbR erheblich abweichenden „Gesellschaftstypus ARGE“ und damit eine Rechtsform „sui generis“ entstehen lassen[185].

Zum konkreten Rangverhältnis der Regelungen des ARGE-Vertrages zu den §§ 705 ff. BGB wird bereits in der Präambel des Mustervertrages Stellung bezogen. Hiernach werden die Bestimmungen des ARGE-MV als vorrangig eingestuft. An der grundsätzlichen Zulässigkeit dieser Parteiabrede bestehen keine Zweifel, sofern nicht die o.g. zwingenden gesetzlichen Vorschriften abgeändert werden. Bei einer unklaren bzw. fehlenden vertraglichen Regelung gebührt

---

182 Auf eine vollständige Kommentierung dieses Vertrages, der mittlerweile ein umfangreiches Regelungswerk von 27 Paragraphen auf 52 DIN-A4-Seiten vorsieht, muss an dieser Stelle im Interesse einer einführenden Darstellung verzichtet werden. Eine umfangreiche Kommentierung findet sich im ARGE-Kommentar von *Burchardt/Pfülb* (Hrsg.).

183 A.A. MüKo-*Ulmer*, BGB, § 712, Rz. 19, 27: Abs. I ist dispositiv, Abs. II ist im Grundsatz dispositiv.

184 Koeble/Schwärzel-Peters, DStR 1996, 1734 (1736).

185 *Anm:* Zum Nachweis dieser These wird im Nachfolgenden stets ein Bezug zum gesetzlichen Leitbild der GbR hergestellt, um auf diese Weise die Besonderheiten des Gesellschaftstypus ARGE herauszustellen.

regelmäßig der erläuternden und ergänzenden Vertragsauslegung (§§ 133, 157 BGB) Vorrang vor der Anwendung dispositiven Gesellschaftsrechts[186]. § 26 Satz 3 ARGE-MV übernimmt diese Wertung des allgemeinen Vertragsrechts, indem dort *expressis verbis* vereinbart wird, dass „anstelle einer unwirksamen Bestimmung oder zur Ausfüllung einer Lücke eine angemessene Regelung gelten soll, die - soweit rechtlich möglich - dem am nächsten kommt, was die Vertragsschließenden gewollt oder nach dem Sinn und Zweck des Vertrages gewollt haben würden, sofern sie den außer acht gelassenen Punkt bedacht hätten."

b. Beteiligungsverhältnis

Nach dem gesetzlichen Leitbild der GbR wirkt sich der sog. „Gleichbehandlungsgrundsatz" auf das Beteiligungsverhältnis u.a. dahingehend aus, dass im Zweifel alle Gesellschafter gleiche Beiträge zu leisten haben (§ 706 I BGB), über ein gleiches Stimmengewicht verfügen (§ 709 II BGB) und gleichmäßig am Gewinn und Verlust beteiligt sind (§ 722 I BGB).
Im Mustervertrag werden diese Vorschriften abbedungen und die Gesellschafter können ein abweichendes Beteiligungsverhältnis vereinbaren. Nach § 3 ARGE-MV gilt dieses Beteiligungsverhältnis insbesondere für die Anteile an Gewinn und Verlust, an Bürgschaften, der Haftung (im Innenverhältnis) und Gewährleistungsverpflichtungen. Diese Aufzählung ist jedoch nicht abschließend, da sich nach § 4 ARGE-MV auch der Umfang der Gesellschafterleistungen nach dieser vereinbarten Beteiligungsquote bemisst.

c. Geschäftsführung & Vertretung („ARGE-Organe")

aa. Gesetzliches Leitbild der GbR

Nach dem gesetzlichen Leitbild der GbR steht die Geschäftsführungsbefugnis grundsätzlich den Gesellschaftern gemeinschaftlich zu (Gesamtgeschäftsführung gem. § 709 BGB). Für die einzelnen Geschäftsführungsmaßnahmen ist dann die Zustimmung aller Gesellschafter erforderlich, sofern nicht im Gesellschaftsvertrag ein Mehrheitsvotum vereinbart wird (§ 709 I, II BGB). Abweichend hiervon kann die Geschäftsführungsbefugnis gem. § 710 BGB einzelnen oder mehreren Gesellschaftern gemeinschaftlich übertragen werden. Die nicht-geschäftsführenden Gesellschafter sind in diesem Fall nicht berechtigt, einer einzelnen Maßnahme zu widersprechen. Ihnen stehen jedoch umfangreiche Kontrollrechte (vgl. § 716 BGB) zu[187]. Die Befugnis zur Vertretung der Gesellschaft knüpft im

186 So auch: BGH v. 28.06.1982 -II ZR 226/81-, NJW 1982, 2816 (2817), v. 20.09.1993 -II ZR 104/92-, BGHZ 123, 281 (286).

187 Hiervon abweichend wird von Teilen der *Lit.* darüber diskutiert, ob in Ausnahmefällen eine *actio pro socio* der nicht geschäftsführungsbefugten Ges'ter gerichtet auf Durchführung oder Unterlassung bestimmter GF-Maßnahmen zulässig sein soll; vgl. Grunewald, GesR., Kap. 1.A., Rz. 65.

Zweifel an die Geschäftsführungsbefugnis an. Der § 714 BGB stellt diesbezüglich eine gesetzliche Vermutung der korrespondierenden Geschäftsführungs- und Vertretungsbefugnis an.

Die Frage, ob auch Gesellschaftsexterne als Geschäftsführer tätig und die Gesellschaft vertreten können, ist prinzipiell mit dem Hinweis auf den *Grundsatz der Selbstorganschaft* zu verneinen. Dies schließt im Einzelfall jedoch nicht die Regelung aus, Dritten im Rahmen eines Anstellungsverhältnisses bestimmte Geschäftsführungsaufgaben zu übertragen und ihnen entsprechend weitgehende rechtsgeschäftliche Generalvollmachten zu erteilen[188]. Ihre Grenze findet diese Bevollmächtigung Dritter, wenn nicht mehr von einer abgeleiteten Befugnis auszugehen ist, die es den Gesellschaftern ermöglichen würde, dem Dritten jederzeit, auch ohne sein Zutun, seine Befugnisse wieder zu entziehen[189].

bb. Regelung bei der ARGE

Die weitestgehend dispositiven §§ 709 ff. BGB werden im Mustervertrag durch ein umfangreiches Regelungswerk ersetzt. In Abkehr vom gesetzlichen Leitbild werden nach § 5 ARGE-MV folgende „ARGE-Organe" eingesetzt:

- Aufsichtsstelle (§ 5.1 i.V.m. § 6 ARGE-MV)
- Technische Geschäftsführung (§ 5.2 i.V.m. § 7 ARGE-MV)
- Kaufmännische Geschäftsführung (§ 5.3 i.V.m. § 8 ARGE-MV)
- Bauleitung (§ 5.4 i.V.m. § 9 ARGE-MV)

Nicht ganz unreflektiert darf der in diesem Zusammenhang im Mustervertrag verwendete Begriff „ARGE-Organ" hingenommen werden. Auf der Grundlage der bisher vorherrschenden traditionellen Lehre der Gesamthand konnte der Begriff „Organ" nicht im rechtstechnischen Sinn, sondern allenfalls als faktische Qualifikation der kapitalistischen Struktur einer ARGE ohne jegliche rechtliche Bedeutung verstanden werden. Mit der nun auch höchstrichterlich anerkannten Rechtsfähigkeit der GbR erlangt dieser Terminus hingegen eine völlig neue Bedeutung. Vergleichbar mit den juristischen Personen nimmt die GbR als selbständiger Träger von Rechten und Pflichten am Rechtsverkehr teil. Mangels eigener Handlungsfähigkeit bedarf sie hierzu jedoch der Mitwirkung natürlicher Personen als für sie handelnde Organe. Diese Feststellung, dass die für die ARGE handelnden Personen die Eigenschaft eines organschaftlichen Vertreters aufweisen, ist keineswegs nur von theoretischem, sondern auch von praktischem Interesse. Ausgehend von der allgemeinen Rechtsfähigkeit einer GbR dürfte fortan auch ihre Deliktsfähigkeit außer Frage stehen. Dies hat zur Konsequenz, dass der ARGE nunmehr auch das schädigende Verhalten ihrer organschaft-

---

188 BGH v. 20.09.1993 -II ZR 204/92-, WM 1994, 237 (238).

189 Vgl. auch MüKo-*Ulmer*, BGB, § 709, Rz. 5.

lichen Vertreter über § 31 BGB analog zugerechnet werden kann. Es ist davon auszugehen, dass der BGH bei nächster Gelegenheit seine gegenteilige Auffassung revidieren wird[190].

(1.) Aufsichtsstelle

Die Aufsichtsstelle als Gesellschafterversammlung ist das oberste Organ der ARGE (vgl. § 6.4 ARGE-MV). In ihr sind sämtliche Gesellschafter vertreten. Die Entscheidungskompetenzen der Aufsichtsstelle sind vielfältig und umfassend. Neben den bereits im ARGE-Vertrag vorgesehenen Beschlüssen und Anordnungen[191] entscheidet die Aufsichtsstelle in allen Fragen von grundsätzlicher Bedeutung (§ 6.41, 1. Fall ARGE-MV). Welche Fragen „grundsätzlicher Bedeutung" sind, wird nicht näher bestimmt. Generell zählen hierzu alle Fragen, die das Gesellschaftsverhältnis als solches betreffen oder die auf die Abwicklung und das Ergebnis des Bauvorhabens von maßgeblichen Einfluss sein können[192]. Im Ergebnis erweist sich die fehlende Konkretisierung als unschädlich, da die Aufsichtsstelle über diesen Fall hinaus in allen Fragen entscheidet, die sie selbst ihrer Beschlussfassung unterwirft (§ 6.41, 2. Fall ARGE-MV) oder die ihr von einem Gesellschafter zu diesem Zweck unterbreitet werden (§ 6.41, 3. Fall ARGE-MV). Gerade diese „Kompetenz-Kompetenz" lässt den Schluss zu, dass der Aufsichtsstelle neben dem originären Bereich der gesellschaftsvertraglichen Grundlagen auch im Bereich der Geschäftsführung die wesentlichen Gestaltungsaufgaben vorbehalten sind[193].

Die Beschlussfassung in der Aufsichtsstelle erfolgt gem. § 6.6 ARGE-MV nach dem Einstimmigkeitsprinzip. In Ausnahmefällen können Mehrheitsentscheidungen getroffen werden, wenn dies explizite im ARGE-Vertrag vorgesehen oder wenn in einer vorangegangenen Sitzung der Aufsichtsstelle kein einstimmiger Beschluss gefasst und eine Beschlussfassung unaufschiebbar ist (§ 6.6 I, II ARGE-MV). Herrscht in einer Sachfrage Stimmengleichheit, obliegt dem für diese Sachfrage zuständigen geschäftsführenden Gesellschafter das Entscheidungsrecht (§ 6.6 II ARGE-MV)[194]. An der Zulässigkeit dieser Mehrheitsklausel bestehen keine Zweifel. Gleichwohl sollte gerade der letztgenannte Dispens vom

---

190 Noch ablehnend: BGH v. 30.06.1966 -VII ZR 23/65, BGHZ 45, 311 (312).

191 *Z.B.* Abschluss von NU-Verträgen (§ 7.45), Einstellung fremder Arbeitskräfte (§ 12.1), An- und Verkauf von ARGE-Geräten (§ 14.24).

192 Burchardt/Pfülb, ARGE, § 6, Rz. 18.

193 Burchardt/Pfülb, ARGE, Vor §§ 7 und 8, Rz. 6.

194 Sollte Streit darüber herrschen, welchem Sachbereich eine Frage zuzuordnen ist, wird zur Vermeidung einer Pattsituation die Einsetzung eines unabhängigen Dritten als Schiedsrichter vorgeschlagen. Daneben könnte auch vereinbart werden, einem der GF im turnusmäßigen Wechsel das Recht des Stichentscheids zu übertragen, vgl. Kornblum, ZfBR 1992, 9 (11).

Einstimmigkeitsprinzip auf Ausnahmefälle beschränkt werden, da die „Unaufschiebbarkeit" als Wertungsfrage Konfliktpotential birgt.

Änderungen und Ergänzungen des ARGE-Vertrages sind keiner Mehrheitsentscheidung zugänglich und bedürfen darüber hinaus gem. § 6.8 ARGE-MV der schriftlichen Zustimmung aller Gesellschafter. Hierbei ist im Einzelnen umstritten, ob bereits eine Änderung des Bauvertrages (so z.B. die Verlängerung der Gewährleistungspflicht) oder erst eine Änderung der ARGE an sich die gesellschaftsvertraglichen Grundlagen im Sinne dieser Klausel berührt. Da der Bauvertrag über § 2.3 ARGE-MV als Zweck der ARGE ausgewiesen und somit in den ARGE-Vertrag inkorporiert wird, wirken sich alle Änderungen dieses Vertrages unmittelbar auf das Gesellschaftsverhältnis aus. Für den Fall der Verlängerung der Gewährleistungsfristen bedeutet dies, dass hierfür die schriftliche Zustimmung aller Gesellschafter nach § 6.8 ARGE-MV erforderlich ist[195].

Zum Stimmenverhältnis in der Aufsichtsstelle ist anzumerken, dass im Regelfall vom Kopfprinzip auszugehen ist, d.h. jeder Gesellschafter verfügt unabhängig von seiner Beteiligungsquote über eine Stimme. Eine hiervon abweichende Regelung ist indes zulässig und wird den Vertragsparteien auch zur Disposition gestellt (vgl. § 6.2. ARGE-MV).

(2.) Geschäftsführung

Als weiteres Organ sieht der Mustervertrag die Bestellung einer technischen und kaufmännischen Geschäftsführung vor. In konsequenter Anwendung des Grundsatzes der Selbstorganschaft wird die jeweilige Geschäftsführung *„einem Gesellschafter"* übertragen. Diese sind im Allgemeinen verantwortlich für die ordnungsgemäße technische Durchführung des Bauvorhabens bzw. die ordnungsgemäße Durchführung sämtlicher kaufmännischer Arbeiten der ARGE. Hierbei tragen sie die Verantwortung dafür, dass neben den einschlägigen Gesetzen und Bestimmungen auch die Vereinbarungen des ARGE-Vertrages sowie die jeweiligen Beschlüsse der Aufsichtsstelle eingehalten bzw. ausgeführt werden.

Die Bestellung einer technischen und kaufmännischen Geschäftsführung erfolgt auf dem ersten Blick in Übereinstimmung mit § 710 BGB, da die Geschäftsführungsorgane originär zuständig in allen Geschäftsführungsangelegenheiten ihres Aufgabenbereichs sind, soweit nicht eine Spezialkompetenz der Aufsichtsstelle eingreift. Diese an sich eindeutige, dem Prinzip einer Einzelgeschäftsführung folgende Aufgabenzuweisung wird jedoch durch die umfassende Entscheidungskompetenz der Aufsichtsstelle durchbrochen. Wie bereits ausgeführt kann sie jede Geschäftsführungsmaßnahme durch Beschluss an sich ziehen und der

195 **A.A.** Beck'sches Hdb. PersGes-*Bärwaldt*, § 17, Rz. 54 sowie Barner, S. 59.

Geschäftsführung Weisung erteilen. Diese Weisungskompetenz, die sich mittelbar aus §§ 7.1, 8.1 ARGE-MV ableiten lässt, führt im Ergebnis dazu, dass der Aufsichtsstelle in allen Geschäftsführungsangelegenheiten die letzte Entscheidungsbefugnis zusteht. Zur Durchsetzung dieser *„übergeordneten Geschäftsführungskompetenz"* besteht für die Aufsichtsstelle neben der Weisungsbefugnis auch die Möglichkeit, als *ultima ratio* der technischen und kaufmännischen Geschäftsführung ihre Befugnis aus wichtigem Grund zu entziehen (vgl. § 8.6 ARGE-MV). Ein wichtiger Grund, der einen solchen Beschluss der übrigen Gesellschafter rechtfertigen würde, käme bei einer vorsätzlichen Missachtung eines Aufsichtsstellenbeschlusses in Betracht, da es sich hierbei um eine grobe Pflichtverletzung i.S.v. § 712 I BGB handelt. Im Ergebnis weist dieses Geschäftsführungssystem einer ARGE somit eine rechtlich zulässige Vermengung der Gesamtgeschäftsführung mit Elementen der Einzelgeschäftsführung auf.

Die Frage der *Geschäftsführervergütung* wird ebenfalls in Abkehr vom gesetzlichen Leitbild einer GbR vereinbart. Nach §§ 705 ff. BGB ist eine gesonderte Vergütung für die geschäftsführenden Gesellschafter nicht vorgesehen, da es sich bei der Wahrnehmung der Geschäftsführung um einen echten Gesellschafterbeitrag handelt, der über die individuelle Beteiligung am Gewinn der Gesellschaft abgegolten wird[196]. Dieses Grundprinzip erweist sich bei der ARGE als nicht praktikabel, da die Ausübung der technischen und kaufmännischen Geschäftsführung zu einem nicht unerheblichen Arbeits- und Personalaufwand führt. Aus diesem Grund wird in § 10.1 ARGE-MV eine gesonderte Vergütung für diese Tätigkeit festgelegt. Rechtlich handelt es sich hierbei nicht um ein Entgelt für die Leistung von Diensten, sondern um eine Gewinnverteilungsabrede[197]. Die Höhe ist grundsätzlich frei verhandelbar, jedoch sollte sie so bemessen sein, dass nur die Selbstkosten der geschäftsführenden Gesellschafter gedeckt werden[198]. Damit diese auch im Fall der „Verlust-ARGE" eine Vergütung für ihre Tätigkeit erhalten, wird diese nach einem prozentualen Anteil am ARGE-Umsatz bemessen. Üblicherweise wird in der Baupraxis - abhängig von der Gesamt-Bauleistung - für die technische Geschäftsführung eine Vergütung von ca. 0,5 - 1,5 % des Umsatzes und für die kaufmännische Geschäftsführung ca. 0,3 - 0,8 % des Umsatzes veranschlagt.

---

196 Nach OLG Koblenz v. 14.02.1986 -2 U 1603/84-, NJW-RR 1987, 24 (25) kann auch das federführende Unternehmen einer ARGE nur dann eine GF-Vergütung verlangen, wenn dies ausdrücklich vereinbart wurde. Andere Anspruchsgrundlagen sind nicht einschlägig.

197 So auch MüKo-*Ulmer*, BGB, § 709, Rz. 32. **A.A.** BGH v. 05.02.1963 -VI ZR 33/62-, NJW 1963, 1051 (1052) [Gesellschaftsvertragliche Vergütungsabrede als Vereinbarung dienstvertragsähnlicher Art].

198 Münchener Hdb. GesR I-*Kleine-Möller*, § 20, Rz. 65.

(a.) Technische Geschäftsführung

Die technische Geschäftsführung ist entsprechend der Generalklausel in § 7.1 ARGE-MV für die gesamte technische Durchführung des Bauvorhabens verantwortlich. Eine Auflistung des Tätigkeitsbereichs findet sich in § 7.4 ARGE-MV, wobei diese Aufzählung keineswegs erschöpfend, sondern allenfalls einen Beispielskatalog der besonders häufig vorkommenden Geschäftstätigkeiten darstellt. Die technische Geschäftsführung ist demnach u.a. für die Überwachung der Bauarbeiten, den Abschluss von Nachunternehmerverträgen und alle technischen Fragen des Bauvertrages zuständig.

Eine weitere wichtige Aufgabe der technischen Geschäftsführung besteht darin, als *organschaftlicher Vertreter* der ARGE im Geschäftsverkehr aufzutreten. Dass diese Vertretungsmacht organschaftlicher Natur ist, dürfte seit der geänderten Rechtsprechung des BGH allgemeiner Konsens sein. In Abweichung von § 714 BGB sieht das Vertragswerk ein besonderes System der Vertretungsberechtigung vor. Nach § 7.2 ARGE-MV vertritt die technische Geschäftsführung die ARGE gegenüber dem Auftraggeber in allen technischen und mit dem Einverständnis der kaufmännischen Geschäftsführung auch in allen kaufmännischen Angelegenheiten. Im Verhältnis zu Dritten ist die technische Geschäftsführung nur in allen technischen Angelegenheiten vertretungsberechtigt.

(b.) Kaufmännische Geschäftsführung

Die kaufmännische Geschäftsführung ist entsprechend der Generalklausel in § 8.1 für die gesamte Durchführung der kaufmännischen Arbeiten verantwortlich. Eine beispielhafte Aufzählung der damit verbundenen Aufgaben findet sich in § 8.4 ARGE-MV, wozu u.a. die Überwachung aller kaufmännischen Arbeiten auf der Baustelle, die Buchführung und Aufstellung von Ergebnisübersichten und Bilanzen, die Einkauf- und Materialverwaltung und die Bearbeitung der Steuerangelegenheiten der ARGE gehören.

Als ebenfalls vertretungsberechtigtes Organ vertritt sie die ARGE gegenüber Dritten in allen kaufmännischen Belangen (vgl. § 8.2 ARGE-MV). Im Verhältnis zum Auftraggeber ist die kaufmännische Geschäftsführung nicht vertretungsberechtigt, da die ARGE in dieser Beziehung ausschließlich von der technischen Geschäftsführung vertreten wird (s.o.)[199]. In allen kaufmännischen Angelegenheiten hat diese allerdings das Einverständnis der kaufmännischen Geschäftsführung einzuholen. Handelt die technische Geschäftsführung ohne diesem Einverständnis, wird die Wirksamkeit des Rechtsgeschäfts im Außenverhältnis nicht berührt; im Innenverhältnis kann jedoch ein Schadensersatzanspruch aus §§ 280 I, 241 II BGB entstehen.

---

[199] Unzutreffend daher Palandt-*Sprau*, BGB, § 705, Rz. 37.

(3.) Bauleitung

Als weiteres „ARGE-Organ" sieht der Mustervertrag die Einsetzung einer Bauleitung vor. Diese ist nach Weisung der technischen und kaufmännischen Geschäftsführung für die Durchführung des Bauauftrages einschließlich der Erstellung der Abrechnungsunterlagen verantwortlich (§ 9.11 ARGE-MV). Nach dieser Generalklausel ist offensichtlich, dass die Bauleitung nicht ein autonomes Geschäftsführungsorgan, sondern in erster Linie ein weisungsgebundenes Vollziehungsorgan ist. Ihre Stellung im Gesamtgefüge der ARGE-Organe ist dahingehend zu charakterisieren, dass die beiden Geschäftsführungen die Direktiven für die Auftragsabwicklung vorgeben und die Bauleitung anschließend für deren Vollzug in die tägliche Bauabwicklung zuständig ist[200]. Neben diesem Vollzug der Geschäftsführungsanweisungen werden der Bauleitung unmittelbar im ARGE-Vertrag originäre Geschäftsführungsaufgaben zugewiesen[201]. Hierbei handelt es sich im Wesentlichen um delegierte Aufgaben der Geschäftsführung, die sinnvoller Weise von der Bauleitung wahrgenommen werden können, da sie unmittelbar vor Ort präsent ist und damit einen intensiven Einblick in das aktuelle Baugeschehen hat.

Die Bauleitung wird dadurch personalisiert, dass ein (technischer) Bauleiter und ein Kaufmann namentlich benannt werden. In der Praxis entsendet in aller Regel der technisch geschäftsführende Gesellschafter den Bauleiter und der (ARGE-) Kaufmann wird vom kaufmännisch geschäftsführenden Gesellschafter gestellt. Diese Besetzung ist keineswegs verpflichtend. Die Bauleitung kann nach dem Mustervertrag auch von einem anderen Gesellschafter entsandt werden[202]. Da die benannten Personen nicht Gesellschafter der ARGE sind und somit als Dritte im gesellschaftsrechtlichen Sinne gelten, können diese niemals den Status eines organschaftlichen Vertreters erlangen. Die Bezeichnung als „ARGE-Organ" ist somit nicht im rechtstechnischen Sinn zu verstehen.

Diese gesellschaftsvertragliche Gestaltung steht oftmals im Widerspruch zum tatsächlichen Geschehen im Rechtsverkehr. Da die Bauleitung nicht notwendigerweise in einem Beschäftigungsverhältnis zu einem der Gesellschafter steht, herrscht bisweilen Unklarheit bezüglich ihrer Vertretungsmacht. Der *BGH* betont in diesem Zusammenhang geradezu selbstverständlich, dass der Bauleiter nicht Gesellschafter der ARGE ist[203]. In Anbetracht einer möglichen Rechts-

---

200 Burchardt/Pfülb, ARGE, § 5, Rz. 12.

201 *Z.B.* kann die Bauleitung Aufgaben der kfm. GF übernehmen, §§ 8.42, 8.44, 8.45 oder auch Personal- und Materialfragen bearbeiten, §§ 12.1, 12.11, 12.16, 13.211, 14.22.

202 Die Regelung in § 9.2 ARGE-MV ist dahingehend zu interpretieren, dass der Bauleiter und Kaufmann stets aus dem Kreis der Gesellschafter entsandt werden. Rechtlich ist dies jedoch nicht zwingend.

203 BGH v. 29.01.2001 -II ZR 331/00-, BGHZ 146, 341 (359 f.).

scheinhaftung unterstellt er, dass der Rechtsverkehr nicht davon ausgehen könne, dass ein im Briefkopf einer ARGE genannter Bauleiter an ihr beteiligt sei.

Diese Wertung ist verfehlt. Aus Sicht des Rechtsverkehrs ist es nicht immer offensichtlich, dass der Bauleiter Nicht-Gesellschafter der ARGE ist. Vielmehr ist davon auszugehen, dass beim Geschäftspartner, der nur über vage Kenntnisse der Organisationsstruktur einer ARGE verfügt, aufgrund der Rechtsform einer ARGE und dem tatsächlichen Auftreten des (technischen) Bauleiters die Vorstellung erzeugt wird, dieser habe die Stellung eines geschäftsführenden Gesellschafters inne. Dieser Eindruck wird noch verstärkt, wenn ein Architekt als Bauleiter die Vertragsverhandlungen führt und im Namen der ARGE ein Wechselakzept unterschreibt[204]. In diesen Fällen darf der Rechtsverkehr darauf vertrauen, dass der Bauleiter als organschaftlicher Vertreter der ARGE handelt. Über diesen Fall hinaus verdeutlicht diese Problemkonstellation einmal mehr, die bereits angemahnte mangelnde Transparenz des Gesellschaftsverhältnisses.

Dass die Bauleitung als Nicht-Gesellschafter teilweise Aufgaben der Geschäftsführung wahrnimmt, erweist sich als nicht weiter problematisch, da nach ständiger Rechtsprechung nicht jede Übertragung von Geschäftsführungs- und Vertretungsbefugnissen auf einen gesellschaftsfremden Dritten dem Gebot der Selbstorganschaft widerspricht. Keine rechtlichen Bedenken bestehen jedenfalls dann, wenn der Aufgabenbereich von vornherein abgrenzt und die Weisungs- und Kontrollrechte der Gesellschafter ausdrücklich festgeschrieben sind[205]. Im Bereich der Geschäftsführung ist der Aufgabenbereich der Bauleitung klar abgegrenzt (s.o.). Die Geschäftsführung und die Aufsichtsstelle können ihr in jeder beliebigen Frage eine verbindliche Weisung erteilen. Darüber hinaus kann die Aufsichtsstelle der Bauleitung ihre Befugnis aus wichtigem Grund entziehen (vgl. § 6.8 ARGE-MV). Zur Wahrung der Kontrollrechte ist die Bauleitung verpflichtet, die Gesellschafter in regelmäßigen Abständen über die erzielten Baufortschritte zu unterrichten.

Neben ihren Geschäftsführungsaufgaben wird die Bauleitung in Einzelfällen auch mit der Vertretung der Gesellschaft betraut. Nach § 9.11 ARGE-MV ist sie bevollmächtigt mit den örtlichen Organen des Auftraggebers über Fragen örtlichen Charakters zu verhandeln. Von örtlichem Charakter sind solche Fragen, die auf den gewöhnlichen Ablauf der Baustelle zurückzuführen sind und die in ihrer Bedeutung nicht aus dem Rahmen des Üblichen fallen[206]. Zur Vermeidung rechtlicher Unklarheiten sollte diese Kompetenz restriktiv als Verhandlungsvollmacht und nicht als Abschlussvollmacht ausgelegt werden. Verhandlungs-

[204] Vgl. zu dieser Sachverhaltskonstellation die zuvor genannte Entscheidung des BGH.
[205] BGH v. 16.11.1992 -II ZR 271/91-, DStR 1992, 1771 (1772).
[206] Burchardt/Pfülb, ARGE, § 9, Rz. 52.

vollmacht meint in diesem Zusammenhang, dass die Bauleitung im Rahmen der vorgegebenen Verhandlungslinie den Vertragsschluss vorbereitet. Die endgültige Vertragsfestlegung sollte mit Blick auf § 7.2 ARGE-MV der technischen Geschäftsführung vorbehalten sein[207].

In den Fällen, in denen die Bauleitung selbst Rechtsgeschäfte für die ARGE abschließt, ist der Bauleiter nur zusammen mit dem Kaufmann vertretungsberechtigt (vgl. § 9.3 ARGE-MV). Die Vertretungsmacht ist dann jedoch nicht organschaftlicher Natur, sondern der Bauleiter und Kaufmann werden als rechtsgeschäftlich bevollmächtigte Stellvertreter gem. §§ 164 ff. BGB tätig.

d. Gesellschafterleistungen

aa. Gesetzliches Leitbild der GbR

Nach § 705 BGB zählt die Beitragspflicht zu einer der zentralen Förderungspflichten, die den Gesellschaftern zur Erreichung des gemeinsamen Zwecks obliegen. Welche Beitragsarten von ihnen zu erbringen sind, lässt sich nicht abstrakt dem Gesetz entnehmen, sondern hängt von der konkret-individuellen Vereinbarung im Gesellschaftsvertrag ab. Allgemein formuliert kann ein Gesellschafterbeitrag i.w.S. in jedem zweckfördernden Tun oder Unterlassen bestehen[208]. Als konkrete Beitragspflichten kommen beispielsweise die Erbringung bestimmter Dienst- oder Werkleistungen, die Übertragung vermögenswerter Sachen und Rechte oder schlichtweg das Zurverfügungstellen eines gewissen Know-how in Betracht. Sofern die Beiträge in einer das Gesellschaftsvermögen mehrenden vermögenswerten Leistung bestehen und damit unmittelbar der Eigenkapitalbildung dienen, sind diese Gesellschafterleistungen als Beiträge i.e.S. oder als Einlagen zu bezeichnen.

Von diesen Beitragsleistungen sind die sonstigen Leistungen der Gesellschafter zu unterscheiden. Diese Differenzierung basiert auf der Vorstellung, dass die Rechtsbeziehungen der Gesellschafter zu „ihrer" Gesellschaft nicht ausschließlich gesellschaftsrechtlicher Natur sein müssen. Bei den sog. „Drittgeschäften", die ihre Rechtsgrundlage nicht in der Mitgliedschaft haben, stehen sich die Parteien grundsätzlich *wie gesellschaftsfremde Dritte* gegenüber. Vertraglich entsteht in diesen Fällen eine gesonderte, vom Gesellschaftsverhältnis unabhängige schuldrechtliche Leistungsbeziehung.

---

[207] Wie hier Burchardt/Pfülb, ARGE, § 9, Rz. 17. **A.A.** wohl Beck'sches Hdb. PersGes-*Bärwaldt*, § 17, Rz. 87.

[208] Vgl. zur Terminologie: Schmidt, GesR, § 20 II 2.

Die Abgrenzung zwischen den Beitrags- und Drittleistungen erweist sich immer dann als problematisch, wenn die von den Parteien vereinbarten Rechtsbeziehungen sowohl Grundzüge der einen als auch der anderen rechtlichen Gestaltung aufweisen. So können bestimmte Leistungen einen gesellschaftsrechtlichen Charakter haben, obwohl im Gesellschaftsvertrag hierfür eine Gegenleistung in Form einer festen Vergütung vereinbart wird[209]. Dies gilt selbst dann, wenn die zur Förderung des Gesellschaftszwecks vereinbarte Beitragsleistung im Rahmen eines synallagmatischen Austauschverhältnisses, d.h. über den Abschluss gesonderter Rechtsgeschäfte in Form von Kauf-, Dienst-, Werk- oder Mietverträgen erbracht wird[210]. Da diese Beiträge nicht wie „echte Gesellschafterbeiträge" auf Leistungsvereinigung, sondern auf Leistungsaustausch gerichtet sind, sollten diese als ***„atypische Beitragsleistungen"*** bezeichnet werden. Die besondere rechtliche Relevanz der Differenzierung zwischen den atypischen Beitrags- und den Drittleistungen besteht darin, dass die zuerst genannten Verpflichtungen ihren Rechtsgrund im Gesellschaftsvertrag haben. Die vertraglichen Gestaltungsrechte können somit nicht losgelöst vom Fortbestand des Gesellschaftsverhältnisses ausgeübt werden. Des weiteren können sich im Fall der Leistungsstörung Ausstrahlungswirkungen auf das Gesellschaftsverhältnis ergeben. Welche rechtliche Gestaltung im Einzelnen vorliegt, hängt von den Umständen des Einzelfalls ab und ist daher im Wege der Vertragsauslegung zu ermitteln[211].

bb. Regelung bei der ARGE

Nach § 4.1 ARGE-MV sind die Gesellschafter einer ARGE verpflichtet, zur Erreichung des Gesellschaftszwecks ***„Beiträge und Leistungen"*** an die ARGE zu erbringen. Diese Formulierung im Mustervertrag offenbart bereits auf dem ersten Blick eine besondere Eigenschaft der ARGE. Die Gesellschafter haben demnach, neben den echten Beiträgen, wie z.B. der Geschäftsführertätigkeit oder dem Einbringen ihres technischen Know-how, bestimmte Leistungen an die ARGE zu erbringen. Bei diesen *im Verhältnis ihrer Beteiligung* auszuführenden Leistungen handelt es sich u.a. um die Gestellung von Geldmitteln (§ 11 ARGE-MV) und Bürgschaften (§ 20 ARGE-MV) sowie der Überlassung von Personal, Stoffen und Geräten (§§ 12-14 ARGE-MV). Dieser intensive Leistungsaustausch führt aus betrieblicher Sicht dazu, dass auf Ebene der ARGE die einzelnen Produktionskapazitäten der Partnerunternehmen zu einem einheitlichen Produktionsbetrieb gebündelt werden. Im Gegensatz zu anderen Kooperationsformen in der Bauwirtschaft (z.B. Dach-ARGEN oder Konsortien im Industrieanlagenbau) erfolgt bei einer einfachen ARGE die Auftragsdurchführung im Wege einer echten arbeitsteiligen, d.h. gemeinschaftlichen Bauausführung.

---

[209] MüKo-*Ulmer*, BGB, § 706, Rz. 4; Soergel-*Hadding*, BGB, § 706, Rz. 3.

[210] MüKo-*Ulmer*, BGB, § 706, Rz. 4; wohl auch BGH v. 28.11.1977 -II ZR 235/75-, BGHZ 70, 61 (63) [Verpflichtung eines Ges'ters zum Abschluss eines Darlehensvertrags].

[211] Vgl. BGH v. 28.11.1977 -II ZR 235/75-, BGHZ 70, 61 (63).

Die rechtliche Gestaltung dieser nach § 4 ARGE-MV konstituierten Leistungspflichten der Gesellschafter weist einige Besonderheiten auf. Obwohl in §§ 11 ff. ARGE-MV eine hinreichende Konkretisierung der abstrakten „Beistellungspflichten“[212] vorgenommen wird, ist für den konkreten Leistungsaustausch nach der Gestaltung des Mustervertrages der Abschluss gesonderter schuldrechtlicher (Austausch-)Verträge vorgesehen. So werden u.a. einzelne Kaufverträge für die Lieferung von Stoffen oder Mietverträge für die Überlassung von Geräten abgeschlossen. Als Gegenleistung für diese Beistellungen erhalten die Gesellschafter von der ARGE eine gewinn-unabhängige, fest vereinbarte Vergütung[213]. Diese bereits im Gesellschaftsvertrag abschließend geregelten Vergütungssätze werden in der Praxis als „ARGE-Verrechnungssätze“ bezeichnet. Die Höhe dieser Vergütung bemisst sich nach der Grundkonzeption des Mustervertrages am **Kostendeckungsgrundsatz.** Dies bedeutet, dass den Gesellschaftern nur die reinen Kosten der Beistellung, unter Ausschluss der allgemeinen Geschäftskosten (vgl. § 10.8 ARGE-MV) oder eines fremdüblichen Gewinn- bzw. Wagniszuschlages erstattet werden. Mit dieser Vergütungsregelung soll sichergestellt werden, dass die Gewinnrealisierung in der ARGE erst nach Fertigstellung der Bauleistung und nicht bereits vorzeitig über den Leistungsverkehr verwirklicht wird[214]. Zur Sicherung dieses Grundprinzips werden von den Landesverbänden der Bauindustrievereinigungen Richtsatztafeln erstellt, in denen die Verrechnungssätze bestimmt werden, bei denen eine reine Kostenerstattung gewährleistet wird.

Diese Ausführungen dürfen indes nicht darüber hinwegtäuschen, dass dieser strenge Kostendeckungsgrundsatz in der Praxis nicht immer eingehalten wird, sei es weil einzelne Unternehmen eine günstigere Kostenstruktur aufweisen oder weil die individuell vereinbarten ARGE-Verrechnungssätze schlichtweg nicht diesem Grundsatz entsprechen. Die Partnerunternehmen vereinbaren nicht selten, dass sie ihre Leistungen der ARGE zu unter Fremden üblichen Bedingungen, d.h. mit einem Gewinnaufschlag berechnen[215].

---

[212] *Anm*: Im Mustervertrag findet sich der ausdrückliche Hinweis darauf, dass die Leistungen der Ges'ter als Beistellungen bzw. Gestellungen zu bezeichnen sind. Diese Begriffsbildung erklärt sich aus der nachfolgend dargestellten Rechtsauffassung der Herausgeber des MV, die diese Leistungspflichten nicht als ges'vertragliche Beitrags- sondern als Drittleistungspflichten qualifizieren. Näheres hierzu im nachfolgenden Gliederungspunkt.

[213] *Anm*: Diese ARGE-Praxis erweist sich in Anbetracht der Tatsache, dass sich bei einem üblichen Bauvorhaben der Geldwert dieser Leistungen auf ca. die Hälfte des gesamten Bauauftragswertes belaufen, als durchaus sinnvoll, ja sogar als absolut notwendig, da die Gesellschafter unter Berücksichtigung der üblichen Dauer eines Bauvorhabens ansonsten ihre Leistungen in nicht unerheblichem Maße vorfinanzieren müssten. Vgl. hierzu Burchardt/Pfülb, ARGE, Vor §§ 10-15, Rz. 32.

[214] Vgl. Burchardt/Pfülb, ARGE, Vor §§ 10-15, Rz. 32.

[215] Vgl. hierzu die Feststellung des BMF, Schreiben v. 27.01.1998, BStBl I 1998, 251 sowie Barth, StBp 1994, 153 (158).

(1.) Rechtsnatur der Gesellschafterleistungen nach dem ARGE-MV

Aus gesellschaftsrechtlicher Sicht weisen die Gesellschafterleistungen nach § 4 i.V.m. §§ 11 ff. ARGE-MV Grundzüge eines atypischen Gesellschafterbeitrages, aber auch Merkmale einer echten Drittleistungsverpflichtung auf. Gleichwohl lassen die Herausgeber des „Arbeitsgemeinschaftsvertrages“ keine Zweifel daran aufkommen, dass die genannten Leistungen ihrer Meinung nach als echte ***Drittleistungsverpflichtungen*** zu qualifizieren sind. Damit diese Rechtsauffassung als integrativer Bestandteil des ARGE-Vertrages aufgenommen wird, findet sich in einer Fußnote zu § 4.1 eine entsprechende Erläuterung dieser gesellschaftsvertraglichen Konstruktion. Mittels dieser Vorgehensweise stellen die Herausgeber des Mustervertrages sicher, dass die von ihnen intendierte rechtliche Wertung den Status einer echten Parteienabrede erlangt. Die Bearbeiter des ARGE-Kommentares gehen ebenfalls davon aus, dass die genannten Leistungen nicht als gesellschaftsrechtliche Beiträge, sondern als Drittleistungen im Rahmen entgeltlicher, zweiseitiger Rechtsverhältnisse erbracht werden[216].

Diese rechtliche Wertung widerspricht jedoch den tatsächlich im Mustervertrag getroffenen Regelungen. Ein wesentliches Argument gegen die Annahme eines Drittgeschäftes besteht darin, dass der Rechtsgrund für die genannten Leistungen nicht erst mit den besonderen Rechtsgeschäften, sondern bereits mit dem Abschluss des Gesellschaftsvertrages erzeugt wird. Zum Nachweis dieser These sei exemplarisch § 14.21 ARGE-MV genannt. Nach dieser Regelung sind *„die Gesellschafter verpflichtet, entsprechend ihrem Beteiligungsverhältnis die für die Bauausführungen notwendigen Geräte für die erforderliche Zeit beizustellen. Die Aufsichtsstelle soll dabei die von den einzelnen Gesellschaftern zu stellenden Geräte bestimmen und die Verfügungen über den Einsatz und die Vorhaltezeit treffen“.* Diese Klausel verdeutlicht, dass die schuldrechtlichen Austauschverträge nur der Individualisierung der einzelnen Leistungspflichten dienen. Ähnlich einer Rahmenvereinbarung sind die Gesellschafter bereits mit dem Gesellschaftsvertrag zum Abschluss der nachfolgend begründeten Austauschverträge verpflichtet. Ein wesentliches Indiz für diese Wertung besteht darin, dass im ARGE-Vertrag sowohl der Umfang der Leistungspflichten (Beteiligungsverhältnis) als auch die Höhe der Gegenleistung (ARGE-Verrechnungssätze) vereinbart werden. Die Parität dieser Beistellungspflichten für alle Gesellschafter unterstreicht zusätzlich den gesellschaftsrechtlichen Charakter dieser Vereinbarung.

---

[216] Burchardt/Pfülb, ARGE, § 4, Rz. 7 sowie Vor §§ 10-15, Rz. 8 ff. **A.A.** Fahrenschon/ Burchardt, ARGE, § 4, Rz. 9 (2. Auflage). *Anm:* Auch in der neueren Kommentierung von *Burchardt/Pfülb* finden sich bisweilen Andeutungen dafür, dass die jeweiligen Bearbeiter die genannten Leistungen nicht als Drittleistungen qualifizieren, vgl. Anm. 2 zu § 14 („Die gesellschaftsvertragliche Beitragspflicht gem. §§ 3 und 4 ...“).

Auch die im ARGE-Vertrag vorgesehenen Regelungen zum System der Leistungsstörung widersprechen der o.g. rechtlichen Wertung der Herausgeber. Während im Fall der Schlechtleistung die für das jeweilige Austauschverhältnis maßgeblichen schuldrechtlichen Vorschriften eingreifen, stellt der Mustervertrag im Fall der Nicht- oder nicht fristgerechten Leistung eine unmittelbare Verknüpfung zwischen den Beistellungspflichten und dem Gesellschaftsverhältnis her. Diese Verknüpfung spiegelt sich in einem abgestuften Sanktionenkatalog wider. Danach sind die säumigen Gesellschafter nach § 4.2 ARGE-MV zunächst verpflichtet, Ausgleichszahlungen als Schadenskompensation an die ARGE zu entrichten. Diese Verpflichtung gilt verschuldensunabhängig[217]. Unbeschadet dieser Pflichten können die anderen Gesellschafter nach § 4.3 ARGE-MV zusätzlich eine Änderung des Beteiligungsverhältnisses beschließen, wenn der Umfang der vom säumigen Gesellschafter nicht erbrachten Leistungen im Verhältnis zu seiner geschuldeten Gesamtleistung dies als gerechtfertigt erscheinen lässt. Darüber hinaus besteht als *ultima ratio* die Möglichkeit, den Gesellschafter nach § 23.41 ARGE-MV aus der ARGE auszuschließen, wenn dieser trotz Inverzugsetzung seine Leistungen nicht erbringt. Diese unmittelbare Verknüpfung der negativen Rechtsfolgen einer Leistungsstörung im Austauschverhältnis mit dem Gesellschaftsverhältnis geht weit über das Maß der allgemeinen Treuepflichten hinaus, die ein Gesellschafter bei der Ausführung eines Drittgeschäftes zu beachten hat. Diese Systematik lässt unmittelbar auf eine Gesellschafterbeitragsleistung schließen.

Abschließend sei noch auf *§ 24.9 ARGE-MV* verwiesen. Danach sind die Gesellschafter beim vorzeitigen Ausscheiden aus der Gesellschaft verpflichtet, die der ARGE überlassenen Geräte/Stoffe sowie das abgeordnete Personal bis zur Beendigung der Bauarbeiten zu denselben Konditionen zu belassen. Diese Klausel veranschaulicht, dass die Leistungsverpflichtung der Gesellschafter offensichtlich nicht unabhängig vom Gesellschaftsverhältnis existiert. Würde es sich bei diesen Leistungen um echte Drittleistungen handeln, wäre eine Fortsetzungsklausel nicht erforderlich, da Drittgeschäfte nicht automatisch mit der Beendigung des Gesellschaftsverhältnisses enden. Es liegt somit nahe, diese Leistungen den gesellschaftsvertraglichen Förderungspflichten zuzuordnen, da sie in erhöhtem Maße vom Fortbestand der Gesellschafterstellung abhängen[218]. Gleiches gilt auch für die Dauer des Gesellschaftsverhältnisses, da sich die Gesellschafter ohne eine vorzeitige Kündigung ihrer ARGE-Mitgliedschaft nicht von ihren Beistellungspflichten lösen können[219].

217 Für die Zulässigkeit dieser Klausel: Münchener Hdb GesR I-*Kleine-Möller*, § 20, Rz. 52; **a.A.** Koeble/ Schwärzel-Peters, DStR 1996, 1734 (1737).

218 Grundsätzlich auch Soergel-*Hadding*, BGB, § 706, Rz. 3.

219 Vgl. BGH v. 28.11.1977 -II ZR 235/75-, BGHZ 70, 61 (63); Münchener Hdb. GesR I-*v. Falkshausen*, § 54, Rz. 27, die das Fehlen einer solchen Kündigungsmöglichkeit mit der Existenz von Beitragsleistungen in Verbindung bringen.

Nach diesen Ausführungen steht fest, dass die in §§ 11 ff. ARGE-MV genannten Leistungen grundsätzlich als *atypische Gesellschafterbeiträge* zu qualifizieren sind[220]. Diese gesellschaftsrechtliche Qualifikation ändert jedoch nichts daran, dass zur Ausführung dieser Pflichten synallagmatische Austauschverhältnisse vorgesehen sind.

(2.) Die Gesellschafterleistungen im Überblick

(a.) Finanzen

Nach der Grundkonzeption des Mustervertrages ist für die ARGE keine Eigenkapitalbildung vorgesehen[221]. Der ARGE steht damit dauerhaft kein eigenes Kapital zur Verfügung. Gleichwohl hat die ARGE vielfältige finanzielle Verpflichtungen, da sie *in persona* Zahlungspflichten gegenüber Lieferanten, Nachunternehmern oder ihren Gesellschaftern begründen kann. Die Verbindlichkeiten einer ARGE resultieren dabei im Wesentlichen aus dem Liefer- und Leistungsverkehr mit den Partnerunternehmen. Da die Bezahlung der Gesellschafterrechnungen unbar, über eine monatliche Angleichung der Gesellschafter-Verrechnungskonten erfolgt, ist der direkte Finanzierungsbedarf einer ARGE nur relativ gering[222]. Die erforderlichen Geldmittel zur Erfüllung der Dritt-Verbindlichkeiten sollte die ARGE im Normalfall aus den eingehenden Abschlagszahlungen des Auftraggebers (vgl. §§ 632a BGB, 16 Nr. 1 VOB/B) erhalten. Gerade zu Beginn der Baumaßnahme oder bei verspäteten Eingangszahlungen des Auftraggebers besteht auf der Ebene der ARGE jedoch ein Bedarf zur kurzfristigen Vorfinanzierung der Bauleistungen. Die hierfür erforderlichen Geldmittel kann sich die ARGE von den Gesellschaftern oder auf dem freien Kapitalmarkt beschaffen.

Die Fremdfinanzierung (Bankkredite, Wechselverbindlichkeiten u.a.) bedarf nach § 11.8 ARGE-MV der schriftlichen Zustimmung aller Gesellschafter. Dieses Formerfordernis gilt als Indiz, dass es sich hierbei um einen Ausnahmefall handelt. Statt dessen sind die Gesellschafter nach § 11.1 ARGE-MV verpflichtet, der ARGE die benötigten Finanzmittel zur Verfügung zu stellen. Bei dieser Gestellung von Geldmitteln handelt es sich nach der Grundkonzeption einer ARGE nur um eine kurzfristige Kapitalüberlassung, nicht jedoch um eine langfristige Ausstattung mit Eigenkapital[223]. Zur Umsetzung dieser Prämisse sieht § 11.2 ARGE-MV vor, dass auf Ebene der ARGE keine unnötige Kapitalbindung stattfindet. Verfügbare Gelder sind von der ARGE unverzüglich in einer bestimmten Zweck-Mittel-Verwendung auszuschütten.

---

220 Im Ergebnis auch Münchener Hdb. GesR I-*Kleine-Möller*, § 20, Rz. 47; Beck'sches Hdb. PersGes-*Bärwaldt*, § 17, Rz. 128.

221 So Burchardt/Pfülb, ARGE, § 4, Rz. 18.

222 Vgl. BWI-Bau, Gutachten zur „Bilanzierung von Bau-ARGEN“, S. 2., vgl. Anhang.

223 Vgl. Burchardt/Pfülb, ARGE, § 11, Rz. 2 sowie BWI-Bau, Gutachten, S. 2.

(b.) Personal

Nach § 12 ARGE-MV haben die Gesellschafter das zur Durchführung der Arbeiten benötigte Personal zur Verfügung zu stellen. Diese paritätische Gesellschafterpflicht zur Überlassung des Baustellenpersonals kann in Form der Abordnung (§ 12.22) oder Freistellung (§ 12.23) erfolgen.

Bei der *Abordnung* verbleibt der Arbeitnehmer im Arbeitsverhältnis zur Stammfirma (Gesellschafter). Diese überträgt allerdings ihr arbeitsrechtliches Direktionsrecht auf die ARGE. Die Arbeitgeberzahlungen für das abgeordnete Personal werden weiterhin von der Stammfirma getragen; der hieraus entstehende Aufwand wird den Gesellschaftern von der ARGE erstattet. Als Vergütungsregelung ist die Zahlung von Effektivgehältern (§ 12.311) oder Gehaltspauschalen (§ 12.312) vorgesehen. In der ARGE-Praxis hat sich dabei die Vereinbarung von Gehaltspauschalen als sinnvolle Regelung erwiesen. Insgesamt gilt es zur Abordnung des Baustellenpersonals ergänzend anzumerken, dass es sich hierbei nicht um eine unzulässige Arbeitnehmerüberlassung i.S.d. AÜG handelt, sofern sich die Beistellungspflichten einzelner Gesellschafter nicht auf die reine Personalgestellung beschränken. Da dies nach § 4 ARGE-MV nicht vorgesehen ist, fällt die ARGE bei einer konsequenten Einhaltung dieser Regelung in den Ausnahmetatbestand des § 1 Abs. I Satz 2 AÜG[224].

Bei der *Freistellung* wird für die Dauer der ARGE zwischen ihr und dem freigestellten Arbeitnehmer ein unmittelbares Arbeitsverhältnis begründet. Das bisherige Arbeitsverhältnis zur Stammfirma wird hierbei jedoch nicht beendet, sondern ruht für die Dauer der Freistellung und wirkt als mittelbares Arbeitsverhältnis fort[225]. Dem freigestellten Personal werden von der ARGE als Arbeitgeber fortan die gleichen Bezüge wie von der Stammfirma gezahlt.

In Ausnahmefällen kann die ARGE auch *fremde Arbeitskräfte* einstellen. Hierzu bedarf es eines Beschlusses der Aufsichtsstelle (§ 12.1 ARGE-MV). Diese Einstellung fremder Arbeitskräfte erweist sich in der Praxis als Ausnahmefall, da nicht zuletzt die betriebliche Kapazitätsauslastung ein wesentliches Motiv für die Gründung einer ARGE ist.

(c.) Stoffe

Bei den zur Bauausführung erforderlichen Stoffen ist zwischen den *Verbrauchs- und Gebrauchsstoffen* zu differenzieren.

---

224 Vgl. zu dieser Thematik auch die Darstellung von Greve, NZBau 2001, 525 ff.

225 Instruktiv zu den tarifvertragsrechtlichen Auswirkungen der Freistellung eines AN: LAG Düsseldorf v. 02.04.1998 -2 (14) (18) Sa 1296/97-, NZA-RR 1999, 38 (39).

Zu den *Verbrauchsstoffen* gehören alle Baustoffe, Baubetriebsstoffe und Bauhilfsstoffe, die zum Verbrauch auf der Baustelle bestimmt sind. Diese werden nach § 13.211 ARGE-MV primär von Dritten und nur in Ausnahmefällen von den Gesellschaftern gekauft. Bei dieser Regelung handelt es sich in Abweichung von § 4 ARGE-MV um keine paritätische Beistellungspflicht, da die Gesellschafter unabhängig von ihrem Beteiligungsverhältnis diesen Verkauf vornehmen können. Diese im Mustervertrag vorgesehene und damit den Vertragsparteien empfohlene Gestaltung beruht auf der Erkenntnis, dass alle Partnerunternehmen ein besseres Gesamtergebnis erzielen, wenn die ARGE ihre Verbrauchsstoffe möglichst preiswert von Dritten bezieht.

Eine andere Regelung ist für den Kauf der *Gebrauchsstoffe* angedacht. Zu den Gebrauchsstoffen zählen die Gegenstände der Baustellenausstattung und Werkzeuge, die zum Gebrauch auf der Baustelle bestimmt sind. Bei diesen Stoffen ist nach § 13.22 ARGE-MV zunächst auf die gebrauchten Bestände der Gesellschafter zurückzugreifen. Hierbei handelt es um eine originäre Beistellungspflicht i.S.v. § 4 ARGE-MV, da die Gesellschafter im Verhältnis ihrer Beteiligung zur Lieferung der Stoffe verpflichtet sind. Der Ankauf von Dritten soll nur dann erfolgen, wenn die Gesellschafter zur Erfüllung ihrer Verpflichtungen außer Stande sind. Eine weitere, bereits mit dem Abschluss des ARGE-Vertrages begründete Gesellschafterpflicht besteht darin, dass diese gem. § 13.42 ARGE-MV zur Rücknahme der freigewordenen Stoffe verpflichtet sind. Diese Rücknahmepflicht trifft die Gesellschafter grundsätzlich in dem Maße, indem sie die Stoffe an die ARGE geliefert haben. Die Verrechnungspreise für diese Stofflieferungen werden nach § 13.31 ARGE-MV pauschal in der Weise festgelegt, dass beim Kauf durch die ARGE die neuen Stoffe mit 100 % des Neuwertes und die gebrauchten Stoffe mit 75 % des Neuwertes angesetzt werden. Beim Rückverkauf durch die ARGE werden den Gesellschaftern ebenso pauschal 90 % bzw. 50 % des Neuwertes berechnet. Als Bemessungsgrundlage des Neuwertes wird auf die Baustellenausstattungs- und Werkzeugliste (BAL) zurückgegriffen.

Diese im ARGE-Vertrag begründete, abstrakte Verkaufs- und Rückkaufverpflichtung der Gesellschafter bedarf nach der Systematik des Mustervertrages noch des Abschlusses entsprechender schuldrechtlicher Austauschverträge. Hierbei zählt es zum erklärten Willen der Vertragsparteien, dass sowohl der Lieferung an die ARGE als auch der Rücklieferung ein eigenständiger Kaufvertrag zugrunde liegt. Dinglich wird diese obligatorische Gestaltung in der Weise nachvollzogen, dass bei jeder Lieferung ein vollständiger, d.h. unbedingter Eigentumsübergang vereinbart wird[226].

[226] Im Ergebnis auch Burchardt/Pfülb, ARGE, § 13, Rz. 58.

(d.) Geräte

Nach § 14.21 ARGE-MV haben die Gesellschafter auch die für die Bauausführung notwendigen Geräte entsprechend ihrem Beteiligungsverhältnis beizustellen. Diese abstrakte Pflicht zur gebrauchsweisen Überlassung der benötigten Geräte wird dadurch vollzogen, dass die ARGE mit den Gesellschaftern entsprechende Mietverhältnisse über die jeweiligen Geräte abschließt. Die Vergütung für diese Gebrauchsüberlassung berechnet sich nach den Gerätevorhaltekosten. Diese setzen sich nach § 14.4 ARGE-MV aus der Abschreibung, der Verzinsung und den Reparaturkosten zusammen. Als Bemessungsgrundlage dienen hierbei die in der Baugeräteliste (BGL) aufgeführten gerätespezifischen Abschreibungs-, Verzinsungs- und Reparaturkostenbeiträge. Nur in Ausnahmefällen kauft die ARGE die erforderlichen Geräte von einem Dritten. Die Entscheidung hierüber trifft nach § 14.24 ARGE-MV die Aufsichtsstelle, wobei der eigentliche Einkauf durch die kaufmännische Geschäftsführung (§ 8.45 ARGE-MV) oder - in Fällen geringfügiger Bedeutung - durch die Bauleitung getätigt wird. Nicht im Mustervertrag vorgesehen, aber in der Praxis weitaus geläufiger, ist die Anmietung der benötigten Geräte von Dritten.

(e.) Bürgschaften

Ebenfalls im Verhältnis ihrer Beteiligung haben die Gesellschafter nach § 20 ARGE-MV der ARGE Bürgschaften zur Verfügung zu stellen. Die am häufigsten vorkommenden Bürgschaften sind die auf der Grundlage des Bauvertrages dem Auftraggeber zu stellenden Bürgschaften, wie z.B. die Vertragserfüllungs- und Gewährleistungsbürgschaften[227].

(f.) Sonderleistungen

Der Mustervertrag sieht zudem in § 10 bestimmte Sonderleistungen der Gesellschafter vor. Zu diesen zählen neben der Geschäftsführungstätigkeit oder den hieraus resultierenden Aufgaben (Buchhaltung, Lohnbuchhaltung u.ä.), auch andere Leistungen wie z.B. die Übernahme von Entwurfs- und Planbearbeitungen oder Gewährleistungsarbeiten. Bei der Wahrnehmung der Geschäftsführungstätigkeit handelt es sich unbestrittenermaßen um einen echten Gesellschafterbeitrag, obwohl die geschäftsführenden Gesellschafter hierfür eine Vergütung erhalten. Diese Vergütungsregelung ist dementsprechend als Gewinnverteilungsabrede zu qualifizieren[228].

Bei den sonstigen, in §§ 10.2 bis 10.7 genannten Sonderleistungen ist davon auszugehen, dass dies echte Drittleistungen sind, da die Gesellschafter zur Ausführung dieser Leistungen nicht bereits aufgrund ihrer Gesellschafterstellung

---

227 Vgl. hierzu auch Burchardt/Pfülb, ARGE, Vor §§ 10-15, Rz. 58.

228 Vgl. hierzu die allg. Ausführungen zur „Geschäftsführung" unter: *A.III.2.c.bb.(2.).*

verpflichtet sind[229]. Die Gesellschafter können sich in der Aufsichtsstelle frei darüber verständigen, ob diese Leistungen an Dritte oder an einzelne von ihnen vergeben werden. Eine paritätische Beistellungspflicht ist für diese Leistungen nicht vorgesehen.

cc. Zwischenergebnis

Die Gesellschafterleistungen sind wie folgt zu qualifizieren:

- Die Wahrnehmung der Geschäftsführung ist ein *echter Gesellschafterbeitrag.*
- Die in §§ 11 ff. ARGE-MV vorgesehenen Gesellschafterleistungen haben ihren Rechtsgrund im Gesellschaftsvertrag. Da der Vollzug dieser Leistungen den Abschluss gesonderter schuldrechtlicher Rechtsgeschäfte erfordert, handelt es sich hierbei aus gesellschaftsrechtlicher Sicht um *atypische Gesellschafterbeitragsleistungen.*
- Beim Verkauf von Verbrauchsstoffen an die ARGE und bei der Übernahme, der in § 10.2 ff ARGE-MV beschriebenen Sonderleistungen handelt es hingegen um *echte Drittgeschäfte.*

e. Dauer der ARGE

aa. Beginn

Allgemein ist zum Entstehungszeitpunkt einer GbR festzustellen, dass das BGB hierfür keine explizite Regelung trifft. Aufgrund der Tatsache, dass für die Entstehung einer GbR der Abschluss des Gesellschaftsvertrages eine wesentliche Grundvoraussetzung ist, dürfte der Entstehungszeitpunkt einer Gesellschaft mit diesem Vertragsschluss zusammenfallen.

Der Mustervertrag sieht hingegen in § 22 eine ausdrückliche Vereinbarung zum Beginn der ARGE vor. Danach beginnt der ARGE-Vertrag mit der Aufnahme der gemeinsamen Geschäftstätigkeit, spätestens jedoch mit dem Zustandekommen des Bauvertrages. Geschäftstätigkeit i.S.d. § 22 ist jede Tätigkeit, die einen Bezug auf die Vorbereitung und Abwicklung der vertragsgegenständlichen Baumaßnahme hat[230]. Demzufolge kann der Zeitpunkt des Beginns der ARGE bereits vor der Auftragserteilung liegen, wenn die beteiligten Unternehmen in Erwartung des zu vergebenden Bauauftrages bereits mit erforderlichen Vorarbeiten begonnen haben. Keine gemeinschaftliche Tätigkeit i.S.d. vertraglichen Regelung liegt hingegen vor, wenn sich dieselben Beteiligten in der Angebotsphase zu einer Bietergemeinschaft zusammengeschlossen haben[231]. In diesem Fall bleibt es dabei, dass erst mit Auftragserteilung der ARGE-Vertrag beginnt.

---

229 **A.A.** *Kleine-Möller* in Münchener Hdb. GesR I, § 20, Rz. 54 [Echte Ges'terbeiträge].

230 Münchener Hdb. GesR I-*Kleine-Möller*, § 20, Rz. 71.

231 Burchardt/Pfülb, ARGE, § 22, Rz. 6; vgl. zur Bietergemeinschaft bzw. Vor-ARGE: *B.V.*

bb. Ende

Nach dem gesetzlichen Leitbild ist bei der Beendigung einer GbR zwischen der Auflösung und Vollbeendigung zu unterscheiden[232]. Beim Eintritt eines der gesetzlichen (§§ 723-728 BGB) oder im Gesellschaftsvertrag vereinbarten Auflösungsgründe wandelt sich die Gesellschaft identitätswahrend in eine Liquidationsgesellschaft um. Mit Abschluss der Liquidation, d.h. der Auseinandersetzung der aufgelösten Gesellschaft, tritt die Vollbeendigung ein.

Auf die ARGE findet regelmäßig der Auflösungstatbestand des § 726 BGB Anwendung, so dass mit dem Erreichen des in § 2.3 ARGE-MV beschriebenen Gesellschaftszwecks ein gesetzlicher Auflösungstatbestand verwirklicht ist. Dieser Auflösungstatbestand tritt nach dem Zweck einer ARGE mit der Erfüllung des Bauvertrages ein. Diese Erfüllung wird formell bestätigt durch die Abnahme des Bauwerks. Die Abnahme markiert jedoch nicht den Zeitpunkt der Vollbeendigung. Nach § 22 ARGE-MV endet eine ARGE erst mit der Erfüllung sämtlicher, aus dem Bauvertrag sich ergebenden Rechte und Pflichten. Hierzu gehören alle Gewährleistungspflichten, so dass die Vollbeendigung der ARGE regelmäßig mit dem Ablauf der Gewährleistungsfristen eintritt[233].

Daneben können die Gesellschafter mit einem entsprechenden Gesellschafterbeschluss die ARGE vorzeitig auflösen. Dieser Beschluss bedarf der Einstimmigkeit und kann nicht in einen Mehrheitsbeschluss gem. § 6.6 Abs. II ARGE-MV umgedeutet werden. Die nicht näher beschriebenen Gründe, die zur vorzeitigen Auflösung führen können, dürften regelmäßig in einem unmittelbaren Zusammenhang mit dem vorzeitigen Ende des Bauauftrages stehen[234].

cc. Ausscheiden eines Gesellschafters

Der ARGE-Vertrag sieht in §§ 23.1-23.6 mehrere Tatbestände vor, die das Ausscheiden eines Gesellschafters regeln. Als bedeutende gesellschaftsvertragliche Vereinbarung liegt dem Mustervertrag für diesen Fall eine *Fortsetzungsabrede* der übrigen Gesellschafter zugrunde. Im Fall der zweigliedrigen ARGE übernimmt der verbliebene Gesellschafter ohne besonderen Übertragungsakt mit dinglicher Wirkung die Anteile des ausscheidenden Gesellschafters[235].

---

[232] Vgl. BGH v. 08.11.1978 -VIII ZR 190/77-, BGHZ 72, 267 (271).

[233] So auch BGH v. 08.07.1991 -II ZR 164/90-, NJW-RR 1991, 1381 (1381). Hiernach findet die Klausel des § 24.2 ARGE-MV (vgl. hierzu die nachfolgenden Ausführungen) auch dann Anwendung, wenn der Ges'ter nach dem Abschluss der Arbeiten, aber vor Ablauf der Gewährleistungsfristen aus der ARGE ausscheidet.

[234] Vgl. Burchardt/Pfülb, ARGE, § 22, Rz. 13 ff.

[235] Zur Zulässigkeit dieser Klausel: BGH v. 22.09.1993 -IV ZR 183/92-, NJW-RR 1993, 1443 (1444).

Der Gesellschafter, der die ARGE verlässt, hat gegen die Gesellschaft unabhängig vom Ausschlussgrund einen Abfindungsanspruch. Zur Ermittlung des Ausscheidungsguthabens hat der kaufmännische Geschäftsführer zum Stichtag des Ausscheidens eine Auseinandersetzungsbilanz aufzustellen. In teilweiser Abweichung von §§ 738 ff. BGB ist diese nach den Grundsätzen des § 24.2 ARGE-MV zu erstellen. Als Bewertungsmaßstab sind nicht die Buchwerte, sondern die tatsächlichen Werte jedes Bewertungsgegenstandes zu ermitteln. Die in §§ 10-15 ARGE-MV aufgeführten Kostenberechnungsgrundsätze sind hierbei als maßgebliche Grundlage zur Ermittlung der Wertansätze heranzuziehen[236].

Daneben findet in diesem Zusammenhang im besonderen Maße auch die Klausel des § 24.2, Satz 6 ARGE-MV Beachtung, wonach das Gewährleistungsrisiko in der Auseinandersetzungsbilanz pauschal mit 2 % oder einem höheren Satz veranschlagt werden kann. Entgegen einiger Bedenken in der Literatur hat der *BGH* diese Klausel unlängst für zulässig erachtet[237].
Des weiteren können die verbliebenen Gesellschafter von einem durchaus weitreichenden Recht zur Zurückbehaltung des ermittelten Ausscheidungsguthabens Gebrauch machen, wenn der Umfang und die Höhe möglicher Gewährleistungs- sowie sonstiger Verpflichtungen und Risiken nicht hinreichend zu überblicken sind (§ 24.3 ARGE-MV)[238].

Unabhängig von der Zulässigkeit dieser Klauseln im Einzelfall ist bei der Ermittlung des Abfindungsanspruchs darauf zu achten, dass der ausscheidende Gesellschafter im Ergebnis nicht unangemessen benachteiligt wird[239]. Bei dieser Wertungsfrage sollten die von der Rechtsprechung entwickelten Grundsätze zur sog. *Buchwertklausel* herangezogen werden, da die vertragliche Regelung nicht dazu führen darf, dass das Kündigungsrecht des Gesellschafters zwar nicht ausdrücklich, aber doch *de facto* aufgrund wirtschaftlicher Zwänge ausgeschlossen wird[240]. Dies wäre ein Widerspruch zum nicht dispositiven § 723 III BGB.

Eine weitere wichtige Rechtsfolge besteht nach § 24.4 ARGE-MV darin, dass der ausscheidende Gesellschafter weiterhin für alle Verluste haftet, deren Ursachen bereits zum Zeitpunkt des Ausscheidens gesetzt waren. Diese Klausel verschärft die Nachhaftung des Gesellschafters gegenüber der gesetzlichen Rege-

[236] Vgl. zu den Bewertungsproblemen in einer Auseinandersetzungsbilanz: Haller/Mielicki, Bauwirtschaft 12/97, 6 ff.

[237] BGH v. 08.04.2002 -II ZR 161/00-, BauR 2002, 1409 (1410). **A.A.** Koeble/Schwärzel-Peters, DStR 1996, 1734 (1738).

[238] Gegen die Zulässigkeit der Klausel: Beck'sches Hdb PersGes-*Bärwaldt*, § 17, Rz. 116.

[239] In diesem Sinne auch BGH v. 08.07.1991 -II ZR 164/90-, NJW-RR 1991, 1381 (1382).

[240] Vgl. BGH v. 20.09.1993 -II ZR 104/92-, BGHZ 123, 281 (283 ff.).

lung in § 736 II BGB i.V.m. § 160 HGB, da eine zeitliche Begrenzung der Nachhaftung in Form einer Fünf-Jahresfrist nicht vorgesehen ist.

Ebenfalls von besonderem Interesse ist die Regelung in § 24.9 ARGE-MV. Danach ist der ausscheidende Gesellschafter verpflichtet, der ARGE bei Bedarf die Geräte, Stoffe oder das Personal weiterhin zu den vereinbarten Konditionen zu überlassen. Zum Verhältnis dieser Forderung zu möglichen Gegenansprüchen aus dem Auseinandersetzungsguthaben hat der *BGH* jüngst Stellung bezogen. Nach einem Urteil des IX. Senats kann die ARGE auch beim Ausscheiden eines insolventen Gesellschafters gegenüber dem Vergütungsanspruch nach § 24.9 ARGE-MV mit einem vorhandenen Verlustausgleichsanspruch aufrechnen[241]. Ob diese durchaus ARGE-freundliche Entscheidung langfristig Bestand hat, ist zu bezweifeln, da der VII. Senat in einer vergleichbaren Rechtslage (vgl. § 8 Nr. 3 Abs. III VOB/B) gegenteilig entschieden hat[242]. Im Kern geht es in diesen Urteilen um die Auslegung des § 96 InsO. Da es sich insoweit um eine Spezialfrage des Insolvenzrechts handelt, soll diese Problematik an dieser Stelle nicht weiter vertieft werden.

B. Abwandlungen der „einfachen ARGE“

I. Dauer-ARGE/Fortgesetzte ARGE

1. Grundformen

Eine denkbare Abwandlung der einfachen ARGE ist die ***Dauer-ARGE.*** Hierunter ist eine Arbeitsgemeinschaft zu verstehen, die nicht nur für ein bestimmtes Bauvorhaben, sondern auftragsunabhängig auf unbestimmte oder zumindest für längere Zeit gegründet wird[243].

---

241 BGH v. 09.03.2000 -IX ZR 355/98-, BauR 2000, 1057 (1058 ff.). In dieser Entscheidung hatte der *BGH* die Aufrechnung eines verbliebenen ARGE-Partners mit Gegenansprüchen aus dem Auseinandersetzungsguthaben gegen die Vergütungsforderung des Konkursverwalters für zulässig erachtet und keinen Ansatzpunkt für eine Konkursanfechtung gesehen, da Forderung und Gegenforderung weit vor der Konkursantragstellung im ARGE-Vertrag angelegt worden seien und damit eine Anfechtung gem. § 30 Nr. 1 Fall 2 KO nicht mehr in Betracht komme. **A.A.** die Vorinstanz OLG München v. 22.05.1998 -21 U 6383/97-, BB 1998, 2281 (2282) sowie Spliedt, DZWIR 2000, 418 (424)

242 BGH v. 28.09.2000 -VII ZR 372/99-, ZIP 2000, 2207 (2208 ff.). In den Entscheidungsgründen weist der VII. Senat darauf hin, dass der IX. Senat auf eine entsprechende Anfrage mitgeteilt habe, dass er an seiner Rechtsauffassung nicht festhalte, „soweit aus ihr für den vorliegenden Sachverhalt abgeleitet werden könnte, dass eine Gläubigerbenachteiligung nicht vorliege“. *Anm*: Genau diese Benachteiligung wurde jedoch vom VII. Senat festgestellt, so dass davon auszugehen ist, dass der IX. Senat an seiner o.g. Entscheidung nicht mehr festhalten wird.

243 Münchener Hdb. GesR I-*Kleine-Möller*, § 20, Rz. 8.

Ausgehend von dieser Zweckbestimmung bestehen keine Zweifel daran, dass sich eine in der Rechtsform einer GbR gegründete Dauer-ARGE kraft Gesetz in eine OHG umwandelt.

Eine klassische Mittelstellung zwischen der einfachen ARGE und der Dauer-ARGE nimmt die ***fortgesetzte ARGE*** ein. Diese übernimmt Arbeiten, die nach Beendigung der ursprünglich vereinbarten Bauarbeiten vergeben werden und mit dem ersten Auftrag nicht mehr zusammenhängen[244]. Anders formuliert führt die fortgesetzte ARGE nach Abschluss des ersten Auftrags zusammenhängend weitere anschließende Neuaufträge aus[245]. Auch die fortgesetzte ARGE übt somit eine gewerbliche Betätigung aus. Für die Rechtsform bedeutet dies, dass eine als GbR gegründete ARGE sich spätestens mit der Ausführung des Folgeauftrages in eine OHG umwandelt[246]. Dies gilt jedenfalls dann, wenn es sich bei den Folgearbeiten um einen echten Neuauftrag handelt. Gerade diese Sachverhaltsfeststellung erweist sich immer dann als problematisch, wenn es um die Abgrenzung zwischen den von einer einfachen ARGE übernommenen Neben- und Zusatzarbeiten und den von einer fortgesetzten ARGE übernommenen Neuaufträgen geht. Die rechtliche Relevanz dieser Abgrenzung folgt dabei nicht nur aus der von der *h.M.* im Gesellschaftsrecht unterschiedlichen Rechtsformqualifikation (GbR oder OHG), sondern auch aus der für das Steuerrecht bedeutsamen Differenzierung zwischen ARGEN mit einem und mehreren Hauptaufträgen (vgl. §§ 2a GewStG, 180 IV AO)[247].

Grundsätzlich zählen zu den Zusatzaufträgen alle vom Auftraggeber im Zuge der Arbeitsdurchführung als Nachträge zu kennzeichnenden Arbeiten. Im Gegensatz hierzu besteht bei den echten Neuaufträgen kein unmittelbarer Zusammenhang mit dem Hauptauftrag. In einer vergleichbaren Abgrenzung ist auch bei den von Dritten erteilten Aufträgen zwischen echten Neuaufträgen und Nebenaufträgen zu unterschieden. Zu den Nebenaufträgen zählen alle Arbeiten, die in einem unmittelbaren Zusammenhang mit den zur Durchführung des Hauptauftrages dienenden Arbeiten stehen. Als entscheidendes Abgrenzungskriterium ist darauf abzustellen, ob es sich bei den ergänzenden Arbeiten um solche handelt, die in einem unmittelbaren Zusammenhang mit dem Hauptauftrag stehen. Dieser Zusammenhang muss in *räumlicher*, *zeitlicher* und *sachlicher* Hinsicht vorliegen. Sofern dies zu verneinen ist, begründen die zusätzlichen Arbeiten einen echten Neuauftrag.

---

244 Locher, Priv. BauR, Rz. 382.

245 Burchardt/Pfülb, ARGE, Einf., Rz. 10.

246 **A.A.** Beck'sches Hdb. PersGes-*Bärwaldt*, § 17, Rz. 18; Hochstein/Jagenburg, ARGE, Einl., Rz. 54; Hdb. für Bau-ARGEN-*Larcher Gölles*, Kap. 2, S. 8 [A].

247 Vgl. hierzu insbesondere die Ausführungen zu § 2a GewStG unter: *G.I.*

Zu dieser Terminologie ist ergänzend anzumerken, dass der Terminus „echter Neuauftrag“ nicht im schuldrechtlichen Sinne zu verstehen ist, da jeder Nebenauftrag selbstverständlich auf einem gesonderten Werk- oder Werklieferungsvertrag beruht. Vielmehr handelt es sich hierbei um eine auf den Sachzweck zurückzuführende Terminologie. Welche Konstellation im Einzelfall vorliegt, hängt von der individuellen Vertragsgestaltung ab[248]. Zur Vermeidung rechtlicher Unsicherheiten wird u.a. von den Herausgebern des Mustervertrages empfohlen, eine hinreichende Konkretisierung des ARGE-Bauauftrages vorzunehmen (§ 2.3 ARGE-MV).

2. Faktische Dauer-ARGE

Streng zu trennen von der auf einer vertraglichen Vereinbarung beruhenden Dauer-ARGE ist die sog. ***faktische Dauer-ARGE***. In der Baupraxis ist es nicht unüblich, dass sich ein identischer Kreis von Unternehmen für verschiedene Projekte bzw. Lose (z.B. Autobahnabschnitte) in strukturell vergleichbaren ARGEN zusammenschließen. Sofern die Unternehmen für jeden einzelnen Auftrag eine eigenständige ARGE gründen und diese „dauerhafte Zusammenarbeit“ nicht auf einer ausdrücklich vereinbarten Rahmen- bzw. Grundsatzvereinbarung beruht, findet aus gesellschaftsrechtlicher Sicht keine Umdeutung dieser Rechtsverhältnisse zu einem einheitlichen Rechtsverhältnis statt. Dies gilt auch dann, wenn mehrere gesellschafter- und beteiligungsidentische ARGEN gleichzeitig oder nacheinander gegründet werden, solange für jedes Bauprojekt formaljuristisch ein gesonderter Arbeitsgemeinschaftsvertrag und damit eine eigenständige Gesellschaft gegründet wird. Dieses Recht zur privatautonomen Gestaltung ihrer Rechtsverhältnisse wird auch nicht dadurch beeinträchtigt, dass hinter dieser Zusammenarbeit möglicherweise eine verdeckte Grundsatzvereinbarung steht. Eine z.B. für das Steuerrecht typische Überwindung rein formaler Gestaltungen („wirtschaftliche Betrachtungsweise“) ist im Gesellschaftsrecht nicht vorgesehen. Zudem ist fraglich, ob alleine die tatsächliche, häufige Zusammenarbeit derselben Unternehmen als grundsätzliche Vereinbarung zur Bildung einer Dauer-ARGE zu werten ist. Selbst wenn die Beteiligungsquoten in den verschiedenen ARGEN identisch sein sollten, dürfte es doch an der Pflicht des Einzelnen fehlen, bei jedem Folgeprojekt teilnehmen zu müssen[249]. Für eine konkludente Rahmenvereinbarung dürfte es beim Fehlen weiterer Anhaltspunkte an einem entsprechenden Rechtsbindungswillen der ARGE-Partner mangeln.

II. Nebenerwerbs-ARGE

Grundsätzlich ist der Gesellschaftszweck einer typischen ARGE auf die Ausführung eines Bauauftrages limitiert (s.o.). Die zur Ausführung dieses Grundge-

---

[248] Diese Abgrenzungsfrage wird bei den Ausführungen zu § 2a GewStG näher thematisiert.

[249] Vgl. zum Emissionskonsortium: Timm/Schöne, ZGR 1994, 113 (118/FN 17).

schäftes erforderlichen Hilfsgeschäfte ändern zumindest nach der vorherrschenden Auffassung in Literatur und Rechtsprechung nichts daran, dass eine ARGE mangels Planmäßigkeit nicht als Gewerbetrieb anzuerkennen ist. Klassische Hilfsgeschäfte sind z.B. die Beschaffung von Waren oder Geschäftsräumlichkeiten, Gewinnung von Hilfskräften durch Abschluss von Dienstverträgen oder die auf Beendigung eines Geschäftsbetriebs gerichteten Handlungen.

Hiervon strikt zu trennen sind die Geschäfte, die von der ARGE nicht zur, sondern neben der eigentlichen Bauausführung getätigt werden. Hierbei handelt es sich um Nebengeschäfte, die in keinem räumlichen, zeitlichen und sachlichen Zusammenhang mit dem Hauptauftrag stehen. Ein denkbares Nebengeschäft könnte z.B. vorliegen, wenn eine ARGE den Verkauf von Fertigbeton oder Betonfertigteilen aus einer ARGE-eigenen Betonmischanlage an Dritte betreibt[250]. Da ein solches Geschäft nicht akzessorisch zur Durchführung des Grundgeschäftes entsteht, handelt es sich hierbei funktional betrachtet nicht um ein Hilfs- sondern um ein Nebengeschäft.

Sofern im ARGE-Vertrag die Wahrnehmung solcher Nebengeschäfte ausdrücklich vereinbart wird, bestehen spätestens seit der Novellierung des § 1 II HGB keine Zweifel daran, eine solche ARGE als Gewerbebetrieb und damit als OHG einzustufen. In diesem Fall spricht man von einer „**Nebenerwerbs-ARGE**“[251]. Gleiches gilt im Übrigen auch dann, wenn diese Wahrnehmung geschäftlicher Nebentätigkeiten nicht ausdrücklich gesellschaftsvertraglich vereinbart wird. Zur Begründung dieser These sei auf die einschlägige Rechtsprechung des *BGH* verwiesen. Hiernach ist diese Sachfrage allein anhand der objektiven Umstände des Einzelfalls und nicht nach der subjektiven Vorstellung der Beteiligten (ggf. im Gesellschaftsvertrag) zu entscheiden[252]. Demzufolge kann eine ARGE auch dann gewerblich tätig sein, wenn „nur“ die äußerlichen Umstände auf einen Gewerbebetrieb schließen lassen. Dass auch diese Nebengeschäfte mit der Erfüllung des Hauptgeschäfts enden und damit zeitlich befristet sind, erweist sich als unschädlich, da auch bei einem Gewerbebetrieb eine Zweckerreichung und damit eine Beendigung des Gewerbes erfolgen kann[253].

---

250 Vgl. hierzu: Kornblum, ZfBR 1992, 9 (10). *Anm:* In der Praxis ist diese Wahrnehmung geschäftlicher Gelegenheiten durchaus üblich. Die zwingenden rechtlichen Konsequenzen werden hieraus jedoch nicht gezogen, da diese Nebengeschäfte i.d.R. stillschweigend außerhalb des ARGE-Vertrages vollzogen werden. Mit diesen Nebengeschäften nicht zu verwechseln sind die in § 2.3 ARGE-MV aufgeführten Neben- und Zusatzarbeiten, die sich als Nachträge und damit als Annex des Hauptgeschäfts subsumieren lassen.

251 Joussen, BauR 1999, 1063 (1064).

252 BGH v. 17.06.1953 -II ZR 205/52-, BGHZ 10, 91 (97) in ständiger Rechtsprechung.

253 So bereits KG v. 20.06.1904, OLGE 9, 238 (239).

III. Innen-ARGE

Unter einer Innen-ARGE, die gewerbeüblich auch als Beihilfe-, Beteiligungsgemeinschaft oder Stille ARGE[254] bezeichnet wird, ist ein vertraglicher Zusammenschluss mehrerer Unternehmen auf gleicher Ebene zum Zweck der gemeinsamen Ausführung von Bauleistungen zu verstehen, die jedoch nur einem oder einem Teil der Beteiligten vom Auftraggeber übertragen wurden[255]. Wie sich bereits aus dieser Definition ableiten lässt, besteht ein Wesensmerkmal der Innen-ARGE darin, dass im Verhältnis zum Auftraggeber nicht die Beteiligungsgemeinschaft als solche, sondern lediglich einzelne an ihr beteiligte Unternehmen in einer unmittelbaren vertraglichen Beziehung stehen. Der Zusammenschluss zur Innen-ARGE bewirkt somit, dass die vertragliche Verpflichtung einzelner in den Rang einer Gemeinschaftsschuld erhoben wird, ohne dass dies zu einer Modifikation des Außenverhältnisses führt.

Gesellschaftsrechtlich entsteht bei der Innen-ARGE eine Gesellschaft bürgerlichen Rechts. Diese ist aufgrund der auseinanderfallenden Verpflichtungen zur Werkherstellung im Innen- und Außenverhältnis als Innengesellschaft zu qualifizieren. Da bei BGB-Innengesellschaften kein Gesamthandsvermögen gebildet wird[256], sind die Nicht-Auftragnehmer-Gesellschafter darauf angewiesen, ihre wirtschaftliche Zielsetzung auf schuldrechtlicher Ebene zu verwirklichen. Dies führt im Einzelnen dazu, dass bei der Auflösung einer Innen-ARGE zwar nicht die Vorschriften der §§ 730 ff. BGB anwendbar sind. Gleichwohl haben die Innen-Gesellschafter einen schuldrechtlichen Anspruch so gestellt zu werden, als ob sie gesamthänderisch an dem zum Gegenstand der Innengesellschaft gehörenden Vermögen des Außen-Gesellschafters beteiligt wären[257]. Im Übrigen kann hinsichtlich der Ausgestaltung des Innenverhältnisses einer Innen-ARGE auf das Regelungswerk der einfachen ARGE zurückgegriffen werden.

IV. Dach-ARGE

Die weitaus wichtigste Abwandlung der einfachen ARGE ist die Dach-ARGE. Diese bisweilen auch als Holding- [258], Ober- [259] oder Konsortial-ARGE[260] bezeichnete Arbeitsgemeinschaft verdankt ihre zunehmende Popularität dem Umstand, dass in der Vergabepraxis eine Tendenz zur Funktionalausschreibung zu verzeichnen ist. Als Konsequenz dieser gewerkeübergreifenden Ausschreibung

---

254 Vgl. Hdb. für Bau-ARGEN-*Larcher/Gölles*, Kap. 2, S. 8 [A]; Müller, Die ARGE, S. 7.

255 Münchener Hdb. GesR I-*Kleine-Möller*, § 20, Rz. 7.

256 Palandt-*Sprau*, BGB, § 705, Rz. 35 m.w.N.

257 BGH v. 21.12.1972 -II ZR 13/71-, WM 1973, 296 (297); v. 26.06.1989 -II ZR 128/88-, NJW 1990, 573 (574); v. 15.10.1990 -II ZR 25/90-, NJW-RR 1991, 422 (423).

258 Anderson, Bauwirtschaft 1972, 791 (792).

259 Langen, Jahrbuch BauR 1999, 64 (70).

260 Rincke, Bau-Zeitung (Nr. 53/1999), 77 (78).

werden häufig auch die großen, technisch anspruchsvollen Bauaufträge an einen Generalunternehmer[261] vergeben. Übernimmt eine ARGE einen solchen GU-Auftrag kann es sich als sinnvoll erwiesen, diesen Gesamtauftrag nicht gemeinschaftlich auszuführen (wie bei der einfachen ARGE), sondern gesellschaftsintern in einzelne Fachgewerke aufzuteilen. Diese räumlich oder funktional abgeschlossenen Gewerke bzw. Lose werden anschließend den Gesellschaftern zur eigenverantwortlichen und eigenständigen Bearbeitung übertragen. Ob bzw. welche Aufteilung des Hauptauftrages in Einzellose sinnvoll ist, kann am ehesten nach den zur echten Teilabnahme gem. § 12 Nr. 2a VOB/B entwickelten Grundsätzen beurteilt werden[262].

1. Rechtsgestaltung der Dach-ARGE

Auch bei der Dach-ARGE handelt es sich nach der *h.M.* im Handels- und Gesellschaftsrecht um eine **GbR**. Im Außenverhältnis ergeben sich im Vergleich zur einfachen ARGE keine rechtlichen Besonderheiten, so dass insbesondere eine gleichgelagerte Haftungssituation zu verzeichnen ist (Gesamtschuldnerische Haftung). Im Innenverhältnis hingegen weist die Dach-ARGE einige fundamentale Strukturunterschiede auf. Wie bereits erwähnt, wird bei dieser der Gesamtauftrag in einzelne abgrenzbare Gewerke bzw. Lose aufgeteilt und anschließend an die einzelnen Gesellschafter zur selbständigen Bearbeitung weiter vergeben. An diese gesellschaftsinterne Aufgabenverteilung schließt sich die Frage nach der Rechtsnatur dieser Gesellschafterleistungen an[263].

Hierbei ist umstritten, ob die Gesellschafter diese Teilleistungen im Rahmen ihrer gesellschaftsvertraglichen Pflichten als echten Gesellschafterbeitrag (Sacheinlage) oder aber auf der Grundlage von gesonderten Nachunternehmerverträgen erbringen. Ausgehend von der üblichen Vertragspraxis, die sich u.a. in den Musterverträgen der Spitzenverbände der deutschen Bauindustrie[264] und des Baugewerbes[265] manifestiert, ist davon auszugehen, dass die Gesellschafter einer Dach-ARGE ihre Leistungen regelmäßig auf der Grundlage gesonderter Nachunternehmerverträge erbringen[266].

---

261 Vgl. zum Generalunternehmer den Gliederungspunkt „Subunternehmerschaft“ (*C.I.*).

262 Vgl. Wallau/Kayser/Stephan, Die Dach-ARGE, S. 26.

263 Vgl. zum Streitstand: Langen, Jahrbuch BauR 1999, 64 (71).

264 Vgl. § 25.1 Dach-ARGE-MV, hrsg. vom Hauptverband der Deutschen Bauindustrie e.V.

265 Vgl. hierzu den Los-ARGE-Vertrag, hrsg. vom Zentralverband des Deutschen Baugewerbes. *Anm*: Auch wenn dieser Mustervertrag die Bildung einer Los-ARGE vorsieht, handelt es sich bei dieser Los-ARGE nach der hier verwendeten Terminologie um eine Dach-ARGE. Vgl. insoweit den nachfolgenden Gliederungspunkt.

266 Im Ergebnis auch OLG Hamm v. 11.05.2000 -27 U 94/99-, NZBau 2001, 28 (29) sowie OLG Schleswig v. 12.01.2001 -1 U 13/00-, NZG 2001, 796 (798).

Sofern die Vertragsparteien im Einzelfall eine hiervon abweichende Regelung treffen, sollte diese Konstellation als *vertikale ARGE* bezeichnet werden[267]. Für die rechtliche Gestaltung einer vertikalen ARGE gelten die gleichen Grundsätze wie bei einer einfachen ARGE.

Der Abschluss gesonderter Nachunternehmerverträge bei einer Dach-ARGE wirkt sich auf die Leistungspflichten der Gesellschafter dahingehend aus, dass diese für ihr Einzellos das volle werkvertragliche Leistungs- und Vergütungsrisiko tragen[268]. Bezogen auf das Gesellschaftsverhältnis bewirken die Nachunternehmervertragsverhältnisse, dass die kollektive Verpflichtung der Gesellschafter zur Leistungserbringung aus dem Innenverhältnis der ARGE herausgelöst und in ein gesondertes Außenverhältnis zwischen der ARGE und ihren Gesellschaftern übergeleitet wird. Die Eigenverantwortlichkeit der Gesellschafter wirkt somit uneingeschränkt im Innenverhältnis und im Verhältnis zu Dritten, nicht jedoch im Verhältnis zum Auftraggeber. Ihm gegenüber bleibt ausschließlich die Dach-ARGE zur Leistung verpflichtet. Dies hat zur Folge, dass die Gesellschafter trotz der gesellschaftsinternen Haftungsverlagerung auf die Einzellose im Verhältnis zum Auftraggeber weiterhin als Gesamtschuldner haften. Hinsichtlich der Vergütung bewirkt die Auftragsvergabe, dass jeder Partner - anstatt eines Anteils am Gesellschaftsgewinn - für sein Einzellos eine fest vereinbarte Vergütung erhält. Eine Ergebnispoolung auf Gesellschaftsebene findet nicht statt.

Die Funktion der Dach-ARGE gleicht daher einer Holdinggesellschaft, da die Gesellschafterrechnungen von der Dach-ARGE unverändert an den Auftraggeber weitergeleitet werden. Gleiches gilt beim Zahlungseingang. Die auf Gesellschaftsebene eingehenden Rechnungsbeträge werden - ohne wesentlichen Abzug - direkt an die Gesellschafter durchgeleitet[269].

Abschließend sei zu dieser rechtlichen Konstruktion noch angemerkt, dass die Gesellschafter einer Dach-ARGE insgesamt eine echte Doppelfunktion einnehmen. Einerseits sind sie als Gesellschafter Auftraggeber und andererseits als Nachunternehmer Auftragnehmer. Diese Gemengelage der gesellschaftlichen und werkvertraglichen Rechte und Pflichten wirkt sich auf das Nachunternehmer-Verhältnis dahingehend aus, dass dieses teilweise vom Gesellschaftsver-

---

267 Wie hier: Burchardt/Pfülb, ARGE, § 25 Dach-ARGE, Rz. 6; Beck'sches Hdb. PersGes-*Bärwaldt*, § 17, Rz. 11. **A.A.** die unter FN 272 genannten.

268 Eine Haftungseinschränkung in Form der „diligentia quam in suis rebus" (vgl. § 708 BGB) findet in dieser Rechtsbeziehung nicht statt. Vgl. insoweit z.B. die klarstellende Regelung in § 25.132 Dach-ARGE-MV.

269 Eine vollständige Weiterleitung der Zahlungen kommt nicht in Betracht, da die Dach-ARGE notwendigen Eigenaufwand hat, vgl. Burchardt/Pfülb, ARGE, § 25 Dach-ARGE, Rz. 53.

hältnis überlagert wird. Dies hat zur Folge, dass der Gesellschafter bei der Wahrnehmung seiner Rechte und Pflichten aus dem Nachunternehmer-Vertrag die gesellschaftsrechtlichen Treuepflichten zu beachten hat[270]. Letztendlich entsteht bei der Dach-ARGE die Gesamt-Bauleistung nicht im Wege einer gemeinschaftlichen Bauausführung, sondern als Ergebnis einer Bündelung verschiedener Teilleistungen auf Gesellschaftsebene.

In der Praxis steht es den beteiligten Unternehmen zur freien Disposition, ob sie sich für eine vertikale- oder eine Dach-ARGE entscheiden. Aufgrund der nicht unerheblich divergierenden Rechtsfolgen sollte im Interesse der Rechtssicherheit eine klare Regelung diesbezüglich getroffen werden. Dies gilt insbesondere beim Abschluss eines Dach-ARGE-Vertrages für die Durchstellung sämtlicher Absprachen aus dem Haupt- in den Nachunternehmervertrag[271].

2. Abgrenzung zur Los-ARGE

Um einen speziellen Anwendungsfall der einfachen ARGE handelt es sich bei einer Los-ARGE. Diese entsteht, wenn die von einer Dach-ARGE übertragenen Nachunternehmerarbeiten nicht an einen Einzelnen, sondern an eine Mehrheit von Gesellschaftern übertragen werden, die wiederum eine ARGE gründen[272]. Im Vergleich zur einfachen ARGE ergeben sich daher keine Besonderheiten.

V. Vor-ARGE

In aller Regel schließen sich die Unternehmen bereits vor der Auftragserteilung zusammen, um sich gemeinsam für einen Bauauftrag zu bewerben. Dieser Zusammenschluss wird in der Praxis üblicherweise als *Bietergemeinschaft* oder *Bieterkonsortium* bezeichnet. Streng genommen handelt es sich hierbei um keine Abwandlung der einfachen ARGE, da die Bietergemeinschaft keine alternative Form der Zusammenarbeit in der Bauausführungsphase, sondern ein zeitlich vorgelagerter Zusammenschluss in der Angebotsphase ist.

---

270 Münchener Hdb. GesR I-*Kleine-Möller*, § 20, Rz. 16 mit Hinweis auf BGH v. 09.12.1991 -II ZR 87/91-, NJW-RR 1992, 543 (544), wonach „der Ges'ter auch die Erfüllung einer ihm gegen die Ges. zustehenden Drittgläubigerforderung nur unter Beachtung der ihm obliegenden Treuepflichten durchsetzen kann".

271 Vgl. Langen, Jahrbuch BauR 1999, 64 (73). In § 25.135 Dach-ARGE-MV des HDB gilt diesbzgl: „Soweit nicht Abweichendes vereinbart ist, bestimmen sich die fachlichen, terminlichen, vergütungsmäßigen und rechtlichen Ausführungsfestlegungen für das Einzellos nach dem entsprechenden Inhalt des von der Dach-ARGE mit dem Auftraggeber abgeschlossenen Bauvertrages."

272 Wie hier: Burchardt/Pfülb, ARGE, § 25 Dach-ARGE, Rz. 5; Münchener Hdb. GesR I-*Kleine-Möller*, § 20, Rz. 5; Beck'sches Hdb. PersGes-*Bärwaldt*, § 17, Rz. 12. **A.A.** Heiermann/Riedl/Rusam-*Rusam*, VOB/A, Einf. zu § 8, Rz. 27; Locher, Priv. BauR., Rz. 382; Koeble/Schwärzel-Peters, DStR 1996, 1734 (1734), die sich der Terminologie des ZDB („Los-ARGE-Vertrag") anschließen.

1. Rechtsgestaltung der Vor-ARGE (Bietergemeinschaft)

Mit dem Abschluss einer Bietergemeinschaftsvereinbarung entsteht regelmäßig eine GbR. Von der ARGE unterscheidet sie sich durch ihren anders gelagerten Gesellschaftszweck. Während eine ARGE der gemeinsamen Ausführung eines Bauauftrages dient, handelt es sich bei der Bietergemeinschaft um einen Zusammenschluss mehrerer Fachunternehmer, die sich gemeinschaftlich an der Ausschreibung für einen bestimmten Bauauftrag beteiligen. Entsprechend des jeweiligen Gesellschaftszwecks ist der Zeitpunkt der Auftragserteilung für die Bietergemeinschaft der Auflösungs- und für die ARGE der Gründungszeitpunkt[273]. Diese Betrachtung darf jedoch nicht darüber hinweg täuschen, dass dies zwei rechtlich „selbständige“ Gesellschaften sind. Eine automatische Überleitung von der Bietergemeinschaft zur bauausführenden ARGE findet nur bei einer entsprechenden vertraglichen Vereinbarung statt[274]. Dies ist insofern problematisch, als dass die Bietergemeinschaft bei erfolgreicher Auftragsvergabe auch dann zur vertrags- und termingerechten Erfüllung des Bauvertrages verpflichtet ist, wenn es aufgrund interner Unstimmigkeiten zu einer verspäteten Einigung bzgl. der Kooperation in der Bauausführungsphase kommt.

Um einen möglichst unproblematischen und nahtlosen Übergang von der Bietergemeinschaft zur ARGE herzustellen, sollten sich die Beteiligten bereits in der Bietergemeinschafts-Vereinbarung für den Fall der Auftragserteilung zur Gründung einer ARGE verpflichten. Ob diese Vereinbarung als Abschluss eines ARGE-Vertrages unter der aufschiebenden Bedingung der Auftragserteilung oder als Vorvertrag zu werten ist, hängt von den Umständen des Einzelfalls ab[275]. Hierbei ist zu prüfen, ob sich die Bieter bereits in diesem Zeitpunkt über die wesentlichen Inhalte der Zusammenarbeit in der ARGE geeinigt haben[276].

---

273 Vgl. die Ausführungen zur „Dauer der ARGE“ unter: *A.III.2.f.*

274 Unklar: Heil, DDH 2000, 170 (170).

275 Bereits das RG (U. v. 06.07.1938 -II ZR 34/389) judizierte zu dieser Abgrenzungsfrage: „Ein derartiger zwecks Erlangung eines Bauauftrages geschlossener Vertrag ist somit in doppelter Hinsicht ein Vorvertrag zu dem die gemeinsame Bauausführung selbst regelnden Gesellschaftsvertrage,...“, in: JW 1938, 2740 (2741). Zur Vermeidung rechtlicher Unklarheiten hat der *Hauptverband der Deutschen Bauindustrie e.V.* einen Bietergemeinschaftsvertrag herausgegeben. In § 4.1 dieses MV ist vorgesehen, dass sich die Vertragspartner schon zu diesem Zeitpunkt auf den Abschluss eines ARGE-Vertrages unter der aufschiebenden Bedingung der Auftragserteilung einigen. Dem hingegen sieht der von der *VIBÖ* herausgegebene „ARGE-Vorvertrag“ ausdrücklich den Abschluss eines Vorvertrages vor.

276 Vgl. hierzu die Aufzählung bei Feldrappe, 13 (21); Rincke, Bau-Zeitung Nr. 53 (1999), 77 (78). Der BG-MV des HDB sieht diesbzgl. in § 4.11 bis § 4.16 eine Vereinbarung der wesentlichen Eckdaten der künftigen ARGE (z.B. Beteiligungsverhältnis, Geschäftsführung, Vergütung) vor.

Sofern ein nahtloser Übergang von der Bietergemeinschaft zur ARGE vollzogen wird, rechtfertigt diese innere Verknüpfung die Bezeichnung als *Vor-ARGE*, wobei dieser Terminus nicht im rechtstechnischen Sinne, sondern allenfalls als faktische Qualifikation zu verstehen ist.

2. Exkurs: Kartellrechtliche Zulässigkeit einer Bietergemeinschaft

An der kartellrechtlichen Zulässigkeit einer Bietergemeinschaft (Bieterkonsortium) könnten Bedenken bestehen, da deren Mitglieder vertraglich oder zumindest aufgrund ihrer gesellschaftsrechtlichen Treuepflicht daran gehindert sind, bei der betreffenden Ausschreibung ein eigenes Angebot abzugeben. Hieraus könnte sich ein Verstoß gegen § 1 GWB ergeben, wenn die einzelnen Mitglieder der Bietergemeinschaft die ausgeschriebene Leistung auch jeweils allein erbringen könnten und der Zusammenschluss somit zu einer Wettbewerbsbeschränkung führt. Diese Frage wird in der Praxis seit der sog. „Schramberg-Entscheidung“ des *BGH*[277] nicht anhand objektiver, sondern mittels **subjektiver Kriterien** überprüft. M.a.W. kommt es nicht darauf an, ob die Mitglieder der Bietergemeinschaft objektiv die Möglichkeit hätten, den Bauauftrag auch alleine auszuführen. Entscheidend sei vielmehr, ob sich die Zusammenarbeit aus Sicht der Beteiligten als „wirtschaftlich zweckmäßig und kaufmännisch vernünftig“ darstelle. Diese subjektive Sichtweise des BGH führt aus praktischer Sicht dazu, dass die Bildung einer Bietergemeinschaft nur in Ausnahmefällen gegen § 1 GWB verstößt, da es den Beteiligten regelmäßig gelingen dürfte, unternehmerische Motive für die gemeinsame Angebotsabgabe anzuführen.

Gleiches gilt im Wesentlichen auch für die Prüfung der Zulässigkeit einer Bietergemeinschaft anhand von Art. 81 I EG-Vertrag. Hierzu hat die Kommission im Jahr 2000 eine neue Bekanntmachung „Leitlinien zur Anwendbarkeit von Art. 81 EG-Vertrag auf Vereinbarungen über horizontale Zusammenarbeit“ verabschiedet[278]. Obgleich diese Leitlinien weder für die nationalen Kartellbehörden noch für die Gerichte bindend sind, dürfte zumindest die Kommission an diese angekündigte Verwaltungspraxis gebunden sein. Hiernach soll bei Bietergemeinschaften keine Wettbewerbsbeschränkung vorliegen, wenn die beteiligten Unternehmen die Anforderungen der Ausschreibung einzeln nicht erfüllen könnten und sie erst durch die gemeinschaftliche Angebotsabgabe in die Lage versetzt werden, sich an der Ausschreibung zu beteiligen[279]. Die „Erforderlichkeit“ der Zusammenarbeit ist anhand **objektiver Kriterien** zu beurteilen. Mangels näherer Konkretisierung dieser Kriterien ist davon auszugehen, dass an die-

---

[277] BGH v. 13.12.1983 -KRB 3/83-, BB 1984, 364 (365). Die Grundzüge dieser Entscheidung wurden unlängst vom *BGH* bestätigt, vgl. BGH v. 05.02.2002 -KZR 3/01-, BGHZ 149, 391 (399).

[278] Kommission, ABL 2001, Nr. C 3, S. 2 ff.

[279] Kommission, ABL 2001, Nr. C 3, Tz. 143.

ser Stelle hilfsweise auf die frühere Kooperationsbekanntmachung der Kommission abgestellt werden kann[280]. Hiernach ist die Erforderlichkeit der gemeinsamen Angebotsabgabe zu unterstellen, wenn „die beteiligten Unternehmen mangels ausreichender Erfahrung, Spezialkenntnis, Kapazität oder Finanzkraft für sich allein nicht erfolgsversprechend arbeiten, die Arbeiten nicht termingerecht durchführen oder das finanzielle Risiko nicht alleine tragen können."[281]

Aufgrund dieses weiten Beurteilungsspielraums bestehen regelmäßig keine Bedenken dagegen, die kartellrechtliche Zulässigkeit einer Bietergemeinschaft nach dem Gemeinschaftsrecht zu bejahen.

C. Andere Unternehmereinsatzformen im Bauwesen

Neben der ARGE gibt es in der Bauwirtschaft weitere Formen der Unternehmenskooperation zur Erbringung einer Bauleistung. Diese Kooperationsformen werden üblicherweise als „Unternehmereinsatzformen" bezeichnet.

I. Subunternehmerschaft

1. Rechtsgestaltung

Eine weit verbreitete Form der Zusammenarbeit verschiedener Bauunternehmen besteht im Eingehen von Nachunternehmervertragsverhältnissen. Ein Nach- oder Subunternehmer ist ein Unternehmer, der nicht unmittelbar vom Bauherrn beauftragt wird, sondern Vertragspartner eines anderen vom Bauherrn beauftragten Unternehmers ist. Aus vertraglicher Sicht sind diese Verträge als eigenständige Werkverträge zu betrachten, die völlig isoliert nebeneinander stehen[282]. Diese Abstraktion führt im praktisch relevanten Fall der Haftung dazu, dass eine unmittelbare Haftung des Subunternehmers gegenüber dem Bauauftraggeber grundsätzlich ausscheidet[283]. Dieses für die Praxis eher unbefriedigende Ergebnis wird in der Vertragswirklichkeit dadurch korrigiert, dass die Pflichten aus dem Nachunternehmervertrag weitestgehend mit denen aus dem Hauptvertrag synchronisiert werden[284].

Im Regelfall ist der Auftraggeber des Subunternehmers ein *Generalunternehmer*, an den sämtliche zu einem Bauvorhaben gehörenden Leistungen vergeben werden. Diese führt er zu einem wesentlichen Teil selbst aus und für die anderen

280 So auch Karollus/Artmann, WBl 2001, 453 (457).
281 Kommission, ABL 1968, Nr. C 75, Tz. 5.
282 BGH v. 24.03.1998 -VI ZR 337/96-, ZfBR 1998, 194 (196).
283 OLG Schleswig v. 18.06.1998 -11 U 6/97-, NJW-RR 1998, 1551 (1551).
284 Nicklisch, NJW 1985, 2361 (2363). Vgl. hierzu auch: Hofmann, S. 66 (67).

Teile beauftragt er einen Subunternehmer[285]. Hiervon zu unterscheiden ist der *Hauptunternehmer*, der nicht sämtliche, sondern nur einen Teil der Leistungen eines Bauvorhabens übernimmt[286]. Übernimmt der Generalunternehmer neben der eigentlichen Bauleistung noch Planungsarbeiten (Architekten- und Ingenieurleistungen) spricht man von einem *Totalunternehmer*[287].

Eine in der Praxis weithin zu beobachtende Sonderform stellt der Einsatz eines *Generalübernehmers* dar. Dieser übernimmt vom Bauherrn den Gesamt-Auftrag ein Bauvorhaben auszuführen. Bei der Bauausführung erbringt er jedoch keine oder einen nur unwesentlichen Teil der Bauleistung in eigener Person[288].

2. Abgrenzung zur ARGE

Aufgrund der nahezu vollzogenen Synchronisation der Pflichten aus dem Haupt- und Nachunternehmervertrag entsteht im Ergebnis eine „weitgehende wirtschaftliche Identität der Interessen"[289] zwischen den Vertragsparteien. Diese Interessengleichheit, z.B. hinsichtlich der mangelfreien Bauausführung, darf indes nicht darüber hinweg täuschen, dass bei der Subunternehmerschaft kein Gesellschaftsverhältnis begründet wird. Hierzu fehlt es an dem für eine Gesellschaft konstitutiven Merkmal der gemeinsamen Zweckverfolgung. Bei der Subunternehmerschaft - als einem klassischen Austauschverhältnis - verfolgt jede Vertragspartei ihre eigenen Zwecke. Dies zeigt sich nicht zuletzt bei den Vergütungsmodalitäten, da ein Subunternehmer unabhängig vom wirtschaftlichen Ergebnis des General-/Hauptunternehmers eine fest vereinbarte Leistungsvergütung erhält.

---

285 *Wesentlich* meint in diesem Zusammenhang, dass der GU etwa **ein Drittel** der Bauleistung im eigenen Betrieb ausführen muss, da er ansonsten bei einer öffentlichen Auftragsvergabe aus dem Vergabeverfahren wegen des Verstoßes gegen das Gebot der Selbstausführung von Bauleistungen (VOB/B) ausgeschlossen wird, vgl. OLG Frankfurt v. 16.05. 2000 -11 Verg 1/99-, NZBau 2001, 101 (LS). Hierzu auch Hennemann, BauR 2001, S. 1021 ff. zur Frage, ob die Leistungen von Tochterfirmen dem eigenen Betrieb der Mutter zugerechnet werden können. Durchaus überzeugend bejaht *H.* unter Bezugnahme auf die „Ballast Nedam" Rechtsprechung des EuGH diese Frage und stellt sich somit gegen die von den nationalen Gerichten in dieser Frage vertretene Auffassung.

286 Locher, Priv. BauR, Rz. 389.

287 Ingenstau/Korbion, VOB, Anh. 1, Rz. 134; Heiermann/Riedl/Rusam-*Rusam*, VOB, Einf. zu A § 8, Rz. 45.

288 Vgl. zum *GÜ*: BGH v. 26.01.1978 -VII ZR 50/77-, NJW 1978, 1054 (1055).

289 Münchener Hdb. GesR I-*Kleine-Möller*, § 20, Rz. 25.

II. Subunternehmerschaft mit Gewinnbeteiligung

1. Rechtsgestaltung

Eine praktisch weitestgehend bedeutungslose Unternehmereinsatzform stellt die *Subunternehmerschaft mit Gewinnbeteiligung* dar[290]. Dieses unter dem Ordnungsbegriff der partiarischen Rechtsverhältnisse einzustufende Vertragsverhältnis zeichnet sich dadurch aus, dass jemand einem Anderen eine Leistung gegen einen Anteil an dem Gewinn verspricht, den der Andere erzielt[291]. Bei der Subunternehmerschaft mit Gewinnbeteiligung in der Bauwirtschaft vergibt ein General-/Hauptunternehmer, der nach außen Leistungen in ihrer Gesamtheit übernommen hat, an andere Unternehmer gegen einen entsprechenden Gewinnanteil ganz oder teilweise Arbeiten[292]. Die Auftragsabwicklung erfolgt dabei im Rahmen selbständiger Subunternehmerverträge. Als Vergütung erhält der Subunternehmer einen fest vereinbarten Anteil am Gewinn seines Auftraggebers.

2. Abgrenzung zur ARGE

Im Gegensatz zur einfachen Arbeitsgemeinschaft tritt der Subunternehmer niemals in unmittelbare vertragliche Beziehungen mit dem Bauauftraggeber. Aufgrund der vereinbarten Gewinnbeteiligung entsteht jedoch im Innenverhältnis ein echtes Zweckbündnis zwischen den Beteiligten. Dieses gemeinschaftliche Gewinnstreben lässt im Ergebnis die partiarische Subunternehmerschaft eine Mittelstellung zwischen der Subunternehmerschaft und einer Innen-ARGE einnehmen. Die Abgrenzung partiarischer Rechtsverhältnisse von Innengesellschaften führt häufig zu Schwierigkeiten, da es an hinreichenden Abgrenzungskriterien fehlt. Als entscheidendes Merkmal ist darauf abzustellen, ob die Vertragsparteien einen gemeinsamen Zweck verfolgen oder ob sie primär ihre eigenen Interessen wahrnehmen[293]. Vorliegend haben alle Beteiligten zweifellos das gemeinsame Ziel, einen höchstmöglichen Ertrag zu erwirtschaften. Gleichwohl reicht dieses Gewinnstreben nicht zur Begründung einer gemeinsamen Zweckverfolgung aus. Der Auftraggeber macht für sich allein den Erwerb und Gewinn und tauscht nur einen Teil desselben gegen die Leistung des Anderen aus[294].

Welche Rechtsgestaltung von den Beteiligten gewollt ist, kann nur mittels einer systematischen Auslegung der vertraglichen Vereinbarung unter besonderer Be-

---

290 Ingenstau/Korbion, VOB, Anh. 1, Rz. 105; Münchener Hdb GesR I-*Kleine-Möller*, § 20, Rz. 26.

291 Blaurock, Stille Gesellschaft, Rz. 378.

292 Locher, Priv. BauR, Rz. 382.

293 BGH v. 10.10.1994 -II ZR 32/94-, BGHZ 127, 176 (177); OLG Düsseldorf v. 10.03.1995 -22 U 116/94-, NJW-RR 1995, 1246 (1247); Palandt-*Sprau*, BGB, § 705, Rz. 51.

294 Münchner Hdb. GesR I-*Schücking*, § 2, Rz. 33; Blaurock, Stille Gesellschaft, Rz. 379.

rücksichtigung des Vertragszwecks und der wirtschaftlichen Ziele der Vertragsparteien ermittelt werden. In der Praxis besteht regelmäßig eine Vermutung für das Vorliegen einer Innen-ARGE, wenn der Zusammenschluss mit dem General-/Hauptunternehmer zur Erbringung seiner gesamten Leistung erfolgt. Übernimmt der Subunternehmer hingegen nur bestimmte Einzelleistungen gegen einen Gewinnanteil spricht der erste Anschein für eine Subunternehmerschaft mit Gewinnbeteiligung[295].

III. Konsortium im Industrieanlagenbau

Eine weitere gewerbeübliche Unternehmereinsatzform stellt das Konsortium dar. Während auch die klassische Bau-ARGE bis Mitte der 30er Jahre als Baukonsortium bezeichnet wurde[296], ist dieser Begriff heute vornehmlich im nationalen und internationalen Anlagenbau üblich. Allgemein definiert handelt es sich bei einem Konsortium im Industrieanlagenbau um einen vertraglichen Zusammenschluss mehrerer Unternehmen zur gemeinsamen Auftragsdurchführung eines bestimmten technischen Vorhabens durch Erbringung der jeweils im Konsortialvertrag für die einzelnen Partner festgelegten Lieferungen und Leistungen[297]. Im Regelfall des Außen- bzw. offenen Konsortiums haften die Konsortialpartner gegenüber dem Besteller als Gesamtschuldner[298]. Dass mit Abschluss eines Konsortialvertrages die Gründung einer GbR vollzogen wird, dürfte mit Blick auf die ohnehin geringen Mindestanforderungen dieser Gesellschaftsform außer Frage stehen.

Die Binnenstruktur eines Konsortiums entspricht im Wesentlichen der einer Dach-ARGE. Die Notwendigkeit bzw. Vorteilhaftigkeit der gesellschaftsinternen Leistungsvergabe ergibt sich bei einem Konsortium naturgemäß aus den Vorgaben des Auftrages, da im Anlagenbau eine Vielzahl technischer Leistungskomponenten zu erbringen sind. An diese gesellschaftsinterne Auftragsvergabe schließt sich - ebenso wie bei einer Dach-ARGE - die Frage nach der Rechtsnatur dieser Gesellschafterleistungen an. Die Beantwortung dieser Frage erweist sich bei einem Konsortium problematischer, da die Aufteilung der Gesamt-Leistung regelmäßig in einer „Liefer- und Leistungsabgrenzung“ erfolgt. Hierbei handelt es sich um eine integrativen Bestandteil des Konsortialvertrages. Der Abschluss gesonderter Nachunternehmerverträge ist aufgrund dieser Leistungsvergabe entbehrlich. Diese Wertung folgt nicht zuletzt auch aus der in

[295] Locher, Priv. BauR, Rz. 382; Hochstein/Jagenburg, ARGE, Einl., Rz. 30.
[296] Barner, S. 2.
[297] Vgl. Vetter, ZIP 2000, 1041 (1041).
[298] So die uneingeschränkt *h.M.*: Vetter, ZIP 2000, 1041 (1041); Nicklisch, BB 1999, 325 (326); Lotz, ZfBR 1996, 233 (234); Münchener Hdb. GesR I-*Kleine-Möller*, § 20, Rz. 24.

Konsortialverträgen üblichen „*als-ob*"-Klausel[299]. Nach dieser übernehmen die Konsorten im Innenverhältnis die Verpflichtungen und Risiken des Hauptvertrages so, *als ob* jeder Konsorte für seinen Lieferungs- und Leistungsanteil einen besonderen Vertrag mit dem Kunden geschlossen hätte[300].

Ungeachtet der nicht ausdrücklich vereinbarten, gesonderten Nachunternehmer-Verträge spricht die rechtliche Struktur dieser Leistungsverpflichtung für die Annahme integrierter Nachunternehmerverträge[301]. Dies folgt aus der uneingeschränkten Eigenverantwortlichkeit der Konsorten für ihren Leistungsanteil[302]. Beim Konsortium im Industrienanlagenbau wird wie bei einer Dach-ARGE die kollektive Verpflichtung der Gesellschafter zur Leistungserbringung aus dem Innenverhältnis herausgelöst und in ein gesondertes Außenverhältnis zwischen dem Konsortium und ihren Gesellschaftern übergeleitet. Diese Annahme rechtfertigt es, den Konsortialvertrag als einen Gesellschaftsvertrag mit integrierten Nachunternehmerverträgen oder zumindest als „gemischten Vertrag" zu qualifizieren, der gesellschaftsrechtliche und werkvertragliche Elemente enthält[303].

IV. BOT-Projekte

Eine über die schlichte Unternehmenskooperation in der Bauausführungsphase hinausgehende Form der Zusammenarbeit verschiedener Unternehmen besteht auf dem Gebiet der Projektentwicklung. Bei dieser handelt es sich um eine Form privatwirtschaftlicher Finanzierung bestimmter Infrastrukturprojekte wie z.B. Eisenbahnen, Tunnel- oder Brückenverbindungen, See- oder Flughäfen, Straßen oder Kraftwerke. Kennzeichnend hierfür ist, dass einem privaten Konzessionsnehmer das Recht eingeräumt wird, ein Projekt zu planen, finanzieren, bauen, unterhalten und für eine festgelegte Zeit zu betreiben. Findet die Zusammenarbeit zwischen einem „Privaten" und der „Öffentlichen Hand" statt, wird diese Kooperation auch als „*Public Private Partnership*" bezeichnet.

---

299 Vgl. hierzu Nicklisch, BB 1999, 325 (327).

300 Eine solche Klausel findet sich beispielsweise in § 14 II des Vertragsmusters für ein Außenkonsortium mit Federführer von *Rosener* im Münchener Vertragshandbuch, Formular VI.3. sowie in den international verbreiteten Muster-Konsortialverträgen der *ORGALIME* (Art. 22) und der *JMEA* (Art. 9.2), veröffentlicht in: Nicklisch (Hrsg.), Konsortien und Joint Ventures bei Infrastrukturprojekten, S. 235 ff., 262 ff.

301 So auch Münchener Hdb. GesR I-*Kleine-Möller*, § 20, Rz. 24.

302 Vgl. hierzu bereits die vorherigen Ausführungen zur *Dach-ARGE*.

303 **A.A.** Vetter, ZIP 2000, 1041 (1045); Lotz ZfBR 1996, 233 (237). Der Begriff „gemischter Vertrag" wurde erstmalig von *Nicklisch* in die Diskussion eingeführt, in: NJW 1985, 2361 (2364).

Während dies in vielen europäischen Nachbarländern, in Nordamerika und erst recht in den sog. „Emerging Countries“ in Asien und Lateinamerika bereits seit Jahrzehnten zur gängigen Praxis gehört, war dies in Deutschland bis vor wenigen Jahren weitestgehend unüblich. So hat der deutsche Gesetzgeber beispielsweise auf dem wichtigen Gebiet des Straßenverkehrswegebau erst im Jahr 1994 die rechtlichen Voraussetzungen geschaffen, „Privaten“ zur Refinanzierung von bestimmten Engpassprojekten (v.a. Tunnel, Brücken und Gebirgspässe) die Möglichkeit einer Mauterhebung einzuräumen[304]. Diese Refinanzierungsmöglichkeit ist jedoch eine unabdingbare Voraussetzung für ein solches Projekt.

Als Grundform der privaten Projektfinanzierung hat sich das „Build-Operate-Transfer-Modell“ (BOT) herausgebildet[305]. Kennzeichnend für ein BOT-Modell ist, dass die Projektentwicklung, -errichtung und -betrieb in den Händen einer zu diesem Zweck gegründeten Projektgesellschaft liegt. Diese Gesellschaft, die in Deutschland häufig in der Rechtsform einer GmbH oder GmbH & Co. KG betrieben wird, zeichnet sich für das gesamte Vorhaben verantwortlich. In der Bauausführungsphase beauftragt diese in aller Regel einen Generalunternehmer (Einzelunternehmer, ARGE oder Konsortium) mit der Erstellung des Objektes. In der anschließenden Betriebsphase übernimmt die Projektgesellschaft selbst oder eine von ihr beherrschte Betreibergesellschaft für einen gewissen Zeitraum die Geschäfte. Da die Zusammenarbeit bei einem BOT-Projekt weit über das Maß einer schlichten Unternehmenskooperation zur Durchführung eines Bauauftrages hinausgeht, handelt es sich hierbei im strengen Sinne nicht um eine ARGE-verwandte Unternehmereinsatzform.

D. Internationale Arbeitsgemeinschaften

I. Die ARGE in anderen Rechtsordnungen

Die Zusammenarbeit verschiedener Unternehmen zur Durchführung eines Bauauftrages ist eine weltweit zu beobachtende, weit verbreitete Form der Unternehmenskooperation in der Bauwirtschaft. Trotz dieser übereinstimmenden Ausgangslage unterscheidet sich die rechtliche Gestaltung der ARGEN bisweilen erheblich. So beruht beispielsweise in Frankreich die Bildung einer ARGE ausschließlich auf einer schuldrechtlichen Vereinbarung zwischen den Beteiligten, ohne dass diese Vereinbarung die Gründung einer Gesellschaft zur Folge hat. Dem hingegen wird in der italienischen ARGE-Praxis häufig auf die

304 Siehe das FernstraßenbauprivatfinanzierungsG. v. 30.08.1994, BGBl I 1994, S. 2243 ff.
305 Vgl. Nicklisch, BB 1998, 2 (2 ff.).

Rechtsform eines „Consorzio" zurückgegriffen[306]. Hierbei handelt es um eine Gesellschaftsform nach dem „Codice Civile", die bereits nach dem gesetzlichen Leitbild ein geeignetes Grundgerüst für die Zusammenarbeit in einer ARGE darstellt. In anderen Ländern hat die Bildung einer ARGE zwar auch die Gründung einer Gesellschaft zur Folge, jedoch weicht die ARGE dort erheblich vom gesetzlichen Leitbild dieser Gesellschaft ab (z.B. in Österreich und der Schweiz). Erhebliche Unterschiede bestehen auch in der Wahl der betrieblichen Rechtsform. Während in Österreich und der Schweiz die ARGE im Grundsatz einer GbR entspricht, wird in der niederländischen ARGE-Praxis eine Handelsgesellschaft in Form der „Vennootschap onder Firma" (~OHG) gegründet.

Diese Ausführungen sollten veranschaulicht haben, dass es aufgrund der durchweg unterschiedlichen rechtlichen Gestaltung einer ARGE nicht möglich ist, eine allgemeingültige Aussage über die Rechtsform und -gestaltung einer ARGE zu treffen. Unabhängig davon ist es in den meisten Ländern jedoch üblich, dass die nationalen Bauindustrievereinigungen einen spezifischen ARGE-Mustervertrag herausgeben. Diese Musterverträge zeichnen sich durch ihre weit verbreitete Akzeptanz und den hohen Verbreitungsgrad in den betreffenden Kreisen aus. Aus diesem Grund findet sich im Anhang eine Synopse ausgewählter Musterverträge nationaler Bauindustrievereinigungen.

II. Grenzüberschreitende Unternehmenskooperationen

1. Joint Venture

Bei grenzüberschreitenden Unternehmenskooperationen ist es üblich, diese als Joint Venture i.w.S. zu bezeichnen. Hierbei handelt es sich um keinen feststehenden Terminus, sondern allenfalls um einen Sammelbegriff für jegliche Form der Zusammenarbeit mehrerer Unternehmen zur Verfolgung eines gemeinsamen wirtschaftlichen Zwecks. Weitergehende Rückschlüsse auf die Rechtsform oder -gestaltung lassen sich hieraus nicht ableiten. Bei einem Joint Venture kann die Form der Zusammenarbeit daher von unterschiedlicher Dauer und Intensität sein. Als weitergehende sachliche Differenzierung wird herkömmlich zwischen einem *Contractual* - und einem *Equity Joint Venture* unterschieden.

Grundlage eines jeden Joint Venture ist der Abschluss eines entsprechenden Vertrages, in dem die Grundlagen der Zusammenarbeit festgelegt werden. Diese Grundvereinbarung wird als „Joint-Venture-Vertrag" oder bei einem Equity Joint Venture auch als „Gesellschaftervereinbarung" (Shareholder Agreement)

[306] Vgl. Hohloch, RIW 1987, 905 (906).

bezeichnet[307]. Mit dem Abschluss dieses Vertrages entsteht nach deutscher Rechtslage eine Gesellschaft bürgerlichen Rechts[308].

Bei einem *Contractual Joint Venture* arbeiten die Unternehmen ohne Zwischenschaltung einer weiteren Gesellschaft alleine auf der Grundlage des Joint-Venture-Vertrages zusammen. Diese Kooperationsform eignet sich vornehmlich zur Durchführung einzelner Projekte. Bei einem grenzüberschreitenden Joint Venture in der Bauwirtschaft oder im internationalen Anlagenbau verpflichten sich die Unternehmen gegenüber dem Besteller gemeinschaftlich, ein bestimmtes Projekt auszuführen. Unabhängig von der internen Aufgaben- und Risikoverteilung haften die Unternehmen somit stets als Gesamtschuldner. Tragen die Partnerunternehmen darüber hinaus auch im Innenverhältnis das Risiko gemeinschaftlich und nehmen sie anteilsgemäß am Gesamt-Gewinn oder -Verlust teil („integrated structure"), ist diese Form der Zusammenarbeit als *„Joint Venture i.e.S."* zu bezeichnen[309]. Nach nationalem Verständnis handelt es sich hierbei um eine einfache ARGE.

Vereinbaren die Partnerunternehmen hingegen, dass sie sich im Innenverhältnis hinsichtlich der Haftung und der Gewinn- und Verlustbeteiligung so stellen, als hätte jeder einzelne von ihnen für seinen Leistungsbereich eine separaten Vertrag mit dem Besteller geschlossen („non-integrated structure"), ist dies als *„Consortium"* zu bezeichnen. Dies entspricht nach nationalem Verständnis einem Konsortium im Industrieanlagenbau oder einer Dach-ARGE.

Bei einem *Equity Joint Venture* beteiligen sich die JV-Partner an einer weiteren, neu gegründeten eigenständigen Gesellschaft, dem sog. Gemeinschaftsunternehmen. Diese dient der Ausübung des operativen Geschäfts. Hierbei handelt es sich in aller Regel um eine Kapitalgesellschaft oder eine ihr angenäherte Personengesellschaft (in Deutschland einer GmbH & Co. KG). Mit einem Equity Joint Venture verfolgen die Beteiligten regelmäßig den Zweck, auf einem abstrakt umschriebenen Arbeitsgebiet gemeinsam tätig zu werden (z.B. Forschung, Entwicklung, Produktion oder Absatz). Diese Form der Zusammenarbeit kann auch ausschließlich projektbezogen sein. Dies erfolgt häufig im Industrieanlagenbau oder bei der Erstellung von Infrastrukturprojekten im Rahmen von BOT-Modellen.

---

307 *Stephan*, in: Schaumburg (Hrsg.), Internationale Joint Ventures, 97 (101).

308 Münchener Hdb. GesR I-*Baumanns*, § 22, Rz. 1.

309 Vgl. zu dieser Terminologie: *Rosener*, in: Nicklisch (Hrsg.), Konsortien und JV bei Infrastrukturprojekten, 53 (56); *Wiwen-Nilsson*, in: Nicklisch (Hrsg.), a.a.O., 43 (44).

2. Consortium

Bei der im internationalem Wirtschaftsverkehr üblichen Unternehmenskooperation eines „Consortium" bestehen in aller Regel keine grundlegenden Unterschiede zu einem Konsortium im nationalen Industrieanlagenbau, so dass auf die vorherigen Ausführungen verwiesen werden kann.

2. Abschnitt
Die Besteuerung von Arbeitsgemeinschaften

E. Rechtsquellen

I. § 2a GewStG

„Als Gewerbebetrieb gilt nicht die Tätigkeit der Arbeitsgemeinschaften, deren alleiniger Zweck in der Erfüllung eines einzigen Werkvertrags oder Werklieferungsvertrags besteht. Die Betriebsstätten der Arbeitsgemeinschaften gelten insoweit anteilig als Betriebsstätten der Beteiligten."

Historisch geht diese Vorschrift auf zwei Runderlasse des Reichsministers der Finanzen vom 6.08.1941 und 5.06.1942 zurück[310]. Danach sollten die großen Arbeitsgemeinschaften, die sich über eine längere Zeit erstrecken, eine eigene Buchführung haben und selbst Arbeitnehmer einstellen, als Unternehmergemeinschaften i.S.d. § 2 II Nr. 2 GewStG behandelt werden. Konkret sollte die steuerliche Erfassung der baugewerblichen ARGEN daran anknüpfen, dass nur eine große ARGE, die voraussichtlich länger als zwei Jahre besteht und an der mehr als drei Unternehmer beteiligt sind, selbständig zur Gewerbesteuer herangezogen wird. Der *RFH* schloss sich dieser Rechtsauffassung an, ohne jedoch die aufgestellten Voraussetzungen sachlich zu erörtern[311].

Diese vom *RdF* aufgestellten Verwaltungsgrundsätze wurden zwar nicht unmittelbar, jedoch mittelbar über Abschnitt 16 IV der GewStR 1951 (auch GewStR 1955, 1958), die einen Hinweis auf das einschlägige RFH-Urteil enthielten, in die Verwaltungspraxis der BRD transformiert. Der Bundesfinanzhof schloss sich dieser Regelung jedoch nicht an und erklärte, dass die in den GewStR aufgestellten Voraussetzungen ohne ausreichende Rechtsgrundlage ergangen seien. Nach der Auffassung des BFH sei eine ARGE „ohne Rücksicht auf die Dauer ihres Bestehens sowie auf die Anzahl der beteiligten Unternehmen und der zur Ausführung kommenden Aufträge" selbständig zur Gewerbesteuer heranzuziehen[312].

---

310 Vgl. RdF-Erlass v. 06.08.1941 L 1400-139 III (n.v.) sowie v. 05.06.1942 L 1400-177 III, RStBl 1942, 617.

311 RFH v. 07.10.1942 -VI 217/42-, RStBl 1942, 1044 (1044 f.). *Anm*: Diese „Verwaltungstreue" des RFH erklärt sich aus dem zu dieser Zeit aufoktroyierten Selbstverständnis des RFH, als „einem Gehilfen des Reichsministers der Finanzen bei der Auslegung der Steuergesetze" (Reinhardt, DStZ 1935, 485 (491).

312 BFH v. 23.02.1961 -IV 313/59 U-, BStBl III 1961, 194 ff. [sog. „ARGE-Urteil"].

Diese aus Sicht der Finanzverwaltung unerwünschte Rechtslage wurde solange durch die Gewährung von Übergangsfristen praktisch ausgesetzt[313], bis der Gesetzgeber im StÄndG 1965[314] eine verwaltungsökonomisch akzeptable Lösung herbeiführte. Der neue § 2a GewStG hatte folgenden Wortlaut:

„Die Vorschrift des § 2 Abs. II Ziff. 1 gilt nicht für die Gewerbesteuer nach dem Gewerbeertrag und dem Gewerbekapital für Arbeitsgemeinschaften, deren alleiniger Zweck sich auf die Erfüllung eines einzigen Werkvertrags oder Werklieferungsvertrags beschränkt, es sei denn, dass bei Abschluss des Vertrages anzunehmen ist, dass er nicht innerhalb von 3 Jahren erfüllt wird. Die Betriebsstätten der Arbeitsgemeinschaften gelten insoweit anteilig als Betriebsstätten der Beteiligten".

Nach zwei redaktionellen Änderungen durch das StÄndG 1979[315] und das StBereinG 1986[316] nahm der Gesetzgeber im StMBG v. 21.12.1993[317] eine inhaltliche Korrektur vor, indem er die Drei-Jahresfrist aus dem Wortlaut des § 2a GewStG strich.

---

313 Vgl. Erlass des FinMin. BW v. 03.08.1961, DStZ/B 1961, 316 (bis 31.12.1962); Erlass des Sen. der Finanzen v. 09.01.1963, DStZ/B 1963, 55 (bis 31.12.1963); Erlass des FinMin. NRW v. 31.01.1964, DStZ/B 1964, 86 (bis 31.12.1964); Erlass des Nds. FinMin. v. 09.12.1964, DStZ/B 1965, 19 (bis 31.12.1965). *Anm*: Diese abwartende Haltung der FinVerw lässt sich dadurch erklären, dass der Hauptverband der dt. Bauindustrie um diese Übergangsfristen gebeten hat, um in der Zwischenzeit den ARGE-MV an die geänderte Rechtslage anzupassen. Von Seiten des HDB war geplant, den MV dahingehend zu modifizieren, dass nur noch einer der ARGE-Beteiligten ein unmittelbares Vertragsverhältnis mit dem Bauauftraggeber eingeht. Hiermit sollte erreicht werden, dass nicht die ARGE als solche, sondern jeder Beteiligte für sich zur GewSt herangezogen wird.

314 Steueränderungsgesetz v. 14.05.1965, BStBl I 1965, 217 (223). *Anm*: Von der Dringlichkeit dieses Gesetzgebungsvorhabens zeugt der Gang der Gesetzgebungsmaßnahme. Dieser Gesetzgebungsantrag wurde nicht wie die wesentlichen Teile des StÄndG 1965 von der Bundesregierung, sondern der CDU/CSU-Fraktion in den Bundestag eingebracht. Dementsprechend fehlt auch die übliche Begründung des Gesetzgebungsvorhabens, so dass die gesetzgeberischen Motive für den Zweck dieser Regelung im Dunkeln liegen.

315 Steueränderungsgesetz v. 30.11.1978, BStBl I 1978, 479 (485): Streichung der Worte „für die Gewerbesteuer nach dem Gewerbeertrag und dem Gewerbekapital".

316 Steuerbereinigungsgesetz v. 19.12.1985, BStBl I 1985, 735 (750): Ersetzung der Worte „Die Vorschrift des § 2 Abs. II Ziff. 1 gilt nicht" durch die Worte „Als Gewerbebetrieb gilt nicht...".

317 Missbrauchsbekämpfungs- u. SteuerbereinigungsG. v. 21.12.1993, BStBl I 1994, 50 (74).

II. § 180 IV AO

„Absatz 1 Nr. 2 Buchstabe a gilt ferner nicht für Arbeitsgemeinschaften, deren alleiniger Zweck in der Erfüllung eines einzigen Werkvertrages oder Werklieferungsvertrages besteht."

Auch diese Vorschrift geht historisch auf die eingangs erwähnten RdF-Erlasse zurück. Hiernach sollte eine gesonderte Gewinnfeststellung nach § 215 II Nr. 2 Reichsabgabenordnung[318] nur bei den großen ARGEN erfolgen. Diese Verwaltungsauffassung konnte sich in der Folgezeit nicht durchsetzen. Die bundesdeutsche Finanzverwaltung vertrat die Auffassung, dass die Frage der einheitlichen Gewinnfeststellung unabhängig von der GewSt-Pflicht zu entscheiden sei. Vielmehr noch gelangte sie zu der Erkenntnis, dass es sich bei den baugewerblichen ARGEN in der Regel nicht um einen Fall von geringer Bedeutung handelt, so dass eine einheitliche Gewinnfeststellung nicht unterbleiben könne[319].
Der Gesetzgeber reagierte auf diese Verwaltungsauffassung, indem er gleichfalls im StÄndG 1965 einen neuen Absatz V in § 215 RAO einfügte, der gedanklich mit § 2a GewStG korrespondierte[320]. Nach einer redaktionellen Änderung durch die Einführung der AO 1977 strich der Gesetzgeber auch bei § 180 IV AO mit Wirkung ab dem 1.01.1995 die einschränkende Drei-Jahresfrist[321].

III. § 98 BewG a.F.

„§ 97 Abs. 1 Satz 1 Nr. 5 gilt nicht für Arbeitsgemeinschaften, deren alleiniger Zweck in der Erfüllung eines einzigen Werkvertrages besteht. Die Wirtschaftsgüter, die den Arbeitsgemeinschaften gehören, werden anteilig den Gewerbebetrieben der Beteiligten zugerechnet".

Nach dieser Vorschrift galten ARGEN unter der Voraussetzung, dass sie nur einen Werk- bzw. Werklieferungsvertrag ausführen, nicht als eigenständiger Gewerbebetrieb, so dass auch kein Einheitswert für die ARGE festzustellen war. Diese Vorschrift ist mit der Abschaffung der Vermögens- und Gewerbekapitalsteuer gegenstandslos geworden und wurde daher im Wege einer Gesetzesbereinigung durch das StÄndG 2001 vom 20.12.2001 aufgehoben[322].

---

318 Im weiteren Verlauf dieser Untersuchung wird die Reichsabgabenordnung v. 22.05.1931 mit RAO und die Abgabenordnung v. 16.03.1976 (AO 1977) mit AO abgekürzt.

319 Vgl. Rdvfg. der OFD Nürnberg v. 06.09.1960, DStZ/B 1960, 418 (419). *Anm*: Die OFD Nürnberg nimmt in dieser Verfügung ausdrücklich Bezug auf den o.g. RdF-Erlass und erklärt, dass die aufgestellten Voraussetzungen in Zweifelsfällen als Anhaltspunkt herangezogen werden können, a.a.O.

320 Vgl. StÄndG 1965, BStBl I 1965, 217 (224).

321 Vgl. StBMG, BStBl I 1994, 50 (86).

322 Vgl. StÄndG 2001, BStBl I 2002, 4 (18).

F. Einkommensteuer

I. Der Einkommensbegriff im EStG

Das Einkommen einer natürlichen Person bildet den Gegenstand der Einkommensteuer. Doch was ist Einkommen?

Das EStG beantwortet diese Frage in § 2 I EStG nicht mit Hilfe einer theoretisch fundierten Generaldefinition, sondern pragmatisch, durch die enumerative Aufzählung eines abschließenden Kataloges von sieben möglichen Einkunftsquellen. Bevor wir uns näher mit diesem Einkünftekatalog beschäftigen, ist es sinnvoll, sich zunächst die Grundstrukturen dieses Einkommensbegriffs[323] zu vergegenwärtigen. Hierbei ist festzustellen, dass dem EStG ein zwei- bzw. dreigliedriger Einkommensbegriff zugrunde liegt.

Nach *Kirchhof* ist der in § 2 I EStG geregelte Einkommenstatbestand in drei Tatbestandselemente aufzugliedern: einem **Zustands-**, **Handlungs-** und **Erfolgstatbestand**[324].
Ausgehend von diesem Grundverständnis bedarf es zur Erzielung steuerpflichtiger Einkünfte zunächst der Verwirklichung des *Zustandstatbestandes*. Diese Voraussetzung folge unmittelbar aus dem erklärten Willen des Gesetzgebers, nicht jede Vermögensmehrung, sondern nur die Einkünfte zu besteuern, die aus einer bestimmten in § 2 I Nr. 1-7 EStG abschließend geregelten Einkunftsquelle stammen. Da sich diese Einkunftsquellen allesamt durch ihre Marktbezogenheit auszeichnen und der Steuerpflichtige durch diese Erwerbsgrundlagen den Markt und damit die von der Rechtsgemeinschaft bereitgestellten Erwerbsmöglichkeiten für sich in Anspruch nehme, liefere der Zustandstatbestand auch den rechtfertigenden Grund für die Erhebung der Einkommensteuer[325]. Diese Überlegung leitet unmittelbar zur zweiten Voraussetzung, dem *Handlungstatbestand*, über. Nur wer tatsächlich seine Erwerbsgrundlagen genutzt hat, „erziele" steuerbare Einkünfte. Fiktive Einkünfte oder Einkünfte außerhalb dieser Erwerbsgrundlagen (z.B. Lottogewinne) zählten nicht zum Einkommen i.S.d. EStG. Aus rechtstechnischer Sicht setzt die Erwerbshandlung ein erfolgsqualifiziertes Handeln des Steuerpflichtigen zur Nutzung der marktbezogenen Erwerbsgrundlagen

---

323 *Anm*: Gemeint ist in diesem Zusammenhang der Begriff des Einkommens im übergeordneten Sinne, d.h. als Objekt der ESt. Nicht gemeint ist der Begriff des Einkommens, wie er aus technischer Sicht in § 2 IV EStG als Zwischenergebnis bei der Ermittlung der einkommensteuerlichen BMG verwendet wird.

324 Vgl. zum Nachfolgenden: Kirchhof-*Kirchhof*, EStG, § 2, Rz. 2 ff., 34 ff.

325 Vgl. hierzu auch BVerfG v. 30.09.1998 -2 BvR 1818/91-, BVerfGE 99, 88 (95): Das geltende EStR besteuert das Einkommen, das unter Nutzung der von der Rechtsgemeinschaft eröffneten Märkte und der staatlichen Rechtsordnung erzielt worden ist.

voraus. Da diese Erwerbsgerichtetheit aufgrund objektiver Beweisanzeichen zu ermitteln sei, lässt dies den Schluss zu, dass sich auch *Kirchhof* für eine *„Verobjektivierung der Einkünfteerzielungsabsicht“*[326] ausspricht. Als dritte Voraussetzung des Einkommenstatbestandes steht der *Erfolgstatbestand.* Der Einkommensteuer sollen nämlich nur die Erwerbsgrundlagen unterliegen, die grundsätzlich auf Vermögensmehrung (Gewinn oder Überschuss) angelegt sind und auch nur die Erwerbshandlungen, die tatsächlich auf die Erzielung eines Vermögenszuwachses gerichtet sind (negativ: Liebhaberei).

Nach *Mössner* zeichnet sich die Grundstruktur des Einkommensbegriffs durch seine Zweistufigkeit in Form eines **Erwerbstatbestandes** und **-erfolges** aus[327]. Während der *Erwerbserfolg* in prinzipieller Übereinstimmung mit der o.g. Darstellung als Mehrung der wirtschaftlichen Leistungsfähigkeit i.S.e. Konsumfähigkeit definiert wird, sei der *Erwerbstatbestand* grundsätzlich in einen Tätigkeit- und einen Zustandstatbestand aufzugliedern.

Begründet wird diese Auffassung mit § 24 I Nr. 2 EStG. Nach dieser Vorschrift ist zwischen den Einkünften aus einer ehemaligen Tätigkeit (§ 2 I Nr. 1-4 EStG) und denen aus einer früheren Nutzungsüberlassung (§ 2 I Nr. 5-7 EStG) zu differenzieren. Ausgehend von dieser normativen Aufspaltung des Erwerbstatbestandes sei der Tätigkeitstatbestand für die *aktiven Einkünfte* und der Zustandstatbestand für die *passiven Einkünfte* prägend. Weder zu den aktiven noch zu den passiven Einkünften zählten hingegen die privaten Veräußerungsgewinne (§ 22 Nr. 2 i.V.m. § 23 EStG). Diese Einkünfte resultierten weder aus einer Tätigkeit noch aus einer Nutzungsüberlassung, sondern ausschließlich aus einer geänderten Wertvorstellung des Marktes[328]. Aufgrund dieser Wertung gelangt *Mössner* zu dem Ergebnis, dass diese Einkünfte einen dritten, wenn auch systemwidrigen Bestandteil des Erwerbstatbestandes ausmachten.

Diese vermeintlich unterschiedlichen Auffassungen zur Grundstruktur des Einkommensbegriff erweisen sich im Ergebnis allenfalls als Unterschiede in der Terminologie, nicht jedoch als graduelle Unterschiede in der Sache. Beide Ansätze beruhen auf der Grundvorstellung, dass der § 2 I EStG für die Erzielung steuerbarer Einkünfte kumulativ die Verwirklichung eines Handlungstatbestandes (dem Erzielen von Einkommen) und eines Handlungserfolges (dem Ein-

---

[326] So auch *Seeger*, in: Schmidt, EStG, § 2, Rz. 23.

[327] Vgl. zum Nachfolgenden: Mössner, FS Kruse, 161 (173 ff.).

[328] *Mössner* vertritt daher die Auffassung, die sog. *capital gains* aus rechtssystematischen Erwägungen aus dem Bereich des Einkommensteuerrechts auszusondern, so wie dies üblicherweise in den anglo-amerikanischen Rechtsordnungen vorgesehen ist, vgl. Davies, Principles of Tax Law, S. 219: „Capital Gains Tax is not a tax on income and is generally free from any overlap with income tax.“

kommen) erfordert[329]. Auch *Lang* betont in diesem Zusammenhang die notwendige Differenzierung zwischen Ursache und Erfolg, zwischen verursachender Erwerbstätigkeit und resultierenden Erwerbserfolg. Nach seiner Ansicht lasse sich nur über das Tatbestandselement „Erwerbshandlung" die für die Einkommensteuer fundamentale Abgrenzung zu den Konsumhandlungen und die erforderliche Zurechenbarkeit von Einkünften herbeiführen[330].

Im Anschluss an diese grundsätzlichen Erwägungen sei der Blick nun auf den Katalog der sieben Einkunftsarten (§ 2 I Nr. 1-7 i.V.m. §§ 13 ff. EStG) gerichtet. Zum besseren Verständnis dieser Vorschrift ist deren Entstehungsgeschichte zu beachten. Hierbei bedarf es zunächst der Erwähnung, dass die ersten deutschen Einkommensteuergesetze in den Bundesstaaten und hierbei v.a. das Preußische Einkommensteuergesetz von 1891[331] dem Besteuerungskonzept der *Quellentheorie* folgten. Nach dieser Theorie zählen zum Einkommen nur solche Einkünfte, die aus einer dauernden Bezugsquelle zufließen. Aus technischer Sicht folgte der Einkommensbegriff in diesen Gesetzen nahezu einheitlich der Grundstruktur, dass die möglichen Quellen steuerpflichtiger Einkünfte durch die Festlegung bestimmter Einkunftsarten abschließend umschrieben wurden.

Eine erste grundsätzliche Änderung dieser Besteuerungskonzeption wurde mit der Einführung des ersten reichseinheitlichen Einkommensteuergesetzes von 1920 herbeigeführt. Der in diesem Gesetz zugrundegelegte Einkommensbegriff folgte konzeptionell nicht der Quellentheorie, sondern der *Reinvermögenszugangstheorie*. Obgleich dieser, maßgeblich von *Schanz* geprägte Einkommensbegriff[332], nur rudimentär im EStG 1920 umgesetzt wurde, führte dies zu einer Ausdehnung der Besteuerungsgrundlagen. Obwohl auch in diesem Gesetz das steuerbare Einkommen nicht im Wege einer echten Generaldefinition, sondern kasuistisch, durch die enumerative Aufzählung bestimmter Einkunftsarten festgelegt wurde, enthielt das EStG 1920 mittels der „sonstige Einnahmen" einen klassischen Auffangtatbestand. Dieser ließ in erweitertem Maße die Besteuerung von Einnahmen zu, gleich aus welcher Quelle sie stammten[333]. Diese

329 **A.A.** Weber-Grellet, DStR 1998, 1781 ff.: „Die Entscheidung (BVerfG v. 30.09.1998, a.a.O.) enthält an mehreren Stellen etwas eigenwillige Ansätze, die durch die gesetzl. Regelung (§ 2 I, II EStG) nicht vorgegeben sind. [...] So werden Einkünfte aus nichtselbst. Arbeit auch ohne Erwerbsgrundlage allein aufgrund einer bestimmten Tätigkeit erfasst."

330 Vgl. Lang, Bemessungsgrundlage, S. 48 f.

331 Preußisches Einkommensteuergesetz v. 24.06.1891, PrGS 1891, 175 ff.

332 Vgl. hierzu die Ausführungen von *Georg Schanz*, in: FinArch 1896, 1 (22 ff.).

333 EStG v. 29.03.1920, RGBl 1920, 359 ff. Der § 5 EStG 1920 lautet: „Zum steuerbaren Einkommen gehören Einkünfte aus Grundbesitz, aus Gewerbebetrieb, aus Kapitalvermögen und aus Arbeit sowie sonstige Einnahmen ohne Rücksicht darauf, *ob es sich um einmalige oder wiederkehrende Einkünfte handelt oder aus welchen rechtlichen oder tatsächlichem Grunde sie dem Steuerpflichtigen zugeflossen sind.*"

Ausgestaltung erwies sich in der Rechtsanwendung als nicht praktikabel, so dass sich der Gesetzgeber bereits im Jahr 1925 zu einer Novellierung des EStG veranlasst sah. Bewogen von der Erkenntnis, dass der Begriff des Einkommens für den Steuerpflichtigen und die Finanzverwaltung nur transparent und durchführbar sei, wenn das Gesetz in klaren Normen regelt, was überhaupt für die Besteuerung in Frage komme und was bei den einzelnen Gruppen von Steuerpflichtigen als Einkommen zugrunde zu legen sei, entschied sich der Gesetzgeber erneut gegen eine Generalklausel und für eine Bestimmung des ESt-Objekts durch eine abschließende Einkünfte-Enumeration[334]. Dieser ursprünglich acht Einkunftsarten umfassende Einkünftekatalog wurde letztmalig im EStG 1934 inhaltlich verändert[335]. Seitdem wirkt dieser konzeptionell unverändert fort.

Beim Versuch die Systematik zu ergründen, die dem Einkünftekatalog in § 2 I EStG zugrunde liegt, ist zu konstatieren, dass dieser nicht nach rechtssystematischen Kriterien gegliedert ist. Statt dessen stellt er ***pragmatisch***, eine möglichst abschließende Enumeration derjenigen Vorgänge dar, die sinnvoller Weise als Einkommen einer Person besteuert werden können[336]. *Littmann* sprach in diesem Zusammenhang davon, dass die Tatbestände der sieben Einkunftsarten unmittelbar der Lebenswirklichkeit entnommen sind[337]. Allgemein formuliert umfasst der Einkünftekatalog Erwerbstätigkeiten, die sich anhand tradierter, historisch entwickelter Einkunftsbilder orientieren. Bei der näheren Ausgestaltung dieser Einkunftsarten in §§ 13 ff. EStG findet sich wiederum keine allgemeine Definition, sondern eine typologische Umschreibung der jeweiligen Einkunftsart mittels einer enumerativen Aufzählung typischer Erwerbsgrundlagen[338].

Bei der Suche nach einem gemeinsamen Anknüpfungspunkt dieser Einkunftsarten wird heutzutage überwiegend auf die von *Ruppe* dargelegte Beobachtung

---

334 EStG v. 10.08.1925, RGBl I 1925, 189 ff. Der § 6 EStG 1925 lautet: „Der Besteuerung des Einkommens nach diesem Gesetz unterliegen *nur*: Nr. 1-8.“. Vgl. auch die ausführliche Regierungsbegründung zu diesem Gesetz, in der die Motive für diese Korrektur des Einkommensbegriffs dargelegt sind: RT-Drucks. III/725, S. 22 ff.

335 EStG v. 16.10.1934, RGBl I 1934, 1005 ff. In § 2 III EStG 1934 wurde der ursprünglich acht Einkunftsarten umfassende Einkünftekatalog des § 6 I EStG 1925 dahingehend modifiziert, dass die vormaligen Einkünfte Nr. 7 („andere wiederkehrende Bezüge“) und Nr. 8 („sonstige Leistungsgewinne, nach Maßgabe der §§ 41, 42“) zu einer einheitlichen Einkunftsart („sonstige Einkünfte i.S.d. § 22“) zusammengefasst wurden.

336 Vgl. Lang, StKongRep 1988, 49 (52).

337 Littmann, DStR 1962, 94 (95).

338 Diese Aussage ist zumindest für die E. aus Gewerbebetrieb umstritten, da der Gesetzgeber mit § 15 II EStG eine Legaldefinition des Gew'betriebs aufgestellt hat. Ob diese „Beschreibung“ bereits als klassenbegriffliche Definition oder noch die Züge eines kernbereichsbeschreibenden offenen Typusbegriffs aufweist, ist umstritten. Diese Frage wird im weiteren Verlauf der Untersuchung an geeigneter Stelle diskutiert.

abgestellt, dass als verbindendes Merkmal der meisten Einkunftsquellen des EStG „die entgeltliche Verwertung von Leistungen (Wirtschaftsgüter oder Dienstleistung) am Markt“[339] stehe. M.a.W. legen alle Einkunftsarten ein wirtschaftlich ausgerichtetes, marktbezogenes Verhalten des Steuerpflichtigen zugrunde. Aus dieser Erkenntnis leitet sich auch die sog. *„Markteinkommenstheorie“*[340] ab, die von der Mehrheit in der steuerjuristischen Literatur als prägender Charakter des Einkommensbegriffs herausgestellt wird.

Zur Abgrenzung der einzelnen Einkunftsarten gilt es festzustellen, dass sich diese bisweilen als äußerst problematisch erweist. Diese Probleme sind ein unmittelbares Resultat der strukturellen Defizite, die sich aus einer partiellen Überschneidung der nicht eindeutig definierten und somit tatbestandlich nicht scharf abgetrennten Einkünfte ergeben. Die praktische Relevanz dieser Einkünfteabgrenzung folgt im Wesentlichen aus dem Umstand, dass das dem EStG konzeptionell zugrundeliegende System der *synthetischen Einkommensbesteuerung* nicht mehr intakt ist. Obwohl nach diesem Grundprinzip von der Gleichwertigkeit sämtlicher Einkunftsarten auszugehen ist, ist diese Gleichwertigkeit aufgrund bestimmter innerer und äußerer Einflussfaktoren nicht mehr gewahrt. Hierbei handelt es sich um konzeptionelle Besteuerungsunterschiede z.B. hinsichtlich der Steuerpflicht von Gewinnen aus der Veräußerung des Vermögensstamms (gewerblicher Grundstückshandels) oder der Einführung unterschiedlicher Steuertarife (§ 32c EStG a.F.). Auch die Gewerbesteuerpflicht macht es erforderlich eine scharfe Abgrenzung zwischen § 15 EStG und den übrigen Einkunftsarten (v.a. §§ 13, 18 EStG)[341] vorzunehmen. Tendenziell nähert sich das Einkommensteuerrecht daher einem *analytischen- oder Schedulensystem* an.

Nicht zuletzt aufgrund der soeben skizzierten Belastungsunterschiede, die zu einer kaum mehr beherrschbaren Kasuistik der Einkünfteabgrenzung geführt haben, wird in der Literatur nicht selten gefordert, den bestehenden Einkünftekatalog abzuschaffen und diesen durch einen einzigen Einkünftegrundtatbestand zu ersetzen[342].

---

339 Ruppe, DStJG 1978, 7 (16).

340 Dieser Begriff wurde von *Lang* in die steuerjuristische Diskussion eingeführt, in: Bemessungsgrundlage, S. 30 ff.

341 *Anm*: Diese Problematik wurde durch § 35 EStG i.d.F. des StSenkG v. 23.10.2000 (BGBl I, 1433 ff.) zwar entschärft, nicht jedoch vollständig beseitigt.

342 Vgl. hierzu auch den jüngst veröffentlichten „Karlsruher Entwurf zur Reform des EStG“, abgedruckt in DStR 2001, S. 917 ff. sowie die Erläuterungen hierzu von: Kirchhof, DStR 2001, 913 (914).

II. Die Stellung der Personengesellschaft im Einkommensteuerrecht

Nach überwiegender Auffassung wird die ARGE im Baugewerbe als bürgerlich-rechtliche Personengesellschaft qualifiziert. Obgleich diese Rechtsauffassung keineswegs unumstritten ist und die ARGE nach einer im Vordringen befindlichen Meinung als OHG (vgl. hierzu auch den Vorschlag zur Neuregelung des § 105 III HGB) qualifiziert wird, ist es nach beiden Ansätzen erforderlich, sich für die steuerliche Beurteilung der ARGE mit der Stellung der Personengesellschaft im Einkommensteuerrecht auseinander zu setzen.

Ebenso wie im Zivilrecht bereitet die dogmatische und praktische Handhabung der Personengesellschaft im Steuerrecht erhebliche Schwierigkeiten. Die Ursache dieser Problematik beruht im Wesentlichen auf dem Umstand, dass die Personengesellschaft weder Subjekt der Einkommensteuer noch der Körperschaftsteuer ist. Diese unbestrittene gesetzliche Ausgangslage wurde von der Rechtsprechung zunächst dahingehend interpretiert, dass die Personengesellschaft kein selbständiges Steuersubjekt und somit für Zwecke der Einkommensbesteuerung nicht existent sei[343]. Konkret beurteilte der *RFH* die steuerliche Rechtslage so, „als wenn der einzelne Gesellschafter den Betrieb der Gesellschaft in dem seinen Anteil entsprechenden Umfang als eigenen Betrieb führen würde."[344] Diese Negierung eines einheitlichen Gewerbebetriebs der Gesellschaft führte aus bilanzieller Sicht dazu, dass der *RFH* für steuerliche Zwecke aus der einheitlichen Unternehmensbilanz folgerte, dass „diese steuerlich nur eine Zusammenfassung der an sich für jeden Mitunternehmer besonders aufzustellenden Bilanz sei."[345] Diese Grundaussage verlieh diesem theoretischen Konzept die Bezeichnung „**Bilanzbündeltheorie**".

Der *BFH* schloss sich zunächst dieser Theorie an, obwohl er bereits recht früh die Argumentation in der Weise korrigierte, dass der Gesamtbetrieb einer Personengesellschaft zwar nach wie vor als Betrieb jedes Mitunternehmers angesehen wurde, der jedoch durch die Rechte der anderen Mitunternehmer belastet sei[346]. Konnte man bereits diese Rechtsprechung in der Sache als Abkehr von der Bilanzbündeltheorie interpretieren, vollzog sich der offene Bruch mit dieser Theorie erst parallel zur wiederentfachten zivilrechtlichen Diskussion über die Theorie der Gesamthand. Nicht ganz unbeeinflusst von den Erkenntnissen der „Gruppenlehre"[347] nahm der BFH schrittweise Abstand von der Vorstellung, dass die Personengesellschaft steuerrechtlich unbeachtlich sei und stellte zu-

---

343 Vgl. hierzu die Darstellung bei: Becker, Grundlagen, S. 102 ff.

344 RFH v. 31.08.1937 -I A 216/37, RStBl 1937, 1272 (1272 f.).

345 RFH v. 14.07.1937 -VI A 422/37-, RStBl 1937, 937 (937).

346 Im Ansatz: BFH v. 14.01.1958 -I 159/57-, BStBl III 1958, 75 (76); im o.g. Sinne: BFH (GrS) v. 19.10.1970 -GrS 1/70-, BStBl 1971, 177 (178).

347 Vgl. hierzu die Ausführungen im *1. Abschnitt* zur Stellung der GbR im Rechtsverkehr.

nehmend auf die Gesellschaft als Einheit ab[348]. In einem Beschluss vom 25.06.1984 äußerte sich der Große Senat des BFH grundlegend zur Stellung der Personengesellschaft im Ertragsteuerrecht und legte damit das Fundament für die „**Einheitstheorie**".

„*Eine Personengesellschaft unterliegt zwar als solche nicht der Einkommensteuer und ist insoweit nicht Steuersubjekt. Eine Personengesellschaft ist jedoch für die Einkommen- oder Körperschaftsteuer insoweit Steuerrechtssubjekt, als sie in der Einheit ihrer Gesellschafter Merkmale eines Besteuerungstatbestandes verwirklicht, welche den Gesellschaftern für deren Besteuerung zuzurechnen sind.*"[349]

Diese sog. „partielle Steuerrechtsfähigkeit" wird vom BFH seitdem in ständiger Rechtsprechung dahingehend interpretiert, dass die Personengesellschaft zwar nicht Subjekt der Einkommensteuer, wohl aber Subjekt der Gewinnerzielung, der Gewinnermittlung und der Einkünftequalifikation sei[350]. Subjekt der Gewinnerzielung meint in diesem Zusammenhang, dass die Personengesellschaft insoweit Steuerrechtssubjekt ist, als sie in der Einheit der Gesellschaft Merkmale eines Besteuerungstatbestandes verwirklicht, welche den Gesellschaftern für deren Besteuerung zuzurechnen sind[351]. Diese einheitliche Betrachtung setzt sich auch bei der Einkünftequalifikation fort, denn obwohl nur *ein Gesellschafter* Einkünfte beziehen kann, werden diese durch die Tätigkeit der Gesellschaft vorgeprägt und sind insoweit einheitlich festzustellen. Letztlich führt die Einheitsbetrachtung auf der Stufe der Gewinn- bzw. Überschussermittlung dazu, dass die Gesellschaft als Subjekt der Gewinnermittlung behandelt wird.

Die Frage, welchen Personengesellschaften eine partielle Steuerrechtsfähigkeit zukommt, ist für das Steuerrecht autonom und damit unabhängig von der im Zivilrecht streitigen Qualifikation als vollrechts-, teilrechts- oder nicht-rechts-

---

348 Vgl. BFH v. 03.10.1973 -I R 24/72-, BStBl II 1974, 15 (16), v. 04.04.1974 -I R 72/72-, BStBl II 1974, 645 (646): Aufgabe der Bruchteilsbetrachtung (Bilanzbündeltheorie) sowie BFH (Grs) v. 10.11.1980 -GrS 1/79-, BStBl II 1981, 164 (167 f.): „Der Gewinn oder Verlust der Ges'schaft ist durch einen Vermögensvergleich der Ges'schaft und nicht durch Vermögensvergleiche der einzelnen Ges'ter zu ermitteln. Grundlage dafür [...] ist die aus der Handelsbilanz abgeleitete Steuerbilanz der Ges'schaft und nicht etwa gedachte oder wirkliche Einzelbilanzen der Ges'ter."

349 BFH (GrS) v. 25.06.1984 -GrS 4/82-, BStBl II 1984, 751 (761) [Aufgabe der Geprägerechtsprechung].

350 BFH (GrS) v. 25.06.1984 -GrS 4/82-, BStBl II 1984, 751 (761), v. 25.02.1991 -GrS 7/89- BStBl II 1991, 681 (699), v. 03.07.1995 -GrS 1/93-, BStBl II 1995, 617 (622), v. 26.11. 1996 -VIII R 42/94, BStBl II 1998, 328 (329).

351 Vgl. hierzu auch Gschwendtner, DStZ 1998, 335 (335 f.).

fähige Gesellschaft zu beantworten[352]. Für die einkommensteuerrechtliche Behandlung der ARGE als partielles Steuerrechtssubjekt ist es daher unbeachtlich, ob die ARGE als GbR oder OHG qualifiziert wird.

Diese Ausführungen zur Einheitstheorie bedürfen noch des nicht unerheblichen Hinweises, dass diese dargestellte Einheitsbetrachtung in der Rechtsprechung nicht stringent durchgehalten wird. Als wesentliche Einschränkung betont der *BFH*, dass „der Grundsatz der Einheit der Personengesellschaft gegenüber dem Gedanken der Vielheit der Gesellschafter zurücktreten müsse, wenn anderenfalls eine sachlich zutreffende Besteuerung des Gesellschafters nicht möglich wäre."[353] Obwohl sich der BFH mittels dieser Ausnahmeregelung nicht unerheblich vom Grundgedanken der Einheitsbetrachtung entfernt und sich einer eher gesellschafterorientierten Betrachtungsweise zuneigt, bekennt sich der BFH nach wie vor ausdrücklich zur Einheitstheorie und zur „partiellen Steuerrechtsfähigkeit"[354] einer Personengesellschaft.

Ebenso uneinheitlich wie die Rechtsprechung, präsentiert sich die Literatur[355]. Während Einige der Einheitstheorie uneingeschränkt zustimmen, befürwortet die Mehrheit bei der Besteuerung des Gesellschafters einer Personengesellschaft die Anwendung eines „dualen Systems"[356]. Im Ergebnis folgt dieses Konzept der zweistufigen Einkünfteermittlung der Auffassung des BFH, so wie sie im Beschluss des Großen Senats vom 3.07.1995 zum Ausdruck kommt[357]. Auf der *ersten Stufe* wird die Personengesellschaft als Zurechnungssubjekt für die Gewinnerzielung, Gewinnermittlung und Einkünftequalifikation gewertet. Diese partielle Steuerrechtssubjektivität wird damit begründet, dass die Personenge-

352 Vgl. BFH (GrS) v. 25.02.1991 -GrS 7/89-, BStBl II 1991, 691 (702).

353 BFH (GrS) v. 03.07.1995 -GrS 1/93-, BStBl II 1995, 617 (622) [Zurechnung der Grundstücksverkäufe einer GbR zu den Grundstücksverkäufen eines Ges'ters]; v. 10.12.1998 -III R 61/97-, BStBl II 1999, 390 (394) [Gewerblicher Grundstückshandel durch Veräußerung von Anteilen an einer vermögensverwaltenden Gesellschaft].

354 Zuletzt BFH v. 07.12.2000 -III R 35/98-, BStBl II 2001, 316 (318).

355 Einen umfassenden Überblick zum Meinungsstand in der Literatur liefern die Diss. von *Hallerbach* und *Pinkernell*, Einkünftezurechnung bei Personengesellschaften, S. 45 ff.

356 Diese Konzeption hat ihren Ursprung in den siebziger Jahren, vgl. hierzu Beisse, JbFStR 1976/77, 247 sowie Woerner, StKongRep 1982, 193 (195 ff.). Während in den achtziger Jahren die Einheitsbetrachtung zunehmend an Relevanz gewann, wurde die dualistische Betrachtungsweise erst zu Beginn der neunziger Jahre wiederentdeckt und spiegelt seitdem die h.M. in der Literatur wieder. Siehe Bordewin, FS Schmidt, 421 (423 ff.); Schmidt-*Schmidt*, EStG, § 15, Rz. 163 ff.; Tipke/Lang, Steuerrecht, § 9, Rz. 500 ff.; Weber-Grellet, DStR 1995, 1341 (1341): Gestuftes Miteinander zwischen Einheits- und Vielheitsbetrachtung mit klarem Vorrang der Vielheitsbetrachtung.

357 BFH v. 03.07.1995 -GrS 1/93-, BStBl II 1995, 617 (621). *Anm*: Die inhaltliche Übereinstimmung dieses Senatsbeschlusses mit dem „dualen System" lässt sich daran festmachen, dass der *Große Senat* offen von einer „Vorstufe der Einkünfteermittlung" spricht.

sellschaft zivilrechtlich und wirtschaftlich eine verselbständigte Wirkungs- und Handlungseinheit sei[358]. Da jedoch nur eine natürliche Person Subjekt der Einkommensteuer ist, sind auf einer *zweiten Stufe* die von der Gesellschaft erwirtschafteten Einkünfte auf die Gesellschafter zu verteilen, wobei sich die Frage der Einkünftequalifikation bezüglich jedes Gesellschafters aufgrund seiner persönlichen Verhältnisse neu stellen kann. Andere wiederum vertreten die Auffassung, die von der Rechtsprechung entwickelte partielle Steuerrechtsfähigkeit der Personengesellschaft sei nicht mit der Systematik des EStG zu vereinbaren[359].

Ohne diesen Streit intensiv erörtern zu wollen, da eine solche Diskussion den Rahmen dieser einleitenden Betrachtung sprengen würde, soll an dieser Stelle nur überprüft werden, ob die These zutreffend ist, dass die Vorstellung einer partiellen Steuerrechtsfähigkeit dem geltenden Recht widerspricht. Zur Klärung dieser Frage ist es wenig hilfreich sich ausschließlich auf die zivilrechtlichen Vorgaben, d.h. auf die weithin anerkannte (Teil-)Rechtsfähigkeit der OHG, KG und neuerdings auch der GbR zu berufen, da diese Wertung nicht den Rang einer verbindlichen Vorgabe für die steuerrechtliche Beurteilung erlangen kann. Sinnvoller erscheint es daher sich auf die Erkenntnisse zu berufen, die sich unmittelbar aus dem Steuerrecht ableiten lassen. Nach der Systematik der §§ 2 I i.V.m. 1 EStG steht außer Frage, dass ausschließlich die Gesellschafter einer Personengesellschaft den Erwerbstatbestand, d.h. den Handlungstatbestand der Nutzung einer Erwerbsgrundlage verwirklichen können.

Die insbesondere von *Reiß* mit dem Hinweis auf diese Grundwertung des EStG vorgetragene Kritik an der Vorstellung einer partiellen Steuerrechtsfähigkeit der Personengesellschaft, kann nicht vollständig überzeugen, soweit die Einkünfteerzielung und -ermittlung nicht nur einheitlich auf Gesellschaftsebene, sondern dualistisch mit einem klaren Vorrang der Gesellschafterebene bestimmt wird. Anders formuliert birgt die Anerkennung einer beschränkten Steuerrechtssubjektivität nicht die Gefahr einer Systemunverträglichkeit, so lange nicht der Personengesellschaft eine „Abschirmfunktion“ zugedacht wird. M.a.W. darf die Verselbständigung im Steuerrecht nicht dazu führen, dass die Fiktion der einkünfterelevanten Gesellschaftsbetätigung zu einer abschließenden Beurteilungsebene für die Einkünftequalifikation der Gesellschafter emporgehoben wird. Anschaulich wird dieses Problem beim gewerblichen Grundstückshandel. Im Ergebnis völlig zutreffend gelangte der Große Senat[360] zu der Auffassung, dass dem Gesellschafter die Grundstücksverkäufe „seiner“ Gesellschaft zu den eigenen Grundstücksverkäufen hinzuzurechnen seien, da die Zwischenschaltung

[358] Kirchhof-*Kirchhof*, EStG, § 2, Rz. 55.
[359] Kirchhof-*Reiß*, EStG, § 15, Rz. 200; Pinkernell, Einkünftezurechnung, S. 85 ff. Im Ergebnis auch Fischer, FS Beisse, 189 (194 ff.).
[360] BFH (GrS) v. 03.07.1995 -GrS 1/93-, BStBl II 1995, 617 ff.

einer nicht steuerpflichtigen Gesellschaft keine Abschirmwirkung entfalten könne. Im Ergebnis könne daher eine abschließende steuerrechtliche Beurteilung nur im Wege einer Gesamtschau der Verhältnisse auf Gesellschafterebene erfolgen. Eine in diesem Sinne verstandene partielle Steuerrechtsfähigkeit, die im Ergebnis nur auf einer Vorstufe des Einkünftetatbestandes wirkt, berücksichtigt in ausreichendem Maße die Grundentscheidung des EStG, wonach nur eine natürliche Person den Erwerbstatbestand verwirklichen kann.

Im Anschluss hieran bleibt noch die Frage zu klären, ob die Vorstellung einer „partiellen Steuerrechtsfähigkeit" mit dem Wortlaut des § 15 I Nr. 2 EStG zu vereinbaren ist. Den Kritikern des „dualen Systems" ist insofern beizupflichten, dass die einer Personengesellschaft zugedachte Funktion als Zurechnungssubjekt sich nicht logisch zwingend aus § 15 I Nr. 2 EStG ableiten lässt[361]. Ebenso wenig dürfte jedoch zu bestreiten sein, dass dem Gesetzgeber die Existenz der Personengesellschaft im Einkommensteuerrecht offensichtlich nicht verborgen geblieben ist. Wie sonst ist es zu erklären, dass eine Personengesellschaft aufgrund des § 15 I Nr. 2, Satz 2 EStG selbst als Mitunternehmerin an einer anderen Personengesellschaft beteiligt sein kann?

1. Die Konzeption von Hallerbach

Ein durchaus bemerkenswerter Ansatz, § 15 I Nr. 2 EStG auf ein neues dogmatisches Grundkonzept aufzubauen, bieten die Ausführungen von *Hallerbach*. Diese Konzeption beruht auf der Grundvorstellung, dass sich das Steuerrecht aufgrund des Grundsatzes der Einheit der Rechtsordnung prinzipiell an die zivilrechtlichen Vorgaben halten müsse, sofern nicht übergeordnete steuerrechtliche Prinzipien zu einer abweichenden Regelung berechtigen[362]. Da sich das Steuerrecht insoweit an der zivilrechtlich anerkannten Selbständigkeit der Personengesellschaft orientieren müsse, interpretiert *Hallerbach* den § 15 I Nr. 2 EStG in der Weise, dass die eigene steuerbare Handlung des Steuerpflichtigen über die Zuweisung unternehmerischer Einkünfte der Gesellschaft und der hinzutretenden eigenunternehmerischen Betätigung des Gesellschafters, in einer wirtschaftlichen Beteiligung an fremden Einkünften bestehe[363]. Der Einkünftetatbestand des § 15 I Nr. 2 EStG könne somit auch als *„Einkünfte aus Beteiligungen an unternehmerisch tätigen Personengesellschaften"* tituliert werden.

Diesem Ansatz ist beizupflichten, da diese Konzeption eine weitestgehende steuerliche Umsetzung der zivilrechtlichen Vorgaben ermöglicht. Für die Beurteilung, ob ein Gewerbebetrieb vorliegt, wird ausschließlich auf die Gesellschaft abgestellt. Diese Prüfung lässt sich unmittelbar aus dem Wortlaut des § 15 I Nr.

361 Vgl. Pinkernell, Einkünftezurechnung, S. 74 ff.
362 Hallerbach, Die Personengesellschaft im EStR, S. 232.
363 Vgl. zum Nachfolgenden: Hallerbach, a.a.O., S. 137 ff.

2, Satz 1, 1. HS EStG ableiten, da den Gesellschaftern hiernach nicht Handlungen, sondern „Gewinnanteile" zugerechnet werden, die offensichtlich von einem anderen Rechtsträger erzielt wurden. Zutreffenderweise verleitet diese Anerkennung der Einheit der Personengesellschaft jedoch nicht zu einem offenen Bruch mit der Systematik des EStG, denn auch *Hallerbach* geht davon aus, dass zwar die Bestimmung der Einkunftsart auf Gesellschaftsebene erfolge, darüber hinaus jedoch zur Verwirklichung des Einkünftetatbestandes des § 15 I Nr. 2 EStG eine eigene einkünftebegründende Tätigkeit der Gesellschafter erforderlich sei. Da diese Betrachtung im Wesentlichen der des „dualen Prinzips" entspricht, stellt sich die Frage, welcher dogmatische Fortschritt hiermit verbunden ist?

Die wesentliche Neuerung dieser Konzeption besteht darin, den Unterschied zwischen § 15 I Nr. 1 und Nr. 2 EStG nicht auf die Differenzierung zwischen Unternehmer und Mitunternehmer zu beschränken, sondern den materiellen Gehalt der Nr. 2 weniger in einer eigenen gewerblichen Betätigung des Steuerpflichtigen, sondern mehr in eine handlungsqualifizierte Beteiligung an einem *anderen* Gewerbebetrieb umzudeuten. Im Ergebnis wird dem § 15 I Nr. 2 EStG somit eine Mittelstellung zwischen § 15 I Nr. 1 EStG und § 20 I Nr. 4 EStG zugewiesen. Diese systematische Neuordnung des § 15 I Nr. 2 EStG spiegelt zutreffend die Stellung dieses Tatbestandes im Gefüge der aktiven Einkünfte aus Gewerbebetrieb und der passiven Einkünfte aus Kapitalvermögen wider.

Dieser innere Zusammenhang, der § 15 I Nr. 2 EStG nicht als bloßen Annex zu Nr. 1 degradiert[364], erklärt sich daraus, dass aus der fehlenden Steuersubjekteigenschaft der Personengesellschaft nicht notwendigerweise zu folgern ist, dass die Gesellschafter selbst - gemeinschaftlich oder wechselseitig zurechenbar - den Tatbestand der gewerblichen Betätigung ausüben müssen. Es erscheint durchweg sachgerecht, für die Prüfung, ob ein Gewerbebetrieb gem. § 15 II EStG vorliegt, auf die Personengesellschaft selbst abzustellen. Da diese Einkünfte der Gesellschaft keine steuerbaren Einkünfte sind, ist aufgrund der Systematik des § 15 I Nr. 2 EStG im Zusammenhang mit § 20 I Nr. 4 EStG in einem zweiten Schritt zu prüfen, ob der Gesellschafter selbst aktiv, d.h. unternehmerisch tätig geworden ist („Gesellschafter als Unternehmer des Betriebs"). Für den Fall einer passiven Beteiligung erzielt der Gesellschafter Einkünfte aus Kapitalvermögen („Einnahmen aus der Beteiligung an einem Handelsgewerbe, es sei denn...")[365].

---

[364] So aber Pinkernell, Einkünftezurechnung, a.a.O.

[365] *Hallerbach* geht in diesem Zusammenhang jedoch so weit, dass sie die zivilrechtlichen Vorgaben in der Weise verselbständigt, dass nach ihrer Auffassung jeder Gesellschafter einer gewerblich tätigen PersonenGes. (gleichgültig welcher Rechtsform) Einkünfte aus Gewerbebetrieb erziele (vgl. S. 236). Dieser Auffassung ist nicht zuzustimmen, da nach § 15 I Nr. 2, Satz 1 die MU'stellung des Gesellschafters notwendige Voraussetzung für die Erzielung gewerblicher Einkünfte ist.

Somit ergibt sich der Beurteilungsmaßstab, ob ein Gesellschafter „Einkünfte aus Gewerbebetrieb" erzielt, nicht nur aus dem Vergleich zu § 15 I Nr. 1 EStG, sondern auch aus dem Gegensatz zu § 20 I Nr. 4 EStG.

2. Zwischenergebnis

Im Ergebnis erweist sich die Konzeption von *Hallerbach* als tragfähiger Ansatz, § 15 I Nr. 2 EStG auf ein neues dogmatisches Grundgerüst aufzubauen. Da sich die Unterschiede zum „dualen Prinzip" der Einkünfteerzielung und -ermittlung nicht als gravierend erweisen, kann diese Konzeption durchaus als systemimmanente Fortentwicklung der Einheitstheorie betrachtet werden.

III. Die ARGE im Einkommensteuerrecht

1. Ermittlung der Einkunftsart

a. Einkünfte aus Gewerbebetrieb gem. § 15 I Nr. 2 EStG

Bevor die Gewinnermittlung einer ARGE erörtert wird, gilt es vorab die Frage zu klären, ob es sich bei der ARGE um eine gewerbliche Mitunternehmerschaft i.S.v. § 15 I Nr. 2 EStG handelt. Grundvoraussetzung hierfür ist, dass die Gesellschafter in ihrer (gesellschaftsrechtlichen) Verbundenheit als Mitunternehmer einen Gewerbebetrieb betreiben[366].

aa. Gewerbliches Unternehmen

Wie bereits bei den Ausführungen zur Stellung der Personengesellschaft im Einkommensteuerrecht erörtert, ist es die ARGE selbst, die ein gewerbliches Unternehmen betreiben muss. Der Begriff des *„gewerblichen Unternehmens"* in § 15 I Nr. 1 EStG wird inhaltlich mit dem des *„Gewerbebetriebs"* in § 15 II EStG gleichgestellt.

(1.) Der Begriff des Gewerbebetriebs im Einkommensteuerrecht

(a.) Definition und historische Entwicklung

Die Ursprünge der in § 15 II EStG aufgeführten Legaldefinition des Gewerbebetriebs reichen bis zum Ende des 19. Jahrhunderts zurück. Da weder im preußischen Einkommensteuer- noch im Gewerbesteuergesetz eine Legaldefinition des Gewerbebetriebs vorhanden war, oblag es der Rechtsprechung diesen Begriff inhaltlich zu bestimmen. In prinzipieller Übereinkunft mit der gewerberechtlichen Definition entschied das *Preußische Oberverwaltungsgericht*, dass der steuerrechtliche Begriff des Gewerbes *„jede mit der Absicht auf Gewinnerzielung unternommene, selbstständige, berufsmäßige und erlaubthe Thätigkeit, welche sich als Betheiligung am allgemeinen wirthschaftlichen Verkehr dar-*

---

[366] So BFH v. 25.06.1984 -GrS 4/82-, BStBl II 1984, 751 (762).

stellt"[367], umfasse. Der *RFH* schloss sich dieser Rechtsprechung prinzipiell an, modifizierte diese jedoch geringfügig in der Weise, dass er auf das Merkmal „Erlaubtheit" gänzlich verzichtete und den Begriff der „Berufsmäßigkeit" durch den der „Nachhaltigkeit" ersetzte[368].

Eine erste gesetzliche, wenn auch „nur" materiellgesetzliche Regelung zum Gewerbebetrieb findet sich in § 7 II der sog. „Gemeinnützigkeitsverordnung" vom 16.12.1941[369]. Danach wurde der Gewerbebetrieb definiert als: „Eine selbständige, nachhaltige Betätigung, die mit Gewinnabsicht unternommen wird und sich als Beteiligung am allgemeinen wirtschaftlichen Verkehr darstellt, ist Gewerbebetrieb, wenn die Betätigung weder als Ausübung von Land- und Forstwirtschaft noch als Ausübung eines freien Berufs noch als eine andere selbständige Arbeit im Sinn des Einkommensteuerrechts anzusehen ist."

Mit dieser Vorschrift weitestgehend inhaltsgleich wurde für das Gewerbesteuerrecht erstmalig in § 1 I GewStDV 1955 eine Begriffsdefinition aufgestellt. Diese Vorschrift sollte nach Auffassung des *BFH* nicht nur für gewerbesteuerliche, sondern auch für einkommensteuerliche Zwecke eine rechtsverbindliche Wirkung entfalten[370]. Bewogen von der Kritik an dieser, aus rechtssystematischen[371] Erwägungen zumindest fragwürdigen Rechtsanwendung, entschloss sich der Gesetzgeber 1984 dazu, in § 15 II EStG eine inhaltsgleiche formellgesetzliche Regelung einzuführen[372]. Nach der Legaldefinition in § 15 II EStG wird der Begriff des Gewerbebetriebs durch vier positive und drei negative Tatbestandsmerkmale definiert, wobei der Ausschluss der freien Berufe und der anderen selbständigen Arbeit im Ergebnis aufgrund der einheitlichen Einkunftsart in § 18 EStG als ein negatives Tatbestandsmerkmal zu werten ist. Ein weiteres, gleichwohl ungeschriebenes Tatbestandsmerkmal besteht nach einhelliger Auffassung

[367] PrOVG v. 14.10.1897 -Rep VI G 369/96-, OVGStE 6, 384 (385), v. 05.05.1898 -Rep VI G 254/97-, OVGStE 7, 418 (421). Die freien Berufe und die Land- und Forstwirtschaft wurde zwar nicht ausdrücklich, jedoch inzidenter aus der Gewerbebetriebsdefinition ausgeklammert.

[368] RFH v. 9.01.1925 -I A 79/24-, RFHE 15, 347 (351): Verzicht auf das Merkmal „Erlaubtheit". Dem Merkmal „Berufsmäßigkeit" wurde vom *RFH* lange Zeit eine wichtige Bedeutung beigemessen [vgl. RFH v. 25.04.1934 -VI A 1609/32, RStBl 1934, 902 (902)], ehe er in einem Urteil vom 19.11.1941 [RStBl 1942, 38 (39)] dieses Merkmal endgültig durch das der Nachhaltigkeit ersetzte. Vgl. ausführlich zum Tatbestandsmerkmal „Nachhaltigkeit" die nachfolgenden Ausführungen.

[369] VO zur Durchführung der §§ 17 bis 19 des Steueranpassungsgesetzes vom 16.12.1941, RStBl 1941, 937 ff.

[370] BFH v. 17.01.1973 -I R 191/72-, BStBl II 1973, 260 (260).

[371] Vgl. hierzu die nachfolgenden Ausführungen unter: *F.III.1.a.aa.(2.a.).*

[372] Eingefügt durch das StEntlG v. 22.12.1983, BStBl I 1984, 14 (17).

in Literatur[373] und Rechtsprechung[374] in der negativen Abgrenzung zur privaten Vermögensverwaltung.

In der praktischen Rechtsanwendung führt diese Definition in § 15 II EStG zu nicht unerheblichen Schwierigkeiten. Diese resultieren aus der Tatsache, dass die einzelnen Tatbestandsmerkmale keine formallogische Sachverhaltssubsumtion zulassen, da jedes Merkmal für sich auslegungsfähig und -bedürftig ist. Nicht zuletzt aufgrund dieses Umstandes ist der Begriff des Gewerbebetriebs in seiner methodischen Einordnung umstritten.

(b.) Methodische Einordnung

(aa.) Literatur

Im Gegensatz zum Handels- und Gesellschaftsrecht ist diese Frage im Steuerrecht Gegenstand einer breiten wissenschaftlichen Diskussion. Während einige Stimmen in der Literatur die Rechtmäßigkeit eines offenen Typusbegriffs als Tatbestandsmerkmal einer Rechtsnorm im Ganzen ablehnen und dementsprechend auch den „Gewerbebetrieb" in § 15 II EStG als *Klassenbegriff* qualifizieren[375], gehen Andere davon aus, dass der „Gewerbetrieb" ein reiner *Typusbegriff* sei[376]. Die Befürworter der Typuskonzeption begründen dies in erster Linie rechtssystematisch, indem sie auf die Grundkonzeption des dem EStG zugrundeliegenden Einkommensbegriffs verweisen. Wie bereits an anderer Stelle erörtert, weist das EStG einen pragmatischen Einkommensbegriff auf. Da sowohl die in § 2 I EStG aufgezählten Einkunftsarten als auch die in §§ 13-22 EStG enthaltenen Berufs- und Tätigkeitsgruppen nur typologisch fassbar sind, geht insbesondere *Schmidt-Liebig* davon aus, dass sich eine klassenbegriffliche Definition des Gewerbebetriebs nicht in diesen Typenkatalog der Einkunftsarten einfügen lässt[377]. Ganz in diesem Sinne betont auch *Fischer*, dass bei der Beurteilung einer Tätigkeit maßgeblich auf die Verkehrsanschauung und damit auf das vom Gesetzgeber vor Augen gehaltene „Bild des Gewerbebetriebs" abzustellen sei. Demzufolge könne im Einzelfall auch auf einzelne Merkmale des § 15 II EStG gänzlich verzichtet werden, wenn die Tätigkeit insgesamt eine typischer-

---

373 Statt vieler Schmidt-*Weber-Grellet*, EStG, § 15, Rz. 50. **A.A.** Mössner, FS Kruse, 161 (175), der dieses Merkmal für entbehrlich hält, da sich dieses bereits aus der Struktur des Einkommensbegriffs ergebe. Statt dessen stellt *Mössner* maßgeblich auf die *„Tätigkeit"* als Abgrenzungskriterium von der schlichten Ausnutzung der Vermögenssubstanz ab. Vgl. hierzu auch die vorherigen Ausführungen zum Einkommensbegriffs im EStG (s.o.).

374 Vgl. BFH (GrS) v. 25.06.1984 -GrS 4/82-, BStBl II 1984, 751 (762) in ständiger Rspr.

375 Weber-Grellet, FS Beisse, 551 (568) auch Koblenzer, BB 1999, 718 (720).

376 Strahl, Typisierende Betrachtungsweise, S. 298; Steisslinger, Gewerbebegriff, S. 346. Jetzt auch Tipke/Lang, Steuerrecht, § 5, Rz. 45.

377 Schmidt-Liebig, Abgrenzung, Rz. 71.

weise gewerbliche ist[378]. Diese Flexibilität des Typus „Gewerbebetrieb“ wird in einer äußerst extensiven Interpretation sogar für den umgekehrten Fall angenommen, so dass in Ausnahmekonstellationen die Existenz gewerblicher Einkünfte auch dann ausgeschlossen werden könne, wenn ein positives Subsumtionsergebnis unter sämtliche Merkmale des § 15 II EStG vorliege[379].

Demgegenüber lehnen Andere die Typuskonzeption zwar nicht im Ganzen, wohl aber für den Begriff des Gewerbebetriebs ab. Obwohl dieser nach der historischen Ausgangslage ein Typusbegriff gewesen sei, habe der „Gewerbebetrieb“ aufgrund der formellgesetzlichen Regelung in § 15 II EStG inzwischen die Stufe eines abstrakten bzw. Klassenbegriffs erreicht[380]. Hieraus folgt, dass nur dann, aber immer dann wenn sämtliche Tatbestandsmerkmale des § 15 II EStG erfüllt sind, eine gewerbliche Betätigung vorliege.

(bb.) Rechtsprechung

Auch die Rechtsprechung der Finanzgerichtsbarkeit weist eine Vielzahl von Urteilen auf, in denen sich die Gerichte mit der Auslegung des § 15 II EStG beschäftigen. Die Frage der methodischen Einordnung des Gewerbetriebsbegriffs wird hierbei unterschiedlich beantwortet.

Während einige Finanzgerichte den Begriff des „Gewerbebetriebs“ in § 15 II EStG *expressis verbis* als Typusbegriff qualifiziert haben[381], ist diese Rechtsauffassung nach einem Beschluss des Großen Senats vom 10.12.2001 nicht mehr vertretbar. In dieser Entscheidung zum „Gewerblichen Grundstückshandel“ stellt der Große Senat unmissverständlich klar, dass es sich bei den Merkmalen in § 15 II EStG um gesetzliche Mindesterfordernisse handelt, die von den Gerichten zu beachten seien[382]. Diese Rechtsauffassung ist keineswegs neu, da auch die einzelnen BFH-Senate den § 15 II EStG in ständiger Rechtsprechung als Legaldefinition gedeutet haben. Zumindest stellten diese bislang stets für den Bestand eines Gewerbebetriebes formaljuristisch auf das Vorliegen sämtlicher Tatbestandsmerkmale ab[383].

---

378 Fischer, DStZ 2000, 885 (892 a.E.); ders., FR 2002, 597 (600 ff.).

379 Zugmaier, Einkünftequalifikation, S. 115.

380 Kirchhof-*Reiß*, EStG, § 15 Rz. 12; Mössner, Stbg 1997, 1 (6); Söffing, DB 1998, 1683 (1683 ff.); Jung, S. 82. Früher auch: Tipke/Lang, Steuerrecht, § 5, Rz. 45 (16. Aufl.).

381 FG des Saarlandes v. 07.12.1999 -1 K 41/98-, DStRE 1999, 1015 (1017), v. 15.05 2000 -1 K 291/95-, EFG 2000, 944 (946) sowie FG Hamburg v. 18.12.1984 -V 263/82-, EFG 1985, 459 (460); FG Baden-Württemberg v. 06.09.2000 -2 K 78/98- (n.v.). Im Ergebnis auch Niedersächsisches FG v. 07.06.2000 -3 K 310/94-, EFG 2001, 1040 (1042).

382 BFH (GrS) v. 10.12.2001 -GrS 1/98-, BStBl II 2002, 291 (292).

383 So bereits der RFH v. 08.01.1925 -I A 79/24-, RFHE 15, 347 (351): Die Tb-Merkmale müssen „sämtlich gegeben sein; fehlt auch nur eines, kann von einem gewerblichen Betriebe nicht mehr die Rede sein.“

Zum Nachweis dieser These sei auf die umfangreiche Rechtsprechung zu § 15 II EStG hingewiesen. In einer geradezu ausufernden Kasuistik werden dort die einzelnen Tatbestandsmerkmale zumeist höchst individuell, auf den Einzelfall bezogen ausgelegt[384]. Die Folge dieser, bisweilen den Wortlaut des Tatbestandsmerkmals ins Gegenteil verkehrenden Auslegung besteht darin, dass die einzelnen Kriterien immer weniger über die Eigenart einer gewerblichen Betätigung aussagen. Der *Große Senat* bestätigt diese Beobachtung, indem dieser konstatiert, dass die Rechtsprechung an das Vorliegen einiger Tatbestandsvoraussetzungen des § 15 II EStG keine hohen Anforderungen stellt[385]. Aus diesem Grund ist bereits der Reichsfinanzhof dazu übergegangen, in einem zweiten Prüfungsschritt danach zu fragen, ob die Tätigkeit insgesamt dem typischen „Bild eines Gewerbetreibenden" entspricht[386].

(aaa.) Der „Ähnlichkeitsvergleich" in der Rechtsprechung des BFH

Diese Vorgehensweise, bei der zur Einkünfteabgrenzung auf das Gesamtbild der Verhältnisse und damit auf das typische „Bild eines Gewerbetreibenden" abgestellt wird, hat ihre Wurzeln bereits in der Rechtsprechung des RFH. Gleichwohl erlebte diese Einkunftsbildbetrachtung in den letzten Jahren eine wahre Renaissance. Mittlerweile zieht sich dieser Vergleichsmaßstab quer durch die Rechtsprechung sämtlicher Senate des BFH[387]. Methodisch entspricht diese Prüfung einem „Ähnlichkeitsvergleich"[388].

Abstrakt formuliert zeichnet sich diese Arbeitsweise dadurch aus, dass bei der Subsumtion eines konkreten Lebenssachverhaltes in einer dreistufigen Prüfungsreihenfolge zunächst die dem Lebenssachverhalt entsprechende Vollform gewerblicher Tätigkeit ermittelt wird. In einem zweiten Schritt werden die typischen Merkmale dieser Betätigung herausgestellt. Diese lassen sich in aller Regel aus einer konkreten Betrachtung des zugehörigen idealisierten Einkunftsbil-

---

384 Zur Bestätigung dieser These sei an dieser Stelle auf die nachfolgenden Ausführungen zum Tatbestandsmerkmal „Nachhaltigkeit" verwiesen.

385 BFH (GrS) v. 10.12.2001 -GrS 1/98-, BStBl II 2002, 291 (292).

386 BFH v. 26.10.1968 -I R 214/65-, BStBl II 1968, 773 (776), v. 17.03.1981 -VIII R 149/78- BStBl II 1981, 522 (526); BFH (GrS) v. 03.07.1995 -3 GrS 1/93-, BStBl 1995, 617 (619), auch BFH (GrS) v. 10.12.2001 -GrS 1/98-, BStBl II 2002, 291 (292). Unter Zuhilfenahme der „Verkehrsauffassung" bereits RFH v. 04.05.1932 -III A 30/32-, RStBl 1932, 662 (664). *Anm*: Vgl. zu dieser Methodik auch die identische Vorgehensweise des *BGH* bei der Auslegung des handelsrechtlichen Gewerbebegriffs unter: *A.II.3.b.bb.(2.)*.

387 Vgl. BFH v. 15.12.1999 *-I R 16/99-*, BStBl II 2000, 404 (405), v. 18.05.1999 *-III R 65/97-*, BStBl II 1999, 619 (622), v. 02.05.2000 *-IX R 99/97-*, BFH/NV 2001, 14 (15), v. 20.12.2000 *-X R 1/97-*, BB 2001, 1388 (1389), v. 29.10.1998 *-XI R 80/97-*, BStBl II 1999, 448 (449).

388 Vgl. hierzu: Schmidt-Liebig, Abgrenzung, Rz. 86 ff. sowie Philipowski, StKongRep 1982, 177 (181 ff.).

des ableiten (z.B. „wie ein Bauunternehmer"). Als Beurteilungsmaßstab dient hierbei die „gerichtsbekannte Verkehrsanschauung"[389]. Bei der abschließenden Gesamtbetrachtung der Verhältnisse werden diese Indizien mit den realen Gegebenheiten des Lebenssachverhaltes verglichen.

Konkret bedeutet dies z.B. für den Fall, in dem ein Steuerpflichtiger wiederholt Wertpapiere an- und verkauft, dass der privaten Wertpapierverwaltung als Vergleichsmaßstab die gewerbliche Vollform des Wertpapierhandels gegenübergestellt wird[390]. Zur Konkretisierung dieser gewerblichen Betätigung wird in einem zweiten Schritt das „Bild des Wertpapierhändlers" herangezogen, um die typischen Merkmale herauszufiltern, die ihn regelmäßig vom privaten Wertpapieranleger unterscheiden (z.B. Umfang der Geschäfte, Angebot dieser Dienstleistung gegenüber einer breiteren Öffentlichkeit). Bei der abschließenden Würdigung der Gesamtverhältnisse wird der Lebenssachverhalt so lange anhand dieser charakteristischen Merkmale untersucht, bis sich eine eindeutige Zuordnung vornehmen lässt.

Wie sich dieser „Ähnlichkeitsvergleich" dogmatisch in die traditionelle Denkstruktur einer logischen Sachverhaltssubsumtion einfügen lässt, wird von den verschiedenen Senaten des BFH unterschiedlich beurteilt. Der X. Senat tritt an dieser Stelle offen für eine „typusbezogene Auslegung" der einzelnen Tatbestandsmerkmale des § 15 II EStG ein[391]. Obgleich die übrigen Senate bei der negativen Abgrenzung des Gewerbebetriebs ebenfalls auf das typische „Bild des Gewerbetreibenden" abstellen, deklarieren sie diese Vorgehensweise nicht als typologische Rechtsfindung oder kennzeichnen gar den § 15 II EStG als Typusbegriff[392]. Der Große Senat hat in diesem Methodenstreit keine eindeutige Position bezogen.

Abschließend sei jedoch noch auf ein Urteil des I. Senats vom 15.12.1999 hingewiesen[393]. Dieses Urteil verdient aus zweierlei Sicht besondere Beachtung. Zum einen verdeutlicht es, dass sich der I. Senat in dieser Methodenfrage dem Standpunkt des X. Senats angenähert hat, da auch dieser Senat den „Inhalt der

---

389 Vgl. BFH v. 24.11.1978 -III R 81/76-, BStBl II 1979, 255 (256).

390 Vgl. zu dieser Vorgehensweise: BFH v. 29.10.1998 -XI R 80/97-, BStBl II 1999, 448 (449), v. 20.12.2000 -X R 1/97-, BB 2001, 1388 (1389 ff.).

391 Vgl. BFH v. 24.10.1996 -X R 255/93-, BStBl II 1996, 303 (305), v. 29.10.1997 -X R 183/96-, BStBl II 1998, 332 (337), v. 20.12.2000 -X R 1/97-, BB 2001, 1388 (1389 ff.).

392 In den Urteilen der übrigen Senate (vgl. hierzu die in FN 387 zitierten Urteile) finden sich keine ausdrücklichen Bekenntnisse dafür, eine typologische Rechtsfindung bei der Auslegung des § 15 II EStG vornehmen zu wollen. Ganz im Gegenteil betont sogar *Weber-Grellet* ausdrücklich, dass das Gesamtbild der Verhältnisse nichts mit einem - wie auch immer gearteten - offenen Typusbegriff zu tun habe, in: DStR 1995, 1341 (1341).

393 BFH v. 15.12.1999 -I R 16/99-, BStBl II 2000, 404 (405).

einzelnen Merkmale (des § 15 II EStG) durch eine wertende Betrachtung bestimmen" will. Diese wertende Betrachtung, die danach fragt, ob eine Tätigkeit typischerweise gewerblich ist, lässt im Ansatz Grundzüge einer typologischen Rechtsfindung erkennen. Zum anderen veranschaulicht dieses Urteil, dass auch der I. Senat nicht gewillt ist, den „Ähnlichkeitsvergleich" auf die negative Abgrenzung des Gewerbebetriebs (insbesondere zur privaten Vermögensverwaltung) zu beschränken, sondern dass dieser Maßstab auch bei der Prüfung der positiven Tatbestandsmerkmale heranzuziehen ist[394].

(bbb.) Zwischenergebnis

Die Frage nach der methodischen Einordnung des Gewerbebetriebsbegriffs lässt sich aufgrund der wechselhaften und nicht immer eindeutigen Rechtsprechung nicht eindeutig beantworten. Obwohl der Große Senat des BFH den Gewerbebetrieb in § 15 II EStG unmissverständlich als Klassenbegriff qualifiziert hat, gleicht die Sachverhaltssubsumtion in der Mehrzahl der Fälle einer wertenden Zuordnung und damit einer *typologischen Rechtsfindung*, so wie dies ausdrücklich vom X. Senat postuliert wird.

(cc.) Stellungnahme

Der bereits jahrzehntelang andauernde Streit über den Gewerbebetriebsbegriff ist mittlerweile an einem Punkt angelangt, an dem eine weitere sachliche Diskussion nahezu ausgeschlossen ist. Die wesentlichen Argumente sind ausgetauscht. Auch die neueren Ausführungen in der Literatur lassen keine neuen Impulse für diesen Methodenstreit mehr erkennen[395]. Es macht daher wenig Sinn, diese grundsätzliche Diskussion an dieser Stelle fortzuführen.

---

394 Im zitierten Urteil betont der I. Senat, dass eine Beteiligung am allgemeinen wirtschaftlichen Verkehr keine Mehrzahl von Kunden voraussetze, wenn die Tätigkeit ihrer Art und ihrem Umfang nach dem „Bild einer unternehmerischen Marktteilnahme" entspreche, BStBl II 2000, 404 (405). Hierzu bedarf es noch einmal des klarstellenden Hinweises, dass der „Ähnlichkeitsvergleich" seinen Ursprung in der negativen Abgrenzung der gewerblichen Tätigkeit von der privaten Vermögensverwaltung hat.

395 Als Beispiel sei an dieser Stelle nur auf die Ausführungen von *Zugmaier* verwiesen, der davon ausgeht, wenn der Gesetzgeber wirklich den § 15 II EStG im Sinne einer klassenbegrifflichen Definition hätte festlegen wollen, dann hätte er zum einen die Methodenfrage in der Begründung ausdrücklich ansprechen und zum anderen auch das Nichtvorliegen einer Vermögensverwaltung als weiteres Negativmerkmal in § 15 II EStG aufnehmen müssen, in: Einkünftequalifikation, S. 113. *Anm*: Hierzu gilt es anzumerken, dass es ausweislich der Gesetzesmaterialien sicherlich nicht das Anliegen des Gesetzgebers war, eine begriffsmethodische Aussage treffen zu wollen. Zum anderen bedarf es auch keiner normativen, negativen Abgrenzung zur privaten Vermögensverwaltung, da sich dies bereits aus der Systematik des EStG ergibt.

Sinnvoller erscheint es kritisch zu hinterfragen, ob es für eine Lösung der strittigen Sachverhalte notwendigerweise eines Rückgriffs auf die Typuskonzeption bedarf. Wie bereits bei den allgemeinen Ausführungen zum Streitgegenstand „Typus- contra Klassenbegriff" festgestellt, besteht zumindest in den *Grenzfällen,* in denen sich der Typusbegriff nicht mehr aufgrund seines offenen Merkmalsgefüges vom Klassenbegriff unterscheidet, eine inhaltliche Nähe zwischen der typologischen Norminterpretation und der teleologischen Auslegung. Diese Nähe macht es der Sache nach entbehrlich, sich grundsätzlich für eines dieser Grundkonzepte zu entscheiden. Um diese Schlussfolgerung auch für den vorliegenden Sachverhalt ziehen zu können, bedarf es zunächst der einleitenden Feststellung, ob der Begriff des Gewerbebetriebs - vorausgesetzt es handelt sich hierbei um einen Typusbegriff - einen solchen Grenzfall markiert[396].

Ausgehend von der Erkenntnis, dass sich auch bei offenen Typusbegriffen ein unabänderliches Merkmalsgefüge bilden kann (sog. „Gattungstypus"), bestehen an dieser Stelle keine Zweifel daran, dass der Typus „Gewerbebetrieb" diesen Status erreicht hat. Selbst wenn man davon ausginge, dass die Regelung in § 15 II EStG keine Legaldefinition beinhalte, dürfte es sich hierbei zumindest um die formellgesetzliche Festlegung des **unabdingbaren** „Kernbereichs eines Gewerbebetriebs" handeln. Dass auch die Vertreter der Typuskonzeption hierin übereinstimmen, lässt sich ungezwungen aus der fast resignierenden Feststellung ableiten, dass „der Gesetzgeber nicht gut beraten war, als er die untergesetzlichen Hilfsmerkmale des § 1 Nr. 1 GewStDV a.F. in § 15 II EStG festgeschrieben hat"[397].

Somit besteht nach der klassenbegrifflichen, aber auch nach der Typuskonzeption kein Raum dafür, auf einzelne Tatbestandsmerkmale des § 15 II EStG vollständig zu verzichten. Um es an dieser Stelle ganz deutlich zu sagen:
Auch der X. Senat des BFH behandelt den „Gewerbebetrieb" nicht als einen offenen Typusbegriff, obwohl er *expressis verbis* für eine „typusbezogene Auslegung" der einzelnen Tatbestandsmerkmale eintritt!

Zur Begründung dieser Aussage sei darauf hingewiesen, dass der X. Senat die Tatbestandsmerkmale nicht als Beschreibung des Typus „Gewerbebetrieb" betrachtet. Vielmehr legt er die einzelnen Merkmale mit Blick auf den hinter dem Gesetz stehenden Typus aus[398]. Dass dieser inhaltliche Unterschied nicht nur

---

396 Vgl. hierzu auch die allgemeinen Ausführungen unter: *A.II.3.b.bb.(1.).*

397 Fischer, DStZ 2000, 885 (889). Im Ergebnis auch *Philipowski*, der § 1 GewStDV für einen fehlgeschlagenen Versuch einer Gewerbebetriebsdefinition hält, in: StKongRep 1982 177 (182).

398 So auch *Schmidt-Liebig*, der die Rspr. des X. Senats gerade deswegen als inkonsequent bezeichnet, in: BB 1998, 1284 (1288).

eine dogmatische Leerformel beinhaltet, wird dadurch offensichtlich, dass auch dieser Senat die Existenz eines Gewerbebetriebs vom Vorliegen sämtlicher gesetzlicher Tatbestandsmerkmale abhängig macht und nicht auf einzelne von ihnen verzichtet, so wie dies üblicherweise bei einem offenen Typusbegriff erfolgt. Dies ist eine der wichtigen Schlussfolgerungen aus der sog. „Supermarktentscheidung". Obwohl der Steuerpflichtige im zugrundeliegenden Sachverhalt nur ein Bauobjekt errichtete, gab sich der X. Senat die größte Mühe, den Sachverhalt unter sämtliche Tatbestandsmerkmale des § 15 II EStG zu subsumieren. Hierbei schloss er sich sogar einer früheren Erkenntnis des IV. Senats an, wonach auch die einmalige Ausführung eines Bauauftrages eine nachhaltige Betätigung begründen könne, da die Erledigung dieses Auftrages mehrere (Einzel-) Tätigkeiten erfordere[399]. Wenn es der X. Senat an dieser Stelle mit seiner Typuskonzeption ernst gemeint hätte, wäre es aufgrund der tatsächlichen Umstände sinnvoller gewesen, auf dieses Kriterium ganz zu verzichten, anstatt sich auf diese „fragwürdige" Auslegung des Tatbestandsmerkmals einzulassen[400].

Im weiteren Verlauf dieser Untersuchung gilt es nun konkret die bereits im 1. Abschnitt aufgestellte These zu bestätigen, dass in den Fällen, in denen sich der Typusbegriff nicht mehr aufgrund seiner „Offenheit" gegenüber dem Klassenbegriff auszeichnet, die typologische Norminterpretation methodisch der teleologischen Auslegung so stark angenähert ist, dass die „Zuflucht zum Typusdenken"[401] nicht erforderlich ist. Konkret sei an dieser Stelle auf zwei Urteile vom 2.12.1998[402] und 15.12.1999[403] hingewiesen, in denen sich der BFH mit der Auslegung des Tatbestandsmerkmals „Beteiligung am allgemeinen wirtschaftlichen Verkehr" auseinander setzte. In diesen Entscheidungen betonen die erkennenden Senate, dass die einzelnen Merkmale des § 15 II EStG „typusbezogen auszulegen" bzw. im Wege einer „wertenden Betrachtung" inhaltlich zu bestimmen seien. Die besondere Relevanz dieser Urteile folgt daraus, dass dort erstmalig bei der Auslegung eines positiven Tatbestandsmerkmals des § 15 II EStG nahezu ausschließlich auf das Gesamtbild der Verhältnisse abgestellt wird. Dies ist bemerkenswert, da der „Ähnlichkeitsvergleich" bislang der negativen Abgrenzung einer gewerblichen Betätigung vorbehalten war.

Wenn einzelne Senate des BFH nun verstärkt dazu übergehen, diesen Vergleichsmaßstab auch bei den positiven Tatbestandsmerkmalen heranzuziehen, ist diese Entwicklung der Rechtsprechung ebenso bedenklich wie überflüssig.

---

399 BFH v. 24.10.1996 -X R 255/93-, BStBl II 1996, 303 (304) mit Hinweis auf BFH v. 23.02.1961 -IV 313/59 U-, BStBl III 1961, 194 (195) [sog. „ARGE-Urteil"].

400 Vgl. hierzu die nachfolgenden Ausführungen zum Tatbestandsmerkmal „Nachhaltigkeit".

401 So auch Mössner, FS Kruse, 161 (181).

402 BFH v. 02.12.1998 -X R 83/96-, BStBl II 1999, 534 ff.

403 BFH v. 15.12.1999 -I R 16/99-, BStBl II 2000, 404 ff.

Der qualitative Unterschied besteht nämlich darin, dass die negative Abgrenzung des Gewerbebetriebs aufgrund der Gesetzessystematik des EStG notwendigerweise über eine Gesamtschau der Verhältnisse vorzunehmen ist, wohingegen die positiven Tatbestandsmerkmale von sich heraus zur Einkünfteabgrenzung beitragen sollen. Wird nun auch bei diesen Tatbestandsmerkmalen ausschließlich auf das Gesamtbild der Verhältnisse abgestellt, birgt dies die Gefahr, dass sich der Rechtsanwender selbst von der zwingend erforderlichen Subsumtion des Lebenssachverhaltes unter die gesetzlichen Tatbestandsmerkmale befreit, indem er ausschließlich auf das von ihm selbst entwickelte Bild eines typischen Gewerbetreibenden abstellt.

Diese Vorgehensweise, die zwar nicht formal, wohl aber inhaltlich zu einem Verzicht der einzelnen Tatbestandsmerkmale führt, läuft im Ergebnis auf eine Verdrängung des gesetzlichen Tatbestandes hinaus. Dies ist weder rechtmäßig noch erforderlich[404]. Zumindest in den o.g. Urteilen, die im Ergebnis allesamt zutreffend sind, wäre der Rückgriff auf eine „typusbezogene Auslegung" nicht erforderlich gewesen. Ein identisches Ergebnis hätte sich auch im Wege einer teleologischen Auslegung des streitigen Tatbestandsmerkmals erzielen lassen.

Zur Bestätigung dieser These soll die nachfolgende kurze Analyse des Tatbestandsmerkmals „Beteiligung am allgemeinen wirtschaftlichen Verkehr" dienen. Die Probleme im Umgang mit diesem Kriterium beruhen im Wesentlichen auf der bereits vom *Reichsfinanzhof* vorgenommenen Auslegung, wonach die gewerbliche Tätigkeit des Steuerpflichtigen nicht nur von der Allgemeinheit erkannt, sondern sich auch an diese richten müsse[405]. Gerade dies ist jedoch umstritten, wenn der Steuerpflichtige nur beschränkt am Marktgeschehen teilnimmt, indem er nur mit einem Geschäftspartner eine Vertragsbeziehung unterhält. Der *BFH* vertritt in dieser Frage in ständiger Rechtsprechung die Auffassung, der Steuerpflichtige nehme auch dann am Marktgeschehen teil, wenn er seine Leistungen nicht einer Mehrzahl von Interessenten anbietet[406].

---

404 Im Ergebnis auch Weber-Grellet, DStR 2002, 492 (493). *Schmidt-Liebig* leitet hieraus sogar die Verfassungswidrigkeit des Großen Senatsbeschlusses vom 10.12.2001 ab, da sich seiner Meinung nach aus der widersprüchlichen Anwendungsweise des § 15 II EStG („es werden im ersten Schritt Anforderungen gestellt, die in einem zweiten Schritt inhaltlich wieder für verzichtbar erklärt werden") verfassungsrechtliche Zweifel ergäben, NWB F. 3, 11895 (11907).

405 Vgl. RFH v. 28.11.1928 -VI A 1528/28-, RStBl 1928, 195 (195): Der Beteiligte muss für „einen größeren Personenkreis" zum An- und Verkauf bereit erscheinen.

406 So bereits BFH v. 26.10.1977 -I R 110/76-, BStBl II 1978, 137 (139), v. 02.09.1988 -III R 58/85-, BFHE 154, 332 (337), v. 24.01.1990 -X R 44/88-, BFH/NV 1990, 798 (799), v. 10.12.1998 -III R 61/97-, BStBl II 1999, 390 (397). *Anm*: In keinem dieser Urteile findet sich ein Hinweis auf das Bild des typischen Gewerbetreibenden, obwohl der „Ähnlichkeitsvergleich" schon lange Gegenstand ständiger BFH-Rechtsprechung war.

Für dieses Ergebnis bedarf es jedoch keiner „typusbezogenen Auslegung", die letztendlich zum faktischen Verzicht dieses gesetzlichen Tatbestandsmerkmals führt. Bereits eine „normzweckorientierte Auslegung" trägt zur Herbeiführung sachgerechter Ergebnisse bei. Funktional dient dieses Tatbestandsmerkmal in erster Linie der Abgrenzung des Markteinkommens von den sonstigen Vermögensmehrungen[407]. Unter Berücksichtigung dieses Gesetzeszwecks ist danach zu fragen, ob der Steuerpflichtige *als Marktteilnehmer* eine Erwerbshandlung vollzieht, d.h. ein auf Einkommens- und Vermögensmehrung durch Leistungsaustausch gerichtetes wirtschaftliches Verhalten[408]. Hierfür ist es völlig irrelevant, ob sich diese Erwerbshandlung nur in einem begrenzten Marktumfeld bewegt. Auch wenn der Markt nur aus einem Anbieter und einem Nachfrager besteht, beeinflusst dies zwar die Marktbedingungen, nicht jedoch die Existenz des Marktes als solchen[409]. Aufgrund dieser Darstellung bestehen keine Zweifel daran, auch diejenigen als Teilnehmer am allgemeinen wirtschaftlichen Verkehr zu qualifizieren, die nur für einen Vertragspartner tätig werden, solange dies in ihrer Eigenschaft als Marktteilnehmer erfolgt[410].

Im Ergebnis wird damit bezweifelt, ob die von einigen Senaten des BFH vollzogene typologische Auslegung erforderlich ist. Regelmäßig werden sich identische Ergebnisse auch mittels einer Auslegung erzielen lassen, die nach dem Sinn und Zweck des jeweiligen Tatbestandsmerkmals fragt. Der Vorteil dieser klassischen Auslegungsmethode besteht darin, die Rechtsnatur des § 15 II EStG nicht entgegen dem klaren Wortlaut des Gesetzes in eine typologische Beschreibung uminterpretieren zu müssen, um sachgerechte Ergebnisse erzielen zu können. Vielmehr werden die einzelnen Tatbestandsmerkmale so ausgelegt, wie dies § 15 II EStG erfordert: Einer Legaldefinition entsprechend!

Abschließend sei noch angemerkt, dass auch an dieser Stelle die Notwendigkeit bejaht wird, in Zweifelsfällen auf das Gesamtbild der Verhältnisse abzustellen. Nur sollte diese Betrachtung allenfalls als Auslegungshilfe herangezogen werden; keinesfalls jedoch darf diese zu einer Verdrängung des gesetzlichen Tatbestandes führen[411].

---

407 Vgl. Schmidt-*Weber-Grellet*, EStG, § 15, Rz. 20 sowie Schön, FS Vogel, S. 661 ff.

408 Vgl. hierzu BFH v. 14.09.1999 -IX R 88/95-, BStBl II 1999, 776 (777).

409 Mössner, FS Kruse, 161 (180). *Anm*: Konsequenterweise folgert auch der IV. Senat des BFH, dass ein Stpfl. am allg. wirtschaft. Verkehr teilnehmen könne, wenn die Leistungen nur ggü. Angehörigen erbracht werden, v. 28.06.2001 -IV R 10/00-, DB 2001, 2022 (2022 f.), v. 13.12.2001 -IV R 86/99, BStBl II 2002, 80 (81).

410 *Unzutreffend* daher FG Berlin v. 28.01.1998 -6 K 6067/96-, EFG 1999, 238 (239): Keine Beteiligung am allg. wirtschaftlichen Verkehr, wenn ein Co-Pilot bislang nur für eine Airline tätig geworden ist.

411 Ebenso Weber-Grellet, FR 1998, 313 (313) sowie Gosch, StBp 1996, 218 (221).

(2.) Subsumtion: Ist die ARGE ein Gewerbebetrieb?

(a.) Die Betriebsstättenfiktion gem. § 2a GewStG als *lex specialis*?

Bevor die Gewerbebetriebseigenschaft einer ARGE anhand des § 15 II EStG geprüft wird, gilt es vorab die Frage zu klären, ob die Betriebsstättenfiktion des § 2a GewStG als *lex specialis* den § 15 II EStG verdrängt. Während einige Stimmen in der Literatur dem zustimmen und § 2a GewStG sinngemäß für die Einkommensteuer anwenden[412], wird dieser Vorrang der gewerbesteuerlichen Sondervorschrift mehrheitlich abgelehnt[413].

Dieser letztgenannte Ansatz ist zutreffend. Aufgrund der Gesetzessystematik bestehen keinerlei Anhaltspunkte dafür, dass § 2a GewStG als *lex specialis* die Vorschriften des EStG verdrängt. Zur Begründung dieser These sei auf das Konkurrenzverhältnis zwischen EStG und GewStG verwiesen. Nach § 2 Abs. I Satz 2 GewStG ist dieses in der Weise beschrieben, dass das GewStG für das Bestehen eines Gewerbebetriebs auf die Vorschriften des EStG verweist. Entgegen dieser Gesetzessystematik wurde von der Rechtsprechung lange Zeit die Auffassung vertreten, dass auch für einkommensteuerliche Zwecke auf die Gewerbebetriebsdefinition in § 1 I GewStDV a.F. zurückgegriffen werden könne[414]. Diese systemwidrige Umkehrung wurde erst dadurch bereinigt, dass der Gesetzgeber im StEntlG 1984 „aus Gründen der Rechtssystematik und Rechtssicherheit“[415] eine Legaldefinition des „Gewerbebetriebs“ im EStG aufnahm.

Bis zu dieser Gesetzeslage konnte durchaus die Meinung vertreten werden, dass mangels einer einkommensteuerlichen Regelung nicht nur die allgemeine Vorschrift des § 1 I GewStDV a.F., sondern auch die Spezialvorschrift des § 2a GewStG im Einkommensteuerrecht herangezogen werden kann. Diese Betrachtungsweise ist mit der Legaldefinition in § 15 II EStG, spätestens jedoch mit der Einfügung der Gewerbebetriebsfiktion in § 15 III EStG[416] obsolet. Diese Vorschriften lassen den klaren Willen des Gesetzgebers erkennen, dass § 15 EStG zur Prüfung gewerblicher Einkünfte eine für das Einkommensteuerrecht ab-

---

412 Littmann/Bitz/Pust-*Bitz*, EStG, § 15, Rz. 54; Blümich-*Stuhrmann*, EStG, § 15, Rz. 312; Schmidt-*Schmidt*, EStG, § 15, Rz. 329 (bis zur 16. Aufl.); Brönner, Besteuerung der Ges., Abschn. II, Rz. 48 (16. Aufl.); Prinz, JFSt 1991/1992, 235 (265); Giefers/Ott, GbR, Rz. 755. Auch Niedersächsisches FG v. 07.12.1995 -I 252/94-, EFG 1996, 408 (409).

413 Lenski/Steinberg-*Sarrazin*, GewStG, § 2a, Rz. 45; Kirchhof-*Reiß*, EStG, § 15, Rz. 218; Beck'sches Hdb. PersGes-*Bärwaldt*, § 17, Rz. 125; Burchardt/Pfülb, ARGE, § 17, Rz. 111, Barth, StBp 1994, 153 (156). Auch FG Düsseldorf v. 18.04.1996 -10 K 6465/92 F-, EFG 1997, 207 (208). *Unklar*: Söffing, DB 1998, 1733 (1735), FG Mecklenburg-Vorpommern v. 26.08.1998 -1 K 184/97-, DStRE 1999, 132 (133).

414 So BFH v. 17.01.1973 -I R 191/72-, BStBl II 1973, 260 (260).

415 Vgl. die RegBegr. zum Gesetzentwurf, BT-Drucks 10/336, S. 26.

416 Steuerbereinigungsgesetz v. 19.12.1985, BStBl I 1985, 735 (746).

schließende Regelung beinhaltet. Hätte der Gesetzgeber die Gewerbebetriebseigenschaft einer ARGE nicht nur für das Gewerbesteuer-, sondern auch für das Einkommensteuerrecht von vornherein ausschließen wollen, hätte er die Betriebsstättenfiktion im EStG normieren müssen. Insofern handelt es sich hierbei um keinen Fall des *lex specialis.* § 2a GewStG verdrängt zwar für gewerbesteuerliche Zwecke die allgemeinen Vorschriften. Dies gilt jedoch nicht für einkommensteuerliche Zwecke, da das GewStG auf das EStG Bezug nimmt, nicht umgekehrt.

(b.) Gewerbebetrieb gem. § 15 II EStG

Es bedarf an dieser Stelle keiner besonderen Erörterung, dass eine ARGE in der Bauwirtschaft eine selbständige, mit Gewinnerzielungsabsicht betriebene Tätigkeit unternimmt, die sich als Beteiligung am allgemeinen wirtschaftlichen Verkehr darstellt. Einzig das Tatbestandsmerkmal „Nachhaltigkeit" erweist sich aufgrund der konkreten Auftragsbezogenheit als problematisch. Sofern wir an dieser Stelle davon ausgingen, dass der „Gewerbebetrieb" ein Typusbegriff ist, bestünden keine Zweifel daran, die Tätigkeit einer ARGE dem typischen Bild eines Gewerbetreibenden zuzuordnen. Auf die „Nachhaltigkeit" ihrer Betätigung könnte insofern verzichtet werden.

Diese Methodik, bei der im Zweifel auf einzelne Tatbestandsmerkmale gänzlich verzichtet werden kann, wurde im Rahmen dieser Untersuchung zumindest für die Begriffsbestimmung in § 15 II EStG ausdrücklich abgelehnt. Es stellt sich somit die Frage, ob eine ARGE eine nachhaltige Tätigkeit ausübt. Da dieses Tatbestandsmerkmal nicht im Gesetz definiert ist, von sich heraus jedoch auslegungsfähig und -bedürftig ist, bedarf es zunächst einer Konkretisierung, wann eine Tätigkeit im Allgemeinen als nachhaltig zu qualifizieren ist.

(aa.) Das Tatbestandsmerkmal „Nachhaltigkeit" im Lichte der Rechtsprechung

Nach ständiger Rechtsprechung ist eine Tätigkeit *nachhaltig*, wenn sie „auf Wiederholung angelegt ist, d.h. wenn sie von der Absicht getragen ist, sie zu wiederholen, um daraus eine ständige Erwerbsquelle zu machen (subjektives Tatbestandsmerkmal) und sie sich objektiv durch ihre tatsächliche Wiederholung als nachhaltig herausstellt (objektives Tatbestandsmerkmal)"[417].

Inhaltlich bestehen keine Zweifel, dass dieses Tatbestandsmerkmal von der Rechtsprechung weit ausgelegt wird. Ausgehend vom Wortlaut ist davon auszugehen, dass nur solche Tätigkeiten „nachhaltig" sind, die auf Wiederholung an-

---

[417] Vgl. BFH v. 15.07.1986 -VIII R 289/81-, BFH/NV 1987, 92 (93) sowie die nachfolgend zitierten Urteile.

gelegt sind und die auch tatsächlich wiederholt werden[418]. Einmalige Tätigkeiten sind demnach nicht nachhaltig. Diese gerade Linie wird jedoch nicht konsequent eingehalten. Auf der einen Seite können auch mehrere Tätigkeiten nicht nachhaltig sein, wenn sie im Einzelfall als nur eine einzige einheitliche und damit als einmalige Handlung zu werten sind[419]. Auf der anderen Seite können auch einmalige Tätigkeiten nachhaltig sein, wenn sie in der Absicht getätigt werden, diese bei jeder sich bietenden Gelegenheit zu wiederholen und sie sich auf andere Weise als durch die tatsächliche Wiederholung objektiv als nachhaltig darstellen[420]. Ist der Steuerpflichtige subjektiv noch unentschlossen, ob er seine Tätigkeit wiederholen wird, d.h. wenn die Wiederholung ebenso wahrscheinlich wie unwahrscheinlich ist, soll es an der Nachhaltigkeit fehlen[421]. Trotz fehlender Wiederholungsabsicht kann eine Tätigkeit wiederum nachhaltig sein, wenn ihre Ursache auf einem einmaligen Entschluss beruht, die Erledigung aber mehrere Einzeltätigkeiten erfordert.

Diese letztgenannte Erkenntnis stammt aus dem bereits mehrfach zitierten „ARGE-Urteil" des BFH. Dort vertrat der BFH die Auffassung, dass eine ARGE trotz ihrer Projektgebundenheit nachhaltig i.S.d. Gewerbebetriebsdefinition tätig sei, da zu dieser Ausführung „eine Mehrheit von auf dem Gebiet der wirtschaftlichen Betätigung liegenden Einzelhandlungen (Abschluss des Bauvertrages, Einkauf von Materialien, Einrichtung der Baustellen, Einstellung von Arbeitnehmern und dgl.)" erforderlich sei[422]. Zur Begründung dieser Auslegung betonte der erkennende *IV. Senat*, dass der Begriff Nachhaltigkeit im Gewerbesteuerrecht (§ 1 I GewStDV) der gleiche wie der im Umsatzsteuerrecht sei. Nach einer anderen Begründung des *VIII. Senats* sei die ARGE gewerblich und damit inzidenter auch nachhaltig tätig, da sich die beteiligten Unternehmer der Gewerbesteuerpflicht nicht dadurch entziehen könnten, dass sie ihre „unternehmerisch nachhaltige Betätigung auf ständig neu zu schaffende, nur einmal tätige Arbeitsgemeinschaften" verteilen"[423]. Insbesondere die Auffassung des IV. Senats, wonach eine Bauausführung alleine aufgrund der Eigenart dieser Betätigung eine nachhaltige Tätigkeit begründe, wurde in der Folgezeit mehrfach von

---

418 BFH v. 21.08.1985 -I R 60/80-, BStBl II 1986, 88 (90) zum Begriff „Nachhaltigkeit".

419 BFH v. 21.08.1985 -I R 60/80-, a.a.O., mit Hinweis auf RFH v. 12.05.1939 -V A 553/38, RStBl 1939, 926 ff.

420 So bereits der RFH v. 14.10.1941 -I A 216/41-, RStBl 1942, 38 (39). Ihm folgend auch der BFH v. 28.04.1977 -IV R 98/73, BStBl II 1977, 728 (729).

421 BFH v. 28.04.1977 -IV R 98/72, a.a.O. Vgl. hierzu auch Niedersächsisches FG v. 07.06. 2000 -3 K 310/94-, EFG 2001, 1040 (1041 ff.): Keine Gewerblichkeit bei zwischenzeitiger Aufgabe der Veräußerungsabsicht und anschließender Neufassung des Veräußerungsentschlusses.

422 BFH v. 23.02.1961 -IV 313/59 U-, BStBl III 1961, 194 (195).

423 BFH v. 15.07.1986 -VIII R 289/81-, BFH/NV 1987, 92 (94). Ihm folgend: FG Münster v. 28.09.2001 -11 K 6361/99 F, EFG 2002, 83 (84).

anderen Senaten und Finanzgerichten nicht nur gebilligt, sondern als maßgebliche Urteilsbegründung herangezogen[424].

Gerade in jüngerer Zeit ist das Tatbestandsmerkmal „Nachhaltigkeit" durch die umfangreiche Rechtsprechung zum gewerblichen Grundstückshandel wieder in den Blickpunkt des Interesses geraten. Im Kern geht es hierbei um die strittige Anwendung der „Drei-Objekte-Grenze"[425]. Bei der vom X. Senat des BFH mit der sog. „Supermarktentscheidung"[426] initiierten Streitfrage geht es im Wesentlichen darum, ob bereits die einmalige Errichtung und anschließende Veräußerung bestimmter Objekte (z.B. eines Supermarktes oder Mehrfamilienhauses[427]) zu gewerblichen Einkünften führen kann[428]. Der X. Senat bejaht diese Frage, wenn sich die Betätigung des Steuerpflichten nicht im bloßen Grundstückshandel, d.h. der Anschaffung und Veräußerung erschöpft, sondern die Tätigkeit durch die Anschaffung, zwischenzeitliche werterhöhende Bearbeitung (Bebauung) und anschließende Veräußerung den Charakter einer grundstücksbezogenen unternehmerischen Wertschöpfung erlangt[429]. Die in diesem Zusammenhang relevante Frage, ob auch die einmalige produzierende Tätigkeit die erforderliche „Nachhaltigkeit" mit sich bringe, wird vom X. Senat in der Weise beantwortet, dass eine produzierende Bautätigkeit stets nachhaltig sei, da auch die Ausführung nur eines einzigen Bauauftrages die Erledigung mehrerer Einzeltätigkeiten erfordere[430].

424 BFH v. 02.11.1971 -VIII R 1/71-, BStBl II 1972, 360 (361), v. 15.12.1971 -I R 49/70-, BStBl II 1972, 291 (291), v. 10.08.1983 -I R 120/80, BStBl II 1984, 137 (139); FG Baden-Württemberg v. 09.04.1997 -2 K 553/94-, EFG 1997, 1229 (1230); FG Mecklenburg-Vorpommern v. 26.08. 1998 -1 K 184/97-, DStRE 1999, 132 (133). ***Unzutreffend*** daher Söffing, DB 1998, 1733 (1735), der konstatiert, dass das BFH-Urteil v. 23.02.1961 überholt sei, weil es bis zum Ergehen des „Supermarkturteils" von keinem Senat des BFH gebilligt wurde.

425 Vgl. zur „Drei-Objekte-Grenze": Schmidt-*Weber-Grellet*, EStG, § 15, Rz. 52 ff.

426 BFH v. 24.10.1996 -X R 255/93-, BStBl II 1996, 303 ff.

427 BFH v. 14.01.1998 -X R 1/96-, BStBl II 1998, 346 ff (Sechsfamilienhaus).

428 So im Ergebnis die Fragestellung des X. Senats im Vorlagebeschluss an den Großen Senat v. 29.10.1997 -X R 183/96-, BStBl II 1998, 332 (332).

429 Diese Sichtweise des X. Senats hat zur Spaltung der Finanzrechtsprechung beigetragen. *Zustimmend*: Thüringer FG v. 25.06.1997 -III 78/96-, EFG 1998, 1008 (1009), FG Mecklenburg-Vorpommern, 26.08. 1998 -1 K 184/97-, DStRE 1999, 132 (133). *Ablehnend*: FG Rheinland-Pfalz v. 11.11.1998 -1 K 2703/97-, EFG 1999, 379 (380); FG München v. 23.12.1998 -7 K 3286/96-, EFG 1999, 429 (430); Niedersächsisches FG v. 27.05.1999 -V 602/96-, EFG 2000, 503 (504). Ausdrücklich *offen gelassen* bei BFH v. 22.04.1998 -IV B 19/98-, BStBl II 1999, 295 (297), v. 18.05.1999 -I R 118/97-, BStBl II 2000, 28 (31).

430 BFH v. 24.10.1996 -X R 255/93-, BStBl II 1996, 303 (305).

Wie bereits erwähnt, hat der Große Senat des BFH inzwischen über die vom X. Senat vorgelegte Rechtsfrage entschieden. Hierbei gelangt dieser zum Ergebnis, dass die Errichtung von Wohnobjekten auf dem eigenen Grundstück und anschließende Veräußerung nicht unabhängig von der als Indiz wirkenden „Drei-Objekte-Grenze“ alleine wegen der Ähnlichkeit mit dem „Bild des produzierenden Bauunternehmers“ eine gewerbliche Tätigkeit darstelle[431]. Für die Auslegung des Tatbestandsmerkmals „Nachhaltigkeit“ sind diesem Beschluss jedoch keine weiterführenden Ansätze zu entnehmen.

(bb.) Stellungnahme

Allgemein ist zur Auslegung dieses Kriteriums folgendes kritisch anzumerken. Bereits der kurze Blick auf die verschiedenen Auslegungsvarianten des BFH sollte eines verdeutlicht haben: Die einzige Konstante in der Auslegung besteht darin, dass es eine Konstanz in diesem Sinne nicht gibt. Die Beliebigkeit wird dadurch erzeugt, dass zwar grundsätzlich ein Zusammenwirken des objektiven und subjektiven Begriffselementes (Tätigkeit/Wiederholungsabsicht) gefordert wird; in Ausnahmefällen jedoch die Existenz des Einen die Nichtexistenz des Anderen überlagern kann. Die Ursachen für die Schwierigkeiten bei der Auslegung dieses Tatbestandsmerkmals liegen darin begründet, dass die Prüfung der „Wiederholungsabsicht“ in einem Massenverfahren, wie es die Steuerveranlagung darstellt, regelmäßig Schwierigkeiten bereitet[432]. Aufgrund des hohen Ermittlungsaufwandes ist eine einzelfallgerechte, individuelle Überprüfung subjektiver Beweggründe kaum durchführbar. Daher verwundert es nicht, wenn in der Praxis notwendigerweise, objektive Gegebenheiten als Indiz für das Vorliegen subjektiver Tatbestandsmerkmale gewertet werden. Es stellt sich somit die Frage, ob es nicht in bestimmten Sachverhalten sinnvoller ist, aufgrund der tatsächlichen Umstände auf die Wiederholungsabsicht zu schließen, anstatt den Bedeutungsgehalt dieses Tatbestandsmerkmals durch immer neue, extensive Wortinterpretationen ins Unermessliche auszudehnen. Dieser Gedanke wird im weiteren Verlauf an geeigneter Stelle nochmals aufgegriffen. Bevor über eine grundsätzliche Korrektur dieses Tatbestandsmerkmals nachgedacht wird, sollte zunächst - konkret am ARGE-Sachverhalt - überprüft werden, ob die von der Rechtsprechung vorgenommene Auslegung dieses Tatbestandsmerkmals zu überzeugenden Ergebnissen führt.

Unterstellt, dass die von der Rechtsprechung herkömmlich vorgenommene, wortgetreue Auslegung der „nachhaltigen Betätigung“ zutreffend ist, gilt es festzustellen, dass dies auf eine ARGE nicht zutrifft. Die Steuerpflichtigen, die für einen Auftrag ihre Aktivitäten in einer ARGE zusammenfassen, haben weder

---

431 BFH (GrS) 10.12.2001 -GrS 1/98-, BStBl II 2002, 291 [LS].

432 Vgl. insoweit bereits die Ausführungen von *Seeger* zum Tb-Merkmal „Gewinnerzielungsabsicht“, in: FS Ludwig Schmidt, S. 49.

die Absicht, dies in derselben Weise in derselben ARGE wiederholt auszuüben, noch ergeben sich spezifische, objektiv nachweisbare äußerliche Anzeichen, die den Schluss auf eine solche Wiederholungsabsicht zuließen. Der Gesellschaftsvertrag, der die Grundlagen für die Zusammenarbeit in der ARGE nach außen und damit für Dritte nachvollziehbar dokumentiert, sieht regelmäßig keine wiederholte Auftragsausführung vor. Auf der Grundlage dieser eindeutigen gesellschaftsvertraglichen Vereinbarung kann der ARGE keine potentielle Wiederholungsabsicht unterstellt werden[433].

Gleichwohl wird die ARGE unbestritten als Gewerbebetrieb und damit inzidenter als nachhaltig tätig qualifiziert. Zur Begründung dieses Ergebnisses stellt der *BFH* im „ARGE-Urteil" die These auf, dass „der Begriff der Nachhaltigkeit im Gewerbesteuerrecht (§ 1 I GewStDV a.F.) der gleiche wie der im Umsatzsteuerrecht (§ 2 Abs. 1 Satz 3 UStG)" sei[434]. Konkret bedeutet dies, dass auch eine einmalige Betätigung nachhaltig sein kann, wenn zu deren Durch- bzw. Ausführung eine Reihe weiterer Einzelhandlungen erforderlich ist. Mittels dieser Betrachtung kann auch eine ARGE aufgrund ihrer vielfältigen Geschäftsaktivitäten (Materialkauf, Anmietung von Geschäftsräumen, Einstellung von Arbeitnehmern u.s.w.) als nachhaltig tätig qualifiziert werden.

Ob diese für das Umsatzsteuerrecht entwickelte Auslegung im Einkommensteuerrecht anwendbar ist, wird hiermit jedoch bezweifelt[435]. Der BFH argumentiert methodisch in der Weise, dass er aus der verbalen auch eine inhaltliche Übereinstimmung dieser Tatbestandsmerkmale ableitet. Diese Vorgehensweise ist abzulehnen. Die hierfür erforderlichen Voraussetzungen liegen nicht vor, da das UStG und EStG unterschiedliche Regelungsbereiche verkörpern. Ein wie auch immer geartetes inneres System im Sinne einer „Einheit der Steuerrechtsordnung", die es gebieten würde, gleiche Tatbestandsmerkmale gesetzesübergreifend identisch auszulegen, ist weder existent noch wäre dies zweckgerecht[436]. Eine notwendig übereinstimmende Auslegung, die über den Einzelfall hinausgeht, wäre nur dann anzuerkennen, wenn die unterschiedlichen Gesetze einen identischen Regelungsgehalt aufwiesen. Es bleibt daher zu prüfen, ob die vom BFH aufgestellte „Gleichstellungsthese" sich auf diese Weise rechtfertigen lässt.

Allgemein gilt es für das *Umsatzsteuerrecht* zu konstatieren, dass der Unternehmerbegriff ebenso umstritten wie der Begriff des Gewerbebetriebs ist. Streit herrscht nicht nur über dessen abstrakte und methodische Einordnung, sondern auch über die konkrete Auslegung der einzelnen Tatbestandsmerkmale. Dies gilt

433 So aber Söffing, DB 1998, 1733 (1734).
434 BFH v. 23.02.1961 -IV 313/59 U-, BStBl III 1961, 194 (195).
435 **A.A.** Kempermann, DStR 2002, 785 (788).
436 Im Ergebnis auch Tipke, Steuerrechtsordnung I, S. 94 ff.

in besonderem Maße für die Nachhaltigkeit i.S.v. § 2 Abs. I Satz 3 UStG. Hierbei ist es der Rechtsprechung bislang nicht gelungen, eine einheitliche Linie für die Auslegung dieses Kriteriums einzuhalten. In einer kaum mehr nachvollziehbaren Beliebigkeit werden - schlicht einzelfallbezogen - mehrmalige Tätigkeiten als nicht nachhaltig, einmalige Tätigkeiten hingegen als nachhaltig erachtet[437]. Als offenkundiges Leitmotiv für diese Abgrenzung dient ausschließlich das „Gesamtbild der Verhältnisse"[438].

Ohne den nachfolgenden Ausführungen vorweg greifen zu wollen, sei bereits an dieser Stelle erwähnt, dass die (Außen-)ARGE unbestritten als Unternehmer i.S.d. UStG anerkannt wird[439]. Zur Begründung der Nachhaltigkeit ihrer Betätigung wird entweder auf eine Gesamtbetrachtung der Aktivitäten[440] oder auf den Sinn und Zweck des UStG[441] abgestellt. Hierzu stellt der BFH klar, dass dieses Merkmal primär der Abgrenzung der gewerblichen von der privaten Tätigkeit diene. Dementsprechend sei jede Tätigkeit, die nicht in die privaten Sphäre fällt, nach dem Sinn und Zweck des UStG steuerbar. Aus diesem Gesetzeszweck folgert der BFH für den ARGE-Sachverhalt, dass eine ARGE, da sie eine typische gewerbliche Tätigkeit ausübt, auch nachhaltig tätig sein müsse, da eine wörtliche Auslegung der gesetzlichen Vorschrift (ansonsten) ein sinnwidriges Ergebnis zur Folge hätte.

Gerade diese zuletzt zitierte Argumentation öffnet den Blick dafür, die *Betrachtung der Gesamtaktivitäten* zwar für umsatzsteuerliche, nicht jedoch für

---

437 So gelangt der BFH z.B. zu der Erkenntnis, dass die einmalige Herausgabe einer „Prinzenbroschüre" die Unternehmereigenschaft eines Karnevalsprinzen begründe [v. 27.10. 1993 -XI R 86/90-, BStBl II 1994, 274 (275)], wohingegen die jährliche Gebrauchtwagenveräußerung eines Werksangehörigen [v. 18. 07.1991 -V R 86/87-, BStBl II 1991, 776 (777)], die (bislang) einmalige Veröffentlichung eines Fachbeitrages [v. 09.09.1993 - V R 88/88-, BStBl II 1994, 56 (57)] oder die Veräußerung von drei Grundstücksparzellen durch eine DomizilGes [v. 09.07.1998 -V B 143/97-, BFH/NV 1999, 221 (222)] nicht die erforderliche Nachhaltigkeit begründe.

438 Der BFH ist im sog. „2. Jahreswagenverkäufer-Urteil" v. 18.07.1991 [BStBl II 1991, 776 (777)] dazu übergegangen, wahllos sämtliche Indizien zusammenzutragen, die für die Begründung einer nachhaltigen Betätigung sprechen. Die anschließende Sachverhaltssubsumtion nimmt der BFH in der Weise vor, dass er einzelne Merkmale des Lebenssachverhaltes diesen Kriterien zuordnet. *Anm*: Diese Vorgehensweise wurde in der Literatur zurecht getadelt. *Stadie* spricht hierbei sogar von einem „Armutszeugnis" des BFH, in: Rau/Dürrwächter, UStG, § 2, Rz. 254.

439 Diese Frage war lediglich in den 50er Jahren umstritten, vgl. hierzu die widerstreitenden Beiträge von Falkenroth, BB 1952, 314 ff. (contra) und Wauer, BB 1957, 961 ff. (pro).

440 Im Ergebnis bereits RFH v. 12.06.1936 -V A 613 /35-, RStBl 1936, 1164 (1164 f.). *Expressis verbis* der BFH v. 13.05.1960 -V 141/58-, HFR 1961, 137 (138).

441 BFH v. 10.06.1961 -V 50/59-, HFR 1962, 45 (45), v. 21.05.1971 -V R 117/67-, BStBl II 1971, 540 (542).

einkommensteuerliche Zwecke heranzuziehen, da die unterschiedlichen Gesetzeszwecke eine differenzierte Auslegung erfordern. Während der BFH in den o.g. Urteilen den Sinn und Zweck dieses Merkmals für das Umsatzsteuerrecht zuvörderst in der Abgrenzung der gewerblichen von der privaten Sphäre festmacht, lässt sich diese extensive Auslegung, die im Wege der Gesamtbetrachtung nicht nur die Ausgangs-, sondern auch die Beschaffungsseite eines Unternehmers betrachtet, auch durch ein weiteres Grundprinzip des UStG rechtfertigen: Dem strikten *Neutralitätsgrundsatz der Mehrwertsteuer*.

Dieser Grundsatz wird vom *Europäischen Gerichtshof* in ständiger Rechtsprechung dahingehend interpretiert, dass das Gebot der Steuerneutralität eine vollständige Entlastung von Vorsteuern im unternehmerischen Bereich erfordere[442]. In konsequenter Anwendung dieses Neutralitätsgedankens geht der EuGH seit der sog. „*INZO-Entscheidung*"[443] davon aus, dass auch der „erfolglose Unternehmer", der überhaupt keine Ausgangsumsätze tätigt, den Vorsteuerabzug für die Eingangsumsätze erhält, sofern er die Ausführung steuerpflichtiger Umsätze beabsichtigte. Die Grundzüge dieser Rechtsprechung lassen sich unmittelbar auf den ARGE-Sachverhalt anwenden, denn wenn bereits derjenige, der keine Ausgangsumsätze tätigt, vorsteuerabzugsberechtigt sein kann, muss dies **erst recht** für eine ARGE gelten, die eine Vielzahl steuerbarer und steuerpflichtiger Eingangsumsätze (Materiallieferungen von Dritten, Beitragsleistungen der ARGE-Partner) und zumindest einen Ausgangsumsatz zu verbuchen hat[444].

Diese für den „erfolglosen Unternehmer" und erst recht für eine ARGE anzuerkennende Vorsteuerabzugsberechtigung hat mittelbare Auswirkungen auf die Auslegung des Tatbestandsmerkmals „Nachhaltigkeit". Würde man im Rahmen dieser Auslegung ausschließlich auf die Nachhaltigkeit der Absatzgeschäfte abstellen und die Unternehmereigenschaft verweigern, wenn nur ein oder gar kein Ausgangsumsatz getätigt wird, stünde dies im unmittelbaren Widerspruch zur o.g. Wertung des EuGH, da eine Grundvoraussetzung des Vorsteuerabzuges gem. § 15 UStG die Unternehmereigenschaft i.S.d. § 2 I UStG ist. Für die Prüfung der Unternehmereigenschaft eines Subjekts ist es somit unabdingbar, nicht nur die Absatz-, sondern auch die Beschaffungsseite einer Gesamttätigkeit zu

---

442 Seit EuGH v. 14.02.1985 -Rs. 268/83-, Rompelman, Slg 1985, I-655 (664/Rn. 19) in ständiger Rspr.

443 EuGH v. 29.02.1996 -Rs. C-110/94-, INZO, Slg 1996, I-870 (876/Rn. 16 ff.) [=BStBl II 1996, 655], v. 15.01.1998 -Rs. C-37/95-, Ghent Coal, Slg 1998, I-17 (24/Rn. 19). Jetzt auch BFH v. 22.02. 2001 -V R 77/96-, DStR 2001, 785 (786), v. 22.03.2001 -V R 46/00-, DB 2001, 1396 (1396). Im Überblick Korn, KÖSDI 2001, 12997 ff.

444 *Anm*: Dass die ARGE keine typische private, sondern eine wirtschaftliche Tätigkeit [Art. 4 II der Richtlinie 77/388/EWG (6. EG-Richtlinie)] entfaltet, der es möglicherweise nur an der Nachhaltigkeit mangelt, dürfte an dieser Stelle außer Frage stehen.

berücksichtigen. Nur auf diese Weise ist sichergestellt, dass auch der „erfolglose Unternehmer" die Vorsteuerabzugsberechtigung erhält.

Diese Wertungen des UStG, die es rechtfertigen im Rahmen der Nachhaltigkeit auch die „Eingangsseite" zu berücksichtigen, greifen im Einkommensteuerrecht nicht durch, da der Gesetzeszweck ein anderer ist. Im Einkommensteuerrecht ist diesem Tatbestandsmerkmal funktional die Bedeutung beizumessen, einzelne und damit nur gelegentliche Handlungen von der gewerblichen Tätigkeit abzugrenzen[445]. Alleine diese Feststellung führt an dieser Stelle noch nicht weiter, denn es bleibt offen, welche Tätigkeit nachhaltig vorgenommen werden muss. Diese Frage lässt sich eindeutig mit einem Blick auf die Grundstruktur des Einkommensbegriffs[446] beantworten: Es ist die nach außen gerichtete, final auf den Erwerbserfolg angelegte Tätigkeit auf die abzustellen ist. Im Fall der ARGE besteht diese Erwerbshandlung in der Ausführung der übertragenden Werkleistung und nicht in den zur Durchführung dieses Erwerbsgeschäftes erforderlichen Einzel-Handlungen. Auch der *III. Senat* des BFH steht auf dem Standpunkt, dass „eine wiederholte Tätigkeit auf der Beschaffungsseite nicht ausreiche, um das für den Begriff des Gewerbebetriebs kennzeichnende Merkmal der Nachhaltigkeit zu begründen"[447]. Aus diesem Grund sollten die zur Ausführung der Erwerbshandlung erforderlichen Vorbereitungs- oder Hilfsgeschäfte im Einkommensteuerrecht unberücksichtigt bleiben.

An dieser Stelle bleibt zu konstatieren, dass die Tätigkeit der ARGE nach herkömmlicher Auslegung (wiederholte Tätigkeit, einmalige Tätigkeit in Wiederholungsabsicht) nicht nachhaltig ist. Der Versuch dieses Tatbestandsmerkmal durch eine hiervon abweichende, am Umsatzsteuerrecht orientierte Auslegung auszudehnen, ist abzulehnen, da diese Auslegung im Widerspruch zum Gesetzeszweck des EStG steht[448]. Sinnvoller erscheint es, in echten Grenzfällen (wie dem Vorliegenden) nicht den Wortlaut auszudehnen, sondern nach dem Sinn und Zweck des Tatbestandsmerkmals zu forschen[449]. Hierzu bedarf es einer wertenden Kontrolle, die nicht gefühlsmäßig intuitiv, sondern die sich an den

---

[445] So auch die *h.M.*: BFH v. 28.04.1977 IV R 98/73-, BStBl II 1977, 728 (729), v. 30.06. 1993 -XI R 38, 39/91-, BFH/NV 1994, 20 (21) sowie Schmidt-*Weber-Grellet*, EStG, § 15 Rz. 17 m.w.N.

[446] Vgl. hierzu die vorherigen Ausführungen unter: *F.I.1.*

[447] BFH v. 12.07.1991 -III R 47/88-, BStBl II 1992, 143 (146).

[448] Im Ergebnis auch *Jung*, der es bei diesem Subsumtionsergebnis belässt und die ARGE insgesamt als vermögensverwaltende Personengemeinschaft qualifiziert, deren Einkünfte erst auf Gesellschafterebene in gewerbliche Einkünfte umzuqualifizieren sind (S. 45).

[449] Vgl. zur Zulässigkeit dieser Gesetzeskonkretisierung durch Auslegung oder wertende Zuordnung im Vergleich zur unzulässigen Gesetzeserweiterung: Tipke, Steuerrechtsordnung I, S. 178.

vom Gesetzgeber zur Umsetzung beabsichtigten Einkunftsbildern orientiert[450]. Dass die Tätigkeit einer ARGE offensichtlich nicht dem entspricht, was mittels dieses Tatbestandsmerkmals aus dem Bereich der gewerblichen Einkünfte ausgesondert werden sollte, ist unstreitig. Die produzierende Tätigkeit einer ARGE ist eine gewerbliche Tätigkeit. Insofern würde die wörtliche Auslegung der Nachhaltigkeit ein dem Sinn und Zweck des § 15 II EStG widersprechendes Subsumtionsergebnis herbeiführen. In prinzipieller Übereinkunft mit dem BFH ist an dieser Stelle davon auszugehen, dass auch Steuergesetze in Ausnahmefällen gegen ihren Wortlaut ausgelegt werden können, wenn die wortgetreue Auslegung zu einem sinnwidrigen Ergebnis führt, das vom Gesetzgeber so nicht beabsichtigt sein kann[451]. Der ARGE-Sachverhalt entspricht einem solchen Ausnahmefall, so dass es an dieser Stelle dem Sinn und Zweck des § 15 II EStG entspricht, dieses Tatbestandsmerkmal *teleologisch* auf Null zu reduzieren.

(cc.) Zwischenergebnis
Die ARGE betreibt damit einen Gewerbebetrieb i.S.v. § 15 II EStG.

(c.) Gewerblich geprägte Personengesellschaft gem. § 15 III Nr. 2 EStG
Wenn man die ARGE *nicht* als originär gewerblich tätig i.S.v. § 15 II EStG qualifiziert, könnte sich deren Gewerblichkeit auch aus der Gewerbebetriebsfiktion des § 15 III Nr. 2 EStG ableiten. Hierzu sei noch einmal auf die Ausführungen im ersten Abschnitt dieser Arbeit zur Rechtsform und -gestaltung einer typischen ARGE hingewiesen. Die Haftungssituation bei einer ARGE ist so ausgestaltet, das alle an ihr beteiligten Gesellschafter persönlich haften[452]. Die Geschäftsführungsbefugnis obliegt, sofern für den Vertragsschluss der Muster-Arbeitsgemeinschaftsvertrag herangezogen wird, einer technischen und kaufmännischen Geschäftsführung. Der Gesellschafterbestand einer ARGE setzt sich regelmäßig aus Personengesellschaften und/oder Kapitalgesellschaften zusammen. Natürliche Personen sind zwar nicht konstitutionell notwendig, faktisch jedoch aus diesem Gesellschafterkreis ausgeschlossen.

Sofern an einer ARGE ausschließlich Kapitalgesellschaften beteiligt sind, bestehen keine Zweifel daran, dass diese ARGE gewerblich geprägt ist. Entsprechendes gilt in den Fällen, in denen neben Kapitalgesellschaften andere, selbst gewerblich geprägte Personengesellschaften beteiligt sind (§ 15 III Nr. 2, Satz 2 EStG). Fraglich ist, ob diese Gewerbebetriebsfiktion auch dann einschlägig ist,

---

[450] So auch *Birkenfeld* für die umsatzst. Auslegung der Nachhaltigkeit: DStR 1994, 81 (83).

[451] BFH v. 01.08.1974 -IV R 120/70-, BStBl II 1975, 12 (13), v. 02.08.1983 -VIII R 190/80-, BStBl II 1984, 4 (6), v. 08.06.2000 -IV R 37/99-, BStBl II 2001, 162 (164).

[452] Vgl. hierzu auch die Auswirkungen des BGH-Urteils vom 27.09.1999, BGHZ 142, 315 ff. [zur „GbR mbH"] auf die Anwendbarkeit des § 15 III Nr. 2 EStG bei einer vermögensverwaltenden GbR: FG Köln v. 14.03.2001 -11 K 5230/95-, EFG 2001, 1213 (1215).

wenn an der ARGE neben Kapitalgesellschaften oder gewerblich geprägten Personengesellschaften andere, selbst originär tätige Personengesellschaften beteiligt sind?

Der *BFH* hat sich jüngst zu dieser Problematik geäußert und in einem Urteil vom 8.06.2000 festgestellt, dass auch eine selbst originär gewerblich tätige Personengesellschaft eine nur eigenes Vermögen verwaltende GbR gewerblich prägen könne[453]. Zur Begründung dieser These betont der BFH, dass die Formulierung der Verweisung in § 15 III Nr. 2, Satz 2 auf Satz 1 erkennbar auf einem Redaktionsversehen beruhe, denn wenn bereits eine gewerblich geprägte Obergesellschaft der Kapitalgesellschaft gleichgestellt werde, müsse dies erst recht für eine tatsächlich gewerblich tätige GmbH & Co KG gelten (*argumentum a maiore ad minus*).

Dieses Urteil sollte entgegen der missverständlichen Formulierung im Leitsatz jedoch nicht dahingehend interpretiert werden, dass alle gewerblich tätigen Personengesellschaften als Obergesellschaft eine gewerbliche Prägung verleihen können. Vielmehr sollten dies nur die Personengesellschaften vermögen, welche die Grundstrukturen einer gewerblichen geprägten Personengesellschaft aufweisen (vgl. § 15 III Nr. 2, Satz 1 EStG) und darüber hinaus originär gewerblich tätig sind[454]. Zur Verdeutlichung dieser These sei folgendes Beispiel genannt:
Eine GmbH & Co KG, die an einer vermögensverwaltenden GbR beteiligt ist, steht nach § 15 III Nr. 2, Satz 2 EStG einer Kapitalgesellschaft gleich, wenn sie gewerblich geprägt ist oder wenn sie die Grundstrukturen einer gewerblich geprägten Personengesellschaft (s.o.) aufweist und darüber hinaus selbst gewerblich tätig ist. Eine originär gewerblich tätige OHG, bei der die Grundstrukturen einer gewerblich Prägung nicht vorliegen (z.B. natürliche Personen als Gesellschafter), steht hingegen einer gewerblich geprägten Obergesellschaft i.S.v. § 15 III Nr. 2, Satz 2 nicht gleich und kann demnach eine Untergesellschaft auch nicht gewerblich prägen. Dass diese Gesellschaft aufgrund ihrer originären gewerblichen Tätigkeit ein qualitatives Plus gegenüber einer „nur" fiktiv gewerblich tätigen Gesellschaft aufweist, ist in diesem Zusammenhang unerheblich.

Zur Rechtfertigung dieser Auslegung sei auf den Sinn und Zweck des § 15 III Nr. 2 EStG hingewiesen. Da der Gesetzgeber mit dieser Vorschrift den ausdrücklichen Zweck verfolgte, die vom BFH entwickelte und zwischenzeitlich aufgegebene *„Geprägerechtsprechung"*[455] zu normieren[456], erscheint es durch-

453 BFH v. 08.06.2000 -IV R 37/99-, BStBl II 2001, 162 164 ff.
454 Im Ergebnis auch Uelner, FS Döllerer, 661 (670), **a.A.** Meyer-Scharenberg/ Popp/Woring -*Popp*, GewStG, § 2, Rz. 520.
455 BFH (GrS) v. 25.06.1984 -GrS 4/82-, BStBl II 1984, 751 (761 ff.).
456 Vgl. hierzu die amtliche Begründung zum StBerG 1986: BT/Drucks. 10/3663, S. 6.

weg sachgerecht, zur Auslegung dieser Vorschrift auch die Motive des BFH heranzuziehen[457]. Der BFH folgte dabei der Auffassung, dass eine Personengesellschaft unabhängig von ihrer eigenen Betätigung gewerbliche Einkünfte erziele, wenn an ihr Kapitalgesellschaften beteiligt sind und deren Beteiligung wirtschaftlich für den Betrieb der Personengesellschaft von Bedeutung ist[458]. Genauer gesagt könne eine Kapitalgesellschaft, die kraft Gesetz gewerbliche Einkünfte erziele (vgl. § 8 II KStG), eine Personengesellschaft gewerblich prägen, wenn nur sie persönlich für die Verbindlichkeiten der Personengesellschaft hafte und nur sie die Geschicke der Gesellschaft bestimme. In einer leicht modifizierten Argumentation bringt der BFH zusätzlich zum Ausdruck, dass eine Personengesellschaft, die nur begrenzt bereit sei, Kapital zur Haftung für das Auftreten im geschäftlichen Verkehr zur Verfügung zu stellen, einer Kapitalgesellschaft in dem Maße angenähert sei, dass sie steuerrechtlich wie eine Kapitalgesellschaft behandelt werden könne[459].

Ausgehend von dieser Argumentation des BFH lässt sich die soeben dargestellte differenzierte Betrachtung bei einer gewerblich tätigen (Ober-) Personengesellschaft rechtfertigen. Nicht jede originär gewerbliche Personengesellschaft sollte im Wege des „Erst-Recht-Schlusses" einer Kapitalgesellschaft gleichgestellt werden. Vielmehr sollte dies auf solche Gesellschaften beschränkt sein, welche die Grundstrukturen einer gewerblichen Prägung aufweisen.

Konkret für den Fall einer ARGE bedeutet dies, dass diese nur dann gewerblich geprägt ist, wenn an ihr ausschließlich

- Kapitalgesellschaften *und/oder*
- gewerblich geprägte Personengesellschaften *und/oder*
- gewerblich tätige Personengesellschaften, die strukturell eine gewerbliche Prägung aufweisen, beteiligt sind.

bb. Mitunternehmerschaft

(1.) „Einfache ARGE"

Des weiteren müssten die Gesellschafter einer ARGE nach § 15 I Nr. 2 EStG Mitunternehmer sein. An diesem Punkt stellt sich die Problematik, dass an einer ARGE regelmäßig keine natürlichen Personen, sondern ausschließlich Personen- und/oder Kapitalgesellschaften beteiligt sind. Für diese Konstellation gilt es die Frage zu beantworten, ob bei einer doppelstöckigen Personengesellschaft ausschließlich die Gesellschafter der Obergesellschaft als natürliche Personen oder

---

457 Im Ergebnis auch BFH v. 11.12.1986 -IV R 222/84-, BStBl II 1987, 553 (554) sowie Glanegger/Güroff-*Güroff*, GewStG, § 2, Rz. 176.

458 Vgl. hierzu BFH v. 17.03.1966 -IV 233, 234/65-, BStBl III 1966, 171 (173).

459 BFH v. 03.08.1972 -IV R 235/67-, BStBl II 1972, 799 (800).

die Obergesellschaften selbst Mitunternehmer des Gewerbebetriebs der Untergesellschaft sein können. Der BFH vertritt in dieser Frage seit dem Großen Senatsbeschluss vom 25.02.1991 die Auffassung, dass neben natürlichen und juristischen Personen auch Personengesellschaften als Mitunternehmer in Betracht kämen[460]. Bei einer konsequenten Anwendung dieser, inzwischen auch gesetzlich durch § 15 I Nr. 2, Satz 2 EStG[461] normierten Rechtsauffassung, können auch die an einer ARGE beteiligten Personengesellschaften Mitunternehmer dieses Gewerbetriebs sein.

Zu den typischen Kennzeichen eines Mitunternehmers gehört, dass er zusammen mit anderen Personen Unternehmerinitiative entfallen kann und gleichzeitig das Unternehmerrisiko trägt[462]. Hierzu zählt sowohl die Teilhabe an den gemeinsam zu treffenden unternehmerischen Entscheidungen (*Mitunternehmerinitiative*) als auch die unmittelbare Teilhabe am Erfolg oder Misserfolg des Gewerbebetriebs (*Mitunternehmerrisiko*). Ausgehend von der regelmäßig vereinbarten, rechtlichen Gestaltung einer ARGE bestehen keine Zweifel daran, ARGE-Gesellschafter als Mitunternehmer zu qualifizieren. Über ihr Stimmrecht in der Aufsichtsstelle („*übergeordnete Geschäftsführungskompetenz der Aufsichtsstelle*")[463] können die Gesellschafter die geforderte MU'erinitiative ebenso entfalten wie sie über ihre persönliche Gesellschafterhaftung auch das erforderliche MU'errisiko tragen.

(2.) Dach-ARGE/Konsortium im Industrieanlagenbau

Ergänzend sei in diesem Zusammenhang die Frage geklärt, ob auch die Gesellschafter einer *Dach-ARGE* und eines *Konsortiums im Industrieanlagenbau* Mitunternehmer sind. Die Beantwortung dieser Frage erweist sich als problematisch, da diesen Kooperationsformen eine im Vergleich zur „einfachen ARGE" modifizierte Aufgaben- und Risikoverteilung zugrunde liegt[464]. Diese gesellschaftsinterne Aufgabenverteilung erfolgt regelmäßig in der Weise, dass jeder Gesellschafter den ihm übertragenen Liefer- und Leistungsanteil selbständig und eigenverantwortlich ausführt. Konkret bewirkt diese Eigenverantwortlichkeit, dass jeder Gesellschafter *im Innenverhältnis* für seinen Auftragsteil das volle Leistungs- und Vergütungsrisiko trägt. Hierfür erhält er unabhängig vom Gesamtergebnis eine fest vereinbarte Vergütung. Das wirtschaftliche Ergebnis aus dem gemeinsamen Bauvorhaben entsteht somit nicht auf Ebene der Gesellschaft,

---

460 BFH (GrS) v. 25.02.1991 -GrS 7/89-, BStBl II 1991, 691 (700) auch: GrS v. 03.05.1993 -GrS 3/92-, BStBl II 1993, 616 (622). **A.A.** Kirchhof-*Reiß*, EStG, § 15, Rz. 420.

461 Vgl. § 15 I Nr. 2, Satz 2 i.d.F. des StÄndG 1992, BStBl I 1992, 146 (152): „wenn er und die PerGes. [...] **jeweils** als Mitunternehmer der Betriebe der PersGes. anzusehen sind."

462 BFH (GrS) v. 25.06.1984 -GrS 4/82-, BStBl II 1984, 751 (769).

463 Vgl. hierzu die Ausführungen im *1. Abschnitt* zur Rechtsgestaltung einer ARGE.

464 Vgl. hierzu die entsprechenden Ausführungen unter *B.IV.* und *C.III.*

sondern jeder Gesellschafter für sich erwirtschaftet einen individuellen Gewinn oder Verlust. Eine Ergebnispoolung findet nicht statt.

Ausgehend von dieser rechtlichen Gestaltung im Innenverhältnis stellt sich die Frage, ob die Gesellschafter einer Dach-ARGE und eines Konsortiums ein *Mitunternehmerrisiko* tragen?

Dies ist zu bejahen. Zur Rechtfertigung dieses Ergebnisses sollte in diesem Zusammenhang weniger auf die gesellschaftsinterne Auftragsvergabe und die damit einhergehende Verlagerung der Ergebnisrealisation von der Gesellschafts- auf die Gesellschafterebene abgestellt werden, sondern es sollte vielmehr die persönliche Außenhaftung der Gesellschafter beachtet werden. Trotz der gesellschaftsinternen Haftungsverlagerung auf die einzelnen Lieferungs- und Leistungsanteile bleibt es im Außenverhältnis bei der gesamtschuldnerischen Haftung der Gesellschafter. In diesen Fällen ist in Übereinstimmung mit dem VIII. Senat des BFH davon auszugehen, dass alleine die persönliche Außenhaftung eines Gesellschafters immer ein MU'errisiko begründet, selbst wenn dieser im Innenverhältnis über einen Freistellungsanspruch verfügt[465]. Diese Wertung ist sachgerecht, da bei jedem persönlich haftenden Gesellschafter das Risiko verbleibt, von einem Dritten in Anspruch genommen zu werden und im Innenverhältnis keine Haftungsfreistellung zu erlangen.

Da die Partnerunternehmen neben diesem MU'errisiko auch über eine, auf das Gesamtvorhaben bezogene MU'erinitiative verfügen, sind sowohl die Gesellschafter einer Dach-ARGE als auch die eines Konsortiums Mitunternehmer[466].

(3.) Innen-ARGE

Auch bei einer Innen-ARGE können die Voraussetzungen für eine gewerbliche MU'schaft vorliegen. Nach der ständigen Rechtsprechung des BFH können nämlich zu den „anderen Gesellschaften" i.S.v. § 15 I Nr. 2 EStG neben den atypisch stillen Gesellschaften auch sonstige Innengesellschaften in der Rechtsform einer GbR gehören[467].

---

[465] BFH v. 11.06.1985 -VIII R 252/80, BStBl II 1987, 33 (34), v. 09.02.1999 -VIII R 43/98-, BFH/NV 1999, 1196 (1197). Unter der Einschränkung, dass der Ges'ter auch über eine Gewinnbeteiligung verfügen müsse: BFH v. 21.04.1988 -IV R 47/85-, BStBl II 1989, 722 (725) sowie Kirchhof-*Reiß*, EStG, § 15, Rz. 215, 249.

[466] **A.A.** *Sonntag*, in: Grotherr (Hrsg.), Hdb. der int. Steuerplanung, 943 (950); Bendlinger/ Schopper, SWI 2000, 259 (267) sowie BMF, Betriebsstätten-Verwaltungsgrundsätze, Tz. 4..3.4, BStBl I 1999, 1076 (1096).

[467] BFH v. 19.02.1981 -IV R 152/76-, BStBl II 1981, 602 (605), v. 26.05.1993 -X R 108/91-, BStBl II 1994, 96 (98), v. 01.08.1996 -VIII R 42/96-, BStBl II 1997, 272 (274), v. 13.05.1998 -VIII R 81/96-, DStRE 1999, 388 (390).

Bei einer Innen-ARGE handelt es sich um einen Zusammenschluss mehrerer Unternehmen zur Durchführung eines Bauauftrages, der nur einem oder mehreren der Beteiligten als Auftragnehmer erteilt wurde. Für die Anerkennung einer Innengesellschaft als MU'schaft kommt es nach den allgemeinen Grundsätzen darauf an, ob auch die beteiligten Innen-Gesellschafter Mitunternehmer sind. Wenngleich dies von der jeweiligen vertraglichen Gestaltung abhängt, ist bei einer Innen-ARGE regelmäßig davon auszugehen, dass die Innengesellschafter in gleicher Weise wie der nach außen auftretende Gesellschafter Mitunternehmerrisiko und -initiative entfalten können.

Das erforderliche MU'errisiko resultiert daraus, dass der Bauauftrag zwar rechtlich nur im Namen des Auftragnehmer-Gesellschafters, wirtschaftlich jedoch auf Rechnung aller Gesellschafter durchgeführt wird. Zur Sicherung dieser Teilhabe am Erfolg/Misserfolg des Außengesellschafters verfügen die Innengesellschafter über einen schuldrechtlichen Anspruch so gestellt zu werden, als ob sie gesamthänderisch an dem zum Gegenstand der Innengesellschaft gehörenden Vermögen des Außen-Gesellschafters beteiligt wären[468]. Neben diesem gemeinschaftlich getragenen Unternehmerrisiko verfügen die Innengesellschafter auch über entsprechende Initiativ- und Kontrollrechte, um eine angemessene Beteiligung am unternehmerischen Entscheidungsprozess sicherzustellen. Demzufolge handelt es sich auch bei einer Innen-ARGE regelmäßig um eine MU'schaft.

cc. Zwischenergebnis

Im Ergebnis steht fest, dass bei einer ARGE im Baugewerbe die materiellrechtlichen Voraussetzungen einer Mitunternehmerschaft gem. § 15 I Nr. 2 EStG vorliegen. Gleiches gilt für eine Dach-ARGE, ein Konsortium im Industrieanlagenbau und eine Innen-ARGE.

2. Einkünfte- bzw. Gewinnermittlung

Für die Gewinnermittlung von Arbeitsgemeinschaften ist im Steuerrecht zwischen Feststellungs-ARGEN (F-ARGEN) und Nicht-Feststellungs-ARGEN (NF-ARGEN) zu differenzieren. Diese Unterscheidung basiert auf § 180 IV AO. Danach ist für Arbeitsgemeinschaften, deren alleiniger Zweck in der Erfüllung eines einzigen Werk- oder Werklieferungsvertrages besteht, das Verfahren einer einheitlichen und gesonderten Gewinnfeststellung nach §§ 179, 180 I Nr. 2a EStG nicht durchzuführen. ARGEN, die nicht in den Bereich dieser Ausnahmevorschrift fallen, werden als Feststellungs-ARGEN bezeichnet.

468 Vgl. hierzu auch die vorherigen Ausführungen unter: *B.V.*

Der Schwerpunkt der nachfolgenden Ausführungen liegt im Bereich der NF-ARGEN, da sich aus deren verfahrensrechtlichen Sonderstellung eine Reihe ARGE-spezifischer Probleme ergeben.

a. Feststellungs-ARGEN (F-ARGEN)

Bei den F-ARGEN handelt es sich um Arbeitsgemeinschaften, die ihrer Zweckbestimmung nach mehr als einen Werk-/Werklieferungsvertrag erfüllen. Bei ihnen werden die Einkünfte der Gesellschafter einheitlich und gesondert festgestellt (vgl. §§ 179, 180 I Nr. 2 a EStG).

Zur gesellschaftsrechtlichen Gestaltung einer F-ARGE gilt es entsprechend der Ausführungen im 1. Abschnitt dieser Arbeit folgendes zu konstatieren. Unabhängig davon, ob die Gesellschafter für diese Arbeitsgemeinschaft die Rechtsform einer GbR vereinbart haben, handelt es sich hierbei regelmäßig um eine OHG. Zur Begründung sei darauf hingewiesen, dass Arbeitsgemeinschaften, die mehrere Aufträge durchführen, auf den Betrieb eines Handelsgewerbes gerichtet sind. In diesen Fällen ist aufgrund des gesetzlichen Typenzwangs davon auszugehen, dass sich eine in der Rechtsform einer GbR gegründete ARGE identitätswahrend kraft Gesetz in eine OHG umwandelt. Diese steuerlich als F-ARGEN bezeichneten Unternehmenskooperationen werden in der Bauwirtschaft üblicherweise als *Dauer-ARGEN* oder *fortgesetzte ARGEN* bezeichnet. Als wichtigste Rechtsfolge resultiert aus dieser Rechtsformqualifikation, dass eine solche ARGE Kaufmann i.S.d. § 6 I HGB und dementsprechend nach §§ 238 ff. HGB buchführungs- und rechnungslegungspflichtig ist.

Diese handelsrechtliche Buchführungspflicht gilt über § 140 AO auch für das Steuerrecht. Hieraus resultiert für die steuerliche Gewinnermittlung, dass eine gewerbliche F-ARGE ihre Gewinne durch Betriebsvermögensvergleich gem. § 5 I i.V.m. § 4 I EStG unter Beachtung der handelsrechtlichen *GoB* zu ermitteln hat. Da sich im Rahmen dieser Gewinnermittlung keine ARGE-spezifischen Besonderheiten feststellen lassen und sich die F-ARGE insofern nicht von einer „normalen“ baugewerblichen Personengesellschaft unterscheidet, kann an dieser Stelle auf eine weitere Darstellung der F-ARGE verzichtet werden.

b. Nicht-Feststellungs-ARGEN (NF-ARGEN)

aa. § 180 IV AO -mehr als nur eine verfahrensrechtliche Sondervorschrift?

(1.) Anwendungsbereich des § 180 IV AO

Grundsätzlich werden die Besteuerungsgrundlagen im Steuerfestsetzungsverfahren ermittelt. Dieser Grundsatz wird durchbrochen, wenn ein Gesetz ausdrücklich die selbständige Ermittlung der Besteuerungsgrundlagen anordnet.

Eine solche Spezialvorschrift ist z.B. §§ 179 Abs. II Satz 2, 180 I Nr. 2a AO, nach der die einkommen- und körperschaftsteuerpflichtigen Einkünfte einheitlich und gesondert festgestellt werden, wenn an ihnen mehrere Personen beteiligt sind. Diese Voraussetzung liegt typischerweise bei Personengesellschaften vor, deren Gesellschafter Mitunternehmer sind (§§ 15 I Nr. 2, 13 VII, 18 IV EStG).

Bei einer ARGE im Baugewerbe sind die materiell-rechtlichen Voraussetzungen einer gewerblichen Mitunternehmerschaft gem. §§ 15 I Nr. 2, II EStG gegeben. Gleichwohl wird für die ARGEN, die nur einen Werk- oder Werklieferungsvertrag ausführen, nach § 180 IV AO auf ein einheitliches und gesondertes Feststellungsverfahren verzichtet. Es ergeht somit kein Feststellungsbescheid für die Gesellschaft. Statt dessen werden die anteiligen ARGE-Einkünfte im Steuerfestsetzungsverfahren der beteiligten Gesellschafter ermittelt. Im Anwendungskontext des § 180 AO dürfte es sich beim Abs. IV um einen Spezialfall des Abs. III Nr. 2 („Fall von geringer Bedeutung") handeln[469].

Die Ursprünge dieser Sondervorschrift wurden bereits eingangs des 2. Abschnitts erläutert. Für den *Anwendungsbereich* des § 180 IV AO gilt folgendes: Nach der gesetzlichen Formulierung ist der Kreis der NF-ARGEN nicht auf bestimmte Gesellschaftsformen beschränkt. Faktisch ergibt sich eine solche Beschränkung jedoch daraus, dass nach der *h.M.* im Gesellschaftsrecht ARGEN, die nur einen einzigen Werk-/Werklieferungsvertrag ausführen, mangels Gewerblichkeit niemals die Rechtsform einer Personenhandelsgesellschaft einnehmen können. Als mögliche Rechtsform einer NF-ARGE käme somit ausschließlich die GbR in Betracht. Folgte man hingegen dem an anderer Stelle vorgetragenen Regelungsvorschlag zur Novellierung des § 105 III HGB, wäre eine NF-ARGE auch in der Rechtsform einer OHG denkbar.

Neben der einfachen ARGE im Baugewerbe können auch *Dach-ARGEN* oder *Konsortien im Industrieanlagenbau* in den Anwendungsbereich des § 180 IV AO gelangen. Dies gilt auch für *Internationale ARGEN*, d.h. für Arbeitsgemeinschaften im Inland an denen mindestens ein Nicht-Inländer beteiligt ist[470]. Für *Innen-ARGEN bzw. Beteiligungsgesellschaften* ist diese Ausnahmevorschrift ebenfalls anwendbar, wenn es sich bei der jeweiligen Innengesellschaft um eine gewerbliche MU'schaft i.S.v. §§ 15 I Nr. 2, II EStG handelt[471].

---

[469] Vgl. hierzu ausführlich den Gliederungspunkt: „Gleichmäßigkeit der Besteuerung".

[470] *Djanani/Hartmann*, in: Grotherr (Hrsg.), Hdb. der int. Steuerplanung, 1207 (1211).

[471] BFH v. 19.02.1981 -IV R 152/76-, BStBl II 1981, 602 (605), v. 13.05.1999 -VIII R 81/96-, DStRE 1999, 388 (391).

Auf die Problematik der oftmals umstrittenen Auslegung des Tatbestandsmerkmals „ein einziger Werk- oder Werklieferungsvertrag" wird aus praktischen Erwägungen erst bei der Parallelvorschrift des § 2a GewStG näher eingegangen.

(2.) Konkurrenzverhältnis § 180 IV AO / § 15 I Nr. 2 EStG
Im Anschluss an diese Ausführungen ist das Konkurrenzverhältnis des § 180 IV AO zu § 15 I Nr. 2 EStG zu klären. Konkret stellt sich an diesem Punkt die Frage, ob sich aus der verfahrensrechtlichen Negation der ARGE als MU'schaft Rechtsfolgen für die einkommensteuerliche Beurteilung der ARGE ziehen lassen. Rechtstechnisch formuliert gilt es insofern zu untersuchen, ob die verfahrensrechtliche Sondervorschrift des § 180 IV AO eine Ausstrahlungswirkung auf das materielle Recht entfalten oder sogar als *lex specialis* den § 15 I Nr. 2 EStG verdrängen kann?

Diese Frage wird von Teilen der Literatur in der Weise beantwortet, dass diese wegen des „inneren Zusammenhangs" zwischen § 180 AO und § 15 I Nr. 2 EStG davon ausgehen, dass eine ARGE keine MU'schaft i.S.d. § 15 I Nr. 2 EStG sei, wenn die Voraussetzungen des § 180 IV AO vorlägen[472]. Diese auch von den Vertretern der Bauindustrie befürwortete generelle Negation der NF-ARGE im Ertragssteuerrecht basiert auf der Vorstellung, dass der § 180 IV AO nicht nur einen horizontalen Anwendungsvorrang im Bereich des Verfahrensrechts, sondern auch einen vertikalen Anwendungsvorrang im Verhältnis zum materiellen Recht entfalte. Konkret gilt die NF-ARGE hiernach - entsprechend der Betriebsstättenfiktion des § 2a GewStG - einkommensteuerrechtlich nur als eine anteilige Betriebsstätte der Partner[473].

Diese *Betriebsstättenfiktion* führt im Bereich der Gewinnermittlung zu nicht unerheblichen Abweichungen von der gegenteilig vertretenen Auffassung, wonach auch die NF-ARGE eine MU'schaft i.S.d. EStG sei. Ohne den nachfolgenden Ausführungen vorweg greifen zu wollen, sei an dieser Stelle kurz erwähnt, dass die Betriebsstättenfiktion zu einer differierenden Beurteilung in der Frage der Buchführungspflicht einer ARGE, der steuerrechtlichen Bewertung des Leistungsverkehrs zwischen ARGE und Gesellschafter sowie der bilanziellen Behandlung überlassener Wirtschaftsgüter (Stichwort: Sonderbilanzen) führt.

Zur Begründung ihrer Betriebsstättenfiktion berufen sich deren Vertreter u.a. auf die Gesetzessystematik, die dem § 180 AO zugrunde liegt. Hierbei ist im Allgemeinen davon auszugehen, dass nach einer positiven materiell-rechtlichen

---

472 Lademann-*Richter/Markl*, EStG, § 15, Rz. 220 b; Bordewin/Brandt-*Schulze zur Wiesche*, EStG, § 15, Rz. 423; Brönner, Besteuerung der Ges., Kapitel B, Rz. 160; Paus, FR 1998, 994 (994); N.N., HFR 1980, 4 (5).

473 Vgl. hierzu auch die Ausführungen zum Verhältnis des § 2a GewStG zu § 15 EStG.

Qualifikation als MU'schaft die verfahrensrechtliche Rechtsfolge eines gesonderten Feststellungsverfahrens nach § 180 I Nr. 2a AO zu ziehen ist. Ausgehend von dieser Systematik gelangen die Befürworter der Betriebsstättenfiktion zu der Erkenntnis, wenn der Gesetzgeber mittels des § 180 IV AO eine verfahrensrechtliche Ausnahmeregelung für bestimmte ARGEN anordne, müsse diese Sonderstellung aufgrund des zuvor beschriebenen inneren Zusammenhangs auch auf das materielle Recht durchschlagen. Zur Bestätigung ihrer These berufen sich diese auf ein einschlägiges Urteil des BFH, indem dieser konstatiert, dass die mitunternehmerische Beteiligung eines Steuerpflichtigen nicht bejaht werden könne, ohne dass zugleich alle Folgerungen verfahrensrechtlicher Art gezogen werden[474].

Konnte aus diesem allgemein beschriebenen Konkurrenzverhältnis bislang durchaus vertretbar im Wege des *argumentum e contrario* ein umgekehrtes, vom Verfahrensrecht auf das materielle Recht übergreifendes Bindungsverhältnis abgeleitet werden, ist diese Argumentation mittlerweile obsolet. Obwohl der I. Senat des BFH in einem Urteil vom 02.12.1992 noch mehrdeutig befand, dass eine ARGE grundsätzlich eine Personengesellschaft i.S.d. § 15 I Nr. 2 EStG sei, die lediglich aufgrund einer gesetzlichen Sonderregelung von der *steuerlichen Behandlung als Personengesellschaft* ausgenommen werde[475], hat sich der VIII. Senat inzwischen eindeutig zu diesem Konkurrenzverhältnis geäußert. In einem Urteil vom 13.10.1998 stellt dieser klar, dass eine ARGE aufgrund des § 180 IV AO zwar verfahrensrechtlich nicht wie eine Personengesellschaft behandelt werde, dass diese Wertung jedoch auf die materiell-rechtliche Ermittlung der Einkünfte keinen Einfluss habe[476]. Vielmehr seien die allgemeinen für Personengesellschaften geltenden Vorschriften anzuwenden.

Diese im Ergebnis zutreffende Auffassung wird inzwischen von der Mehrheit in der Literatur getragen. Auch die *Finanzverwaltung* geht davon aus, dass die Gesellschafter einer ARGE Mitunternehmer seien, und zwar unabhängig davon, ob für die ARGE ein Feststellungsverfahren durchgeführt werde[477].

An diesen Ausführungen bestehen keine berechtigten Zweifel. Eine andere Wertung würde dem § 180 IV AO einen Bedeutungsgehalt beimessen, der von der Reichweite dieser Vorschrift nicht gedeckt ist. Bei dieser Ausnahmeregelung

474 BFH v. 18.07.1979 -I R 199/75-, BStBl II 1979, 750 (752). Vgl. zur Auswirkung dieses Urteils für die Beurteilung des ARGE-Sachverhaltes auch die Anmerkung in: HFR 1980, 4 (5).

475 BFH v. 02.12.1992 -I R 165/90-, BStBl II 1993, 577 (578).

476 BFH v. 13.10.1998 -VIII R 61/96-, BFH/NV 1999, 463 (464). So auch die Vorinstanz: FG Düsseldorf v. 18.04.1996 -10 K 6465/92 F-, EFG 1997, 207 (208).

477 BMF, BS-Verwaltungsgrundsätze v. 24.12.1999, Tz. 4.3.4, BStBl I 1999, 1076 (1096).

handelt es sich um einen echten Sondertatbestand, deren Wirkung auf den unmittelbaren Regelungsbereich, dem Feststellungsverfahren beschränkt ist. Auch das von den Befürwortern der Betriebsstättenfiktion herangezogene BFH-Urteil spricht eher gegen als für deren These, da der BFH bereits in diesem Urteil die o.g. Aussage für die Fälle von geringer Bedeutung relativierte[478]. Diese Einschränkung des BFH sollte jedoch nicht in der Weise verstanden werden, dass die verfahrensrechtlichen Ausnahmetatbestände (§§ 180 III, IV AO) eine Umkehrung des Bindungsverhältnisses zwischen materiellem Recht und Verfahrensrecht bewirken. Vielmehr sollte diese Einschränkung dahingehend verstanden werden, dass dieses Bindungsverhältnis durch die verfahrensrechtlichen Sondertatbestände einseitig durchbrochen wird. M.a.W. ist davon auszugehen, dass eine ARGE, sofern die Voraussetzungen einer gewerblichen MU'schaft erfüllt sind, nur für die Zwecke des Feststellungsverfahrens von der steuerlichen Behandlung als Personengesellschaft ausgenommen wird.

Abschließend sei noch angemerkt, wenn der Gesetzgeber nicht nur die verfahrensrechtliche, sondern auch die materiell-rechtliche Stellung der ARGE als MU'schaft hätte beseitigen wollen, wäre hierzu eine Regelung im EStG erforderlich gewesen, so wie dies beispielsweise in Österreich erfolgt ist[479].

---

478 BFH v. 18.07.1979 -I R 199/75-, BStBl II 1979, 750 (752).

479 Vgl. § 2 Abs. IV Satz 3 öEStG: „Betriebsstätten von nach bürgerlichem Recht nicht rechtsfähigen Personenvereinigungen gelten anteilig als BS der Mitglieder, wenn sich ihr alleiniger Zweck auf die Erfüllung eines einzigen Werkvertrages oder Werklieferungsvertrages beschränkt."

bb. Die Rechnungslegung der ARGE

(1.) Rechtsgrundlagen

Handelsrechtlich ist davon auszugehen, dass eine steuerlich als NF-ARGE bezeichnete Arbeitsgemeinschaft nach der bislang *h.M.* die Rechtsform einer GbR aufweist (s.o.). Dementsprechend ist diese ARGE mangels Kaufmannseigenschaft weder buchführungspflichtig (§§ 238 ff. HGB) noch zur Aufstellung von Jahresabschlüssen (§§ 242 ff. HGB) verpflichtet. Sollte sich der im Rahmen dieser Untersuchung angeregte Gesetzgebungsvorschlag zur Neuregelung des § 105 III HGB durchsetzen, ist davon auszugehen, dass auch die einfache ARGE regelmäßig die Rechtsform einer OHG einnimmt. In diesem Fall würde sich aus der daraus resultierenden Kaufmannseigenschaft auch der Pflichtenkreis der §§ 238 ff. HGB eröffnen. Steuerlich ergäbe sich in diesem Fall ebenfalls eine Buchführungs- und Rechnungslegungspflicht (vgl. § 140 AO).

Doch auch unter der Annahme, dass es sich bei der NF-ARGE *de lege lata* um eine GbR handelt, ergibt sich *steuerrechtlich* ein vom Handelsrecht divergierendes Ergebnis. Zwar ist die NF-ARGE nicht nach § 140 AO buchführungspflichtig, jedoch kann sich diese Pflicht aus § 141 AO ergeben. Hierzu ist erforderlich, dass die ARGE als „gewerblicher Unternehmer" i.S.v. § 141 AO eine der in Absatz I Nr. 1-5 festgelegten Grenzen (Umsatz, Gewinn u.a.) überschreitet. Die erforderliche Überschreitung der festgelegten Buchführungsgrenzen dürfte zumindest bei den größeren ARGEN regelmäßig der Fall sein. Problematisch könnte an dieser Stelle jedoch sein, ob die ARGE ein „gewerblicher Unternehmer" i.S.v. § 141 AO ist. Die Ursache dieser Problematik resultiert aus einer möglichen Wechselwirkung des § 141 AO zu § 180 IV AO. Es stellt sich in diesem Zusammenhang nämlich die Frage, ob die ARGE, obwohl sie im Verfahren der gesonderten Gewinnfeststellung nicht wie eine *gewerbliche Mitunternehmerschaft* behandelt wird, gleichwohl im Rahmen der steuerlichen Buchführungspflicht als *gewerbliches Unternehmen* qualifiziert werden kann?

Diese Frage ist zu bejahen. Zur Begründung sei erwähnt, dass sich der in § 141 AO normierte Begriff des „gewerblichen Unternehmers" nicht aus dem Verfahrensrecht ableitet, sondern dass diese Regelung an die materiell-rechtlichen Bestimmungen der §§ 15 II, III EStG oder § 2 II, III GewStG anknüpft[480]. Da es sich bei einer ARGE um einen Gewerbetreibenden i.S.v. von § 15 II EStG handelt (s.o.), gilt sie auch für die Zwecke des § 141 AO als gewerblicher Unter-

---

[480] Vgl. Tipke/Kruse-*Kruse/Drüen*, AO, § 141, Rz. 3 sowie BMF, AEAO v. 14.02.2000, Nr. 1 Satz 3 zu § 141, BStBl I 2000, 190 (238).

nehmer. Die Annahme einer speziellen Ausstrahlungswirkung der verfahrensrechtlichen Negation aus § 180 IV AO auf § 141 AO ist abzulehnen[481].

Der Beginn dieser steuerlichen Buchführungspflicht setzt ab dem Beginn des Wirtschaftsjahres ein, welches nach Bekanntgabe der Mitteilung folgt, in der die Finanzbehörde auf den Beginn dieser Verpflichtung hingewiesen hat (§ 141 II AO). Die konkrete Pflicht zur Rechnungslegung trifft dabei nicht die Gesellschafter, sondern die ARGE selbst ist Normadressat der Pflichten aus § 141 AO. Die steuerliche Gewinnermittlung hat in diesen Fällen im Wege des Betriebsvermögensvergleichs nach § 5 I i.V.m. § 4 I EStG, d.h. unter Beachtung der handelsrechtlichen *GoB* zu erfolgen[482].

An diesem Punkt stellt sich wiederum das Problem der Wechselwirkung des materiellen Rechts zum Verfahrensrecht. Obgleich die ARGE selbst als MU'schaft zur Erstellung von Steuerbilanzen verpflichtet ist, wird diese Rechtsfolge verfahrensrechtlich eliminiert, indem für diese ARGEN gem. § 180 IV AO kein gesondertes Feststellungsverfahren durchgeführt werden muss. Die Rechtsfolgen dieser verfahrensrechtlichen Sondervorschrift für die steuerliche Rechnungslegungspflicht der ARGE sind unklar. Entgegen einiger Stimmen in der Literatur ist davon auszugehen, dass in den Fällen, in denen die Voraussetzungen des § 141 AO erfüllt sind, trotz des § 180 IV AO eine Steuerbilanz für die ARGE aufzustellen ist[483]. Diese muss aufgrund der verfahrensrechtlichen Sonderstellung der NF-ARGE jedoch nicht einheitlich auf Ebene der ARGE erstellt werden. Vielmehr besteht für jeden Gesellschafter die Verpflichtung, im Rahmen der steuerlichen Bestimmungen eine eigene „ARGE-Steuerbilanz" aufzustellen[484]. Diese aus rechtssystematischer Sicht keineswegs zufriedenstellende Rechtslage resultiert aus der zweifelhaften Systematik, wonach eine ARGE für die materiell-rechtliche Ermittlung der Einkünfte eine MU'schaft ist, die jedoch verfahrensrechtlich nicht wie eine solche behandelt wird und bei der die Besteuerungsfolgen unmittelbar bei den ARGE-Mitgliedern ansetzen.

In der Praxis der Bauwirtschaft wird diese Pflicht zur Aufstellung gesonderter „ARGE-Steuerbilanzen" regelmäßig n i c h t eingehalten, sei es weil die Grenzen des § 141 AO nicht überschritten sind oder weil sich die Beteiligten aufgrund des § 180 IV AO nicht zur Aufstellung separater Steuerbilanzen veranlasst

---

481 Im Ergebnis auch der BMF, BS-Verwaltungsgrundsätze, Tz. 1.1.3.2, BStBl I 1999, 1076 (1079) sowie Winnefeld, BilanzHdb, Kap. L, Rz. 185. **A.A.** Albrod, StBp 1994, 6 (10).

482 Vgl. Schmidt-*Weber-Grellet*, EStG, § 5, Rz. 6: Bücher i.S.d. § 5 Abs. 1 Satz 1 EStG sind Handelsbücher i.S.v. §§ 238, 239 HGB und § 141 I AO.

483 **A.A.** Lindken/Mielicki, Buchhaltung, Zwischenabschlüsse und Schlussbilanz der Bau-ARGEN, S. 35.

484 Im Ergebnis wohl auch: BFH v. 13.10.1998 -VIII R 61/96-, BFH/NV 1999, 463 (464).

sehen. Dieser letztgenannte Standpunkt resultiert wiederum aus der in weiten Teilen der Bauindustrie vorherrschenden Auffassung, dass die F-ARGE keine MU'schaft, sondern eine anteilige Betriebsstätte der Gesellschafter darstelle[485].

Statt dessen verfährt die Praxis regelmäßig in der Weise, dass die Gesellschafter entsprechend ihrer handels- und steuerrechtlichen Erfordernisse die anteiligen ARGE-Ergebnisse aus dem Rechnungslegungswerk der ARGE übernehmen[486]. Bei diesem Rechenwerk handelt es sich um ein speziell für die ARGE-Zwecke konzipiertes Rechnungslegungssystem, das unabhängig von einer eventuell vorhandenen handels- oder steuerrechtlichen Rechnungslegungspflicht freiwillig geführt wird. Der wesentliche Unterschied dieser auf Ebene der ARGE erstellten Rechnungsabschlüsse zu einer Handels- oder Steuerbilanz besteht darin, dass diese häufig nicht den gesetzlichen Vorschriften entsprechen[487]. Aus diesem Grund bestehen an dieser Stelle erhebliche Zweifel, ob dieses freiwillige System der Rechnungslegung den gesetzlichen Ansprüchen genügt, die an eine ARGE zu stellen sind. Neben diesen rechtlichen Bedenken sei ebenfalls darauf hingewiesen, dass in der Literatur und dabei insbesondere aus den Reihen der Wirtschaftsprüfer die Empfehlung ausgesprochen wird, auch für die „freiwillige" Rechnungslegung eines Gemeinschaftsunternehmens (ARGE, Konsortium, Projektgesellschaft u.a.) die Anwendung handelsrechtlicher Vorschriften zu vereinbaren[488]. Gleichwohl werden in der ARGE-Praxis die Ergebnisse häufig in der nachfolgend dargelegten Weise ermittelt.

(2.) System der ARGE-Rechnungslegung

Die Rechtsgrundlage für die konkrete ARGE-Rechnungslegung besteht bei der Verwendung des gewerbeüblichen Mustervertrages in § 8.6. Bei dieser Vorschrift handelt es sich um eine individual-vertraglich zulässige Abbedingung des dispositiven § 721 II BGB.

Nach §§ 8.1, 8.4 ARGE-MV zeichnet sich die kaufmännische Geschäftsführung für das Rechnungswesen der ARGE verantwortlich. Dieses orientiert sich vornehmlich an den Informationsbedürfnissen der beteiligten Gesellschafter, da die Auftragsdurchführung im Rahmen einer ARGE für die einzelnen Partner aufgrund des höheren Auftragsvolumens, einer längeren Bauzeit oder größerer technischer Anforderungen ein gesteigertes Risikopotential gegenüber der normalen Geschäftstätigkeit birgt.

---

485 Vgl. Barth, StBp 1994, 153 (157).

486 Vgl. Albrod, StBp 1994, 6 (10).

487 Vgl. hierzu die nachfolgenden Ausführungen zur „ARGE-Rechungslegung" und hierbei insbesondere zur „Vermögensübersicht".

488 IDW (HFA-Stellungnahme 1/1993), Wpg 1993, 441 (442); Früh/Klar, Wpg 1993, 493 (496); *Scheffler*, in: Schaumburg (Hrsg.), Internationale Joint Ventures, 131 (144).

Dementsprechend hat das Rechnungs- und Berichtswesen einer ARGE folgende Kontrollfunktionen zu erfüllen:

- *Kontrolle* des Bauleistungsprozesses durch die periodische Erstellung von Zwischenabschlüssen.
- *Kontrolle* der Gesellschafter-Beitragsleistungen über die Führung von Verrechnungskonten und deren periodischer Darstellung nach Soll- und Ist-Werten in Abhängigkeit der Beteiligung.
- *Kontrolle* der Vermögensänderungen durch die Erfassung der sich aus der Geschäftstätigkeit ergebenden Wertbewegungen und der periodischen Anfertigung von Vermögensübersichten[489].

Entsprechend dieser Zielvorgaben sind in §§ 8.44, 8.6 ARGE-MV folgende Rechnungslegungsinstrumente vorgesehen:

- Kurzfristige Ergebnisübersichten
- Vorläufige Schlussbilanz
- Endgültige Schlussbilanz
- Auseinandersetzungsbilanz (im Fall des Ausscheidens eines Gesellschafters)

Zur Durchführung dieser in weiten Kreisen üblichen ARGE-Rechnungslegung existieren eine Reihe von Arbeitshilfen, die ebenso wie der Mustervertrag gemeinschaftlich von den Spitzenverbänden der deutschen Bauindustrie und des Baugewerbes herausgegeben werden. Hierbei handelt es sich u.a. um einen Musterkontenplan für ARGEN und einige Musterformulare zur Erstellung der genannten Zwischenabschlüsse oder Schlussbilanzen.

(a.) Kurzfristige Ergebnisübersichten

Nach § 8.6 ARGE-MV hat die kaufmännische Geschäftsführung die Gesellschafter monatlich oder vierteljährlich mit Ergebnisübersichten über den Stand der ARGE-Ergebnisse zu unterrichten. Damit diese Zwischenabschlüsse dem Informationsbedürfnis der Gesellschafter ausreichend Rechnung tragen, werden diese in der Praxis regelmäßig monatlich erstellt. Die Vereinbarung vierteljährlicher Zwischenabschlüsse sollte im Interesse einer wirksamen Überwachung des Bauleitungsprozesses die Ausnahme bilden. Im Regelfall bestehen die ARGE-Ergebnisübersichten aus folgenden Komponenten[490]:

- Leistungsaufstellung
- Übersicht über die Gesellschafter-Verrechnungskonten
- Ergebnisrechnung
- Vermögensübersicht
- Weitere ARGE-Übersichtsblätter

---

489 Vgl. hierzu: BWI-Bau, Rechnungs- und Berichtswesen der Bau-ARGEN, Einleitung.

490 Vgl. zur nachfolgenden Darstellung des ARGE-Rechnungswesens: Lindken/Mielicki, Buchhaltung, Zwischenabschlüsse und Schlussbilanzen der Bau-ARGEN, S. 20 ff.

In der ***Leistungsaufstellung*** werden zum jeweiligen Stichtag die mit dem Auftraggeber oder Dritten bereits „abgerechneten Leistungen“ sowie die „ausgeführten, aber noch nicht berechneten Leistungen“ aufgelistet. Daneben werden die „abzusetzenden Leistungen aus Leistungsabgrenzung“ und erforderlichenfalls auch „Wertberichtigungen“ einbezogen. Bei der Aufstellung dieses Leistungsverzeichnisses ist die kaufmännische Geschäftsführung in besonderem Maße auf die zutreffenden Angaben der Bauleitung angewiesen, da sich für die kaufmännische GF bei den noch nicht abgerechneten fertigen oder halbfertigen Leistungen keine Kontrollmöglichkeiten ergeben[491]. Üblicherweise wird im Rahmen dieser Leistungsaufstellung zur besseren Beurteilung der Gesamtleistung auch der Fertigstellungsgrad vermerkt.

Ein weiteres wichtiges Kontrollinstrument dieses Zwischenabschlusses besteht in dem Übersichtsblatt zum ***Stand der Gesellschafter-Verrechnungskonten***.
Wie bereits bei den allgemeinen Ausführungen zur Rechtsgestaltung einer ARGE dargelegt, besteht ein wesentliches Charakteristikum der einfachen ARGE darin, dass die Gesellschafter zur Erreichung des ARGE-Zwecks im Verhältnis ihrer Beteiligung Beiträge und Leistungen an die ARGE erbringen (vgl. § 4 i.V.m. §§ 11 ff. ARGE-MV). Zur buchmäßigen Erfassung dieser Transaktionen wird für jeden Gesellschafter auf der Ebene der ARGE ein gesondertes Gesellschafter-Verrechnungskonto geführt. Nach dem ARGE-Musterkontenplan ist dieses Gesellschafterkonto wiederum auf bis zu sieben Unterkonten aufzuschlüsseln, so dass eine gesonderte Erfassung der einzelnen Lieferungen und Leistungen, aber auch der Gesellschaftereinzahlungen sowie der Auszahlungen an die Gesellschafter möglich ist[492].

Allgemein formuliert werden auf dem Verrechnungskonto folgende Geschäftsvorfälle erfasst:
- *Einzahlungen* der Gesellschafter an die ARGE und *Rückzahlungen* der ARGE an den Gesellschafter aus Finanzierungsvorgängen zur Vorfinanzierung der Bauausführung
- *Liefer- und Leistungsverkehr* zwischen Gesellschafter und ARGE
- *Ergebnisübernahme* des Gesellschafters von der ARGE[493]

Auf dem genannten Übersichtsblatt werden die einzelnen Geschäftsvorfälle in bestimmten Sammelpositionen (z.B. Bareinschüsse, Löhne, Gerätemieten) zusammengefasst. Da diese Leistungen einen nicht unerheblichen Umfang einnehmen können, besteht eine Hauptaufgabe dieser Übersicht - neben der Information über den Stand der Verrechnungskonten - in der Feststellung, ob eine

[491] Vgl. zu den Informationspflichten der Bauleitung die §§ 9.12, 9.13 ARGE-MV.
[492] Burchardt/Pfülb, ARGE, § 11, Rz. 11.
[493] So auch Hebestreit, DStR 1994, 834 (836).

Angleichung der einzelnen Gesellschafterkonten erforderlich ist. Diese nach § 11.24 ARGE-MV vertraglich vereinbarte Angleichung hat immer dann zu erfolgen, wenn der Stand der Verrechnungskonten nicht mit dem Beteiligungsverhältnis übereinstimmt.

Die ***ARGE-Ergebnisrechnung*** dient der Ermittlung, ob im Zeitpunkt der Ergebnisaufstellung ein Rohgewinn oder -verlust erwirtschaftet wurde. Dies erfolgt in der Weise, dass zunächst das Baustellenergebnis festgestellt wird, indem die betrieblichen Aufwendungen und die Erträge der Baustelle saldiert werden. In einem zweiten Schritt werden die außerhalb der Bautätigkeit anfallenden Aufwendungen und Erträge erfasst, um hieraus das neutrale Ergebnis zu ermitteln. Diese beiden Teilergebnisse werden anschließend saldiert, um das Rohergebnis der ARGE zu berechnen.

Das Kernstück dieses Zwischenabschlusses besteht in der ***Vermögensübersicht***. Diese weist dem ersten Anschein nach Ähnlichkeiten mit einer „echten" Bilanz auf, da es sich hierbei um eine Gegenüberstellung des Anlage- und Umlaufvermögens zu den Verbindlichkeiten und Rückstellungen der ARGE handelt. Dennoch entspricht diese Vermögensübersicht in aller Regel nicht den handels- und steuerrechtlichen Bilanzvorschriften, da die Bauleistung nicht mit den Herstellungskosten, sondern mit den vereinbarten Vertragspreisen bewertet wird[494]. Aus bilanzieller Sicht werden somit keine „Unfertigen Bauten", sondern „Forderungen gegen den Auftraggeber" ausgewiesen[495]. Da sich diese Forderungen nicht notwendigerweise aus Abschlags- oder Teilschlussrechnungen ergeben müssen, handelt es sich insofern nicht um echte schuldrechtliche, d.h. bilanziell ausweisbare, sondern um fiktive Forderungen, die sich nach dem Verhältnis des Fertigstellungsgrades zu den vereinbarten Vertragspreisen bemessen. Ausgehend von dieser Funktion stellt die ARGE auch keine „Eröffnungsbilanz" auf, da sie von einem Anfangsvermögen von Null-€ ausgeht[496]. Methodisch weist diese Bewertung gewisse Parallelen zur „Percentage-of-Completion"-Methode auf, die nach den internationalen Rechnungslegungsstandards der *IAS* oder *US-GAAP* zur Bilanzierung langfristiger Fertigungsaufträge verwendet wird[497].

In der Praxis wird häufig in den Fällen, in denen eine handels- und/oder steuerrechtliche Pflicht zur Rechnungslegung besteht (z.B. bei einer F-ARGE), aus diesen Vermögensübersichten eine den gesetzlichen Vorschriften entsprechende Bilanz abgeleitet.

494 Vgl. Burchardt/Pfülb, ARGE, § 8, Rz. 89; Albrod, StBp 1994, 6 (8) sowie Barth, StBp 1994, 153 (157).
495 Hebestreit, DStR 1994, 834 (834).
496 Albrod, StBp 1994, 6 (8).
497 Vgl. hierzu die nachfolgenden Ausführungen zur „PoC"-Methode.

Daneben existieren weitere ***Übersichtsblätter***, die z.B. über den Stand der Abschreibung bei ARGE-eigenen Geräten, den Stoffbestand oder die Kosten der Nachunternehmerbeauftragung informieren.

(b.) Vorläufige Schlussbilanz

Nach § 8.6, Satz 3 ARGE-MV hat die kaufmännische Geschäftsführung nach Anerkennung der Schlussrechnung durch den Auftraggeber eine vorläufige Schlussbilanz aufzustellen. Dieser Verpflichtung soll die kaufmännische GF innerhalb eines Monats nachkommen, wobei die Aufsichtsstelle in besonderen Fällen eine hiervon abweichende Frist beschließen kann. Inhaltlich weist diese vorläufige Schlussbilanz keine wesentlichen Unterschiede zu den bereits zuvor beschriebenen periodischen Zwischenabschlüssen auf.

Zur präzisen Festlegung des Bilanzstichtages, an dem die vorläufige Schlussbilanz aufzustellen ist, erweist sich eine Konkretisierung des im Mustervertrag festgelegten Zeitpunkts als erforderlich. Ausweislich des § 8.6 ARGE-MV soll die *Anerkennung der Schlussrechnung durch den Auftraggeber* diesen Bilanzstichtag markieren. Zum Terminus „***Schlussrechnung***" bedarf es der Anmerkung, dass der Auftragnehmer nur bei einem VOB-Bauvertrag nach § 14 VOB/B zur Aufstellung einer solchen Rechnung verpflichtet ist. Liegen dem Werk- oder Werklieferungsvertrag die Vorschriften des BGB zugrunde, ist die Aufstellung einer Schlussrechnung nicht obligatorisch[498]. Gleichwohl steht es den Vertragsparteien grundsätzlich frei, fakultativ eine solche Verpflichtung zu vereinbaren. Die Schlussrechnung kann dabei frühestens nach Fertigstellung der Bauleistung aufgestellt werden. Die Abnahme der Leistung (§§ 640 BGB, 12 VOB/B) hingegen ist hierfür nicht erforderlich[499].

Des weiteren verlangt § 8.6 ARGE-MV für den Zeitpunkt der Bilanzaufstellung die ***Anerkennung*** dieser Schlussrechnung durch den Auftraggeber. Diese ausdrückliche Anerkennung ist weder im BGB noch in der VOB/B explizit geregelt. Gleichwohl ist davon auszugehen, dass diese innerhalb von zwei Monaten nach Rechnungszugang vorliegen muss, da der Auftraggeber nach § 16 Nr. 3, Abs. I VOB/B innerhalb dieser Frist die Schlusszahlung zu leisten hat. Da für die Fälligkeit dieser Zahlung neben der Schlussrechnung auch die Abnahme der Bauleistung erforderlich ist[500], folgt die Anerkennung dieser Rechnung zeitlich nach der Abnahme des Bauwerkes. Die Aufstellung der vorläufigen Schlussbilanz erfolgt damit ebenfalls nach der Abnahme.

---

[498] Eine Schlussrechnung ist nur in den Fällen des *Einheitspreisvertrages* erforderlich, vgl. Heiermann/Riedl/Rusam-*Heiermann*, VOB/B, § 14, Rz. 7.

[499] Ingenstau/Korbion, VOB/B, § 14, Rz. 53.

[500] So auch BGH v. 18.12.1980 -VII ZR 43/80-, NJW 1981, 822 (822).

Bei dieser Schlussbilanz handelt es sich jedoch nur um eine vorläufige Schlussbilanz, da auch nach Aufstellung der Schlussrechnung noch nicht alle Geschäftsvorfälle der ARGE abgewickelt sind. So können sich nachträgliche Veränderungen beispielsweise aus der Erfüllung von Gewährleistungspflichten oder aus Abrechnungsstreitigkeiten mit Nachunternehmern oder Lieferanten ergeben[501].

Nicht eindeutig geklärt ist, ob die vorläufige Schlussbilanz auch dann aufzustellen ist, wenn der Auftraggeber die Schlussrechnung nicht in vollem Umfang anerkennt hat. Nach der Formulierung in § 8.6 ARGE-MV ist davon auszugehen, dass in dieser Konstellation eine vorläufige Schlussbilanz noch nicht aufgestellt werden kann bzw. muss. Da diese Lösung für die Beteiligten keineswegs interessengerecht ist, wird in der *Literatur* die abweichende Auffassung vertreten, in diesen Fällen entgegen der vertraglichen Festlegung bereits eine vorläufige Schlussbilanz aufzustellen. Als alternativer Bilanzstichtag wird darauf abgestellt, ob der Auftraggeber zumindest die aus seiner Sicht endgültige Schlusszahlung i.S.v. § 16 Nr. 3 VOB/B geleistet bzw. die Schlusszahlungserklärung gem. § 16 Nr. 3 Abs. III VOB/B abgegeben hat[502]. In Anbetracht der lediglich Informationszwecken dienenden vorläufigen Schlussbilanz erscheint diese Auslegung des Mustervertrages als sach- und interessengerecht.

(c.) Endgültige Schlussbilanz

Nach § 8.6, Satz 4 ARGE-MV hat die kaufmännische Geschäftsführung nach Abwicklung aller Geschäftsvorfälle eine (endgültige) Schlussbilanz und ein Schlussprotokoll aufzustellen. Inhaltlich weist die Schlussbilanz einen identischen Aufbau wie die monatlichen Vermögensübersichten auf, nur mit dem Unterschied, dass in dieser Bilanz auf der Passivseite lediglich der Rohgewinn und auf der Aktivseite seine Verteilung auf die Gesellschafter entsprechend ihres Beteiligungsverhältnisses ausgewiesen wird[503]. Im Fall der Verlust-ARGE erfolgt ein seitenverkehrter Bilanzansatz. Mit der Bezeichnung „Rohgewinn oder -verlust“ wird verdeutlicht, dass der auf die Gesellschafter entfallende Gewinn- oder Verlustanteil noch um die Kosten zu mindern oder erhöhen ist, für die der ARGE-Vertrag keine Kostenerstattung vorsieht[504]. Es sind dies zum einen die Aufwendungen, die den Mitgliedern der Aufsichtsstelle für ihre Tätigkeit entstehen (§ 6.9 ARGE-MV) und zum anderen die Allgemeinen Geschäftskosten der Gesellschafter (§ 10.8 ARGE-MV).

---

501 Burchardt/Pfülb, ARGE, § 8, Rz. 93.
502 Burchardt/Pfülb, ARGE, § 8, Rz. 94.
503 Lindken/Mielicki, a.a.O., S. 30.
504 Vgl. BWI-Bau, Rechnungs- und Berichtswesen der Bau-ARGEN, Kap. B 3. 3.

Neben einer weiteren Ergebnisrechnung sowie den ARGE-Übersichtsblättern hat die kaufmännische Geschäftsführung ein Schlussprotokoll anzufertigen. In diesem Protokoll werden neben den wichtigsten betriebswirtschaftlichen Ergebnissen auch die wesentlichen Daten und Fristen (Baubeginn, Abnahme, Gewährleistungsfristen) zusammengefasst.

Zur Konkretisierung des Bilanzstichtages sei noch einmal erwähnt, dass diese Schlussbilanz erst nach Abwicklung *sämtlicher* Geschäftsvorfälle der ARGE aufzustellen ist. Damit die Aufstellung der Schlussbilanz nicht unnötig hinausgeschoben wird, verfährt die Praxis regelmäßig in der Weise, die Schlussbilanz auch dann zu erstellen, wenn noch kleinere Forderungen oder Verbindlichkeiten ausstehen. Die Wahrnehmung dieser Rechte oder Pflichten wird in diesen Fällen regelmäßig einem Gesellschafter - in aller Regel dem kaufmännisch Geschäftsführenden - übertragen, der diese Geschäftsvorfälle überwacht und außerhalb der ARGE-Buchführung mit den Gesellschaftern abrechnet[505]. Da die vollständige Abwicklung der recht umfangreichen vertraglichen Beziehungen der ARGE einen nicht unerheblichen zeitlichen Aufwand bedeutet, erfolgt die Aufstellung der endgültigen Schlussbilanz mit einer gewissen zeitlichen Verzögerung nach Fertigstellung und Abnahme der Bauleistung.

Im Gegensatz zu den Zwischenabschlüssen und der vorläufigen ist die endgültige Schlussbilanz von den Gesellschaftern festzustellen. § 8.6, Satz 4 ARGE-MV sieht zur Vereinfachung des Feststellungsverfahrens vor, dass die Gesellschafter nur in schriftlicher Form mit Begründung innerhalb von drei Monaten nach Zustellung Einspruch gegen diese Bilanz erheben können. Sofern keine ausdrücklich erklärten Einsprüche erhoben werden, gilt das Schweigen der Gesellschafter als Genehmigung. Mit dieser Feststellungswirkung erlangt diese Bilanz Rechtskraft. Eine Änderung der Bilanzansätze ist regelmäßig ausgeschlossen.

(d.) Auseinandersetzungsbilanz

Diese im Fall des Ausscheidens eines Gesellschafters aufzustellende Auseinandersetzungsbilanz wurde bereits im 1. Abschnitt erläutert, so dass auf die dortigen Ausführungen verwiesen werden kann.

[505] Burchardt/Pfülb, ARGE, § 8, Rz. 97.

cc. Die ARGE im Einzelabschluss der Gesellschafter

In der Bauwirtschaft zählt es zur gängigen Praxis, in den Bilanzen der Gesellschafter die ARGE-Mitgliedschaft nicht gesondert auszuweisen[506]. Statt dessen weisen die Gesellschafter den Leistungsaustausch zwischen ihnen und der ARGE sowie die Einlagen und Ausschüttungen, saldiert in einem Verrechnungskonto als „Forderungen oder Verbindlichkeiten gegenüber Arbeitsgemeinschaften" aus. In konsequenter Anwendung dieser „Verrechnungspraxis" werden gewöhnlich auch in der *GuV* sämtliche Ergebnisse als „Umsatzerlöse" erfasst. Als Nachweis für diese Bilanzierungspraxis sei an dieser Stelle nicht nur auf die o.g. Fachbeiträge aus den Kreisen der Bauwirtschaft, sondern auch auf die Geschäftsberichte der großen deutschen Baukonzerne verwiesen[507].

Diese in der Bauwirtschaft gängige Bilanzpraxis ist nicht zuletzt durch eine Verlautbarung des *Instituts der Wirtschaftsprüfer* (IDW) in die Kritik geraten. In einer Stellungnahme des HFA zur „Bilanzierung von Joint Ventures" wird u.a. die Auffassung vertreten, dass die Gesellschafter ihren „ARGE-Anteil" unter bestimmten Voraussetzungen als „Beteiligung" im Anlagevermögen oder als „sonstigen Vermögensgegenstand" im Umlaufvermögen ausweisen müssen.

Sollte sich diese Auffassung als zutreffend erweisen, hätte dies nicht unerhebliche Auswirkungen auf die Bilanzierung beim ARGE-Gesellschafter. Neben dem gesonderten Ausweis des „ARGE-Anteils" müssten sie auch die Ergebnisse aus dieser Beteiligung innerhalb der entsprechenden Posten der Finanzergebnisse ausweisen. Für die *GuV* hätte dies zur Konsequenz, dass entgegen der ARGE-Praxis eine getrennte Erfassung der Ergebnisse aus dem Liefer- und Leistungsverkehr („Umsatzerlöse") und der ARGE-Beteiligung („Erträge aus Beteiligungen") erfolgen müsste. Weiterhin bestünde für die Partnerunternehmen in der Rechtsform einer Kapitalgesellschaft die Pflicht, ihre „ARGE-Beteiligung" in den bestehenden oder ggf. aufzustellenden Konzernabschluss mit einzubeziehen (§§ 290 ff. HGB).

(1.) Ansatz und Bewertung der ARGE-Mitgliedschaft

Ob die ARGE-Mitgliedschaft als gesonderte Beteiligung i.S.v. § 271 HGB auszuweisen ist, hängt zunächst einmal von der *Unternehmenseigenschaft* einer ARGE ab.

---

506 Vgl. hierzu Burchardt/Pfülb, ARGE, § 17, Rz. 11 sowie die im Anhang veröffentlichten, gutachterlichen Stellungnahmen des Betriebswirtschaftlichen Ausschusses des Hauptverbandes der Deutschen Bauindustrie sowie des BWI-Bau zur „Bilanzierung von Bau-Arbeitsgemeinschaften".

507 *Anm*: Die Geschäftsberichte der großen deutschen Baukonzerne werden allesamt auf deren Web Site veröffentlicht und stehen damit dem interessierten Leser als Informationsquelle zur Verfügung.

(a.) „Unternehmenseigenschaft“ der ARGE

Nach § 271 I HGB besteht eine Grundvoraussetzung der Beteiligung darin, dass Anteile an einem Unternehmen gehalten werden. Für den Unternehmensbegriff i.S.d. genannten Vorschrift hat der Gesetzgeber auf eine Legaldefinition verzichtet. Mangels gesetzlicher Konkretisierung werden die Tatbestandsvoraussetzungen hierfür unterschiedlich definiert. Zwischen allen Beteiligten besteht an dieser Stelle jedoch ein Konsens, dass der in vielen gesetzlichen Regelungszusammenhängen verwendete Begriff des Unternehmens nicht einheitlich ausgelegt werden kann[508] Statt dessen variiere dieser Begriff inhaltlich in Abhängigkeit von der Zweckbestimmung des jeweiligen Rechtsgebietes und der hierzu geltenden Grundsätze.

Unter Berücksichtigung dieser teleologischen Determination ist unstreitig, dass zumindest alle Kaufleute ein Unternehmen i.S.v. § 271 HGB begründen[509]. Dies folgt aus der engen Verknüpfung der Kaufmannseigenschaft mit den Pflichten der §§ 238 ff. HGB. Bei einer ARGE im Baugewerbe handelt es sich nach *h.M.* um eine GbR, mithin um keinen Kaufmann. Sollte sich hingegen der vom Verf. angeregte Vorschlag zur Neuregelung des § 105 III HGB durchsetzen, wäre die Unternehmenseigenschaft einer ARGE bereits an diesem Punkt zu bejahen.

Ausgehend von der Rechtsformqualifikation der *h.M.* ist weitergehend danach zu fragen, ob unter bestimmten Voraussetzungen auch ein Nicht-Kaufmann ein Unternehmen begründen kann. Dies ist zu bejahen. Nach dem Sinn und Zweck des § 271 HGB stellt die Anknüpfung an die Kaufmannsstellung keine notwendige Bedingung für ein Unternehmen dar. Vielmehr ist davon auszugehen, dass alle Wirtschaftseinheiten ein Unternehmen darstellen, wenn sie als

- selbständige Träger unternehmerischer Planungs- und Entscheidungsgewalt
- in abgrenzbarer Weise eigenständige erwerbswirtschaftliche Ziele
- im Rahmen einer nach außen hin auftretenden Organisation verfolgen[510].

Dies gilt unabhängig von einer projektbezogenen Beschränkung der Tätigkeit[511]

Für eine ARGE im Baugewerbe ist auf der Grundlage dieses „funktionalen Unternehmensbegriffs“ die Unternehmenseigenschaft zu bejahen[512].

---

508 ADS, HGB, § 271, Rz. 10; WP-Handbuch, Bd. I, Rz. R 344.

509 Statt vieler Kütting/Weber-*Bieg*, HdR, § 271, Rz. 12.

510 Vgl. ADS, HGB, § 271, Rz. 12; Beck BilKom-*Hoyos/Gutike*, HGB, § 271, Rz. 12.

511 IDW (HFA-Stellungnahme 1/1993), Wpg 1993, 441 (442).

512 So auch ADS, HGB, § 290, Rz. 94; WP-Handbuch, Bd. I, Rz. R 194; Dill, DB 1987, 752 (754); Kornblum, ZfBR 1992, 9 (14); Früh/Klar, Wpg 1993, 493 (495); Hebestreit, DStR 1994, 834 (834) sowie die zuvor in FN 510, 511 genannten.

Dies wird v.a. von Vertretern der Bauindustrie bestritten[513]. Zur Begründung ihrer ablehnenden Haltung stellen diese darauf ab, dass eine ARGE keine eigenständigen erwerbswirtschaftlichen Ziele verfolge, da sie keine akquisitorischen Aktivitäten entfalte und nur einen einzigen, von den Gesellschaftern beschafften Bauauftrag ausführe[514]. Zudem verfüge die ARGE über keine selbständige unternehmerische Planungs- und Entscheidungsgewalt, da diese aufgrund der gesellschaftsvertraglichen Ausgestaltung komplett in den Händen der Gesellschafter verbleibe. Die Gesellschaft selbst könne keine Entscheidung gegen den Willen auch nur eines Gesellschafters treffen.

Diesen Argumenten ist nicht beizupflichten, da diese Argumentation an den entscheidenden Stellen der Intention des *funktionalen Unternehmensbegriffs* nicht gerecht wird. Für die Beurteilung der unternehmerischen Planungs- und Entscheidungsgewalt ist ausschließlich auf die Organisationsstruktur der ARGE als solche abzustellen. Nach den Regelungen des Mustervertrages ist sichergestellt, dass die ARGE gerade nicht durch die Weisungen einzelner Gesellschafter von außen, sondern auf Ebene der ARGE von den Gesellschaftern gemeinschaftlich geleitet wird. Dass die Gesellschafter über ihr Stimmrecht in der Aufsichtsstelle maßgeblichen Einfluss auf die Geschicke der Gesellschaft nehmen können, erweist sich in diesem Zusammenhang als nicht hinderlich, sondern geradezu als selbstverständlich, da die persönliche Mitarbeit der Gesellschafter ein Wesensmerkmal der Personengesellschaft ist. Es ist zutreffend, dass in allen wichtigen Gesellschaftsangelegenheiten nicht gegen den Willen des Einzelnen entschieden werden kann. Ebenso zutreffend ist jedoch, dass dies auch für den umgekehrten Fall gilt, so dass auch der Mehrheitsgesellschafter sich nicht gegen den Willen der Anderen durchsetzen kann. Dieses Veto-Recht bedingt somit, dass die Entscheidungsfindung notwendigerweise gemeinschaftlich auf Ebene der ARGE stattfindet.

Ebenso verfolgt die ARGE durchaus eigenständige, erwerbswirtschaftliche Ziele. Als maßgebender Aspekt hierfür ist auf die rechtliche Verselbständigung der ARGE im Rechts- und Wirtschaftsverkehr abzustellen. Spätestens seit der vom *BGH* anerkannten Rechtsfähigkeit der Außen-GbR steht außer Frage, dass die ARGE im Verhältnis zu Dritten (Auftraggeber, Subunternehmer, Lieferanten), aber auch im Verhältnis zu ihren Gesellschaftern als eigenständige Vertrags-

---

[513] Vgl. hierzu das im Anhang veröffentlichte Gutachten des Betriebswirtschaftlichen Ausschusses des HDB, S. 1.

[514] Vgl. hierzu das ebenfalls im Anhang veröffentlichte Privatgutachten des BWI-Bau (S. 5), auf dass der HDB maßgeblich abstellt. *Anm*: Da das Gutachten auf dem Rechtsstand 1993 beruht, sind einige Aussagen wg. nachfolgender Entwicklungen als obsolet zu erachten und werden vom BWI-Bau in dieser Form **nicht mehr** aufrechterhalten.

partei Rechtsbeziehungen eingehen kann. Die ARGE nimmt damit als selbständige Organisations- und Wirkungseinheit am Rechts- und Wirtschaftsverkehr teil. Dies drückt sich auch dadurch aus, dass die im Rechtsverkehr auftretenden Gesellschafter ausschließlich als organschaftliche Vertreter der ARGE tätig werden. Dies gilt in gleichem Maße für ähnliche Unternehmenskooperationen wie die Dach-ARGE oder das Konsortium im Industrieanlagenbau, deren Unternehmenseigenschaft ebenfalls zu bejahen ist.

(b.) „Beteiligungseigenschaft" der ARGE

Bevor über die umstrittene Zuordnung des ARGE-Anteils zum Anlage- oder Umlaufvermögen diskutiert wird, bedarf es der weiteren Darstellung eines ARGE-Charakteristikum. Bei einer Arbeitsgemeinschaft haben die Gesellschafter nämlich regelmäßig keine festen Einlagen zu erbringen. Dies gilt zumindest auf der Grundlage des gewerbeüblichen Mustervertrages. Nach dessen Grundkonzeption wird der gesamte Leistungsverkehr zwischen Gesellschafter und ARGE auf schuldrechtlicher Basis abgewickelt. Dies gilt ebenfalls für die überlassenen Finanzmittel[515]. Nach der ausdrücklichen Regelung in § 11.2 ARGE-MV werden diese Mittel der ARGE nur kurzfristig zur Vorfinanzierung der Bauleistung zur Verfügung gestellt. Den Beiträgen ist somit **kein Einlagecharakter** beizumessen. Mangels notwendiger Anschaffungskosten ist somit insgesamt in Frage zu stellen, ob der ARGE-Anteil überhaupt mangels eines zu bilanzierenden Kapitalanteils gesondert ausgewiesen werden kann?

An dieser Stelle sollte differenziert werden. Sofern der ARGE-Anteil grundsätzlich dem Anlagevermögen zuzurechnen ist, sollte aufgrund des Vollständigkeitsgebotes zumindest ein Merkposten angesetzt werden[516]. Ist der Anteil hingegen dem Umlaufvermögen zuzuordnen, kann auf einen gesonderten Ausweis gänzlich verzichtet werden.

Obgleich diese Differenzierung nicht zwingend ist, wird im Nachfolgenden eine grundsätzliche Klärung der Zuordnungsproblematik herbeigeführt, da es den Beteiligten selbstverständlich frei steht, die Einzahlung eines festen Kapitalanteils zu vereinbaren. Des weiteren erweist sich diese Zuordnungsfrage aufgrund der möglichen Pflicht zur Einbeziehung des ARGE-Anteils in den Konzernabschluss eines Partnerunternehmens (vgl. § 290 I HGB), als eine für die Praxis wichtige und damit klärungsbedürftige Frage.

---

515 Hauptverband der deutschen Bauindustrie, Gutachten, S. 1; Hebestreit, DStR 1993, 834 (835). Mit ausführlicher Begründung auch BWI-Bau, Gutachten, S. 2.

516 Im Ergebnis auch Früh/Klar, Wpg 1993, 493 (498) sowie Niehus, HdJ, VII/1, Rz. 143.

(aa.) Meinungsstand

Im Kern geht es bei dem zugrundeliegenden Streit darum, ob der Anteil an einer ARGE im Anlage- oder Umlaufvermögen auszuweisen ist. Für diese Abgrenzung ist auf § 247 II HGB abzustellen. Danach käme ein Ausweis im Anlagevermögen in Betracht, wenn die ARGE-Mitgliedschaft dazu bestimmt ist, dauernd dem Geschäftsbetrieb zu dienen. Als Bilanzposten käme dann aufgrund der nachgewiesenen Unternehmenseigenschaft ein Ausweis als „Beteiligung" i.S.v. § 271 I HGB in Betracht. Bei einer Zuordnung zum Umlaufvermögen könnte aufgrund der fehlenden Kapitalausstattung allenfalls ein Ansatz als „Sonstiger Vermögensgegenstand" in Betracht gezogen werden (s.o.).

Ob der ARGE-Anteil dem Anlage- oder Umlaufvermögen zugerechnet werden kann, ist umstritten. Der Ausgangspunkt dieser Meinungsdifferenzen besteht in einer unterschiedlichen Auslegung des Tatbestandsmerkmals „Dauerhaftigkeit". Während einige Teile in der Literatur die *dauernde Zweckbestimmung* einer ARGE unabhängig von ihrer Tätigkeitsdauer stets bejahen[517], wird dies von Anderen aufgrund der Projektbezogenheit einer ARGE verneint[518].

In einer vermittelnden Position stellt der überwiegende Teil des Schrifttums darauf ab, dass von einer dauernden Zweckbestimmung erst beim Überschreiten einer bestimmten Mindestdauer ausgegangen werden könne. Doch selbst innerhalb dieser mittleren Position herrscht Streit über die zutreffende Ausgangslage und die exakte Festlegung des Zeitraumes, der für die Abgrenzung maßgeblich sein soll. Auf der einen Seite vertritt u.a. das IDW die Auffassung, dass bei einer ARGE in aller Regel von einer dauernden Zweckbestimmung der Mitgliedschaft ausgegangen werden könne[519]. Sofern die Dauer der ARGE jedoch bestimmt und nicht auf Wiederholungsabsicht angelegt sei, käme eine Zuordnung des ARGE-Anteils zum Umlaufvermögen in Betracht, wenn die voraussichtliche Dauer der ARGE sich über nicht mehr als **zwei Abschlussstichtage** des Partnerunternehmens erstrecke. Dem hingegen vertreten Andere den Standpunkt, dass ein ARGE-Anteil aufgrund seiner Zweckbestimmung grundsätzlich dem Umlaufvermögen zugerechnet werden müsse[520]. Eine hiervon abweichende Zuordnung zum Anlagevermögen käme nur dann in Betracht, wenn es sich bei der

---

517 Winnefeld, Bilanz-HdB, Rz. L 202; Dill, DB 1987, 752 (754). Tendenziell auch Früh/Klar, Wpg 1993, 493 (497), dies., DStR 1994, 1706 (1706).

518 Burchardt/Pfülb, ARGE, § 17, Rz. 12; Kornblum, ZfBR 1992, 9 (14).

519 IDW (HFA-Stellungnahme 1/1993), Wpg 1993, 441 (442), auch: WP-Handbuch, Bd. I, Rz. F 90; Beck BilKom-*Förschle*, HGB, § 275, Rz. 58; Kütting/Weber-*Dusemond Knop*, HdR, § 266, Rz. 183 sowie Gundert, DStR 2000, 125 (128).

520 Kütting/Weber-*Siebourg*, HdKR, § 290, Rz. 65; Kütting/Weber-*Sigle*, HdKR, § 310, Rz. 22; Niehus, HdJ, Abt. VII/1, Rz. 145; Hebestreit, DStR 1994, 834 (835) sowie DStR 1994, 1707 (1708).

ARGE um eine Dauer-ARGE handle oder wenn sich die vertraglich festgelegte Bauzeit über mehr als **drei Jahre** erstrecke. Die Drei-Jahresfrist resultiert dabei aus einer Parallelwertung zu der früher in den gesetzlichen ARGE-Bestimmungen festgelegten Zeitgrenze[521].

(bb.) Stellungnahme

In Anbetracht dieser kontroversen Diskussion lässt sich eine befriedigende Problemlösung nur mittels einer Betrachtung herbeiführen, die sich auf die Grundwertung des § 247 II HGB besinnt. Danach ist für die Abgrenzung des Anlage- vom Umlaufvermögens entscheidend, dass der *Gegenstand dazu bestimmt ist, dauernd dem Geschäftsbetrieb zu dienen*. Bei diesem Abgrenzungskriterium handelt es sich aufgrund der tatbestandlichen Anknüpfung an die „Bestimmung" des Bilanzierenden um ein *finales Kriterium*. M.a.W. ist danach zu fragen, welchem Zweck der Gegenstand gewidmet ist. Zur näheren Konkretisierung dieser Zweckbestimmung wird in § 247 II HGB mitgeteilt, dass dieser Gegenstand „dauernd dem Geschäftsbetrieb dienen" muss. Der Begriff „dauernd" weist naturgemäß auf ein zeitliches Element hin, wohingegen das Kriterium „dem Geschäftsbetrieb dienen" auf eine Funktionalitätsbetrachtung schließen lässt. Für die konkrete Sachverhaltsanwendung bedeutet dies, dass die Zuordnung zum Anlage- oder Umlaufvermögen niemals isoliert aufgrund einer rein temporalen oder funktionalen Betrachtung vorgenommen werden kann, da beide Kriterien unter dem Vorbehalt der übergeordneten Finalität stehen. Alleine die Überschreitung einer bestimmten zeitlichen Dauer kann somit allenfalls als Indiz, niemals jedoch als Ausschließlichkeitskriterium über die Zugehörigkeit zum Anlagevermögen entscheiden.

Demzufolge kommt es für die Bilanzierung eines ARGE-Anteils auf die Zweckbestimmung der Bilanzierenden an. Hierbei ist aufgrund der Besonderheiten einer ARGE regelmäßig nicht von einer dauernden Zweckbestimmung auszugehen. Der Zusammenschluss zu einer ARGE erfolgt nämlich aus Sicht der Beteiligten nicht zum Zweck der Gründung eines echten Gemeinschaftsunternehmens. Bei einer ARGE stehen vielmehr die faktischen Zwänge des Bauauftrages oder des Auftraggebers („Zwangs-ARGE") im Vordergrund. Strategische Geschäftsüberlegungen, die auf eine dauerhafte Zweckbestimmung schließen lassen, nehmen eine untergeordnete Bedeutung ein. Dies wird auch dadurch bestätigt, dass in einer ARGE die gewöhnliche Geschäftstätigkeit der Unternehmen ausgeübt wird. Diese wird alleine aufgrund der Gegebenheiten des Auftrages in Zusammenarbeit mit Anderen vollzogen. Die ARGE-Beteiligung dient damit nur der kurzfristigen Ausübung der originären Geschäftstätigkeit und nicht der dauerhaften Unterstützung des eigenen Geschäftsbetriebs.

---

[521] Vgl. hierzu die Ausführungen im Abschnitt *E*.

Eine andere Frage besteht darin, ob beim Überschreiten einer bestimmten zeitlichen Dauer die Dauerhaftigkeit der Zweckbestimmung i.S.v. § 247 II HGB unterstellt werden kann. Die Mehrheit in der Literatur spricht sich für eine entsprechende Erweiterung der reinen Zweckbetrachtung um ein temporales Bezugselement aus. Rechtstechnisch könnte dies in der Weise erfolgen, dass beim Überschreiten einer fixen Zeitgrenze eine unwiderlegbare Vermutung für die Dauerhaftigkeit der Zweckbestimmung eingreift. An diesem Punkt gilt es erneut zu konstatieren, dass der ARGE-Sachverhalt einen Grenzfall markiert. Die in diesem Zusammenhang erörterten Schwierigkeiten resultieren im Wesentlichen aus der Verschiedenartigkeit der Sachverhalte. So kann die tatsächliche Bauausführung im Rahmen einer ARGE von wenigen Wochen bis hin zu mehreren Jahren variieren. Stellte man ausschließlich auf die Zweckbestimmung des § 247 II HGB ab, ist die Beteiligung an einer ARGE nicht dem Anlagevermögen zuzurechnen. Allerdings gilt es zu bedenken, dass die rein projektbezogene Betrachtung zu einer Verzerrung der wirtschaftlichen Realitäten führen kann. Eine ARGE kann sich trotz ihres begrenzten Gesellschaftszwecks bisweilen dauerhafter, als manch anderer Vermögensgegenstand des Anlagevermögens erweisen. In Anbetracht dieser schwierigen Mittelstellung erscheint es sachgerecht, die Zuordnungsproblematik in der Weise zu klären, dass bei der Überschreitung einer bestimmten zeitlichen Frist eine dauerhafte Zweckbestimmung unterstellt wird.

Für diese Fristberechnung sollte auf die vertraglich vereinbarte Bauzeit abgestellt werden. Dies rechtfertigt sich aus der Überlegung, dass in Abhängigkeit der individuellen Abschlussstichtage der Gesellschafter der gleiche ARGE-Anteil mal im Umlauf-, mal im Anlagevermögen bilanziert werden müsste. Zudem erweist sich die sachliche Anknüpfung an den jeweiligen Abschlussstichtag als undurchsichtig, da in Extremfällen eine starke Divergenz der zeitlichen Dauer einer ARGE innerhalb des Anlage- oder Umlaufvermögens entstehen kann. So kann eine ARGE mit einer vertraglichen Laufzeit von 12 Monaten und zwei Tagen bereits zum Anlagevermögen, in anderen Fällen jedoch mit einer vertraglichen Laufzeit von knapp drei Jahren noch zum Umlaufvermögen gezählt werden. Zur Vermeidung dieser Unsicherheiten sollte auf die vertragliche Bauzeit abgestellt werden. Hierbei erscheint eine **Zwei-Jahresfrist** angemessen. Bei dieser Ausführungsdauer ist gewährleistet, dass sich diese Beteiligung bei allen Partnerunternehmen auf mindestens drei Rechnungslegungsperioden auswirkt. Ein weiteres Argument für diese Zwei-Jahresfrist ergibt sich aus der nachfolgenden Analyse des § 180 IV AO, da diese Frist im Rahmen eines Gesetzgebungsvorschlags zur Novellierung dieser Vorschrift erneut aufgegriffen wird[522].

---

[522] Vgl. hierzu die nachfolgenden Ausführungen zur: „Novellierung des § 180 IV AO".

Dieser von der vertraglichen Bauzeit abhängige Bilanzansatz wirkt sich ebenfalls auf den Ausweis der vereinnahmten ARGE-Ergebnisse in der ***GuV*** der Partnerunternehmen aus. Sofern der ARGE-Anteil als Beteiligung im Anlagevermögen ausgewiesen wird, sind auch die hieraus vereinnahmten Ergebnisse in einem entsprechenden Posten der *GuV* („Erträge aus Beteiligungen") anzusetzen. Ist der ARGE-Anteil hingegen dem Umlaufvermögen zuzurechnen und werden darüber hinaus keine Gesellschaftereinlagen geleistet, erscheint es durchaus vertretbar, diese Ergebnisse als „Umsatzerlöse" auszuweisen. Als Voraussetzung für diese Vorgehensweise ist jedoch in Übereinstimmung mit der *h.L.* zu fordern, dass die Partnerunternehmen im Anhang ihres Jahresabschlusses auf diese Praxis hinweisen und diese entsprechend erläutern[523]. Neben dem abstrakten Hinweis wie z.B. „Umsatzerlöse einschließlich der anteiligen Erträge aus Arbeitsgemeinschaften" sind die Unternehmen auch gefordert, konkret anzugeben, welchen Anteil die in dieser Weise abgewickelten Aufträge am Gesamtvolumen der in der Berichtsperiode abgewickelten Aufträge hatten[524].

(c.) Zwischenergebnis

Im Ergebnis gilt es festzuhalten, dass bei einer „einfachen ARGE" die Daueranlageabsicht der Gesellschafter unterstellt werden kann, wenn die vertragliche Bauzeit mehr als zwei Jahre beträgt. In diesem Fall sollte der ARGE-Anteil notfalls mittels eines Merkpostens im Anlagevermögen („Beteiligung") ausgewiesen werden. Dieser Bilanzausweis gilt auch für Dauer-ARGEN oder fortgesetzte ARGEN (Steuerlich: NF-ARGE), da in diesen Fällen aufgrund der Wiederholungsabsicht *per se* von einer geänderten Zweckbestimmung der Gesellschafter auszugehen ist. Beträgt die Dauer der ARGE hingegen weniger als zwei Jahre, ist sie dem Umlaufvermögen zuzurechnen. In Anbetracht des fehlenden Kapitalanteils bestehen keine Bedenken dagegen, auf einen gesonderten Ausweis des ARGE-Anteils gänzlich zu verzichten.

---

523 Hauptverband der deutschen Bauindustrie, Gutachten, S. 2; Burchardt/Pfülb, ARGE, § 17, Rz. 15; IDW (HFA/Stellungnahme 1/1993), Wpg 1993, 441 (443); Beck BilKom-*Förschle*, HGB, § 275, Rz. 58.

524 *Anm*: Beim Blick in die Geschäftsberichte der großen deutschen Baukonzerne ist zu verzeichnen, dass diese Voraussetzungen regelmäßig nicht eingehalten werden. Die Konzerne weisen zwar ausnahmslos die ARGE-Ergebnisse als „Umsatzerlöse" aus, ohne jedoch gesondert auf den Anteil dieser Aufträge am Gesamtvolumen der abgewickelten Aufträge hinzuweisen. Vgl. hierzu auch: Niehus, HdJ, Abt. VII/1, Rz. 156.

(2.) Ansatz und Bewertung des ARGE-Verrechnungskontos
Wie bereits bei der Darstellung der ARGE-Rechnungslegung erwähnt, zählt es in der Bauwirtschaft zur gängigen Praxis, auf Ebene der ARGE den gesamten schuldrechtlichen Leistungsaustausch zwischen den Gesellschaftern und der ARGE (sowie umgekehrt) in einem Gesellschafter-Verrechnungskonto zu saldieren. Neben diesem Leistungsaustausch werden auf dem Verrechnungskonto zusätzlich die Ein- und Auszahlungen zwischen den Gesellschaftern und der ARGE (Finanzbeiträge) sowie die anteiligen Ergebnisübernahmen saldiert. Der Saldo dieses Verrechnungskontos wird von den Gesellschaftern im Umlaufvermögen entweder als „Forderungen" oder „Verbindlichkeiten gegenüber Arbeitsgemeinschaften" ausgewiesen.

Diese Vorgehensweise ist nicht unumstritten. Die Kritik richtet sich dagegen, dass bei diesem undifferenzierten Ausweis im Umlaufvermögen keine Trennung des schuldrechtlichen Liefer- und Leistungsverkehrs vom Leistungsaustausch, der aufgrund gesellschaftsrechtlicher Verpflichtungen stattfindet, möglich sei[525]. In Anbetracht der zuvor erzielten Ergebnisse sollte an dieser Stelle wie folgt differenziert werden:

- Sofern der ARGE-Anteil gesondert als „Beteiligung" im *Anlagevermögen* bilanziert wird, kann einer Verrechnung sämtlicher Ansprüche und Verpflichtungen in einem Verrechnungskonto nicht gefolgt werden. Vielmehr bedarf es einer Trennung der gesellschaftsrechtlichen von den schuldrechtlichen Leistungsbeziehungen
- Ist der ARGE-Anteil hingegen dem *Umlaufvermögen* zuzurechnen und erfolgt mangels Einlagen kein gesonderter Ausweis eines Kapitalanteils, bestehen gegen die o.g. Bilanzierungspraxis keine tiefgreifenden Bedenken. Es kann demnach weiterhin der Saldo des Verrechnungskontos ohne eine weitere sachliche Differenzierung zwischen Kapitalanteilen, Finanzierungsbeiträgen und laufendem Verrechnungsverkehr in der beschriebenen Weise angesetzt werden[526].

Wichtiger noch als die Fragen des Bilanzausweises sind die Fragen der Gewinnrealisation und Verlustberücksichtigung bzw. -antizipation. Hierfür ist es unabdingbar, zwischen dem schuldrechtlichen Liefer- und Leistungsverkehr und den gesellschaftsrechtlichen Ergebnisübernahmen zu differenzieren.

---

525 Kritisch Dill, DB 1987, 752 (752 ff.).
526 Wie hier Hebestreit, DStR 1994, 834 (839). **A.A.** Niehus, HdJ, Abt. VII/1, Rz. 147.

(a.) Gewinnrealisation

Gewinne sind nach § 252 I Nr. 4, 2. HS HGB zu berücksichtigen, wenn sie am Abschlussstichtag realisiert sind. Dieses aus dem Vorsichtsprinzip abgeleitete Realisationsprinzip gilt aufgrund des Maßgeblichkeitsgrundsatzes auch für die steuerliche Gewinnermittlung durch Betriebsvermögensvergleich. Dieses für die Handels- und Steuerbilanz unbestrittene Grundprinzip ist für sich allein jedoch wertlos, wenn der Realisationszeitpunkt nicht zweifelsfrei ermittelt werden kann. Die im Nachfolgenden erörterten Problembereiche beschäftigen sich insoweit maßgeblich mit dem *Zeitpunkt der Gewinnrealisation.*

(aa.) Übernahme der ARGE-Ergebnisse

Zunächst gilt es die Frage zu erörtern, wann die Gesellschafter ihre anteiligen ARGE-Ergebnisse bilanzwirksam übernehmen können bzw. müssen. Nach den Erläuterungen zum System der ARGE-Rechnungslegung ist davon auszugehen, dass das endgültige Ergebnis des ARGE-Bauauftrages erst mit der Aufstellung der ***endgültigen Schlussbilanz*** feststeht. Da diese Schlussbilanz u.U. erst Jahre nach Fertigstellung des Bauwerkes ermittelt werden kann, stellt sich die Frage, ob die Partnerunternehmen aufgrund der gesetzlichen Vorschriften nicht gezwungen sind, ihre Gewinne aus der ARGE-Beteiligung vorzeitig zu realisieren. Als denkbare Alternativen könnte die Ergebnisübernahme auch an die Vollendung der Bauleistung, die Abnahme des Bauwerkes, die Aufstellung der vorläufigen Schlussbilanz oder die Fälligkeit des Vergütungsanspruchs anknüpfen. Neben diesen genannten Realisationszeitpunkten, deren Gemeinsamkeit darin besteht, dass sie allesamt an die Fertigstellung der Bauleistung anknüpfen, käme ebenfalls eine sukzessive, am Baufortschritt orientierte Teilgewinnrealisierung am jeweiligen Abschlussstichtag der Partnerunternehmen in Betracht (Stichwort: Langfristige Fertigung). Zur Klärung, wann die Gesellschafter ihre anteiligen ARGE-Ergebnisse übernehmen müssen bzw. können, bedarf es somit einer Erläuterung der Gewinnrealisierung bei langfristigen Fertigungsaufträgen.

(aaa.) Die Gewinnrealisierung bei langfristigen Fertigungsaufträgen

Gewinne sind auf der Grundlage des in § 252 I Nr. 4 HGB kodifizierten Realisationsprinzips grundsätzlich in dem Zeitpunkt zu realisieren, in dem der Sachleistungsverpflichtete die vereinbarte Lieferung oder Leistung erbracht hat. Diese *Leistungserbringung* und nicht etwa der Zeitpunkt des Vertragsabschlusses oder Zahlungseingangs wird allgemein für maßgeblich erklärt, da erst in diesem Zeitpunkt ein Übergang der Preisgefahr auf den Geldleistungsverpflichteten stattfindet und der Vergütungsanspruch des Leistungsverpflichteten einen solchen Grad an Sicherheit aufweist, dass die Forderung *so gut wie sicher* ist[527].

---

[527] Statt vieler Beck BilKom-*Budde/Geißler*, HGB, § 252, Rz. 45; BFH v. 23.11.1995 -IV R 75/94-, BStBl II 1996, 194 (195).

Für die konkrete Bestimmung des maßgeblichen Gefahrenübergangs ist in Abhängigkeit des jeweiligen Vertragsverhältnisses auf die zivilrechtlichen Vorgaben des Schuldrechts abzustellen. Beim Werk- oder Werklieferungsvertrag erfolgt dies nach §§ 644, 645 BGB in aller Regel mit der *Abnahme* des Werkes durch den Besteller. Zur näheren Ausgestaltung dieser in § 640 BGB normierten Abnahme sei ergänzend darauf hingewiesen, dass der Gesetzgeber die Abnahmemodalitäten jüngst in wesentlichen Teilen modifiziert und einen erweiterten Katalog von Abnahmefiktionen (vgl. §§ 640 Abs. I Satz 3, 641a I BGB) erlassen hat. Dieser für die Gewinnrealisation maßgebliche Zeitpunkt der Abnahme des Bauwerkes gilt auch dann, wenn dem Bauvertrag die VOB/B zugrunde liegt (vgl. § 12 Nr. 6 VOB/B)[528].

Dieses Grundfundament der Gewinnrealisation bei Werk- oder Werklieferungsverträgen ist in den Fällen der ***langfristigen Auftragsfertigung*** ins Wanken geraten. Allgemein ist unter einer langfristigen Fertigung ein komplexes Produktionsgeschehen zu verstehen, bei dem über einen längeren Zeitraum hinweg ein Produkt im Auftrag eines Kunden erstellt wird[529]. Aus bilanzieller Sicht ist das zeitliche Kriterium in der Weise zu konkretisieren, dass sich die Fertigung über mehr als zwei Abschlussstichtage erstrecken muss. Bei diesen langfristigen Fertigungsaufträgen wird seit geraumer Zeit intensiv darüber diskutiert, ob eine vorzeitige Teilgewinnrealisierung erfolgen könne. Als ökonomischer Hintergrund für diese umstrittene Abweichung vom Prinzip der Gesamtgewinnrealisation („Completed-Contract") sei darauf hingewiesen, dass bei einer langfristigen Fertigung oftmals über mehrere Rechnungslegungsperioden ein Verlust in Höhe der nicht aktivierten Kosten (Differenz HK/Selbstkosten) ausgewiesen wird, dem im Jahr der Fertigstellung und Abnahme der Bauleistung ein geballter i.d.R. hoher Gewinn entgegensteht[530]. Zur Vermeidung dieser Gewinnsprünge wird über die Zulässigkeit einer sukzessiven Gewinnrealisation diskutiert.

Die Dynamik dieser Diskussion im letzten Jahrzehnt resultiert im Wesentlichen aus der fortschreitenden Internationalisierung der Rechnungslegung[531]. Insbesondere in der **anglo-amerikanischen Bilanzierungspraxis**, die sich in den *Generally Accepted Accounting Principles* der USA (US-GAAP) und den *International Accounting Standards* (IAS) niederschlägt, findet die „Percentage-of-Completion-Methode" (PoC) bei der Bilanzierung langfristiger Fertigungsaufträge Anwendung.

---

[528] *Anm:* Der Ausnahmetatbestand des § 7 VOB/B kann hier vernachlässigt werden.
[529] Krawitz, DStR 1997, 886 (886).
[530] Vgl. Marx/Löffler, Beck HdR, B 700, Rz. 30.
[531] *Anm*: Als Meilenstein dieser Entwicklung gilt die Regelung des § 292a HGB.

((1.)) Die Teilgewinnrealisation nach der „PoC"-Methode

Diese Bilanzierungsmethode unterscheidet sich von der eingangs dargestellten „Completed-Contract-Methode" durch eine fortschreitende Gewinnrealisation. Vereinfacht dargestellt handelt es sich hierbei um eine Teilgewinnrealisierung entsprechend dem Fortschritt der Leistungserstellung bzw. des Fertigstellungsgrades. Zur Begründung dieses periodischen Gewinnausweises liegt dieser Methode die Vorstellung zugrunde, dass sich der positive Erfolgsbeitrag während der Leistungserstellung stetig akkumuliert und dementsprechend bereits vor der endgültigen Abnahme des Fertigungsauftrages ausgewiesen werden kann[532]. M.a.W. wird bei diesem Verfahren eine mit der Kostenentwicklung proportionale Gewinnrealisierung unterstellt. Diese Periodisierung der Aufwands- und Ertragszuordnung basiert dogmatisch auf dem *„Matching Principle"*.

Die Frage, ob die „Percentage-of-Completion-Methode" im Einklang mit den nationalen Bilanzvorschriften steht, wird unterschiedlich beantwortet. Während einige diese Methode als schlichten Verstoß gegen das Realisationsprinzip abqualifizieren[533], tendieren andere beim Vorliegen zusätzlicher realökonomischer Voraussetzungen dazu, diese als denkbare Bilanzierungsalternative anzuerkennen[534]. Als notwendige Voraussetzung für die Abweichung vom strengen Realisationsprinzip wird mehrheitlich darauf abgestellt, dass ein dynamischer Gewinnausweis nur dann erfolgen könne, wenn am Bilanzstichtag eine zuverlässige Schätzung der künftigen Entwicklung möglich sei. Diese müsse neben einer zuverlässigen Ist/Soll-Kostenrechnung auch künftige Risiken, wie z.B. das Baustellen- oder Bonitätsrisiko des Bestellers berücksichtigen. Nur wenn die zukünftige Entwicklung kalkulierbar und damit planbar sei, weise der vorzeitig ausgewiesene Gewinn die notwendige Sicherheit auf.

Diese als notwendige Bedingung formulierten Modifikationen der originären PoC-Methode können nicht darüber hinweg täuschen, dass diese Methode zu einem nachhaltigen und evidenten Verstoß gegen das Realisationsprinzip führt. Auch die noch so zuverlässige Zukunftsprognose unter Berücksichtigung aller möglichen Risiken ändert nicht daran, dass der Auftragsausführende bis zur Abnahme des Werkes die Leistungs- und Vergütungsgefahr trägt. Erst mit diesem Gefahrenübergang weist der Gewinn des Bilanzierenden die notwendige Sicherheit auf, die für eine Gewinnrealisation nach dem Vorsichtsprinzip erforderlich ist. Als tiefergehende Begründung für die Unvereinbarkeit der PoC-Methode mit dem nationalen Bilanzrecht bedarf es nur des kurzen Hinweises auf die verschiedenen Grundprinzipien der Bilanzierung.

---

532 So Krawitz, DStR 1997, 886 (891).

533 Marx/Löffler, Beck HdR, B 700, Rz. 85; Kohl, Gewinnrealisierung, S. 157 m.w.N.

534 ADS, HGB, § 252, Rz. 86; WP-Handbuch, Rz. E 219; Beck BilKom-*Ellrott Schmidt-Wendt*, HGB, § 255, Rz. 459 (Aktivierung anteiliger Selbstkosten).

Während die IAS & US-GAAP entsprechend ihrer zukunftsorientierten Informationsfunktion den Ausweis *realisierbarer Gewinne* ermöglicht, werden im HGB primär Gläubigerschutzinteressen berücksichtigt, die alleine den Ausweis *realisierter Gewinne* zulassen. Ähnliches gilt auch für die Steuerbilanz, da für den Gewinn als Indikator einer gesteigerten Leistungsfähigkeit des Steuerpflichtigen nicht erzielbare, sondern nur die erzielten Gewinne berücksichtigt werden sollten[535]. Diese divergierenden Grundprinzipien machen es erforderlich, vor der Übertragung einzelner Bilanzierungsvorschriften oder -methoden die Systemkompatibilität sorgfältig zu prüfen. Im Fall der PoC-Methode ist diese Übertragbarkeit nicht gegeben.

((2.)) Die Teilgewinnrealisation nach echten Teil-Abnahmen

Eine hiervon abweichend zu beurteilende Frage ist die, ob nicht unter bestimmten Voraussetzungen eine anders gelagerte Teilgewinnrealisation im Handels- und Steuerrecht vorgenommen werden kann. Obwohl die einzelnen Voraussetzungen bisweilen stark divergieren, lassen sich in der Literatur, aber auch in der Rechtsprechung des *BFH* Tendenzen nachweisen, die für die Zulässigkeit einer sukzessiven Gewinnrealisation sprechen[536]. Diese Teilgewinnrealisation sollte jedoch aufgrund des dominierenden Realisationsprinzips äußerst restriktiv und nur unter bestimmten Voraussetzungen angewendet werden. Unter ausdrücklicher Berücksichtigung der eingangs dargestellten Grundprinzipien dürfte eine vorzeitige Gewinnrealisation in der Handels- und Steuerbilanz unter dem Vorbehalt einer *echten Teil-Abnahme* stehen[537]. Nur unter dieser Voraussetzung ist es gerechtfertigt, von einem partiellen Übergang der Vergütungsgefahr auszugehen. Alleine die sachlich gerechtfertigte Aufteilung des Gesamtauftrages in selbständige Teil-Leistungen, die Abrechenbarkeit bestimmter Teil-Leistungen oder die Erstellung von Zwischenrechnungen können nicht ausreichen. Liegen indes die strengen Voraussetzungen einer echten Teil-Abnahme vor, besteht kein Wahlrecht, sondern eine Pflicht zur Gewinnrealisation[538]. Diese Pflicht resultiert aus dem Gedanken, dass es sich bei der *Gewinnrealisierung nach Teil-Abnahmen* nicht um eine Modifikation, sondern nur um die konsequente Anwendung des Realisationsprinzips handelt.

---

535 Ebenso kritisch gegen eine Aufweichung des Realisationsprinzips im Steuerrecht: BFH v. 05.05.1976 -I R 121/74-, BStBl II 1976, 541 (543). **A.A.** Schmidt-*Weber-Grellet*, EStG, § 5, Rz. 270 [Langfristige Fertigung], der offensichtlich die PoC-Methode im Steuerrecht für zulässig erachtet.

536 Vgl. BFH v. 18.12.1956 -I 84/56 U-, BStBl III 1956, 27 (28): Voraussetzung für die Gewinnrealisierung ist, dass die abgrenzbaren und fertigen Teilleistungen vom Vertragsgegner abgenommen oder wirtschaftlich als abgenommen anzusehen sind; auch BFH v. 05.05.1976 -I R 121/74-, BStBl II 1976, 541 (542).

537 So auch Krawitz, DStR 1997, 886 (890); Marx/Löffler, Beck HdR, B 700, Rz. 52.

538 Im Ergebnis auch: Marx/Löffler, Beck HdR, B 700, Rz. 60.

Für die praktische Umsetzung dieser Teilgewinnrealisation gilt es abschließend zu konstatieren, dass sich diese in der Praxis nur relativ selten nachweisen lässt, da insbesondere im Industrieanlagenbau trotz der Vereinbarung von Teil-Leistungen das Gesamtfunktionsrisiko einer vorzeitigen Gewinnrealisation entgegensteht[539]. Gleichwohl obliegt es selbstverständlich den Vertragsparteien, mittels einer entsprechenden Vertragsgestaltung die notwendigen Vorkehrungen für eine beabsichtigte Teilgewinnrealisation zu treffen.

(bbb.) Die Gewinnrealisation aus der ARGE-Beteiligung

Diese Grundzüge der Gewinnrealisation bei langfristigen Fertigungsaufträgen wirken sich auf die ARGE-Ergebnisübernahmen der Partnerunternehmen in der Weise aus, dass die Gewinne aus der ARGE-Beteiligung grundsätzlich erst im Zeitpunkt der Abnahme des Bauwerkes zu realisieren sind. Eine vor diesem Zeitpunkt vollzogene Gewinnrealisation kommt allenfalls dann in Betracht, wenn nach dem Bauvertrag echte Teil-Abnahmen vereinbart sind. Als ein durchaus akzeptabler nachgelagerter Realisationszeitpunkt, der zeitlich nach der Abnahme des Bauwerkes liegt, kommt aufgrund der Besonderheiten der ARGE-Rechnungslegung der Zeitpunkt der Erstellung der *vorläufigen Schlussbilanz* in Betracht. Eine Gewinnrealisation, die erst mit Erstellung der endgültigen Schlussbilanz erfolgt, ist hingegen unzulässig.

(bb.) Liefer- und Leistungsverkehr

Ausgehend von der Zweckbestimmung einer typischen ARGE zählt es zu den Besonderheiten dieser Unternehmenskooperation, dass die Partnerunternehmen in einem intensiven Liefer- und Leistungsverkehr[540] mit der ARGE stehen. Bei diesem Leistungsaustausch handelt es sich - trotz der gesellschaftsvertraglichen Integration - um Vertragsbeziehungen schuldrechtlicher Art (Kauf, Miete, Darlehen). Die Vergütung für diese Leistungen erfolgt nicht über die Gewinnbeteiligung, sondern die Gesellschafter erhalten unabhängig vom Gesamtergebnis der ARGE eine im Gesellschaftsvertrag festgelegte Kostenerstattung. Diese für jede einzelne Leistung festgelegten Verrechnungssätze gelten unabhängig vom individuellen Aufwand der Gesellschafter. Die „Bezahlung" erfolgt durch eine Gutschrift auf den Gesellschafter-Verrechnungskonten.

Auf Ebene der Gesellschafter wird für jede ARGE-Beteiligung eine eigene Verrechnungs- bzw. Übergangskostenstelle eingerichtet[541]. Dieses Kostenstellenkonto wird im Ergebnis wie ein Baukonto geführt, welches für die eigenen Baustellen eingerichtet wird. Auf ihm werden die tatsächlichen, d.h. die heimischen

---

539 Vgl. Bischof, Gewinnrealisierung, S. 107.

540 Vgl. hierzu die Ausführungen im Abschnitt A.: *„Gesellschafterleistungen"*.

541 Vgl. hierzu Lindken/Mielicki, a.a.O. S. 40 sowie Hebestreit, DStR 1994, (836).

Kosten und die mit der ARGE abgerechneten Leistungen gegenübergestellt. Es liegt dabei in der Natur der Sache, dass es hierbei zu Abweichungen zwischen den Wertansätzen der betriebsinternen Kostenverrechnung und den im ARGE-Vertrag vereinbarten Vergütungssätzen kommt. Sofern sich die Gesellschafter darauf verständigen, dass die Verrechnungssätze in der Preisgestaltung den Festsetzungen wie unter fremden Dritten, d.h. inklusive eines fremdüblichen Gewinnaufschlages entsprechen, dürfte der Saldo dieser Kostenstelle ein positives Ergebnis ausweisen[542]. Unabhängig von diesem möglichen Gewinnaufschlag erzielen die Gesellschafter bei der Geräte-/Maschinenvermietung regelmäßig ein positives Ergebnis, da sie die vereinbarten Verrechnungssätze auch dann erhalten, wenn die vermieteten Maschinen bei ihnen bereits vollständig abgeschrieben sind und den erzielten Einnahmen somit kein Aufwand mehr gegenübersteht. An diesem Punkt stellt sich die Frage, wann diese auf der Übergangskostenstelle entstehenden Gewinne aus dem Liefer- und Leistungsverkehr erfolgswirksam auszuweisen sind?

(aaa.) Problemstellung: Gewinnrealisation bei den Partnerleistungen

Ausgehend von der rechtlichen Gestaltung dieses Liefer- und Leistungsverkehrs sind die Gewinne aus den Partnerleistungen in dem Zeitpunkt zu realisieren, in dem die Gesellschafter ihre geschuldeten Leistungen an die ARGE erbracht haben. Diese rechtliche Wertung folgt unmittelbar aus den allgemein anerkannten Realisationsgrundsätzen, die bei einem synallagmatischen Austauschverhältnis zu beachten sind. Bei einer rein isolierten Betrachtung des direkten Rechtsverhältnisses zwischen Gesellschafter und ARGE tritt die *„sofortige Gewinnrealisation"* unabhängig davon ein, ob die ARGE ihrerseits, die im Verhältnis zum Auftraggeber geschuldete Leistung erbracht hat.

Gerade diese von der Fertigstellung des ARGE-Auftrages losgelöste und damit autonome Beurteilung der Partnerleistungen stellt sich bei einer erweiternden Betrachtung des Rechtsverhältnisses „Gesellschafter/ARGE/Auftraggeber" als problematisch dar. Die Ursache dieser Problematik offenbart sich bei einem unmittelbaren Vergleich der ARGE-Konstellation mit der Situation, in der die Gesellschafter einen eigenen Bauauftrag ausführen. In diesen Fällen steht außer Frage, dass eine Gewinnrealisation erst nach Fertigstellung der geschuldeten Werkleistung in Betracht kommt (s.o.). Vergleicht man nun diesen Einzelauftrag mit dem gemeinschaftlichen ARGE-Auftrag, gilt es zu konstatieren, dass sich die beteiligten Unternehmen über die vertragliche Zwischenschaltung einer dritten Person von den strengen Bindungen des Realisationsprinzips lösen können, indem sie über den Liefer- und Leistungsverkehr Gewinne generieren, die dem Bauauftrag zuzurechnen sind. M.a.W. besteht für die Gesellschafter einer

---

[542] Vgl. Barth, StBp 1994, 153 (158) sowie die Ausführungen unter: *A.III.2.e.aa.*

ARGE die Möglichkeit, mittels der Vereinbarung entsprechender ARGE-Verrechnungssätze eine Vorabrealisierung noch nicht entstandener, zumindest jedoch noch nicht ausweisbarer Gewinne zu bewirken.

An diesem Punkt stellt sich allgemein die Frage, ob alleine die vertragliche Aufspaltung eines Gesamtvertrages in mehrere Einzelverträge zu einer Verlagerung des Realisationszeitpunktes führen kann? Diese Problematik zeigt sich in besonderem Maße, wenn sich die Gesellschafter der Konstruktion einer Dach-ARGE bedienen. Bei einer Dach-ARGE bestehen die Partnerleistungen nicht in der Beistellung verschiedener Baukomponenten, sondern in einer in-sich abgeschlossenen Werkleistung. Bei einer kritischen Betrachtung dieser vertraglichen Konstruktion erscheint es auf dem ersten Blick keineswegs abwegig, eine sofortige Gewinnrealisation aus den Partnerleistungen abzulehnen, da diese vertragliche Konstruktion nicht die wirtschaftlichen Tatbestände im Hinblick auf die Interpretation des Realisationsprinzips verändern kann. Eine zusätzliche Problematik dieser sofortigen Gewinnrealisation ergibt sich auch aus dem Blickwinkel der auszuhandelnden Beistellungskonditionen. Die Gesellschafter erbringen ihre Leistungen zwar an eine rechtlich verpflichtungsfähige, gleichwohl von ihnen nicht unabhängige Personengesellschaft. Ein natürlicher Interessengegensatz der Vertragsparteien, der eine angemessene Vergütung garantieren würde, fehlt somit gänzlich. In Extremfällen ist es daher denkbar, dass die Gesellschafter aus diesem Geschäftsverkehr fortlaufend Gewinne produzieren, obwohl aus der Gesamtabwicklung der ARGE ein Verlust droht. Ausgehend von dieser eher *wirtschaftlichen Betrachtung* könnte man im Gegensatz zum eingangs erzielten Ergebnis auch zu der Erkenntnis gelangen, dass die Erträge aus den Partnerleistungen solange erfolgsneutral zu behandeln sind, bis der Gesamtgewinn aus dem Bauvorhaben der ARGE realisierbar ist.

Ungeachtet dieser Bedenken geht die Finanzverwaltung[543], aber auch das Institut der Wirtschaftsprüfer[544] davon aus, dass bei den ARGE-Partnerleistungen eine „*Sofortige Gewinnrealisation*" erfolgen müsse. Dem hingegen wird v.a. von Vertretern der Bauindustrie[545] und weiten Teilen der wissenschaftlichen Literatur[546] die Konzeption einer „*Integrierten Gesamtgewinnrealisation*" vertreten. Obgleich sich diese aus unterschiedlichen Motiven gegen eine sofortige Gewinnrealisation aussprechen, da für die Einen dieser Gewinn nicht die notwen-

543 BMF, Schreiben v. 27.01.1998, IV B 2 -S. 2241- 5/98, BStBl I 1998, 251.

544 IDW (HFA-Stellungnahme 1/1993), Wpg 1993, 441 (443) sowie Früh/Klar, DStR 1994, 1706 (1707); Gundert, DStR 2000, 125 (130).

545 Burchardt/Pfülb, ARGE, § 17, Rz. 115.

546 Backhaus, Zfbf 1980, 347 (357); Busse von Colbe, HWRev, 1198 (1206); Bischof, Gewinnrealisierung, S. 74; Paus, FR 1998, 994 (994). Für ein *Wahlrecht*: Hebestreit, DStR 1994, 834 (836).

dige Sicherheit aufweise, wohingegen die Anderen die vorzeitige Gewinnbesteuerung kritisieren, gelangen diese übereinstimmend zu einer ergebniswirksamen Verknüpfung des Liefer- und Leistungsverkehrs mit dem ARGE-Hauptauftrag. Bilanziell könnte eine solche **temporäre Gewinnneutralisation** *unmittelbar* über eine Wertberichtigung der Gesellschafterforderungen in Höhe der Gewinnaufschläge oder *mittelbar* über die Bildung einer Rückstellung für die nach § 13.42 ARGE-MV begründete Rücknahmeverpflichtung erfolgen[547].

(bbb.) „*Sofortige Gewinn-*" contra „*Integrierte Gesamtgewinnrealisation*"

Die übergeordnete Problematik, die sich hinter diesen unterschiedlichen Konzeptionen verbirgt, besteht darin, ob eine Verlagerung des Realisationszeitpunktes im Wege einer sachverhaltsgestaltenden, vertraglichen Regelung vorgenommen werden kann?

Diese Frage ist grundsätzlich zu bejahen. Dies folgt aus der unmittelbaren Verknüpfung des Bilanzrechts mit dem allgemeinen Schuldrecht. Wenn nämlich der Übergang der Preisgefahr für die Gewinnrealisation maßgeblich sein soll, ist für die Konkretisierung des betreffenden Realisationszeitpunktes auf die zivilrechtlichen Vorgaben des jeweiligen Schuldverhältnisses abzustellen. Die gesetzlichen Gefahrtragungsregeln sind jedoch disponibel[548]. M.a.W. können die Vertragsparteien einen von der gesetzlichen Regelung abweichenden, vor- oder nachgelagerten Gefahrenübergang vereinbaren. Diese zivilrechtliche Gestaltungsfreiheit bewirkt über die Verknüpfung des Bilanzrechts mit dem allgemeinen Zivilrecht, dass mittels einer entsprechenden vertraglichen Regelung des Gefahrenübergangs auch eine Vorverlegung bzw. Aufspaltung eines einheitlichen Realisationszeitpunktes herbeigeführt werden kann. Für den ARGE-Sachverhalt bedeutet dies, wenn die Dispositivität des Gefahrenübergangs bereits im Zweipersonenverhältnis wirkt, muss dies erst recht für ein vertraglich konstruiertes Dreipersonenverhältnis gelten, bei dem über die Zwischenschaltung einer eigenständigen Vertragspartei eine Risikoverlagerung auf diese stattfindet. Demzufolge haben die Gesellschafter einer ARGE mit der Erbringung ihrer Lieferungen und Leistungen an die ARGE die hieraus erzielten Gewinne zu realisieren, sofern bei den Partnerleistungen die rechtlichen Voraussetzungen für eine Gewinnrealisation gegeben sind.

Diese Voraussetzungen können unterschiedlicher Natur sein. So können neben der in Frage stehenden Rechtsfähigkeit der beteiligten Personen, auch die rechtliche Gestaltung der Partnerleistungen und die Höhe der vertraglich bedungenen

547 Vgl. hierzu die Ausführungen im übernächsten Gliederungspunkt.
548 Vgl. hierzu Gelhausen, Realisationsprinzip, S. 236 m.w.N.

Gegenleistung für oder gegen eine Gewinnrealisation sprechen. Als durchaus problematisch stellte sich bislang die mangelnde rechtliche Verselbständigung der ARGE gegenüber ihren Gesellschaftern dar. Diese Problematik hat sich inzwischen durch die weithin anerkannte Rechtsfähigkeit der Außen-GbR erledigt. Hiernach bestehen an der rechtlichen Verselbständigung einer ARGE zumindest insoweit keine Zweifel, dass diese im Rechtsverkehr als selbständiges Zurechnungssubjekt von Rechten und Pflichten auftreten kann. Hieraus resultiert, dass eine ARGE *in persona* Vertragsbeziehungen zu Dritten (Bauherr, Lieferanten, Subunternehmen), aber auch zu den Gesellschaftern eingehen kann. Sofern aus handelsbilanzieller Sicht für die Gewinnrealisation weniger auf die zivilrechtliche Rechtsfähigkeit, als auf die Unternehmensfähigkeit abgestellt wird[549], ist auch diese Voraussetzung bei einer ARGE zu bejahen.

Aus steuerrechtlicher Sicht bestehen ebenfalls keine Bedenken dagegen, dass ein Gesellschafter mit seiner Personengesellschaft im Rahmen des üblichen Geschäftsverkehrs Verträge und Veräußerungsgeschäfte abschließt, soweit dies zu *fremdüblichen Bedingungen* erfolgt[550]. Eine Grundvoraussetzung für diesen Leistungsaustausch dürfte jedoch unausgesprochen darin bestehen, dass der Gesellschafter seine Leistung an ein anderes Steuerrechtssubjekt, zumindest jedoch an eine andere mit „partieller Steuerrechtsfähigkeit" ausgestattete Personenvereinigung erbringt[551]. An diesem Punkt stellt sich erneut die Problematik des Konkurrenzverhältnisses zwischen § 180 IV AO und § 15 I Nr. 2 EStG. Wenn nämlich die NF-ARGE einkommensteuerrechtlich keine MU'schaft, sondern nur eine anteilige Betriebsstätte der Gesellschafter darstellen würde, müssten die Partnerleistungen als betriebsinterne Lieferungen ertragsteuerlich ignoriert werden[552]. Eine solche Ausstrahlungswirkung des § 180 IV AO auf das materielle Recht existiert jedoch nicht[553]. Folglich ist die ARGE auch aus ertragssteuerlicher Sicht zum Leistungsaustausch mit ihren Gesellschaftern fähig.

Neben dieser Rechtsstellung der beteiligten Personen spricht auch die rechtliche Gestaltung der ARGE-Partnerleistungen für die Anwendung der allgemeinen Realisationsgrundsätze. Zur Begründung sei noch einmal darauf hingewiesen, dass der genannte Leistungsaustausch auf der Grundlage, zweiseitiger schuldrechtlicher Rechtsgeschäfte abgewickelt wird[554]. Dieser auch dinglich vollzogene Leistungsaustausch bewirkt, dass die ARGE z.B. im Fall der Stofflieferung,

---

549 In diesem Sinne IDW (HFA-Stellungnahme 1/1993), Wpg 1993, 441 (441).

550 BFH (GrS) v. 3.05.1993 -GrS 3/92-, BStBl II 1993, 616 (622).

551 Vgl. zum Begriff „Partielle Steuerrechtsfähigkeit" die Ausführungen unter: *F.II.*

552 So v.a. Burchardt/Pfülb, ARGE, § 17, Rz. 115 sowie Paus, FR 1998, 994 (994).

553 Vgl. hierzu die Ausführungen unter: *F.III.2.b.aa.(2.).*

554 Vgl. hierzu die Ausführungen unter: *A III.2.e.bb.(1.).*

vom Zeitpunkt der Übergabe an die Gefahr des zufälligen Untergangs bzw. der Verschlechterung trägt. Die Problematik dieser rechtlichen Gestaltung könnte allenfalls darin bestehen, dass die Partnerleistungen im gesellschaftsrechtlichen Sinne als „atypische Gesellschafterbeiträge" zu qualifizieren sind[555]. Nach der Rechtsprechung des *BFH* ist in diesem Zusammenhang aus steuerrechtlicher Sicht wie folgt zu differenzieren:

Hat die vom Gesellschafter zu erbringende Leistung ihren Rechtsgrund im Gesellschaftsverhältnis und ist sie auf *Leistungsvereinigung* gerichtet, sind die Bezüge aus dem Gesellschaftsverhältnis dem Gesellschafter grundsätzlich bei der Verteilung der Einkünfte zuzurechnen. Hat die Leistung hingegen ihren Rechtsgrund in einem zweiseitigen *Austauschverhältnis*, sind die Zahlungen an den Gesellschafter als Einnahmen im Rahmen der für seine Tätigkeit maßgebenden Einkunftsart anzusetzen[556].

Hieraus ist zu folgern, dass die gesellschaftsvertragliche Festlegung der Partnerleistungen nichts daran ändert, dass diese Leistungen steuerlich wie Fremdleistungen zu behandeln sind, da sie auf Leistungsaustausch und nicht auf Leistungsvereinigung gerichtet sind. Die rein gesellschaftsrechtliche Qualifikation als „atypische Gesellschafterbeitragsleistung" erweist sich somit in diesem Zusammenhang als nicht weiter beachtlich.

Letztlich bedarf es noch hinsichtlich der Höhe der ARGE-Verrechnungssätze einer ergänzenden Würdigung der schuldrechtlichen Vereinbarungen zwischen den Partnerunternehmen und der ARGE. Hierbei gilt es grundsätzlich zu beachten, dass die allgemeinen Realisationsgrundsätze nur dann eingreifen, wenn die Höhe der Gegenleistung dem entspricht, was üblicherweise unter fremden Dritten vereinbart wird[557]. Sollten die vereinbarten Verrechnungssätze diesem Fremdvergleichsmaßstab nicht standhalten, ist davon auszugehen, dass der Differenzbetrag zwischen Marktpreis und vereinbarten Preis als (verdeckte) Entnahme zu werten ist. Solche Gewinnaufschläge, die aus dem Gesellschaftsverhältnis motiviert sind, sind in der ARGE-Praxis üblicherweise nicht anzutreffen. Infolgedessen ist davon auszugehen, dass die ARGE-Partnerleistungen wie Fremdleistungen zu behandeln sind. Die Gewinnrealisation hat damit im Zeitpunkt der Leistungserbringung einzusetzen.

---

555 Vgl. hierzu die Ausführungen unter: *A III.2.e.bb.(1.).*

556 BFH v. 26.05.1993 -X R 108/91-, BFHE 171, 500 (508).

557 Auf diese Problematik der ARGE-Verrechnungssätze weisen zurecht hin: IDW (HFA-Stellungnahme 1/1993), Wpg 1993, 441 (443); Früh/Klar, DStR 1994, 1706 (1707) sowie Gundert, DStR 2000, 125 (130).

(ccc.) „Gewinnneutralisation“ über die Bildung einer Rückstellung für die Rücknahmeverpflichtung gem. § 13.42 ARGE-MV

Als weitere Maßnahme der Gewinnneutralisation ist die Möglichkeit in Betracht zu ziehen, dass die Gesellschafter eine Rückstellung für ihre nach § 13.42 ARGE-MV begründete Rücknahmeverpflichtung bilden könnten[558].

Die Bildung einer Rückstellung für diese Verpflichtung kommt jedoch aus keinem rechtlichen Gesichtspunkt in Betracht. Zivilrechtlich ist davon auszugehen, dass sowohl der Lieferung an die ARGE als auch der Rücklieferung an die Gesellschafter ein separater Austauschvertrag zugrunde liegt.[559] Diese obligatorischen Veräußerungsgeschäfte werden dinglich in der Weise vollzogen, dass mit jeder Lieferung ein Übergang des zivilrechtlichen Eigentums einhergeht. Ausgehend von dieser zivilrechtlichen Konstruktion kommt auf Ebene der Gesellschafter weder die Bildung einer Rückstellung für den zukünftigen Aufwand des Rückerwerbs noch die Bildung einer Rückstellung für erwartete drohende Verluste in Betracht. Die Aufwandsrückstellung scheitert bereits aus systematischen Erwägungen wegen der unzulässigen Antizipation künftiger Anschaffungskosten (jetzt auch § 5 Abs. IV b Satz 1 EStG). Das steuerliche Verbot einer Drohverlustrückstellung folgt aus § 5 IV a EStG. Unabhängig von diesem steuerlichen Ansatzverbot ist auch für handelsbilanzielle Zwecke zu bezweifeln, ob die tatsächlichen Voraussetzungen einer Drohverlustrückstellung gem. § 249 Abs. I Satz 1 HGB gegeben sind. Diese Rückstellung käme nur dann in Betracht, wenn dem Gesellschafter aus der Differenz zwischen dem vereinbarten Rücknahmepreis und dem tatsächlichen Wert der gebrauchten Stoffe ein Verlust droht[560]. Hierfür bestehen keine konkreten Anzeichen. Die im Mustervertrag vereinbarten Rückkaufpreise (vgl. § 13.31) sind als durchaus realistische und sachgerechte Schätzungen des tatsächlichen Wertes der gebrauchten Stoffe anzusehen. Sofern in Ausnahmefällen aufgrund nicht vorhersehbarer externer Einflussfaktoren ein nachträgliches Missverhältnis entstehen sollte, besteht eine Regelvermutung dafür, dass sich die Gesellschafter in der Aufsichtsstelle auf eine entsprechende Preiskorrektur verständigen[561].

Unter Berücksichtigung dieser vertraglichen Gestaltung kommt die Bildung einer Rückstellung für die nach § 13.42 ARGE-MV begründete Rücknahmeverpflichtung nicht in Betracht. Dies gilt selbst dann, wenn die Rücklieferung nicht als eigenständiger Kaufvertrag, sondern als Rückabwicklung des Kaufvertrages

558 Vgl. hierzu Barth, StBp 1994, 153 (159).

559 Vgl. hierzu die Ausführungen unter: *A.III.2.e.bb.(2.c.).*

560 Vgl. hierzu aus steuerlicher Sicht: BFH v. 15.10.1997 -I R 16/97-, BStBl II 1998, 249 (251), v. 25.07.2000 -VIII R 35/97-, BStBl II 2001, 566 (567): Zur Drohverlustrückstellung aus Rückkaufverpflichtungen bei schwebenden Kfz-Leasingverträgen.

561 Im Ergebnis auch Burchardt/Pfülb, ARGE, § 13, Rz. 68.

gedeutet wird. Obwohl der BFH in Fällen dieser Art bisweilen eine Rückstellung für ungewisse Verbindlichkeiten für zulässig erachtet hat[562], dürfte es hier im Zeitpunkt der Leistungserbringung an der *„überwiegenden Wahrscheinlichkeit"* der Rückabwicklung fehlen.

(ddd.) Zwischenergebnis

Die Gesellschafter haben ihre Gewinne aus den Partnerleistungen im Zeitpunkt der Leistungserbringung zu realisieren. Eine „Gewinnneutralisation" kommt nicht in Betracht.

(b.) Verlustberücksichtigung

Nach § 252 Abs. 1, Nr. 4, 1. HS HGB sind Risiken und Verluste zu berücksichtigen, wenn sie *vorhersehbar* sind. Diese unterschiedliche Berücksichtigung nicht realisierter Gewinne und Verluste wird herkömmlicherweise als Imparitätsprinzip bezeichnet. Systematisch resultiert diese *Verlustantizipation*[563] aus dem allgemeinen „Vorsichtsprinzip".

Zu den typischen Baurisiken, die bei einem ARGE-Auftrag ebenso wie bei einem „normalen" Bauauftrag auftreten können, zählen in der *Bauausführungsphase* neben den nachteiligen Abweichungen der Bauausführung von den Daten der Vorkalkulation (z.B. aus gestiegenen Produktionskosten infolge höherer Baustoff- oder Personalkosten), auch die geleisteten, aber noch nicht genehmigten Nachträge, die zu erwartenden Rechnungsabstriche des Auftraggebers oder drohende Zahlungsausfälle[564]. Aus bilanzieller Sicht bestehen verschiedene Möglichkeiten diese Risiken zu berücksichtigen. Nach der überwiegenden Meinung in der Literatur sind diese Risiken bei unfertigen Bauleistungen zunächst im Wege einer Abschreibung auf den Aktivwert („Halbfertige Bauten") und nur für den Verlustanteil, der diesen Wert übersteigt, durch eine Drohverlustrückstellung zu berücksichtigen[565]. Diese Vorgehensweise gilt in entsprechender Form auch für die Bauausführung im Rahmen einer ARGE. Die Gesellschafter haben demnach zunächst eine Abschreibung ihrer Forderungen an die ARGE auf den niedrigeren beizulegenden Wert (§ 253 Abs. III Satz 2 HGB) bzw. Teilwert (§ 6 Abs. I Nr. 2 Satz 2 EStG) vorzunehmen und nur für die darüber hinaus erwarteten Verluste eine Drohverlustrückstellung zu bilden.

---

[562] Vgl. BFH v. 25.01.1996 -IV R 114/94-, BStBl II 1997, 382 (382 ff.); **a.A.** BMF, Schreiben v. 12.03.1997, IV B 2 -S 2137- 24/97, BStBl I 1997, 611.

[563] Vgl. zu diesem Begriff: ADS, HGB, § 252, Rz. 19.

[564] Vgl. hierzu die Darstellung von: Wagner, Risiken im JA von Bauunternehmen, S. 80 ff.

[565] So ADS, HGB, § 249, Rz. 138; Beck BilKom-*Clemm Erle*, HGB, § 249, Rz. 68.

Diese Systematik ist für die steuerliche Gewinnermittlung mit der Abschaffung der Drohverlustrückstellung (§ 5 IV a EStG) ins Wanken geraten. Neben den grundsätzlichen Bedenken gegen diese Vorschrift[566] resultiert aus diesem Rückstellungsverbot ein v.a. die Bauwirtschaft belastendes Problem. Es stellt sich nämlich die Frage, inwieweit bei „Halbfertigen Bauten" mittels einer Teilwertabschreibung des aktivierten Wirtschaftsgutes Verluste berücksichtigt werden können, die auf noch zu erbringende Leistungen entfallen?

(aa.) Verlustantizipation bei unfertigen ARGEN (Teilwertabschreibung auf „Unfertige Leistungen/-Bauten")

Die *Finanzverwaltung* vertritt in dieser Frage die Auffassung, dass bei den sog. halbfertigen Bauten auf fremden Grund und Boden nur die bereits *aufgelaufenen Verluste* im Wege einer Teilwertabschreibung auf die Forderungen gegen den Bauherrn berücksichtigt werden können[567]. Anteilige *künftige Verluste*, die auf noch zu erbringende Leistungen des Bauauftrages entfallen, könnten allenfalls mit einer (steuerlich unzulässigen) Drohverlustrückstellung, nicht hingegen mit einer Teilwertabschreibung erfasst werden. Eine Saldierung der sich noch zukünftig realisierenden Verluste mit einer Teilwertabschreibung sei weder mit dem Teilwertgedanken noch mit dem Einzelbewertungsprinzip vereinbar[568].

Dem hingegen wird von Teilen der Literatur[569] vertreten, dass diese Differenzierung zwischen *aufgelaufenen* und *künftigen* Verlusten in der Sache fehlgehe, da die Verluste aus dem Bauauftrag aus bilanzieller Sicht bereits mit dem Abschluss des Bauvertrages entstanden seien. Aus dem in § 252 I Nr. 4 HGB normierten Imparitätsprinzip, dass über § 5 Abs. I Satz 1 EStG auch für die Steuerbilanz gelte, sei zu folgern, dass der Bilanzierende ***alle*** erwarteten Verluste aus dem Bauauftrag berücksichtigen müsse. Diese nach der Abschaffung der Drohverlustrückstellung nur noch im Wege einer Teilwertabschreibung mögliche Verlustberücksichtigung greife jedoch unabhängig vom jeweiligen Stand der Bauausführung ein.

566 So sprechen u.a. *Clemm/Erle* davon, dass der § 5 IVa EStG systemwidrig ist, in: Beck BilKom, HGB, § 249, Rz. 80. Dem hingegen vertritt u.a. *Weber-Grellet* die Auffassung, dass dieses Rückstellungsverbot steuerrechtlich systemgerecht ist, in: Schmidt, EStG, § 5, Rz. 450.

567 BMF, Schreiben v. 14.11.2000, IV A 6 -S 2174- 5/00, BStBl I 2000, 1514.

568 BMF, Schreiben v. 27.04.2001, IV A 6 -S 2174- 15/01, DStR 2001, 1527: Zur Bilanzierung und Bewertung von halbfertigen Erzeugnissen.

569 Hoffmann, DStR 2000, 1338 (1339); Hofer, DStR 2001, 635 (638); Paus, DStZ 2001, 81 (82); Beck BilKom-*Clemm/Erle*, HGB, § 249, Rz. 68. Im Ergebnis auch Marx/Löffler, Beck HdR, B 700, Rz. 87.

Im Interesse einer möglichst praxisgerechten Untersuchung dieser Problematik macht es an dieser Stelle wenig Sinn, noch einmal die grundsätzlichen Für und Wider zu erörtern, die mit der Abschaffung der Drohverlustrückstellung verbunden sind. Unabhängig von den systematischen Bedenken, die mit dieser Durchbrechung des Maßgeblichkeitsgrundsatzes und der weiteren Abkoppelung der Steuer- von der Handelsbilanz verbunden sind, zählt § 5 IV a EStG zum geltenden Recht.

Ausgehend von dieser gesetzgeberischen Wertentscheidung sei zum Einstieg in die Problematik folgender Sachverhalt untersucht[570].
Der Steuerpflichtige A schließt in der Mitte des Jahres 01 einen zum 30.06.03 zu erfüllenden Vertrag über die Lieferung einer Anlage zum vereinbarten Lieferpreis von € 1,2 Mio. ab. A rechnet für diesen Auftrag mit kalkulierten Selbstkosten von € 1,0 Mio. und einem Gewinnaufschlag von € 0,2 Mio. Am Ende des Jahres 01 stellt sich heraus, dass die Selbstkosten € 1,4 Mio. betragen werden. Verlustberücksichtigung?

An diesem Punkt steht außer Frage, dass A in seiner Steuerbilanz keine Rückstellung bilden kann, da Verbindlichkeitsrückstellungen bei schwebenden Verträgen grundsätzlich nicht und Drohverlustrückstellungen aufgrund § 5 IV a EStG nicht mehr gebildet werden können. Dies gilt unabhängig davon, dass der rechtlich bindende Vertrag bereits in 01 und auch die Fehlkalkulation, die zu dem vereinbarten Lieferpreis geführt hat, ebenfalls in 01 stattfand.

In Abweichung von diesem eindeutigen Sachverhalt sei der nachfolgende zweite Beispielsfall erörtert: Gleicher Sachverhalt wie bei A, nur mit dem Unterschied, dass B bis zum Bilanzstichtag bereits einen Teil des Auftragsgegenstandes gefertigt und entsprechend aktiviert hat („Halbfertige Bauten" mit € 0,3 Mio.). Verlustberücksichtigung?

In diesem Fall besteht zwischen Finanzverwaltung und Literatur Einigkeit, dass B bei einer unterstellt dauernden Wertminderung eine Teilwertabschreibung auf das Aktivum vornehmen kann. Die Meinungsverschiedenheit besteht nur hinsichtlich des Umfangs dieser Teilwertabschreibung, nämlich ob B den gesamten Verlust oder nur den bisher „aufgelaufenen Verlust" (entsprechend des Baufortschritts) berücksichtigen kann.

Bei einer genaueren Betrachtung dieser Beispielsfälle fällt auf, dass die Problematik des zweiten Sachverhaltes nicht nur hinsichtlich des Umfangs der Teilwertabschreibung, sondern im Vergleich zum ersten Sachverhalt auch hinsichtlich des „ob" der Teilwertabschreibung besteht. Es stellt sich an diesem Punkt

[570] Vgl. zu diesem und dem nachfolgenden Beispielsfall: Heddäus, BB 1997, 1463 (1469).

nämlich die Frage, warum die Steuerpflichtigen A und B bei gleicher wirtschaftlicher Leistungsfähigkeit unterschiedlich behandelt werden, nur weil A am Bilanzstichtag noch nicht mit den Arbeiten begonnen hat, während B aufgrund der Teilarbeiten bereits den gesamten oder zumindest einen Teil des erwarteten Verlustes vorwegnehmen darf?

Diese unterschiedliche Verlustantizipation im Steuerrecht verwundert beim Blick auf die systematischen Grundlagen der Drohverlustrückstellung und Teilwertabschreibung und ihrem Verhältnis zueinander. Hierbei zählt es zu den gesicherten Erkenntnissen des Bilanzrechts, dass diese Rechtsinstitute ihre gemeinsame Wurzel im Vorsichtsprinzip und genauer gesagt im kodifizierten *GoB* des Imparitätsprinzips (besser: Vorsichtprinzip i.e.S.) haben. Ihr Verhältnis zueinander wurde unlängst vom BFH in der Weise beschreiben, dass die „Drohverlustrückstellung eine vorweggenommene Teilwertabschreibung auf noch nicht gelieferte Waren" sei[571]. *Hoffmann* spricht in diesem Zusammenhang auch von einer *„ökonomischen Gleichwertigkeit"* der Teilwertabschreibung und Drohverlustrückstellung[572].

Unter Berücksichtigung dieser übereinstimmenden, systematischen Grundlagen dieser Rechtsinstitute ist nach den Gründen zu forschen, warum der Gesetzgeber für die steuerliche Gewinnermittlung nur auf die Drohverlustrückstellung und nicht auch auf die Teilwertabschreibung verzichtet hat und somit nur teilweise das Imparitätsprinzip außer Kraft gesetzt hat. Denn eines sollte nach den eingangs erwähnten Beispielsfällen klar sein: Mit Blick auf die noch nicht realisierten Verluste sind die Steuerpflichtigen, die noch kein aktivierungsfähiges Wirtschaftsgut geschaffen haben, nicht leistungsfähiger als die Steuerpflichtigen, die bereits über ein Abschreibungspotential verfügen.

Beim Blick in die Entstehungsgeschichte des § 5 IV a EStG lassen sich keine systematischen Motive für diese Gesetzgebungsmaßnahme nachweisen. Das primäre Anliegen des Gesetzgebers bestand vielmehr in rein fiskalischen Erwägungen, d.h. in einer Gegenfinanzierungsmaßnahme. Aus systematischer Sicht aufschlussreicher erweist sich das nachfolgende, von der neuen Regierungskoalition initiierte Steuerentlastungsgesetz 1999/2000/2002. Eine zentrale Maßnahme dieses Gesetzgebungsvorhabens bestand in der geplanten Abschaffung der steuerlichen Teilwertabschreibung. Zur Begründung dieser Gesetzgebungsmaßnahme stellte der Gesetzgeber klar, dass nach seiner Vorstellung das han-

---

571 BFH v. 20.01.1993 -I R 115/91-, BStBl II 1993, 373 (375).

572 Hoffmann, DStR 2000, 15 (17). In diesem Beitrag illustriert Hoffmann am Fall „Holzmann", dass der in einem Vermögensgegenstand (Projektbau) enthaltene Verlust im Wege einer *kreativen Sachverhaltsgestaltung* von der Aktiv- auf die Passivseite verlagert werden kann.

delsrechtliche Imparitätsprinzip mit einer Besteuerung nach der Leistungsfähigkeit unvereinbar sei[573]. Aus diesem Grund sollte auch bei der Berücksichtigung steuerlicher Verluste das uneingeschränkte Realisationsprinzip gelten. Bekanntlich ist dieser Gesetzgebungsvorschlag aufgrund massiver Widerstände aus den Kreisen der Wirtschaft und Wissenschaft nicht umgesetzt worden.

Unabhängig davon, ob diese Grundvorstellung der Unvereinbarkeit des Imparitätsprinzips mit der Besteuerung nach der Leistungsfähigkeit sich als zutreffend erweist, wäre die geplante Abschaffung der Teilwertabschreibung aus systematischer Sicht höchst konsequent gewesen[574]. Die Gründe hierfür bestehen darin, dass der Gesetzgeber mit der Regelung des § 5 IV a EStG nur einen Baustein aus dem Gesamtgefüge „Imparitätsprinzip" entfernt hat, ohne dass er in entsprechender Weise auch die für die Aktivseite als Pendant zu betrachtende Teilwertabschreibung abgeschafft hat. Diese gesetzgeberische Inkonsequenz führt bei einem Vergleich zweier Steuerpflichtiger (s.o.) zu einem nicht gerechtfertigten Verstoß gegen das Gebot der Belastungsgleichheit[575]. Dieser kann nur mittels einer konsequenten Abschaffung oder der uneingeschränkten Wiederherstellung des Imparitätsprinzips beseitigt werden.

Zurück bei der Beurteilung der eigentlichen Streitfrage ist davon auszugehen, dass die von der Finanzverwaltung vorgenommene Differenzierung[576] zwischen den bereits *aufgelaufenen* und den *künftigen Verlusten* offensichtlich auf der Vorstellung beruht, dass der § 5 IV a EStG über dieses konkrete Rückstellungsverbot hinaus, für das gesamte Steuerrecht ein Verbot der Berücksichtigung drohender Verluste aus schwebenden Geschäften impliziert. Bei dieser nur noch eingeschränkt, entsprechend des Fertigstellungsgrades zulässigen Verlustberücksichtigung ist darüber nachzudenken, ob es sich bei dieser Verwaltungsauffassung nicht lediglich um den nachträglichen Versuch der teilweisen Abschaffung der Teilwertabschreibung handelt. Offensichtlicher und weitergehender wird dieses Bestreben noch von *Weber-Grellet* formuliert, denn dieser folgert aus § 5 IV a EStG die generelle Unbeachtlichkeit des noch schwebenden Geschäftes im Steuerrecht. Eine Teilwertabschreibung käme daher frühestens nach der Lieferung oder Leistung in Betracht[577]. Zu einem ähnlichen Ergebnis gelangt auch *Siegel*, der eine Teilwertabschreibung im Laufe eines Herstellungsprozesses erst

---

573 Begründung zum Entwurf eines StEntlG 1999/2000/2002, BT-Drucksache 14/23, S. 171.

574 Auf diesen Umstand weist seit langem auch *Hoffmann* hin, obwohl dieser im Ergebnis gegen die Abschaffung des Imparitätsprinzips plädiert, in: DStR 2000, 15 (16).

575 So auch Schulze-Osterloh, DStJG 23 (2000), 67 (80).

576 Diese Differenzierung ist im Übrigen nicht neu, da bereits *Groh* diesen Gedanken zur Abgrenzung der Verbindlichkeits- von der Verlustrückstellung bei schwebenden Verträgen aufwarf, in: BB 1988, 27 (28).

577 Schmidt-*Weber-Grellet*, EStG, § 5, Rz. 451.

dann berücksichtigen möchte, wenn die Herstellungskosten über den erwarteten Erlös des Verlustauftrages steigen[578].

Bevor diese Frage erörtert wird, ist zunächst einmal festzustellen, ob die „künftigen Verluste“ überhaupt im Wege einer Teilwertabschreibung berücksichtigt würden. Bekanntlich ist der Teilwert eines Wirtschaftsgutes der Betrag, den ein Erwerber des ganzen Betriebes im Rahmen des Gesamtkaufpreises für dieses ansetzen würde (§ 6 Abs. I Nr. 1 Satz 3 EStG). Der Teilwert von zum Absatz bestimmter Waren hängt vom voraussichtlichen Veräußerungserlös ab[579]. Sofern es sich bei dem konkreten Bauauftrag nicht um eine „*bewusste Verlustbaustelle*“ handelt, die aus unternehmerischer Sicht möglicherweise anderweitige wirtschaftliche Vorteile mit sich bringt[580], bestehen aus Sicht eines potentiellen Erwerbers keine Zweifel daran, dass dieser den gesamten im Auftrag enthaltenen Verlust wertmindernd berücksichtigen würde[581]. Dies gilt erst recht, wenn dem Erwerber aufgrund der vertraglichen Verpflichtungen kein Wahlrecht zur Beendigung des verlustträchtigen Auftrages zusteht, da er ansonsten über den nur anteiligen Abzug bereits aufgelaufener Verluste, „*künftige Verluste*“ in Kauf nehmen würde, deren Ursachen bereits im Abschluss des fehlkalkulierten Bauvertrages liegen[582]. Die alles entscheidende Frage kann somit nur darin bestehen, ob der Gesetzgeber mit der Neuregelung des § 5 IV a EStG ein generelles steuerliches Verbot der Berücksichtigung drohender Verluste aus schwebenden Geschäften normieren wollte?

Aus der Entstehungsgeschichte dieser Vorschrift lässt sich eine solche Wertung nicht herleiten. Hilfreicher erweist sich in diesem Zusammenhang wiederum die Begründung zum ersten Entwurf des StEntlG 1999/2000/2002. Hieraus wird ersichtlich, dass dem Gesetzgeber offenbar bewusst ist, dass ein vollständiger Ausschluss der Verlustantizipation im Steuerrecht nur mittels einer konsequenten Restitution des Imparitätsprinzips durch ein für Gewinne und Verluste gleichermaßen geltendes Realisationsprinzip bewirkt werden kann. Solange dieser Schritt nicht vollzogen wird, ist aufgrund des (Rest-)Imparitätsprinzips davon

---

578 Siegel, StuB 1999, 195 (201): Zur Begründung betont *Siegel*, dass erst in diesem Zeitpunkt durch die Einbuße an Konsumpotential Leistungsfähigkeit verloren gehe, so dass eine Abschreibung anzuerkennen sei.

579 BFH v. 29.04.1999 -IV R 14/98-, BStBl II 1999, 681 (682).

580 Bei den sog. „Verlustprodukten“ versagt der BFH insgesamt eine TW-Abschreibung, wenn der Betrieb im Ganzen rentabel geführt wird, vgl. BFH v. 29.04.1999 -IV R 14/98-, BStBl II 1999, 681 [LS] oder wenn anderweitige wirtschaftliche Vorteile, die nicht zur Aktivierung eines WG führen, diese Verluste kompensieren können, vgl. hierzu das sog. „Apotheker-Urteil“: BFH (GrS) v. 23.06.1997 -GrS 2/93-, BStBl II 1997, 735 (738).

581 So auch Hoffmann, DStR 2000, 1338 (1339). **A.A.** möglicherweise BFH v. 28.11.1974 -V R 36/74-, BStBl 1975, 398 (399).

582 Im Ergebnis auch Heinemann, StBp 2001, 200 (202).

auszugehen, dass der gesamte geschätzte Verlust bereits in derjenigen Rechnungsperiode zu erfassen ist, in der er erstmalig erkannt wird. Für die von der Finanzverwaltung vorgesehene „Teilverlustrealisierung" fehlt es am Willen des Gesetzgebers, mit § 5 IV a EStG ein generelles, auch für die Teilwertabschreibung zu berücksichtigendes Verbot der Verlustantizipation zu erzeugen.

(bb.) Gleichmäßigkeit der Besteuerung

Neben dieser die gesamte Bauwirtschaft betreffenden Problematik stellt sich im Rahmen der Verlustberücksichtigung ein weiteres, originär ARGE-spezifisches Problem: *Die Gleichmäßigkeit der Besteuerung.*

Zur Erläuterung dieser Problematik sei auf die Verfahrensvorschrift des § 180 IV AO hingewiesen. Mangels eines einheitlichen und gesonderten Feststellungsverfahrens für die ARGE ist nicht sichergestellt, dass der ARGE-Bauauftrag einheitlich bewertet wird. Vielmehr bleibt es grundsätzlich den Gesellschaftern vorbehalten, eine individuelle Einschätzung der Baurisiken vorzunehmen. Diese Einschätzungsprärogative betrifft beispielsweise in der Bauausführungsphase neben den bereits genannten typischen Baurisiken[583] auch die zu treffenden Maßnahmen bei anfänglichen Verlusten, wenn es um die Einschätzung der weiteren Kostenentwicklung des Bauauftrages (Verlustkompensation oder -ausbau) geht. Evident wird diese unterschiedliche Beurteilung des ARGE-Sachverhaltes auch in der Gewährleistungsphase, da die erforderliche Bewertung möglicher Gewährleistungsrisiken nicht gemeinschaftlich auf Ebene der ARGE, sondern autonom von jedem Gesellschafter vorgenommen wird. Diese in § 8.6 ARGE-MV ausdrücklich vereinbarte, individuelle Bildung von Gewährleistungsrückstellungen kann neben den weiteren Ergebniskorrekturen dazu führen, dass die Gesellschafter bis zum Ablauf der Gewährleistungsfristen sehr unterschiedliche ARGE-Ergebnisse ausweisen[584]. Ein bilanzieller Gleichschritt im Sinne einer gleichmäßigen Bewertung eines verlustbehafteten ARGE-Auftrages dürfte somit eine Ausnahme darstellen[585]. Ein Umstand, der aufgrund der bisweilen beträchtlichen Gesamtvolumen einzelner ARGE-Aufträge eine Diskussion darüber erforderlich macht, ob diese individuelle Bilanzierungspraxis mit dem Grundsatz einer *gleichmäßigen Besteuerung* zu vereinbaren ist.

Dieser aus Art. 3 I GG abgeleitete Grundsatz der **Gleichmäßigkeit der Besteuerung** erfordert nach der Interpretation des *Bundesverfassungsgerichts* neben der Gleichheit der normativen Steuerpflicht auch die Gleichheit bei deren Durchsetzung in der Steuererhebung[586]. Für die Rechtsanwendungsgleichheit,

---

583 Vgl. hierzu die vorherigen Ausführungen unter: „*Verlustberücksichtigung*".
584 Im Ergebnis auch Barth, StBp 1994, 153 (160) sowie Hübl, DStZ/A 1965, 147 (150).
585 Albrod, StBp 1994, 6 (12).
586 BVerfG v. 27.06.1991 -2 BvR 1493/89-, BStBl II 1991, 654 (665).

die einfachgesetzlich in § 85 AO normiert ist, bedarf es eines Besteuerungsverfahrens, in dem jede Bemessungsgrundlage möglichst vollständig festgestellt und die Steuern deshalb prinzipiell gleichmäßig erhoben werden können. Aus verfahrensrechtlicher Sicht wird diese einheitliche Rechtsanwendung bei gleichen Sachverhalten durch das Verfahren der einheitlichen und gesonderten Gewinnfeststellung nach §§ 179 ff. AO sichergestellt. Wenn der Gesetzgeber nun auf die Durchführung dieses Verfahrens verzichtet, ist hieraus zu folgern, dass der Gesetzgeber für den ARGE-Sachverhalt nicht die Gefahr einer unterschiedlichen Besteuerung sieht oder etwaige Unterschiede bei der Bewertung toleriert.

Diesem Ergebnis ist nicht zuzustimmen. Die ungleiche Bewertung des einheitlichen ARGE-Sachverhaltes auf Ebene der Gesellschafter lässt sich auch nicht mit dem Gedanken rechtfertigen, dass es sich bei der möglichen unterschiedlichen Ausübung von Bewertungswahlrechten nur um eine temporäre Verschiebung eines im Ergebnis gleich hohen Steueraufkommens handelt[587]. Aus der Gleichmäßigkeit der Besteuerung lässt sich nämlich ebenfalls die Abschöpfung nicht gerechtfertigter Zins- und Liquiditätsvorteile ableiten[588]. Diese Vorteile, die im Ergebnis eine Verzerrung der Wettbewerbsbedingungen bedeuten, könnten jedoch entstehen, wenn bei einem einheitlichen Sachverhalt Wahlrechte unterschiedlich ausgeübt werden. Um dem entgegenzutreten ist es erforderlich, zur Erfassung des ARGE-Sachverhaltes geeignete Maßnahmen zu ergreifen, die einerseits die Gleichmäßigkeit der Besteuerung sicherstellen und andererseits ein verwaltungsökonomisches Veranlagungsverfahren garantieren, das gleichermaßen die Interessen der Finanzverwaltung und der Steuerpflichtigen berücksichtigt. Aus diesem Grund werden im Nachfolgenden zunächst die Gründe erforscht, die den Gesetzgeber zum Erlass des § 180 IV AO bewogen haben, um hieraus etwaige Rückschlüsse für mögliche Änderungsvorschläge zu ziehen.

(aaa.) Sinn und Zweck des einheitlichen und gesonderten Feststellungsverfahrens gem. §§ 179, 180 I Nr. 2 AO

Der Sinn und Zweck dieses Verfahrens fokussiert sich im Wesentlichen auf folgende Punkte[589]:
Aus verwaltungs-verfahrensrechtlicher Sicht dient das Feststellungsverfahren primär der *Verfahrensvereinfachung*. So erweist es sich aus Sicht der Finanzverwaltung als durchaus zweckmäßig, wenn beispielsweise die Einkünfte mehrerer Personen aus einer MU'schaft in einem einheitlichen Verfahren, von nur einem Finanzamt mit Wirkung für und gegen alle Beteiligten gemeinschaftlich festzustellen sind. Neben dieser Vermeidung der wiederholten Erforschung eines identischen Sachverhaltes dient es ebenfalls der *Verfahrensökonomie*, wenn

[587] So aber im Ergebnis Fahrenschon/Burchardt, ARGE, § 17, Rz. 36.
[588] Vgl. Tipke/Kruse-*Kruse Loose*, AO, § 233a, Rz. 3 m.w.N.
[589] Vgl. hierzu: HHSp-*Söhn*, AO, § 179, Rz. 16; Tipke/Kruse-*Brandis*, AO, § 180, Rz. 10.

das Finanzamt mit der größten Sachnähe (Betriebsfinanzamt) die Besteuerungsgrundlagen einheitlich ermittelt.

Aus materiell-rechtlicher Sicht stellt dieses Verfahren im Interesse der Steuerpflichtigen sicher, dass über ein und denselben Sachverhalt nicht unterschiedliche Feststellungen getroffen werden. Diese Rechtsanwendungsgleichheit dient unmittelbar der Rechtssicherheit und der verfahrensmäßigen Umsetzung einer für alle Beteiligten gleichmäßigen Besteuerung.

Gleichsam als Bestätigung dieser gesetzgeberischen Motive sei auf § 180 II AO verwiesen. Nach dieser Vorschrift kann in anderen, als den in Absatz I ausdrücklich genannten Fällen, ein Feststellungsverfahren durchgeführt werden, wenn dies „zur Sicherstellung einer einheitlichen Rechtsanwendung bei gleichen Sachverhalten und zur Erleichterung des Besteuerungsverfahrens" dienlich ist. In einer vergleichbaren Formulierung betont der BFH, dass das Feststellungsverfahren der „Richtigkeit, Rechtssicherheit und Gleichbehandlung" diene[590].

(bbb.) Gründe für den Feststellungsverzicht bei ARGEN

Aus der Entstehungsgeschichte des § 180 IV AO (früher § 215 V RAO) lassen sich keine Gründe herleiten, warum der Gesetzgeber gerade für den ARGE-Sachverhalt auf ein gesondertes Feststellungsverfahren verzichtet hat[591]. Auch bei den nachfolgenden, teils redaktionellen, teils inhaltlichen Korrekturen dieser Vorschrift bleiben die gesetzgeberischen Motive für diese verfahrensrechtliche Sonderstellung der ARGE im Dunkeln. Einzig in der amtlichen Begründung des Gesetzgebungsvorhabens, mit dem die Abschaffung der Drei-Jahresfrist vollzogen wurde, findet sich der nicht weiterführende Hinweis, dass sich *diese Frist in der Praxis nicht bewährt habe*[592].

Mangels eines offenkundigen und damit nachweisbaren Willen des Gesetzgebers helfen die Gesetzesmaterialien an dieser Stelle nicht weiter. Als denkbare Alternative lassen sich die Gründe für diesen Ausnahmetatbestand aus der Tatbestandsstruktur des § 180 AO ableiten. Hierbei ist davon auszugehen, dass der Abs. IV einen Spezialfall des Abs. III Nr. 2 („Fall von geringer Bedeutung") markiert. Zur Bestätigung dieser These sei auf ein Urteil des BFH verwiesen, indem dieser zur Konkretisierung des § 180 III Nr. 2 AO (§ 215 Abs. IV Satz 2 RAO a.F.) auf den § 180 IV AO (§ 215 V RAO a.F.) verweist und aus dessen besonderen Tatbestandsvoraussetzungen (Drei-Jahresfrist a.F.) eine generelle

---

590 BFH v. 11.09.1991 -XI R 35/90-, BStBl II 1992, 4 (4). *Anm*: Die Ursprünge dieser BFH-Rspr. wurden im Übrigen bereits vom RFH begründet, vgl. hierzu: RFH v. 26.10.1938 - VI A 652/38-, RStBl 1939, 169 (169).

591 Vgl. zur Entstehungsgeschichte dieser Vorschrift auch die Ausführungen unter: *E.II.*

592 Begründung zum Entwurf des StMBG v. 21.12.1993, BT-Drucksache, 12/5630, S. 101.

Wertentscheidung des Gesetzgebers für alle „Fälle von geringer Bedeutung" ableitet[593]. Ausgehend von diesem evident vorherrschenden Grundverständnis, wonach der Abs. IV als *lex specialis* des Abs. III Nr. 2 zu qualifizieren ist und der insoweit unsystematischen Vorgehensweise des BFH (Schluss vom Besonderen auf das Allgemeine) bestehen keine Bedenken dagegen, in einer umgekehrten Vorgehensweise die Motive der allgemeinen auf die spezielle (ARGE-) Vorschrift zu übertragen. Zur Klarstellung dieser Vorgehensweise sei noch einmal deutlich hervorgehoben, dass es an diesem Punkt nicht darum geht, die Tatbestandsvoraussetzungen des Abs. III Nr. 2 kumulativ zu denen des Abs. IV zu prüfen. Vielmehr sollen an dieser Stelle ausschließlich die Motive, die den Gesetzgeber zum allgemeinen Feststellungsverzicht bewogen haben, auf den ARGE-Sondertatbestand übertragen werden.

Nach dem ausdrücklich erklärten Willen des Gesetzgebers soll ein Feststellungsverfahren nur in den *„verfahrensmäßig bedeutsamen Fällen"* durchgeführt werden[594]. Sofern dieses zur einheitlichen Rechtsanwendung und zur Erleichterung des Besteuerungsverfahrens nicht erforderlich ist, sollen diese Sachverhalte als „Fälle von geringer Bedeutung" erachtet werden. Da es sich bei diesem Tatbestandsmerkmal um einen *unbestimmten Rechtsbegriff* handelt, obliegt es den zur Normkonkretisierung berufenen Rechtsanwendungsorganen diese Fälle näher zu umschreiben. Nach der ständigen Rechtsprechung des BFH liegt ein „Fall von geringer Bedeutung" vor, wenn „die Einkünfte leicht zu ermitteln, nach einfachem Schlüssel auf die Beteiligten zu verteilen sind und die Gefahr widersprüchlicher Entscheidungen bei den Beteiligten gering oder nahezu ausgeschlossen ist"[595]. Übertragen auf den § 180 IV AO bedeutet dies, dass der Gesetzgeber für die ARGEN offensichtlich wegen der leichten Überschaubarkeit des nur einmaligen Vorgangs kein praktisches Bedürfnis für ein gesondertes Feststellungsverfahren gesehen hat[596].

(ccc.) Kritische Betrachtung des ARGE-Sondertatbestandes

Im Vergleich zu den unbenannten Sachverhalten weist der ARGE-Sachverhalt kaum Ähnlichkeiten mit diesen Fällen von geringer Bedeutung auf. Ganz im Gegenteil sogar zeichnet sich dieser in seiner praktischen Ausgestaltung in besonderem Maße dadurch aus, dass von einem verwaltungsökonomischen und gerechten Besteuerungsverfahren nicht die Rede sein kann. Dass eine „Gefahr

---

[593] BFH v. 26.10.1971 -VIII R 137/70-, BStBl II 1972, 215 (217).

[594] Begründung zum Entwurf des StEntlG 1985, BT-Drucksache 10/1636, S. 46.

[595] BFH v. 03.02.1976 -VIII R 29/71-, BStBl II 1976, 396 (397), v. 04.07.1985 -IV R 136/83-, BStBl II 1985, 576 (576), v. 31.10.1991 -X B 69/91-, BFH/NV 1992, 289 [LS]. In vergleichbarer Weise auch die *FinVerw*: BMF, AEAO v. 15.07.1998, Nr. 4 zu § 180 AO, BStBl I 1998, 630 (736).

[596] Auch Hübl, DStZ/A 1965, 147 (150) sowie HHSp-*Söhn*, AO, § 180, Rz.230.

widersprüchlicher Entscheidungen" besteht, wurde bereits mehrfach erwähnt. Zu diesem Problem tritt aus verwaltungs-verfahrensrechtlicher Sicht noch die Schwierigkeit der Sachverhaltsermittlung, wenn an einer größeren ARGE mehrere Unternehmen beteiligt sind. Abgesehen von der keineswegs verfahrensökonomischen, gleichwohl von den zuständigen Finanzämtern für jeden einzelnen ARGE-Partner durchzuführenden Prüfung des gesamten ARGE-Sachverhaltes, stellt sich die Komplexität des Prüfungssachverhaltes als zusätzliche Verfahrenserschwerung dar[597]. Für eine sorgfältige Prüfung wäre es nämlich erforderlich, dass in den Buchhaltungen der Partner nicht nur die Rechnungsabschlüsse der ARGE, sondern alle Unterlagen der technischen und kaufmännischen Geschäftsführung (z.B. Leistungsverzeichnis, Belege der Buchhaltung zum Rechnungsverkehr) zur Einsichtnahme bereitstehen. Auf diese Schwierigkeit der Sachverhaltserforschung wird nicht nur von Vertretern der Finanzverwaltung[598], sondern auch aus den Kreisen der Wirtschaftsprüfer hingewiesen[599]. Im Ergebnis gilt es zu konstatieren, dass der Spezialfall des § 180 IV AO mit den übrigen Ausnahmevorschriften (§ 180 III Nr. 1, 2 AO) nicht vergleichbar ist. Bezieht man darüber hinaus noch die vom Gesetzgeber intendierten Ziele des § 180 I Nr. 2a AO in diese Betrachtung mit ein, so erweist sich dieser Ausnahmetatbestand als echter Fremdkörper im System der §§ 179 ff. AO.

Wenn der Gesetzgeber dennoch die Notwendigkeit der „Befreiung" bestimmter ARGEN vom Feststellungsverfahren bejaht, stellt sich an diesem Punkt die Frage nach dem wahren Sinn und Zweck des § 180 IV AO. Ein erster Anhaltspunkt hierfür findet sich in der Kommentierung von *Kühn/Hofmann*, denn diese betonen u.a., dass eine Ergebnisfeststellung bei ARGEN nicht zweckmäßig sei, da die notwendigen Ergänzungen aus den Büchern der beteiligten Unternehmen zu einer Komplizierung des Verfahrens führen würde, die zum beabsichtigten Nutzeffekt in keinem Verhältnis stünde[600]. Dieser Hinweis auf den Feststellungsumfang wird vertieft.

---

597 An diesem Punkt sei ergänzend darauf hingewiesen, dass nach einem Urteil des BFH v. 10.08.1994 -X R 45/91, BFH/NV 1995, 387 (387), ein Fall von geringer Bedeutung bereits dann nicht mehr vorliegt, wenn nicht dasselbe FA für die Stpfl. zuständig ist.

598 Vgl. Barth, StBp 1994, 153 (161).

599 IDW (HFA-Stellungnahme 5/1952), Wpg 1952, 217: Der HFA empfiehlt in dieser Stellungnahme, dass die Abschlussprüfer des an einer ARGE beteiligten Unternehmen nur einen eingeschränkten Bestätigungsvermerk erteilen sollen, wenn für sie keine Möglichkeit besteht, in die Bücher und Schriften der ARGE Einsicht zu nehmen, und sie zur Beurteilung des wirtschaftlichen Wagnisses [...] lediglich auf die Abrechnungen der ARGE und die Auskünfte des Unternehmens selbst angewiesen sind.

600 Kühn/Hofmann, AO, § 180, Anm. 5.

((1.)) Gegenstand des Feststellungsverfahrens

Nach §§ 179 Abs. II Satz 2, 180 I Nr. 2a AO sind die einkommensteuer- und körperschaftsteuerpflichtigen Einkünfte sowie die mit ihnen im Zusammenhang stehenden Besteuerungsgrundlagen einheitlich und gesondert festzustellen, wenn an den Einkünften mehrere Personen beteiligt sind. Diese Feststellung umfasst neben dem Gewinn der Gesellschaft auch den Anteil der Gesellschafter an diesem Gewinn und die in § 15 Abs. I Nr. 2 Satz 1, 2. HS EStG genannten Sondervergütungen. Daneben gehören nach der ständigen Rechtsprechung des BFH auch die *Sonderbetriebseinnahmen und –ausgaben* zum Gegenstand des Feststellungsverfahrens[601]. Die Finanzverwaltung hat sich dem uneingeschränkt angeschlossen[602].

Ausgehend von der zugrundeliegenden Arbeitshypothese sind an dieser Stelle besonders die Einnahmen und Ausgaben zu beachten, die dem Sonderbilanzbereich zuzuordnen sind. Zu den *Sondervergütungen* zählen alle Vergütungen des Gesellschafters, die ihm von der Gesellschaft für Leistungen gewährt werden, die wirtschaftlich durch das Gesellschaftsverhältnis veranlasst sind (sog. „Positivformel" des BFH)[603]. Nach dieser äußerst extensiven Auslegung des § 15 I Nr. 2 EStG ist es unerheblich, ob die Leistung ihren Rechtsgrund im Gesellschaftsrechtsverhältnis oder in einem echten Drittverhältnis hat, sofern „sie der Sache nach der Verwirklichung des Gesellschaftszwecks dient"[604]. Zu den *Sonderbetriebseinnahmen (SBE)* gehören alle persönlichen Erträge des Mitunternehmers, die wirtschaftlich durch seinen Mitunternehmeranteil bedingt sind. Zu den *Sonderbetriebsausgaben (SBA)* gehören in entsprechender Umkehrung alle persönlichen Aufwendungen, die durch seine Beteiligung an der Gesellschaft, durch sein Sonderbetriebsvermögen oder die Sondervergütungen veranlasst sind[605]. Diese Pflicht zur Einbeziehung der Sondervergütungen, aber auch der SBE und SBA führt aus verfahrensrechtlicher Sicht dazu, dass diese Feststellungen notwendigerweise in dem für die Gesellschaft durchzuführenden Feststellungsverfahren zu treffen sind. M.a.W. können die Gesellschafter ihre SBA ausschließlich in diesem Verfahren, nicht jedoch im eigenen Besteuerungsverfahren

---

601 BFH v. 25.08.1961 -VI 202/60 U-, BStBl III 1961, 491 [LS], v. 29.08.1973 -I R 26/71-, BStBl II 1974, 62 [LS], v. 11.10.1983 -VIII R 11/82-, BStBl II 1984, 125 (126), v. 03.07.1997 -IV R 31/96-, BStBl II 1997, 690 (690), v. 06.07.1999 -VIII R 46/94-, BStBl II 1999, 720 (721). Diese Rechtsauffassung beruht im Übrigen bereits auf der ständigen Rspr. des RFH, vgl. RFH v. 26.10.1938 -VI 652/38-, RStBl 1939, 169 (169).

602 BMF, AEAO v. 15.07.1998, Nr. 1 zu § 180 AO, BStBl I 1998, 630 (736).

603 *Anm*: Bei dieser „Positivformel" handelt es sich um eine Formulierung des *I.* und *VIII. Senats*, wohingegen der *IV. Senat* für eine „Negativformel" plädiert.

604 Vgl. BFH v. 23.05.1979 -I R 163/77-, BStBl II 1979, 757 (763). *Anm*: Der BFH vertritt in diesem Urteil offen die Auffassung, dass von einem „weiten Verständnis" der gesellschaftlichen Veranlassung auszugehen sei.

605 Schmidt-*Schmidt*, EStG, § 15, Rz. 640.

geltend machen[606]. Eine nachträgliche Berücksichtigung käme allenfalls im Wege einer Nachholung mittels eines Ergänzungsbescheides i.S.v. § 179 III AO oder durch eine Änderung des Feststellungsbescheides nach Maßgabe von §§ 172 I Nr. 2d, 173 I Nr. 2 AO in Betracht. Beide Möglichkeiten sind jedoch ausgeschlossen, wenn der Steuerpflichtige seine SBA *bewusst* nicht erklärt hat, um diese erst im eigenen Steuerfestsetzungsverfahren anzusetzen[607].

Diese vom BFH in ständiger Rechtsprechung vertretene Auffassung zum Feststellungsumfang ist in weiten Teilen der Literatur auf Kritik gestoßen. Diese richtet sich v.a. gegen die notwendige Feststellung der **Sonderbetriebsausgaben**. Ganz im Sinne einer Generalkritik betonte beispielsweise *Knobbe-Keuk*, dass die Beteiligten hierdurch persönliche Dinge preisgeben müssen, „welche die anderen Beteiligten nichts angingen (Steuergeheimnis)“[608]. Vom Sinn und Zweck des Feststellungsverfahrens sei diese Erfassung nicht geboten, da es sich hierbei um keine Feststellungen handle, die alle Gesellschafter gemeinsam beträfen und über die deshalb mit Wirkung für und gegen alle in einem einheitlichen Verfahren entschieden werden müsse.

Diese generell ablehnende Haltung ist durch die im StMBG v. 21.12.1993 vorgenommene Novellierung des § 180 I Nr. 2a AO („und mit ihnen im Zusammenhang stehende andere Besteuerungsgrundlagen“)[609] inzwischen obsolet. Mit dieser Erweiterung des Feststellungstatbestandes verfolgte der Gesetzgeber den ausdrücklich benannten Zweck, die von der Rechtsprechung aus dem Sinn des § 180 I Nr. 2a AO a.F. abgeleitete Feststellung der Sonderbetriebseinnahmen und -ausgaben auf eine gesetzliche Grundlage zu stellen[610].

Ungeachtet dieser gesetzgeberischen Maßnahme nimmt der überwiegende Teil des Schrifttums eine ablehnende Haltung gegenüber der notwendigen Erfassung sämtlicher Sonderbetriebsausgaben ein. Als Leitidee fungiert hierbei die Überzeugung, dass die Steuerpflichtigen in gewissen Ausnahmekonstellationen über ein *schutzwürdiges Geheimhaltungsinteresse* verfügten, welches zu einer einschränkenden Auslegung dieser Vorschrift berechtige bzw. verpflichte[611].

---

606 So bereits BFH v. 02.08.1961 -VI 202/60 U-, BStBl III 1961, 491 [LS].

607 Für den Ausschluss eines Ergänzungsbescheides i.S.d. der o.g. Position: FG Rheinland-Pfalz v. 6.07.1995 -4 K 1523/93-, *LEXinform Doku 0127528* sowie Beermann-*Kunz*, AO, § 179, Rz. 62. Für einen **generellen** Ausschluss der Nachholung von SBA: Tipke/Kruse-*Brandis*, AO, § 179, Rz. 25.

608 Knobbe-Keuk, Bilanz- und Unternehmenssteuerrecht, § 13 II.

609 Eingefügt durch das StMBG v. 21.12.1993, BStBl I 1994, 50 (73).

610 Vgl. hierzu die amtl. Begründung dieser Gesetzgebungsmaßnahme: BT-Drucksache 12/5764, S. 61.

611 Tipke/Kruse-*Brandis*, AO, § 180, Rz. 61 ff.; Beermann-*Kunz*, AO, § 180, Rz. 49; Blümich-*Stuhrmann*, EStG , § 15, Rz. 574. **A.A.** Schwarz-*Frotscher*, AO, § 180, Rz. 22.

Konkret bedeutet dies, dass ein Steuerpflichtiger bei einem nachweisbaren Geheimhaltungsinteresse bestimmte Sonderbetriebsausgaben nicht im Feststellungsverfahren der Gesellschaft, sondern im „eigenen" Steuerfestsetzungsverfahren geltend machen könne. Als Beispiel für solche, nur den Gesellschafter betreffenden, „höchstpersönlichen Sonderbetriebsausgaben"[612] gelten u.a. die Finanzierungskosten einer darlehensfinanzierten Beteiligung oder die Aufwendungen zur Vorbereitung von Maßnahmen gegen die Gesellschaft bzw. Mitgesellschafter. Zur dogmatischen Begründung für diese einschränkende Auslegung des § 180 I Nr. 2a AO weist *Söhn* darauf hin, dass bei jeder Auslegung einer Verfahrensvorschrift die verfassungsrechtlichen Schranken des Übermaßverbotes zu beachten seien[613]. Da in bestimmten Konstellationen das Geheimhaltungsinteresse der Gesellschafter gegenüber dem Verfahrenszweck überwiege und eine Offenbarungspflicht in diesen Fällen übermäßig sei, folge hieraus zwingend eine Verlagerung der einzelpersonenbezogenen Feststellungen in das Veranlagungsverfahren der betroffenen Gesellschafter.

Trotz dieser Kritik hält der *BFH* seine Rechtsprechung aufrecht und erachtet diese weder unter dem Gesichtspunkt einer möglichen Beeinträchtigung des Steuergeheimnisses[614] noch unter dem Aspekt einer für notwendig erachteten verfassungskonformen Auslegung des § 180 I Nr. 2a EStG für rechtswidrig[615]. Als Leitmotiv für seine Rechtsauffassung betont er die Ziele, die mit dem Feststellungsverfahren verbunden sind (s.o.) und ordnet diesem Gesetzeszweck die Geheimhaltungsinteressen der Steuerpflichtigen prinzipiell unter. Die Gefahr, dass der Gesellschafter hierdurch gezwungen werde, seine persönlichen Betriebsausgaben den Mitgesellschaftern offen zu legen, sei ein Risiko, dass der Steuerpflichtige freiwillig mit seiner Beteiligung an einer Personengesellschaft eingehe[616].

((2.)) Feststellungsverzicht aus Wettbewerbsgründen?

Diese notwendige Feststellungen würden bei einer ARGE aufgrund des intensiven Liefer- und Leistungsverkehrs mit den Gesellschaftern ein besonderes Gewicht einnehmen, wenn der Gesetzgeber nicht für die Mehrzahl der Fälle auf dieses Feststellungsverfahren verzichtet hätte. So zählten neben den gesondert vereinbarten, gewinn-unabhängigen Vergütungen für die technische und kauf-

---

612 Vgl. zu diesem Begriff: Felix, KÖSDI 1987, 6991 (6993).

613 Vgl. HHSp-*Söhn*, AO, § 180, Rz. 154.

614 BFH v. 04.04.1968 -IV R 5/67-, BStBl II 1968, 669 (670), v. 29.08.1973 -I R 26/71-, BStBl II 1974, 62 (63).

615 BFH v. 11.09.1991 -XI R 35/90-, BStBl II 1992, 4 (5), v. 03.07.1997 -IV R 31/96-, BStBl II 1997, 690 (690).

616 In diesem Sinne bereits BFH v. 30.06.1966 -VI 273/65-, BStBl III 1966, 582 (583).

männische Geschäftsführung[617] auch die in §§ 10.13 ff. ARGE-MV genannten Sonderleistungen sowie die Kostenerstattungen für das abgeordnete Personal (§ 12.13 ARGE-MV) und die Vergütungen für die beigestellten Geräte (§ 14.4 ARGE-MV) zu den festzustellenden Sondervergütungen. An dieser Zuordnung als Sondervergütung ändert sich auch nichts dadurch, dass an einer ARGE regelmäßig nur gewerblich tätige Personengesellschaften oder Kapitalgesellschaften beteiligt sind, die ohnehin „gewerbliche Einkünfte" erzielen würden. Diese Wertung folgt unmittelbar aus der vom *BFH* in ständiger Rechtsprechung vertretenen Auffassung, dass der § 15 I Nr. 2 EStG eine dem eigenen Gewerbebetrieb der Gesellschafter vorrangige Zuordnung zum Gewerbebetrieb der MU'schaft statuiere (Ablehnung der Subsidiaritätstheorie)[618]. Für die mietweise überlassenen Wirtschaftsgüter der Gesellschafter hat dies zur Konsequenz, dass diese steuerlich als *notwendiges Sonderbetriebsvermögen I* zu bilanzieren sind. Ausnahmsweise nicht zu den Sondervergütungen zählen alle Erlöse aus den Veräußerungsgeschäften zwischen den Gesellschaftern und der ARGE (z.B. aus der Lieferung der Gebrauchs- und Verbrauchsstoffe gem. § 13.2 ARGE-MV)[619].

Diese notwendigen Feststellungen wären an sich nicht weiter problematisch, da es sich hierbei ohnehin um Erträge der Gesellschafter handelt, die im Rechenwerk der ARGE aufgezeichnet und somit für alle Gesellschafter einsichtig sind. Problematisch wäre indes, wenn die Gesellschafter auch ihre „persönlichen" Sonderbetriebseinnahmen und -ausgaben offenlegen müssten. Abgesehen vom *Verwaltungsaufwand,* der mit den notwendigen Ergänzungen verbunden wäre, müssten die Gesellschafter mit der Angabe ihrer SBA offenlegen, welcher tatsächliche Aufwand ihnen im Zusammenhang mit den erzielten Sondervergütungen oder im Zusammenhang mit den Wirtschaftsgütern des Sonderbetriebsvermögens entstanden ist. Diese verfahrensrechtlich notwendige Aufdeckung bedeutender interner Zahlen (z.B. der anteilig entstandenen allgemeinen Geschäftskosten, Geräteabschreibungen, Reparaturaufwendungen oder Finanzierungskosten) käme der ***Preisgabe von Geschäftsgeheimnissen*** gleich[620].

Obgleich der BFH diese Darlegung der persönlichen Betriebsausgaben als ein allgemeines Risiko der freiwilligen Beteiligung an einer Personengesellschaft qualifiziert (s.o.), erfüllt § 180 IV AO genau den Zweck, dies zu vermeiden.

---

617 BFH v. 13.10.1998 -VIII R 4/98-, BStBl II 1999, 284 (285): Sondervergütung, wenn kein Gewinnvorab.

618 BFH v. 18.07.1979 -I R 199/75-, BStBl II 1979, 750 (753 ff.), v. 24.03.1999 -I R 114/97-, BStBl II 2000, 399 (402) [Doppelstöckige PersGes], v. 07.12.2000 -III R 35/98-, BStBl II 2001, 316 (319). Etwas Anderes gilt nur für den Fall der MU'Betriebsaufspaltung, vgl. BFH v. 24.11.1998 -VIII R 61/97-, BStBl II 1999, 483 [LS].

619 Grundsätzlich BFH (GrS) v. 03.05.1993 -GrS 3/92-, BStBl II 1993, 616 (622).

620 Vgl. hierzu: Fahrenschon/Burchardt, ARGE, § 17, Rz. 38.

Der Gesetzgeber wollte mit dieser Vorschrift offensichtlich die Besonderheiten dieser Unternehmenskooperation würdigen. Hierzu sei noch einmal betont, dass es sich bei einer ARGE regelmäßig um ein projektbezogenes Zweckbündnis handelt. Zumindest in den Fällen einer „Zwangs-ARGE" ist sogar davon auszugehen, dass die Kooperation keineswegs auf einem freiwilligen Entschluss beruht. Jedenfalls beteiligen sich an einer ARGE stets Unternehmen, die sich außerhalb dieses Auftrages als konkurrierende Wettbewerber gegenüberstehen. Wenn die Unternehmen nun ihren Konkurrenten einen Einblick in ihre Kostenstruktur gewähren müssten, bestünde hierdurch die Gefahr, dass sie über diese Mitteilung der für Kalkulationszwecke interessanten Werte u.U. *Wettbewerbsnachteile* erleiden[621]. Diese Nachteile, die bei einem originären Feststellungsverfahren entstünden, führten in einigen Unternehmen sicherlich zu einer Neubewertung der unternehmerischen Entscheidung für oder gegen ein ARGE-Engagement[622].

Unter Berücksichtigung dieser Erkenntnisse ist davon auszugehen, dass sich der Gesetzgeber bei der Regelung des § 180 IV AO von diesen begründeten Geheimhaltungsinteressen hat leiten lassen. Der Sinn und Zweck dieser Vorschrift liegt somit weniger in einer Verfahrensvereinfachung, sondern in einer schlicht *einzelfall-begünstigenden Ausnahmeregelung für die Bauwirtschaft*. Obwohl diese Intention des Gesetzgebers nicht in den Gesetzesmaterialien zum Ausdruck kommt, dürfte dies der Grund für den nicht systemkonformen Ausnahmetatbestand sein. Abschließend sei noch darauf hingewiesen, dass sich beispielsweise der österreichische Gesetzgeber ganz offen zu diesem Regelungszweck bekannt hat. In der amtlichen Erläuterung der § 180 IV AO vergleichbaren österreichischen Regelung (jetzt: § 188 Abs. IV Satz 3 BAO) findet sich der einschlägige Hinweis, dass der Gesetzgeber mit dieser Befreiungsvorschrift „einem seit längerer Zeit geäußerten Wunsch der österreichischen Bauwirtschaft entsprochen habe"[623].

621 Fahrenschon/Burchardt, ARGE, § 17, Rz. 38 sowie Albrod, StBp 1994, 6 (11).

622 Vgl. zu diesem Effekt die empirische Untersuchung von: Wallau/Kayser/Stephan, Die Dach-ARGE für mittelständische Bauunternehmen, S. 43.

623 Vgl. die amtl. Erläuterung zu Abschn. VII, Art. I des Abgabenänderungsgesetzes 1981, ÖStZ 1981, 142 (156). *Anm*: Diese für die GewSt und BAO geltende Regelung wurde durch die Abschaffung der GewSt in Österreich obsolet. Im gleichen Steuerreformgesetz 1993 wurde daher eine entsprechende Regelung in § 2 Abs. IV Satz 3 öEstG und § 188 Abs. IV Satz 3 BAO eingefügt.

(ddd.) Lösungsvorschläge

Im Folgenden werden geeignete Maßnahmen diskutiert, die einerseits eine gleichmäßige Besteuerung des ARGE-Sachverhaltes und andererseits ein verwaltungsökonomisches Veranlagungsverfahren garantieren, das gleichermaßen die Interessen der Finanzverwaltung und der Steuerpflichtigen berücksichtigt. Zu diesen Interessen, der an einer ARGE beteiligten Unternehmen, gilt es nach den vorherigen Ausführungen zu betonen, dass der Gesetzgeber diesen bei der Regelung des § 180 IV AO offensichtlich ein besonderes Gewicht beigemessen hat. Dies gilt es bei den nachfolgenden Lösungsvorschlägen angemessen zu berücksichtigen.

((1.)) Kontrollmitteilungen im Rahmen einer (Umsatzsteuer-) Außenprüfung (*de lege lata*)

Als eine durchaus naheliegende Methode eine gleichmäßige Beurteilung des ARGE-Sachverhaltes sicherzustellen, finden sich in der Literatur Hinweise darauf, dass sich die Finanzbehörden bisweilen durch den Austausch von Kontrollmitteilungen behelfen[624]. Diese im Rahmen des § 194 III AO übliche Form des verwaltungsinternen Informationsaustausches erfährt in diesem Zusammenhang die Besonderheit, dass es sich hierbei nicht um Kontrollmitteilungen anlässlich einer Außenprüfung eines der Gesellschafter, sondern um solche im Zuge einer Außenprüfung der ARGE handelt. Diese Vorgehensweise erweist sich insofern als erwähnenswert, weil gegenüber einer ARGE in aller Regel aufgrund §§ 180 IV AO, 2a GewStG nur eine umsatzsteuerrechtliche Prüfungsanordnung ergeht. Ausgehend von dieser sachlichen Beschränkung auf die umsatzsteuerlich relevanten Sachverhalte erweist sich der Hinweis von *Barth* als durchaus beachtlich, dass diese Verfahren in der Betriebsprüfungspraxis gelegentlich in der Weise modifiziert würden, dass im Rahmen dieser Umsatzsteuerprüfung auch einkommensteuerlich relevante Sachverhalte aufgegriffen, im BP-Bericht dargestellt und anschließend als Kontrollmitteilungen an die zuständigen Finanzämter der Gesellschafterunternehmen ergehen[625].

Zur rechtlichen Zulässigkeit dieser Form von Kontrollmitteilungen ist festzuhalten, dass § 194 III AO im Allgemeinen sehr weit ausgelegt wird. Grundsätzlich können zum Gegenstand einer Kontrollmitteilung alle Feststellungen gemacht werden, die mittelbar oder unmittelbar für die Besteuerung anderer Personen von Bedeutung sein können[626]. Eine sachliche Begrenzung auf bestimmte, etwa die der Außenprüfung zugrundeliegenden Steuerarten ist nicht erforderlich, soweit die Feststellungen „*anlässlich*" der Außenprüfung getroffen werden.

624 Albrod, StBp 1994, 6 (14).
625 Barth, StBp 1994, 153 (160).
626 Beermann-*Gosch*, AO, § 194, Rz. 223.

Dieser tatbestandlich in § 194 III AO normierte, zwingende sachliche Bezug der Kontrollmitteilung zum Gegenstand der Außenprüfung erweist sich bei der o.g. Vorgehensweise zumindest als fragwürdig. Diese Bedenken resultieren daraus, dass Kontrollmitteilungen ausschließlich aufgrund von *Zufallserkenntnissen*, die im Rahmen einer Außenprüfung gewonnen wurden, erstellt werden dürfen. Eine Außenprüfung, die alleine dem Zweck dient, die Verhältnisse dritter Personen zu erforschen, ist unzulässig[627]. Um einen solchen Fall handelt es sich jedoch, wenn die Umsatzsteuer-Außenprüfung einer ARGE gezielt zur Erfassung einkommensteuerlich relevanter Sachverhalte „missbraucht" wird, um auf diese Weise systematisch Kontrollmaterial zu erlangen. Eine solche Prüfung käme einer eigenständigen Prüfung der ARGE-Gesellschafter gleich, für die keine ordnungsgemäße Prüfungsanordnung i.S.v. § 196 AO vorliegt.

Neben diesen grundsätzlichen Bedenken spricht auch der Umstand, dass sich dieser Austausch von Kontrollmitteilungen in der Regel als wirkungslos erweist, wenn die Steuer- bzw. Feststellungsbescheide der Gesellschafter bestandskräftig sind. In diesen Fällen ist davon auszugehen, dass auch die aufgrund einer Kontrollmitteilung nachträglich bekannt gewordenen Tatsachen nicht zu einer Änderung gem. § 173 I Nr. 1 AO berechtigen, wenn die Finanzbehörde bei gehöriger Erfüllung ihrer nach § 88 AO obliegenden Ermittlungspflicht die Tatsachen schon vorher hätte feststellen können[628]. Diese aus dem Grundsatz von Treu und Glauben abgeleitete Aufhebungs- bzw. Änderungssperre steht unter dem Vorbehalt, dass der Steuerpflichtige seinerseits seinen Mitwirkungspflichten voll genügt hat. Im Ergebnis ist davon auszugehen, dass eine Änderung bestandskräftiger Steuer- oder Feststellungsbescheide eines Gesellschafters nicht mehr in Betracht kommt, wenn er sämtliche ARGE-Unterlagen offengelegt hat. Dies gilt selbst dann, wenn die Finanzbehörde aufgrund einer Kontrollmitteilung einen anderen Kenntnisstand über den ARGE-Sachverhalt erlangt.

Abschließend erweist sich dieses Verfahren auch aus Gründen der *Verfahrensökonomie* als untauglich, da eine Kontrollmitteilung eine andere Finanzbehörde grundsätzlich nicht von der Pflicht entbindet, den Sachverhalt selbständig zu erforschen[629]. Dieses Verfahren brächte somit keine Verfahrenserleichterung, sonder noch zusätzlichen Prüfungsaufwand mit sich.

---

[627] So bereits RFH v. 09.05.1928 -I D 2/28-, RFHE 24, 1 (3), auch BFH v. 18.02.1997 -VIII R 33/95-, BStBl II 1997, 499 (507) sowie Tipke/Kruse-*Tipke*, AO, § 194, Rz. 32; HHSp-*Schick*, AO, § 194, Rz. 386.

[628] FG München v. 16.12.1994 -10 K 1524/94-, EFG 1995, 553 (554).

[629] Vgl. Albrod, StBp 1994, 6 (14).

((2.)) Novellierung des § 180 IV AO (*de lege ferenda*)

((a.)) Einschränkung des Befreiungstatbestandes

Zur Wahrung der Gleichmäßigkeit der Besteuerung sollte der Anwendungsbereich des § 180 IV AO verkürzt werden. Diese Forderung resultiert aus der Erkenntnis, dass eine gleichmäßige Beurteilung des ARGE-Sachverhaltes nur mittels eines einheitlichen und gesonderten Feststellungsverfahrens sichergestellt werden kann. Aus diesem Grund sollte der Befreiungstatbestand nicht -wie nach der derzeitigen Rechtslage - den Regelfall einer ARGE, sondern deren Ausnahmefall erfassen. Diese Umkehrung des Regel-Ausnahme-Verhältnisses rechtfertigt sich aus zweierlei Gründen:

Zum einen aus systematischer Sicht, da es sich bei dieser Umkehrung um eine systemgerechte Wiedereingliederung dieses Sondertatbestandes in die Tatbestandsstruktur des § 180 AO handelt. Hierzu wurde bereits an anderer Stelle erörtert, dass der Abs. IV als *lex specialis* des Abs. III Nr. 2 zu qualifizieren ist. Diese aus der Regelungssystematik abgeleitete Wertung stimmt jedoch nachgewiesenermaßen nicht mit der tatsächlichen Rechtspraxis überein, da es sich bei der Mehrzahl der ARGEN nicht um „Fälle von geringer Bedeutung" handelt. Dem gemäß sollte über eine Novellierung des § 180 IV AO eine grundsätzliche Korrektur, der gegenwärtig zum Ausdruck kommenden gesetzgeberischen Wertentscheidung erfolgen. Spätestens mit der Abschaffung der Drei-Jahresfrist[630] bringt der § 180 IV AO nämlich zum Ausdruck, dass der ARGE-Tatbestand generell (mit Ausnahme der seltenen F-ARGEN) einen „Fall von geringer Bedeutung" darstellt. Da sich diese Wertung als unzutreffend erweist (s.o.), käme als sinnvolle Systemkorrektur in Betracht, zukünftig nur noch die ARGEN vom Feststellungsverfahren auszunehmen, die tatsächlichen einen Fall von geringer Bedeutung darstellen. Diese Wertung steht im Einklang mit der ursprünglichen, den Feststellungsverzicht begründenden Verwaltungsregelung. Nach dem RdF-Erlass vom 5.06.1942[631] sollte die Ausnahmeregelung nur für solche ARGEN eingreifen, die nicht länger als zwei Jahre bestehen und an denen nicht mehr als drei Unternehmen beteiligt sind. Diese im RdF-Erlass von der Feststellung befreiten ARGEN können als „ARGEN von untergeordneter Bedeutung" bezeichnet werden. Eine Einschränkung von § 180 IV AO käme insofern einer Annäherung an die ursprünglichen Motive des Feststellungsverzichts und einer Wiedereingliederung in die Systematik des § 180 AO gleich.

Zum anderen rechtfertigt sich eine Einschränkung des Befreiungstatbestandes aus der Erkenntnis, dass sich die Bewertungsdifferenzen üblicherweise mit längerer Laufzeit und höherem Auftragsvolumen verstärken. Aus diesen Gründen

630 Vgl. hierzu die Ausführungen zur historischen Entwicklung des § 180 AO unter: *E.II.*

631 RdF-Erlass v. 05.06.1942, RStBl 1942, 617.

sollte § 180 IV AO zunächst einmal dahingehend modifiziert werden, dass nur solche ARGEN vom Feststellungsverfahren befreit werden, die einen einzigen Werk- oder Werklieferungsvertrag ausführen und bei denen die vertragliche Bauzeit voraussichtlich nicht mehr als *zwei Jahre* beträgt. Diese zur ursprünglichen Drei-Jahresregelung um ein Jahr verkürzte Ausführungsfrist begründet sich aus der Tatsache, dass heutzutage aufgrund optimierter Fertigungsprozesse (Technik, Logistik) eine schnellere Bauausführung gewährleistet ist. So können auch Aufträge im zweistelligen Millionenbereich innerhalb von zwei bis drei Jahren abgewickelt werden. Neben dieser (Wieder-)Einführung einer zeitlichen Befristung käme auch die Möglichkeit in Betracht, den Kreis der NF-ARGEN dahingehend einzuschränken, dass diese eine *bestimmte Auftragsgröße* nicht überschreiten dürfen. Für die konkrete Festlegung einer Auftragsgröße ist es jedoch erforderlich, diesbezüglich geeignete Beobachtungen anzustellen, um auf diese Weise ein angemessenes Größenverhältnis zu ermitteln. Da dies an dieser Stelle nicht möglich ist, beschränkt sich der zur Diskussion gestellte Änderungsvorschlag auf die Einführung einer zeitlichen Befristung.

((b.)) Vereinfachung des Feststellungsverfahrens (für F-ARGEN)

Aus Gründen der Verfahrensvereinfachung sollte das Feststellungsverfahren für alle F-ARGEN dahingehend modifiziert werden, dass entweder ein verkürztes oder vereinfachtes Verfahren angewendet wird. Eine solche Modifikation rechtfertigt sich aus zweierlei Gründen:

Zum einen sollte aus Sicht der Finanzverwaltung ein gleichermaßen verwaltungsökonomisches wie effizientes Verfahren eingeführt werden. Dieses sollte neben der gleichmäßigen Beurteilung des ARGE-Sachverhaltes auch den wettbewerbspolitischen Besonderheiten dieser Unternehmenskooperation Rechnung tragen. Diese letztgenannte Prämisse leitet unmittelbar zum zweiten Rechtfertigungsgrund über, da eine mögliche Einschränkung des Befreiungstatbestandes (s.o.) nicht den Effekt auslösen sollte, dass die Rechtsfigur ARGE aufgrund dieser Maßnahme an Bedeutung verliert. Ein solcher Effekt könnte jedoch entstehen, wenn der Kreis der Feststellungs-ARGEN erweitert wird, ohne dass gleichzeitig die aus Sicht der Bauunternehmen nachteilige Offenlegung ihrer Sonderbetriebsausgaben beseitigt oder zumindest eingeschränkt wird.

((aa.)) Änderungsvorschläge

Zur Umsetzung dieser Zielvorgaben kommen die eingangs erwähnten Modifikationen des Feststellungsverfahrens in Betracht. Diese Vorschläge beruhen im Wesentlichen auf der Erkenntnis, dass die Einbeziehung des Sonderbetriebsvermögens, der SBE und SBA zu einem für die Finanzverwaltung und die Bauunternehmen in gleicher Weise aufwendigen Verfahren führt. Bewogen von dieser Erkenntnis zielt der Vorschlag eines *verkürzten Feststellungsverfahrens* darauf ab, nur noch die ARGE-Gewinne festzustellen, die aus dem Gesamthandsvermögen resultieren[632]. Die o.g. Sondertatbestände könnten auf diese Weise im Feststellungsverfahren der ARGE gänzlich vernachlässigt werden und erst bei der Einkommen- oder Körperschaftsteuerveranlagung der Gesellschafter berücksichtigt werden.

Neben diesem Verfahren käme als Alternative die Einführung eines *vereinfachten Feststellungsverfahrens* in Betracht. Dieser Vorschlag ist keineswegs theoretischer Natur, da ein solches Verfahren bereits heute in der ARGE-Praxis angewendet wird. Anders als beispielsweise in Österreich, wo dieses Verfahren im Wege einiger Verwaltungsvorschriften (Richtlinien und Erlasse) eine gewisse Vereinheitlichung erfahren hat[633], wird dieses in Deutschland jedoch nur in Einzelfällen, aufgrund eines mit der Finanzverwaltung ausgehandelten Verfahrens praktiziert[634]. Die Rechtsgrundlage für ein solches Verfahren beruht auf einer informellen Vereinbarung mit der zuständigen Finanzbehörde, der nur in den Fällen einer „tatsächlichen Verständigung" eine gewisse Bindungswirkung zukommt. Trotz aller Unterschiede im Detail basiert das Grundmodell eines *vereinfachten Feststellungsverfahrens* auf einer weitreichenden Pauschalierung der Sonderbetriebsausgaben, die in einem wirtschaftlichen Zusammenhang mit den Sondervergütungen i.S.v. § 15 I Nr. 2 EStG stehen.

Während bei den Sondervergütungen, wie z.B. für die Geräteüberlassung, Personalgestellung oder Geschäftsführertätigkeit, die tatsächlichen Einnahmen erfasst werden, können die hierzu ursächlichen Aufwendungen weitestgehend pauschal ermittelt werden[635]. Zu den wesentlichen SBA zählen die Aufwendungen für die vermieteten Geräte (steuerliche AfA, Instandhaltungs- und Reparaturaufwand), Kosten der Geschäftsführung und die anteiligen Allgemeinen Geschäftskosten. Dieser pauschalierte Sonderbetriebsausgabenabzug wird in der Praxis differenziert vorgenommen. Als weitest gehender Ansatz wurde es für zulässig erachtet, die entsprechenden Aufwendungen im Verhältnis der wirtschaftlichen Umsätze der Eigenbaustellen zum Anteil an den ARGE-Umsätzen aufzuteilen. In einer etwas differenzierten Vorgehensweise wird beispielsweise die anteilige Geräte-AfA in der Weise ermittelt, dass jeder Gesellschafter das Verhältnis seiner betriebsintern umgelegten kalkulatorischen Gerätemieten (für eigene und ARGE-Baustellen) zur Gesamtabschreibung feststellt und in diesem

---

632 Dieser Vorschlag wurde erstmals von *Barth* in die Diskussion eingeführt, in: StBp 1994, 153 (161).

633 öBMF, Erl. v. 22.06.1956, AÖFV 1956, S. 339 ff.; Erl. v. 18.10.1958, AÖFV 1958, S. 655 ff.; Erl. v. 12.01.1976 (A 5 IV GewStR 1976), AÖFV 1976, 211 (217), vgl. Anhang.

634 Vgl. Burchardt/Pfülb, ARGE, § 17, Rz. 81.

635 Vgl. zu dieser Darstellung: Fahrenschon/Burchardt, ARGE, § 17, Rz. 58 ff. sowie die zitierten österreichischen Verwaltungsvorschriften.

Verhältnis den AfA-Anteil für die ARGE errechnet. Diese nach dem Verhältnis der Einsatzzeiten pauschale Aufwandsberechnung wird auch für den Reparaturaufwand vorgenommen. Bei den Kosten der Geschäftsführung wird bisweilen pauschal, d.h. ohne Nachweis ein Ansatz bis zur Höhe der Vergütung zugelassen. Für den auf die ARGE entfallenden Anteil der allgemeinen Geschäftskosten der Gesellschafter wird ebenso pauschal, in der Aufsichtsstelle ein einheitlicher Satz festgelegt. Die übrigen Sonderbetriebsausgaben werden bei einem vereinfachten Feststellungsverfahren generell nicht erfasst und erst bei der Veranlagung der Gesellschafter ertragsmindernd berücksichtigt. Auf die Hinzurechnung sonstiger Vergütungen wird ebenfalls verzichtet und es wird unterstellt, dass diesen gleich hohe Aufwendungen bei den Gesellschaftern gegenüberstehen.

((bb.)) Diskussion

Bevor die Für und Wider dieser Verfahren im Einzelnen erörtert werden, stellt sich die grundsätzliche Frage, ob diese Vereinfachungsmodelle dem Grunde nach zulässig sind. Die Unzulässigkeit könnte sich daraus ergeben, dass andere Steuerpflichtige ebenfalls ein berechtigtes Interesse haben könnten, ihre SBA gar nicht oder zumindest pauschal im Feststellungsverfahren ihrer Gesellschaft offen zu legen. Hierbei wäre v.a. an andere Joint Venture zu denken, deren Gesellschaftszweck sich nicht unter § 180 IV AO subsumieren lässt. In Anbetracht dieser, möglicherweise gleichgerichteten Interessen an einem vereinfachten Feststellungsverfahren könnte eine einzelfallbegünstigende Ausnahmeregelung für ARGE-Gesellschafter als Verstoß gegen den allgemeinen Gleichheitssatz gewertet werden.

Bei einer Ungleichbehandlung von Personengruppen ist Art. 3 I GG immer dann verletzt, wenn eine Gruppe anders behandelt wird als andere, obwohl zwischen ihnen keine Unterschiede von solcher Art und solchem Gewicht bestehen, dass sie die Ungleichbehandlung rechtfertigen können[636]. Diese könnte entstehen, wenn für einige MU'schaften ein modifiziertes Feststellungsverfahren eingeführt wird, für andere hingegen nicht, obwohl für beide die gleichen Pflichten aus § 180 I Nr. 2a AO erwachsen. Unter Gleichheitsgesichtspunkten stellt sich somit die Frage, ob diese Differenzierung durch sachliche Gründe gerechtfertigt ist. Hierzu gilt es allgemein festzustellen, dass dem Gesetzgeber ein weiter Gestaltungsspielraum zusteht, wenn die Ungleichbehandlung nicht auf einer personenbezogenen, sondern auf einer (wie vorliegend) sachverhaltsbezogen Differenzierung beruht[637]. Als mögliche rechtfertigende Gründe wurde bereits an anderer Stelle darauf hingewiesen, dass die ARGE einige Besonderheiten aufweist,

---

[636] BVerfG v. 07.11.1980 -1 BvR 240/79, BVerfGE 55, 73 (88), v. 19.02.1991 -1 BvR 1231/85-, BVerfGE 83, 395 (401), v. 14.12.1994 -1 BvR 720/90-, BVerfGE 91, 346 (362), v. 10.03.1998 -1 BvR 178/97-, BVerfGE 97, 332 (344).

[637] Tipke/Kruse-*Kruse*, AO, § 3, Rz. 48.

die eine gesonderte Stellung im Feststellungsverfahren rechtfertigt. Wenn der Gesetzgeber diese Besonderheiten bereits in der Weise würdigt, dass er einige ARGEN gänzlich vom Feststellungsverfahren ausnimmt, müsste es erst recht für die anderen ARGEN zulässig sein, bei ihnen ein modifiziertes Feststellungsverfahren durchzuführen.

Bei der konkreten Frage, welchem Vereinfachungsverfahren der Vorzug gebührt, stellt sich das *abgekürzte Feststellungsverfahren* als das sachgerechtere und schlüssigere Verfahren dar. Obgleich das *vereinfachte Verfahren* sich auf dem ersten Blick in grundsätzlicher Übereinstimmung mit § 180 I Nr. 2a AO bewegt, leidet dieses Verfahren an seiner Inkonsequenz. Anstatt sämtliche SBE und SBA zu erfassen und diese ggf. pauschal anzuerkennen, werden einzelne Aufwendungen und Erträge festgestellt, andere hingegen nicht. Diese Differenzierung trägt nicht zu einer Verfahrensvereinfachung bei.

Des weiteren erweist sich dieses Verfahren methodisch als zumindest fragwürdig, da auf diesem Wege ein äußert weitreichender pauschalierter (*Sonder-*) Betriebsausgabenabzug eingeführt würde, der nach der Systematik des EStG in dieser Form nicht vorgesehen ist[638]. Hiernach sind grundsätzlich nur tatsächliche und nicht ausschließlich kalkulatorische Aufwendungen abzugsfähig. Aus diesen Gründen erweist sich das abgekürzte Feststellungsverfahren als vorzugswürdig.

Für die Einführung eines abgekürzten oder vereinfachten Feststellungsverfahrens bedarf es entweder einer gesetzlichen Regelung oder einer Rechtsverordnung. Die Rechtsverordnung wiederum bedarf einer gesetzlichen Ermächtigungsgrundlage, die den Inhalt, Zweck und Ausmaß der erteilten Ermächtigung bestimmt (vgl. Art. 80 Abs. 1 Satz 2 GG). Eine einfache Verwaltungsvorschrift jedenfalls ist für die Einführung keines der genannten Verfahren ausreichend, da beide Verfahren eine von § 180 I Nr. 2a AO abweichende Regelung treffen. Nach dieser Vorschrift dürfen die SBE und SBA ausschließlich im Feststellungsverfahren der Gesellschaft, nicht jedoch im Veranlagungsverfahren der Gesellschafter festgestellt werden. Eine von einer gesetzlichen Vorschrift abweichende Regelung kann nur in der gleichen Form oder aufgrund einer besonderen Ermächtigung durch Verordnung getroffen werden[639]. Eine einfache Verwaltungsvorschrift (Richtlinie, Erlass), die entgegen § 180 I Nr. 2a AO ein verkürztes oder vereinfachtes Feststellungsverfahren einführt, wäre damit rechtswidrig.

---

638 Vgl. insoweit auch Schmidt-*Heinicke*, EStG, § 4, Rz. 496.

639 BVerfG v. 10.06.1953 -1 BvF 1/53-, BVerfGE 2, 307 (313).

((c.)) Regelungsvorschlag

Aufgrund der unterschiedlichen Konkretisierungsbedürftigkeit der einzelnen Verfahren werden folgende Regelungsvorschläge unterbreitet. Für die Einführung eines ***verkürzten Feststellungsverfahrens*** eine Ergänzung des § 180 IV AO durch einen neuen Satz 2:

> ***„Abs. 1 Nr. 2 Buchstabe a gilt ferner nicht für Arbeitsgemeinschaften, deren alleiniger Zweck sich auf die Erfüllung eines einzigen Werkvertrages oder Werklieferungsvertrages beschränkt; es sei denn, dass bei Abschluss des Vertrages anzunehmen ist, dass er nicht innerhalb von zwei Jahren erfüllt wird. Für andere als die in Satz 1 genannten Arbeitsgemeinschaften kann die gesonderte Feststellung auf die gemeinschaftlichen Einkünfte beschränkt werden."***

Für die Einführung eines ***vereinfachten Feststellungsverfahrens*** eine Rechtsverordnung, deren gesetzliche Ermächtigungsgrundlage in einem neuen Satz 2 des § 180 IV AO eingefügt wird:

> ***„Abs. 1 Nr. 2 Buchstabe a gilt ferner nicht für Arbeitsgemeinschaften, deren alleiniger Zweck sich auf die Erfüllung eines einzigen Werkvertrages oder Werklieferungsvertrages beschränkt; es sei denn, dass bei Abschluss des Vertrages anzunehmen ist, dass er nicht innerhalb von zwei Jahren erfüllt wird. Für andere als die in Satz 1 genannten Arbeitsgemeinschaften kann das Bundesministerium der Finanzen durch Rechtsverordnung mit Zustimmung des Bundesrates bestimmen, dass zur Erleichterung des Besteuerungsverfahrens ein vereinfachtes Feststellungsverfahren durchgeführt wird. Dabei kann insbesondere der Gegenstand und Umfang der einheitlichen und gesonderten Feststellung geregelt werden."***

G. Gewerbesteuer

I. Der ARGE-Ausnahmetatbestand in § 2a GewStG

Nach § 2 Abs. I Satz 1 GewStG unterliegt jeder stehende Gewerbebetrieb, soweit er im Inland betrieben wird, der Gewerbesteuer. Eine ARGE ist ein Gewerbebetrieb i.S.v. § 15 II EStG und demzufolge nach § 2 Abs. I Satz 2 GewStG ein selbständiges Gewerbesteuerobjekt. Dies gilt nicht, wenn § 2a GewStG einschlägig ist.

1. Tatbestandsvoraussetzungen

Hiernach gilt die Tätigkeit einer Arbeitsgemeinschaft nicht als Gewerbebetrieb, wenn deren alleiniger Zweck in der Erfüllung eines einzigen Werk- oder Werklieferungsvertrages besteht. Die Tatbestandsvoraussetzungen des § 2a GewStG beschränken sich auf die Feststellung, dass eine Arbeitsgemeinschaft der Durchführung eines Werk- oder Werklieferungsvertrages dient.

a. Arbeitsgemeinschaft

Unter einer Arbeitsgemeinschaft i.S.v. § 2a GewStG ist der Zusammenschluss von Unternehmen zum Zweck der gemeinsamen Ausführung eines Auftrages zu verstehen. Neben den klassischen ARGEN im Baugewerbe zählen grundsätzlich auch andere Unternehmenszusammenschlüsse z.B. im Planungsbereich zu den Arbeitsgemeinschaften i.S.d. genannten Vorschrift.

b. Durchführung eines einzigen Werk- oder Werklieferungsvertrages

Als weitere Voraussetzung darf die Arbeitsgemeinschaft nur der Durchführung eines einzigen Werk- oder Werklieferungsvertrages dienen. Zur näheren Bestimmung dieser dem Zivilrecht entnommenen Vertragsverhältnisse sei auf §§ 631, 651 BGB verwiesen. Unternehmenszusammenschlüsse, deren Zweck in der einmaligen Durchführung eines anderen schuldrechtlichen Vertrages oder eines Vertrages, der neben werk- und werklieferungsvertraglichen weitere schuldrechtliche Elemente enthält („gemischte Verträge"), gehören nicht in den Anwendungsbereich dieses Ausnahmetatbestandes. Hierzu zählen z.B. Emissionskonsortien, Einkaufsgemeinschaften, Projektgesellschaften im Rahmen von BOT-Modellen oder Gesellschaften zur Durchführung eines Bauträgervertrages[640]. Die Frage, ob sich der alleinige Zweck einer Arbeitsgemeinschaft auf die Erfüllung eines einzigen Werk- oder Werklieferungsvertrages beschränkt, ist durch Auslegung des Gesellschaftsvertrages zu beantworten[641].

---

640 BFH v. 13.05.1998 -VIII R 81/96-, DStRE 1999, 388 (391).

641 So BFH v. 02.12.1993 -I R 165/90-, BStBl II 1993, 577 [LS].

Die für eine Dach-ARGE oder ein Konsortium typische Aufteilung der gemeinsamen Werkleistung in einzelne Teilleistungen schadet der gemeinsamen Zweckerfüllung nicht[642]. Des weiteren ist § 2a GewStG auch dann anwendbar, wenn es sich um eine Innengesellschaft in Form der Innen-ARGE handelt[643].

c. Problemfälle

Das Tatbestandsmerkmal „Durchführung eines Werk- oder Werklieferungsvertrages“ erweist sich immer dann als problematisch, wenn von der ARGE Zusatz- oder Nebenaufträge durchgeführt werden. In diesen Fällen ist es in der Praxis häufig umstritten, ob die zusätzlichen Arbeiten dem Hauptauftrag zuzurechnen sind oder bereits der Erfüllung eines weiteren Werk- oder Werklieferungsvertrages dienen. Des weiteren erweist sich dieses Tatbestandsmerkmal als problematisch, wenn sich dieselben Unternehmen in mehreren beteiligungsidentischen ARGEN zur Durchführung jeweils eines Projektes zusammenschließen. In diesen Fällen kommt es nach der Auffassung der Rechtsprechung in Betracht, diese gesellschaftsrechtlich unabhängigen ARGEN steuerlich zu einer übergeordneten faktischen Dauer-ARGE zusammenzufassen.

Die praktische Relevanz dieser Streitfälle resultiert im Wesentlichen daraus, dass ARGEN, die nicht in den Anwendungsbereich des § 2a GewStG gelangen, einen selbständigen Gewerbebetrieb begründen. Dies hätte z.B. für die Gesellschafter einer Verlust-ARGE die negative Auswirkung, dass sie ihre anteiligen ARGE-Verluste nicht mit Gewinnen aus dem eigenen Betrieb, sondern ausschließlich mit künftigen Gewerbeerträgen derselben ARGE verrechnen können (vgl. § 10a GewStG). Während die Interessenlage der Gesellschafter somit üblicherweise darauf gerichtet ist, die Rechtsfolgen des § 2a GewStG herbeizuführen, können die Beteiligten in anderen Konstellationen ein gegenteiliges Interesse haben[644]. Wenn die ARGE selbst gewerbesteuerpflichtig ist, erwirbt sie einen eigenen Anspruch auf die Begünstigungen des Freibetrages und des Staffeltarifs gem. § 11 GewStG. Dies kann für die Gesellschafter von Vorteil sein, wenn sie keinen Anspruch (z.B. Kapitalgesellschaften, § 11 Abs. I Satz 3, Nr. 2 GewStG) oder keinen Anspruch mehr auf diese Vergünstigungen haben, da sie ihre Steuerfreibeträge und die gestaffelten Messbeträge bereits ausgeschöpft haben. Die Interessenlage bei der Anwendung des § 2a GewStG kann somit aus Sicht der beteiligten ARGE-Gesellschafter durchaus unterschiedlicher Natur sein.

---

642 Lenski/Steinberg-*Sarrazin*, GewStG, § 2a, Rz. 28.

643 BFH v. 10.07.1974 -I R 248/71-, BStBl II 1974, 752 (756), v. 13.05.1998 -VIII R 81/96-, DStRE 1999, 388 (391).

644 Vgl. hierzu *Djanani/Hartmann*, in: Grotherr (Hrsg.), Hdb. der internationalen Steuerplanung, 1207 (1211).

aa. Faktische Dauer-ARGE

Wie soeben geschildert, beurteilt der *BFH* die Zweckbestimmung einer ARGE nicht alleine danach, ob für jeden Auftrag formaljuristisch ein gesonderter ARGE-Vertrag abgeschlossen wird[645]. Vielmehr stellt er darauf ab, ob von Anfang an eine Zusammenarbeit bezogen auf jede sich vernünftig bietende Gelegenheit beabsichtigt ist. Als Indizien für eine in tatsächlicher Hinsicht dauerhafte Zusammenarbeit gilt eine für jedes Bauobjekt beibehaltene Aufgabenverteilung, die Vielzahl der Bauprojekte oder die Gesamtdauer der Zusammenarbeit. Zur Begründung dieser Vorgehensweise, mittels derer die zugrundeliegenden ARGE-Verträge nicht nach ihrer äußeren formalen Gestaltung, sondern nach ihrer sachlichen Bedeutung beurteilt werden, beruft sich der BFH auf eine wirtschaftliche Auslegung[646].

Dieser wirtschaftlichen Auslegung sind jedoch Grenzen gesetzt. Im Gewerbesteuerrecht gilt der Grundsatz, dass die Gewerbebetriebe mehrerer Personengesellschaften auch dann nicht zu einem einheitlichen Gewerbebetrieb zusammengerechnet werden, wenn sie miteinander verflochten sind und Gesellschafter- und Beteiligungsidentität besteht[647]. Dies gilt nicht, wenn durch die Gründung mehrerer Personengesellschaften eine lediglich formale Aufgliederung eines *wirtschaftlichen Organismus* bewirkt wird[648]. Somit ist in den Fällen, in denen mehrere gesellschafter- und beteiligungsidentische ARGEN nebeneinander oder nacheinander zur Durchführung jeweils eines Bauauftrages gegründet werden, kritisch zu hinterfragen, ob es sich hierbei um einen wirtschaftlichen Organismus handelt.

Für die Beurteilung dieser Frage sollte auf die im Gewerbesteuerrecht zur Unternehmenseinheit verbreitete Formel des „wirtschaftlichen, finanziellen und organisatorischen Zusammenhangs"[649] abgestellt werden. Modifiziert für den zugrundeliegenden Sachverhalt ist danach zu fragen, ob die ARGEN vertraglich

---

645 BFH v. 02.12.1993 -I R 165/90-, BStBl II 1993, 577 (579).

646 *Anm*: Interessanterweise vertrat der BFH in einer Entscheidung zu § 50a UStDB genau die entgegengesetzte Auffassung. Nach dieser Vorschrift waren bestimmte Umsätze von Mitgliedern einer ARGE an die ARGE von der Umsatzsteuer befreit, wenn die ARGE nicht mehr als einen Auftrag ausführte. Im Urteil v. 14.01.1965 -V 82/63 U-, BStBl III 1965, 187 (188) lehnte der BFH die Anwendbarkeit dieser Vorschrift alleine aufgrund der Tatsache ab, dass die ARGE für verschiedene Auftraggeber tätig war.

647 Im Ergebnis auch BFH v. 21.02.1980 -I R 95/76-, BStBl II 1980, 465 [LS] (Aufgabe der ständigen Rspr. zur „Unternehmenseinheit" im GewStR), v. 15.12.1993 -VIII R 52/91-, BFH/NV 1993, 684 (687).

648 Glanegger/Güroff-*Güroff*, GewStG, § 2, Rz. 15.

649 Vgl. zu dieser Formel bereits die Rspr. des RFH, v. 21.12.1938 -VI 730/38-, RStBl 1939, 372 (372) sowie BFH v. 13.12.1961 -I 245/60 U-, BStBl III 1961, 65 (66), v. 09.08.1989 -X R 130/87-, BStBl II 1989, 901 (902 ff.) m.w.N.

und organisatorisch voneinander getrennt sind und im Rechtsverkehr als selbständige Organisations- und Wirkungseinheiten auftreten[650].

Hiervon ist regelmäßig auszugehen, wenn die nachfolgenden, kumulativen Voraussetzungen erfüllt sind:
- Keine Grundsatzvereinbarung über eine dauerhafte Zusammenarbeit
- Abschluss eines gesonderten Gesellschaftsvertrages für jede ARGE
- Beschränkung des ARGE-Zwecks auf die Durchführung eines Bauauftrages
- Aufbau einer autonomen Organisationsstruktur (Geschäftsführung, ARGE-Buchführung u.a.)
- Individualisierbarkeit im Rechtsverkehr (z.B. projektbezogene Namensgebung)
- Getrennter Rechnungs- und Zahlungsverkehr (Auftraggeber, Lieferanten, Subunternehmer)

Sofern diese Merkmale vorliegen, sind auch mehrere gesellschafter- und beteiligungsidentische ARGEN nicht zu einer einheitlichen *„faktischen Dauer-ARGE"* zusammenzufassen.

bb. Zusatz- oder Nebenaufträge

In der Praxis der Bauwirtschaft kommt es nicht selten vor, dass einem beauftragten Bauunternehmen im Zuge der Arbeitsdurchführung vom Auftraggeber Zusatzaufträge erteilt werden, die in einem engen Zusammenhang mit dem Hauptauftrag stehen. Ebenso häufig werden den Unternehmen von dritter Seite Nebenaufträge erteilt, die ebenfalls in einem engen Zusammenhang mit der Arbeitsdurchführung des Hauptauftrages stehen. Diese Nebenaufträge kommen insbesondere bei der Ausführung von Tief- oder Straßenbauaufträgen in Betracht. So haben beispielsweise beim Neubau von Straßen oder bei der Erschließung von Bau- und Gewerbegebieten in aller Regel die Versorgungsträger, wie die Telekom oder Wasser- und Elektrizitätsversorgungsunternehmen ein Interesse daran, ihre Versorgungsleitungen und -anschlüsse in die laufende Baumaßnahme einfließen zu lassen. Sofern eine ARGE mit diesen Zusatz- oder Nebenaufträgen betraut wird, stellt sich die Frage, ob diese Aufträge unweigerlich die Nichtanwendbarkeit des § 2a GewStG auslösen.

Aus rechtlicher Sicht bestehen keine Zweifel daran, dass diese zusätzlichen Arbeiten zumindest im Fall eines Nebenauftrages zur Ausführung eines weiteren Werk- oder Werklieferungsvertrages und somit zum Ausschluss des § 2a GewStG führen. Gleiches gilt für die Zusatzarbeiten, die nicht als Nachträge

[650] Im Ergebnis auch: Meyer-Scharenberg/Popp/Woring-*Popp*, GewStG, § 2a, Rz. 3.

bzw. als schlichte Erweiterungen des Hauptauftrages zu qualifizieren sind, sondern statt dessen auf einem gesonderten Vertragsverhältnis beruhen.

Rechtspolitisch stellt sich an diesem Punkt indes die Frage, ob dieses Ergebnis sinnvoll ist. In Österreich beispielsweise ging die Finanzverwaltung bei einer vergleichbaren Rechtslage davon aus, dass solche Zusatz- und Nebenaufträge unschädlich sind, die in einem räumlichen, zeitlichen und sachlichen Zusammenhang mit dem Hauptauftrag stehen und größenordnungsmäßig gegenüber dem Hauptauftrag von nicht wesentlicher Bedeutung sind[651].
Aus den Kreisen der Bauwirtschaft wird ebenfalls die Forderung erhoben, eine Bagatell-Grenze für die Ausführung von Zusatzaufträgen einzuführen.

Im Ergebnis ist diesen Erwägungen beizupflichten. Die derzeitige Rechtslage ist unbefriedigend, da sie in sich ein enormes Streitpotential birgt. Die Anwendbarkeit des § 2a GewStG hängt bei der Ausführung von Zusatzaufträgen ausschließlich vom Gestaltungsgeschick der Vertragsparteien ab. Die Grenze, ob es sich bei den zusätzlichen Arbeiten um Nachträge des Hauptauftrages oder um echte Neuaufträge handelt, ist in den Konstellationen fließend, in denen die Arbeiten in einem unmittelbaren Zusammenhang mit dem Hauptauftrag stehen. Obwohl bei der Ausführung von Nebenaufträgen diese Abgrenzungsschwierigkeiten nicht bestehen, wäre es aus rechtspolitischer Sicht sinnvoll, diese Arbeiten erweiternd in § 2a GewStG mit einzubeziehen. Auf diese Weise könnte ebenfalls der o.g. Streit zur faktischen Dauer-ARGE entschärft werden, da bei einer Nichtbeanstandungsregelung die wirtschaftlich oftmals sinnlose Vertragsgestaltung der „Zusatzauftrags-ARGE" in der Mehrzahl der Fälle hinfällig wäre. Jedoch sollte eine etwaige Ausnahmeregelung allenfalls unter der Voraussetzung erfolgen, dass die Zusatz- oder Nebenarbeiten im unmittelbaren Zusammenhang mit dem Hauptauftrag stehen. Als konkreter Prüfungsmaßstab sollte darauf abgestellt werden, dass ein ***räumlicher, zeitlicher und sachlicher Zusammenhang*** mit dem Hauptauftrag besteht. Zudem dürfen die zusätzlichen Arbeiten eine auftragsmäßig nur ***untergeordnete Bedeutung*** einnehmen.

Für die Einführung einer entsprechenden Nichtbeanstandungsregelung bedarf es einer gesetzgeberischen Maßnahme. Eine einfache Verwaltungsvorschrift wäre unzulässig, da auf diesem Wege gegen den klaren Wortlaut des Gesetzes verstoßen würde (s.o.). Ein neu eingefügter Satz 2 in § 2a GewStG könnte wie folgt lauten:

---

651 Vgl. öBMF-Erlass v. 20.12.1982, AöF 1983, 114 = [ÖStZ 1983, 36]. *Anm*: Diese Verwaltungsregelung ist inzwischen durch die Abschaffung der Gewerbesteuer obsolet.

„Die Ausführung weiterer Werk- oder Werklieferungsverträge ist unschädlich, soweit diese in einem räumlichen, zeitlichen und sachlichen Zusammenhang mit dem Hauptauftrag stehen und im Vergleich zu diesem auftragsmäßig von untergeordneter Bedeutung sind.“

Zur Sicherstellung einer verwaltungseinheitlichen Auslegung dieser Vorschrift könnte die Finanzverwaltung eine norminterpretierende Verwaltungsvorschrift erlassen[652].

2. Rechtsfolge

a. Kein Gewerbebetrieb

Sind die Voraussetzungen des § 2a Satz 1 GewStG erfüllt, gilt die ARGE nicht als eigener Gewerbebetrieb und sie ist damit nicht gewerbesteuerpflichtig. Die von der ARGE erzielten Gewinne gehören anteilig zum Gewerbeertrag der beteiligten selbständigen Unternehmen. Diese Zurechnung erfolgt nicht in der Weise, dass die Erträge von der ARGE an die beteiligten Unternehmer abzuführen wären, sondern die Erträge entstehen originär in deren Gewerbetrieb[653]. Gleiches gilt für anteilige ARGE-Verluste. Für diese bedarf es keiner Verlustverrechnungsvorschrift, da sie bereits auf der Ebene der Gewerbeertragsermittlung mit den Gewinnen aus dem einheitlichen Gewerbebetrieb zusammengerechnet werden.

b. Betriebsstättenfiktion

Nach § 2a Satz 2 GewStG gelten die Betriebsstätten der Arbeitsgemeinschaft anteilig als Betriebsstätten der Beteiligten. M.a.W. begründet die Tätigkeit einer ARGE aus gewerbesteuerlicher Sicht eine anteilige Betriebsstätte jedes einzelnen Gesellschafters. Ungeachtet dieser Betriebsstättenfiktion ist für jeden Einzelfall die Frage zu klären, ob die Tätigkeit als solche betriebsstättenbegründend ist. Diese notwendige Feststellung folgt aus § 2a Satz 2 GewStG, da die Betriebsstättenfiktion lediglich bewirkt, dass eine tatsächlich vorhandene „ARGE-Betriebsstätte“ anteilig als „Gesellschafter-Betriebsstätte“ angesehen wird. Nicht hingegen ist aus dieser Vorschrift zu folgern, dass die ARGE-Beteiligung kraft Gesetz eine Betriebsstätte der Gesellschafter entstehen lässt.

Der Sinn und Zweck dieser Betriebsstättenfiktion besteht darin, den Gemeinden, in denen die ARGE tätig ist, trotz der Regelung in Satz 1 ihren Anteil an der Gewerbesteuer zu erhalten (vgl. § 4 I GewStG). Hierzu bedarf es, wenn die

[652] Vgl. zur Außenwirkung einer solchen Verwaltungsvorschrift: Tipke/Kruse-*Kruse/Drüen*, AO, § 4, Rz. 84.

[653] Vgl. Lenski/Steinberg-*Sarrazin*, GewStG, § 2a, Rz. 45.

Beteiligten weitere Betriebsstätten haben, einer Zerlegung des Gewerbesteuermessbetrages nach §§ 28 ff. GewStG. Der in diesem Zusammenhang verwendete Betriebsstättenbegriff folgt aus § 12 AO.

Außer für die hebeberechtigten Gemeinden ist die Feststellung, ob die ARGE-Tätigkeit für die Beteiligten betriebsstättenbegründend ist, auch für die ausländischen Gesellschafter einer inländischen ARGE von Bedeutung. Sofern die ARGE unter die Voraussetzungen des § 2a GewStG fällt, wird der ausländische Unternehmer (Einzelunternehmer, Personen- oder Kapitalgesellschaft) mit seinem „fiktiven Gewerbebetrieb" nur dann gewerbesteuerpflichtig, wenn ihm eine inländische Betriebsstätte zugerechnet werden kann. Das Unterhalten einer inländischen Betriebsstätte ist damit Kernvoraussetzung für das Entstehen der Gewerbesteuerpflicht[654]. Gleiches gilt im Übrigen auch für die beschränkte Einkommen- bzw. Körperschaftsteuerpflicht i.S.v. §§ 1 IV EStG, 2 Nr. 1 KStG i.V.m. § 49 EStG. Nach dem in § 49 I Nr. 2a EStG statuierten Betriebsstättenprinzip erzielt der ausländische ARGE-Gesellschafter nur dann inländische Einkünfte aus Gewerbebetrieb, wenn er im Inland eine Betriebsstätte i.S.v. § 12 AO unterhält[655]. Die Beteiligung an der ARGE als solche begründet für ihn noch keine Betriebsstätte und somit keine steuerpflichtigen Inlandseinkünfte.

Im Ergebnis kommt dem Betriebsstättenbegriff in § 12 AO für die Ermittlung der Gewerbesteuerpflicht, aber auch der beschränkten Einkommen- oder Körperschaftsteuerpflicht des ausländischen ARGE-Gesellschafters entscheidende Bedeutung bei. Eine hiervon abweichende Regelung des Besteuerungsrechts kann jedoch eintreten, wenn ein *DBA* eingreift. Diese enthalten regelmäßig eine eigene Betriebsstättendefinition, die vom nationalen Steuerrecht abweicht. Für die Zuteilung und damit Ausübung der Besteuerungsbefugnis ist dann der abkommensrechtliche Betriebsstättenbegriff maßgeblich (vgl. § 2 AO)[656].

In Anbetracht dieser überragenden Bedeutung, die dem Betriebsstättenbegriff für die Besteuerung nationaler und internationaler Sachverhalte zuteil wird, werden im Nachfolgenden die ARGE-relevanten Voraussetzungen einer Betriebsstätte erläutert. Da die deutschen DBA wie auch die meisten DBA der Industrienationen prinzipiell dem Grundmuster des OECD-Musterabkommen folgen, beruhen die nachfolgenden Ausführungen auf Art. 5 OECD-MA.

---

654 Vgl. hierzu im Allgemeinen: BFH v. 28.07.1982 -I R 196/79-, BStBl II 1983, 77 (78).

655 *Anm*: Die in § 49 I Nr. 2a EStG genannte Alternative der *„Bestellung eines ständigen Vertreters"* kann in diesem Zusammenhang vernachlässigt werden.

656 Grotherr/Herfort/Strunk, Internationales Steuerrecht, Kap. 1.3.2.2.1.1.

c. Exkurs: Die ARGE-Bauausführung als Bau- oder Montagebetriebsstätte i.S.v. § 12 Satz 2 Nr. 8 AO bzw. Art. 5 III OECD-MA

Die Betriebsstättenbegriffe in § 12 AO und Art. 5 OECD-MA folgen prinzipiell einem einheitlichen Aufbau. Wie § 12 Satz 1 AO enthält auch Art. 5 I OECD-MA eine allgemeine Betriebsstättendefinition. Hiernach folgt in § 12 Satz 2 Nr. 1-8 AO bzw. Art. 5 II Nr. a-f, III OECD-MA ein Katalog beispielhafter Einrichtungen. Für den zugrundeliegenden Sachverhalt ist die in § 12 Satz 2 Nr. 8 AO und Art. 5 III OECD-MA genannte Bau- oder Montagebetriebsstätte einschlägig. Bei dieser Vorschrift handelt es sich um eine *„Definitionserweiterung"* des Grundtatbestandes und damit um einen Fall des *lex specialis* zu § 12 Satz 1 AO bzw. Art. 5 I OECD-MA[657]. Tatbestandlich bedarf es hierzu einer Bauausführung oder Montage, deren Dauer eine bestimmte Frist überschreitet. Die allgemeinen Voraussetzungen einer Betriebsstätte müssen nicht vorliegen[658]. Eine „feste Geschäftseinrichtung" ist somit nicht erforderlich. Im umgekehrten Fall entsteht bei einer Bauausführung oder Montage auch dann keine Betriebsstätte, wenn zwar die allgemeinen Voraussetzungen hierfür, nicht jedoch die besonderen Voraussetzungen in Form einer bestimmten Mindestdauer erfüllt sind.

aa. Bauausführung oder Montage

Unter einer „Bauausführung" i.S.v. § 12 Satz 2 Nr. 8 AO und Art. 5 III OECD-MA sind Arbeiten aller Art zu verstehen, die zur Errichtung von Hoch- und Tiefbauten i.w.S. ausgeführt werden[659]. Hierunter fallen z.B. die Errichtung von Häusern, Bahn- oder Brückenbauten und der Straßen- und Kanalisationsbau. Bei der Errichtung von Bauwerken gehören zu einer Bauausführung sämtliche Tätigkeiten, die mit der Errichtung und Fertigstellung des Bauwerkes in notwendigem Zusammenhang stehen[660]. Zu einer „Montage" zählen alle Arbeiten, die dem Zusammenfügen von Einzelteilen zu einer einheitlichen Sache dienen[661]. Eine Montagetätigkeit setzt demnach zumindest die wesentlichen Arbeiten des Zusammenfügens von Einzelteilen voraus. Untergeordnete Einzelleistungen fallen für sich allein noch nicht hierunter. Insgesamt gilt es zu konstatieren, dass diese Begriffe in der Praxis weit ausgelegt werden.

---

657 BFH v. 28.07.1993 -I R 15/93-, BStBl II 1994, 148 (149).

658 BFH v. 21.04.1999 -I R 99/97-, BStBl II 1999, 694 (695), v. 16.05.2001 -I R 47/00-, DStRE 2001, 1062 (1064) und die *h.L.*: Beermann-*Buciek*, AO, § 12, Rz. 42; OECD-MK, Art. 5, Tz. 16, Debatin/Wassermeyer-*Schieber*, DBA, Art. 5 OECD-MA, Rz. 95. *Kritisch:* Heiß, Gewinnabgrenzung, Kap. 2.1.2, 6.1.1.2.

659 BFH v. 22.09.1977 -IV R 51/72-, BStBl II 1978, 140 (141).

660 BFH v. 21.10.1981 -I R 21/78-, BStBl II 1982, 241 (242) [Einfügen von Fenstern].

661 BFH v. 16.05.1990 -I R 113/87-, BStBl II 1990, 983 (984), v. 21.04.1999 -I R 99/97-, BStBl II 1999, 694 (695).

bb. Betriebsstättenfrist

Neben der in tatsächlicher Hinsicht erforderlichen Bauausführung oder Montage bedarf es zur Begründung einer solchen Betriebsstätte der Überschreitung einer bestimmten Mindestdauer. Diese Betriebsstättenfrist beträgt nach § 12 Satz 2 Nr. 8 AO mehr als sechs Monate, nach Art. 5 III OECD-MA mehr als zwölf Monate. In den von Deutschland abgeschlossenen Doppelbesteuerungsabkommen variiert diese Frist von mindestens drei Monaten, über sechs und neun Monate, bis hin zu zwölf Monaten.

(1.) Fristberechnung bei ARGEN

Neben den allgemeinen Problemen der Fristberechnung, wie z.B. dem Beginn, Ende oder Fristunterbrechungen, stellt sich bei einer ARGE im Baugewerbe das besondere Problem, inwieweit deren Bautätigkeit für die Partnerunternehmen betriebsstättenbegründend ist. Konkret gilt es die Frage zu beantworten, ob die Fristberechnung für jeden ARGE-Partner gesondert oder im Wege einer Gesamtbetrachtung auf Ebene der ARGE vorzunehmen ist. Dies ist immer dann relevant, wenn die Tätigkeitsdauer der einzelnen ARGE-Partner kürzer als die geforderte Mindestdauer, die Tätigkeit der ARGE insgesamt jedoch diesen Zeitraum überschreitet.

(a.) Nationales Recht

Für die Fristberechnung nach § 12 Satz 2 Nr. 8 AO bestehen keine Zweifel, dass diese auf Ebene der ARGE erfolgen muss. Diese Wertung folgt unmittelbar aus § 12 AO. Nach Satz 1 ist jede Geschäftseinrichtung oder Anlage eine Betriebsstätte, wenn sie der Tätigkeit eines Unternehmens dient. Als Anknüpfungspunkt dient damit die Tätigkeit *eines Unternehmens*. Wenngleich dies nicht ausdrücklich in § 12 Satz 2 Nr. 8 AO zum Ausdruck kommt, ist davon auszugehen, dass dies auch bei einer Bau- oder Montagebetriebsstätte gilt.

Der Unternehmensbegriff in § 12 AO wird nicht definiert. Aus der Entstehungsgeschichte dieser Vorschrift ist zu folgern, dass hierzu alle gewerblichen Unternehmen i.S.v. §§ 15 I Nr. 1, II EStG sowie Freiberufler und Land- und Forstwirte zählen[662]. Inhaltlich ergibt sich insofern eine Übereinstimmung mit dem Begriff des „Unternehmers" in § 2 I UStG[663]. Wie bereits mehrfach nachgewiesen, handelt es sich bei einer ARGE im Baugewerbe um ein gewerbliches Unternehmen i.S.d. EStG und damit auch um ein Unternehmen i.S.v. § 12 AO. Die Betriebsstättenvoraussetzungen sind somit auf Ebene der ARGE zu prüfen[664]. Die Gesamtdauer der Bauausführung oder Montage folgt aus einer Zu-

662 BFH v. 05.06.1986 -IV R 338/84-, BStBl II 1986, 661 (663).

663 Tipke/Kruse-*Kruse*, AO, § 12, Rz. 17, auch HHSp-*Birk*, AO, § 12, Rz. 20.

664 Dies entspricht im Übrigen auch der Rechtslage in Österreich, vgl. Bachner, SWI 2002, 284 (295).

sammenrechnung der Anwesenheits- bzw. Einsatzzeiten der einzelnen Gesellschafter. Sofern ein Partnerunternehmen für sich genommen nicht länger als sechs Monate am Ort der Bauausführung oder Montage anwesend ist, werden ihm die Anwesenheitszeiten der Anderen zugerechnet.

(aa.) Fristbeginn/-ende

Da eine Bau- oder Montagebetriebsstätte allein beim Überschreiten einer bestimmten Frist entsteht, muss genau geklärt werden, wann die Betriebsstättentätigkeit beginnt und wann sie endet. Eine *Bauausführung* beginnt mit der Aufnahme einer Tätigkeit für das Bauvorhaben. Hierzu genügt jede Tätigkeit, unabhängig von Art und Umfang, wenn sie organisatorisch und wirtschaftlich zur Bauausführung gehört (z.B. die Errichtung von Baubuden oder eines Planungsbüros)[665]. Eine *Montage* beginnt mit der Ankunft der ersten Person am Montageort, die vom Unternehmen mit den diesbezüglichen Arbeiten betraut worden ist[666]. Dies gilt auch dann, wenn die Person lediglich Vorbereitungsarbeiten ausführt, wie z.B. die Überprüfung der Örtlichkeiten zur Festlegung des Montagebeginns. Nicht hingegen beginnt eine Montage bereits mit der Anlieferung der zu montierenden Anlagenteile. Dies soll nach der äußerst weiten Auslegung des *BFH* auch dann gelten, wenn die Lieferung der Teile und deren spätere Montage durch dasselbe Unternehmen erfolgt[667]. Diese Auslegung geht jedoch zu weit, da es sich hierbei um eine unmittelbare Vorbereitungshandlung der Montagearbeiten handelt. In Übereinstimmung mit den allgemeinen Grundsätzen zum Fristbeginn sollte die Anlieferung der Montageteile zumindest in den Fällen die Betriebsstättenfrist auslösen, in denen die Anlieferung vom Montageunternehmen selbst oder durch einen beauftragten Dritten vorgenommen wird.

Die Bauausführung oder Montage endet mit der ordnungsgemäßen Erfüllung der übernommenen Pflichten aus dem Werk- oder Werklieferungsvertrag[668]. Zu diesen Pflichten zählen v.a. im Anlagenbau auch die Inbetriebnahme, Testläufe oder ein Probebetrieb. Als maßgebender Endzeitpunkt steht somit häufig die Abnahme des Werkes durch den Auftraggeber. Ergeben sich hiernach weitere Pflichten, die in einem unmittelbaren sachlichen und zeitlichen Zusammenhang mit der Abnahme stehen, zählen auch diese Arbeiten noch zur Bauausführung oder Montage. Dies gilt beispielsweise für erforderliche Nachbesserungsarbeiten, nicht jedoch für Reparatur- und Gewährleistungsarbeiten, die in keinem

---

665 Debatin/Wassermeyer-*Schieber*, OECD-MA, Art. 5, Rz. 131. *Anm*: Aufgrund der Einheitlichkeit der Kriterien in § 12 Satz 2 Nr. 8 AO und Art. 5 III OECD-MA bestehen keine Bedenken dagegen, die zum abkommensrechtlichen BS-Begriff entwickelten Grundsätze auf das nationale Recht zu übertragen.

666 BFH v. 21.04.1999 -I R 99/97-, BStBl II 1999, 694 (696).

667 BFH v. 21.04.1999 -I R 99/97-, a.a.O.

668 Vgl. zum Nachfolgenden: BFH v. 21.04.1999 -I R 99/97-, BStBl II 1999, 694 (696).

unmittelbaren Zusammenhang mit der Abnahme stehen. Das endgültige Fristende tritt somit spätestens im Zeitpunkt der Abreise des letzten Mitarbeiters ein, wenn mit einem weiteren Personaleinsatz zur Erfüllung des Werk- oder Werklieferungsvertrages nicht zu rechnen ist. Sofern auf der Baustelle noch Material oder Geräte lagern, steht dies dem Fristablauf nicht entgegen[669].

(bb.) Fristunterbrechungen

Neben der Festlegung, wann eine Betriebsstätte beginnt und endet, erlangt auch die Beurteilung der Zeiten, in denen die Bauausführung oder Montage unterbrochen ist, eine besondere Relevanz. Hierbei ist im Grundsatz davon auszugehen, dass die Arbeiten nicht beendet sind, wenn sie nur vorübergehend unterbrochen werden. Hierzu wurde bislang mehrheitlich die Auffassung vertreten, dass kurzfristige Arbeitsunterbrechungen von bis zu zwei Wochen Dauer grundsätzlich unbeachtlich und nur bei einer längerfristigen Unterbrechung eine Hemmung der Betriebsstättenfrist eintrete. Dem hingegen gelangt die *OECD* zu der Auffassung, dass alle jahreszeitlich bedingten und andere vorübergehende Unterbrechungen (z.B. durch Materialmängel oder Streik) grundsätzlich in die Berechnung der Dauer einer Bauausführung oder Montage einzubeziehen seien[670]. Der I. Senat des BFH hat sich dieser Auffassung inzwischen angenähert und stellt - unter ausdrücklicher Aufgabe seiner ständigen Rechtsprechung - darauf ab, ob es sich um eine betriebstechnische oder eine andere Arbeitsunterbrechung handelt[671]. Bei einer *betriebstechnischen Unterbrechung* soll die Frist ungehemmt weiter laufen und zwar unabhängig von der Dauer der Unterbrechung. Hierzu zählten alle technisch bedingten, durch Materialmangel oder Störungen des Betriebsfriedens verursachten sowie alle witterungsbedingten Unterbrechungszeiten. Bei allen *anderen Unterbrechungen* könne die tatsächliche Einstellung der Arbeiten zu einer Hemmung der einschlägigen Fristen führen, wenn die Unterbrechung nicht nur kurzfristig erfolge und alle für das Bau- oder Montageunternehmen tätigen Personen die Baustelle verließen[672]. Dies komme z.B. in Betracht, wenn der Besteller seine erforderliche Mitwirkung an der Abnahme verweigere.

Nach diesen widerstreitenden Ansichten ist es für die Lösung dieser Problematik erforderlich, sich auf die gesetzliche Ausgangslage zu stützen. Die entscheidende Frage besteht somit darin, ob für die Fristberechnung alleine auf *die Anwesenheitsdauer am Ort der Baustelle* oder auf die *Dauer der aktiven Bauausführungs- bzw. Montagehandlungen* abzustellen ist. Sollte sich der letztgenannte Ansatz als zutreffend erweisen, steht außer Diskussion, dass grundsätzlich alle

---

669 BMF, BS-Verwaltungsgrundsätze v. 24.12.1999, Tz. 4.3.1, BStBl I 1999, 1076 (1095).
670 OECD-MK, Art. 5, Tz. 19.
671 BFH v. 21.04.1999 -I R 99/97-, BStBl II 1999, 694 (697).
672 Vgl. hierzu auch Buciek, IStR 1999, 629 (629).

Stilllegezeiten, gleich auf welcher Ursache sie beruhen, zu einer Fristhemmung führen. Aus dem Wortlaut des Gesetzes lässt sich nicht eindeutig entnehmen, ob in diesem Zusammenhang eine anwesenheits- oder tätigkeitsbezogene Betrachtung anzustellen ist. Für die letztgenannte Auslegungsvariante könnte das Tatbestandsmerkmal „dauern" sprechen, da eine Bauausführung oder Montage nur dann „dauert", wenn diese aktiv betrieben wird und nicht, wenn sie stillgelegt ist[673]. Die logische Konsequenz dieser tätigkeitsbezogenen Betrachtung bestünde darin, dass die Betriebsstättenfrist im Wege einer taggenauen Berechnung der aktiven Einsatzzeiten ermittelt werden müsste. An diesem Punkt dürfte Einigkeit bestehen, dass dies vom Gesetzgeber so nicht gewollt ist. Es ist daher davon auszugehen, dass zumindest die Arbeitsunterbrechungen, die auf den gewöhnlichen Lauf einer Baumaßnahme zurückzuführen sind, der Bauausführung nicht den Charakter einer fortlaufenden Tätigkeit nehmen. Dies gilt beispielsweise bei Unterbrechungen aus technischen Gründen (Baufortschritt o. Trocknungszeiten) oder betrieblichen Gründen (Betriebsferien, Streik o. Materialmangel). In diesen Fällen kommt eine Fristhemmung nicht in Betracht. Für alle anderen Unterbrechungen, die außerhalb des gewöhnlichen Ablaufs einer Baumaßnahme entstehen, kann die maßgebliche Betriebsstättenfrist gehemmt sein. Die vom *BFH* hierzu entwickelten Grundsätze sind als durchaus sachgerecht einzustufen. Dies gilt jedoch nicht für die witterungsbedingten Unterbrechungen[674]. Da diese Ausfallzeiten außerhalb der Einflusssphäre des ausführenden Unternehmens entstehen, sollten alle nicht nur vorübergehenden witterungsbedingten Unterbrechungen zu einer Fristhemmung führen. Die Zwei-Wochen-Frist stellt hierfür einen angemessenen Zeitraum dar.

(b.) Recht der Doppelbesteuerungsabkommen

Im Abkommensrecht ergeben sich für die Fristberechnung einer Bau- oder Montagebetriebsstätte im Wesentlichen die gleichen Probleme wie bei § 12 Satz 2 Nr. 8 AO (s.o.). Darüber hinaus ist es jedoch umstritten, wie die Fristberechnung bei einer ARGE-Bauausführung vorzunehmen ist.

Ursächlich für diese Streitfrage ist die bereits im Ansatz problematische Stellung der Personengesellschaft im Recht der Doppelbesteuerungsabkommen. In Deutschland, wie auch in den meisten anderen DBA-Staaten werden die Personengesellschaften nicht als eigenständige Steuersubjekte behandelt. Die von ihnen erzielten Gewinne werden anteilig den Gesellschaftern zugerechnet. In diesen Fällen ***fiskalisch transparenter Personengesellschaften*** ist davon auszugehen, dass aus abkommensrechtlicher Sicht eine Personengesellschaft nicht ein (Gesamt-)Unternehmen, sondern jeder einzelne Gesellschafter ein eigenständi-

673 So im Ergebnis: Mössner, Steuerrecht international tätiger Unternehmen, Rz. B 103.
674 So aber BFH v. 21.04.1999 -I R 99/97-, BStBl II 1999, 694 (696).

ges Unternehmen betreibt[675] Diese aus der fehlenden Abkommensberechtigung abgeleitete „Einzelunternehmerfiktion“ bewirkt für ein ARGE-Unternehmen, dass dieses abkommensrechtlich ein anteiliges Unternehmen der Gesellschafter darstellt[676]. Da eine aus deutscher Sicht gewerblich tätige ARGE (MU'schaft) grundsätzlich auch zu den unter Art. 7 OECD-MA fallenden Personengesellschaften gehört, betreibt jeder ARGE-Gesellschafter stets ein Unternehmen im Sinne dieser Vorschrift[677]. Die Personengesellschaft selbst stellt insofern nur die äußere Erscheinungsform des Unternehmens dar[678]. Diese Sichtweise wirkt sich ebenfalls auf Art. 5 OECD-MA aus, da eine Betriebsstätte tatbestandsmäßig die Existenz eines Unternehmens voraussetzt. Aufgrund dieser inneren Verknüpfung mit dem Unternehmensbegriff werden auch die Betriebsstätten einer Personengesellschaft den Mitunternehmern als anteilige Betriebsstätten zugerechnet[679]. Eine ARGE-Betriebsstätte begründet somit für jeden Gesellschafter eine anteilige Betriebsstätte.

In Anbetracht dieser abkommensrechtlichen Negation der ARGE stellt sich die Frage, ob die Voraussetzungen einer Bau- oder Montagebetriebsstätte i.S.v. Art. 5 III OECD-MA auf Ebene der ARGE oder für jeden einzelnen ARGE-Partner individuell zu prüfen sind?

(aa.) Meinungsstand

Diese Frage gilt es insbesondere für die Berechnung der Betriebsstättenfrist zu erörtern. Der *OECD-Steuerausschuss* vertritt hierzu in seiner Kommentierung zu Art. 5 III OECD-MA die Auffassung, dass im Fall fiskalisch transparenter Personengesellschaften die Betriebsstättenfrist auf Ebene der Personengesellschaft zu ermitteln sei[680]. Für deren Gesellschafter hat dies zur Konsequenz, dass sie unabhängig von der Zeitspanne, die sie selbst am Ort der Bauausführung oder Montage zugebracht haben, für die Zwecke der Besteuerung ihres Anteils am Unternehmensgewinn der Personengesellschaft so angesehen werden, als ob sie selbst eine Betriebsstätte unterhielten. Diese im Jahr 2000 eingefügte Neukommentierung beruht auf den Empfehlungen einer Arbeitsgruppe,

---

675 So die *h.M.*: BFH v. 26.02.1992 -I R 85/91-, BStBl II 1992, 937 (939); Vogel-*Hemmelrath*, DBA, Art. 7, Rz. 29; Debatin/Wassermeyer-*Wassermeyer*, DBA, Art. 3 OECD-MA, Rz. 29; Schaumburg, Int. Steuerrecht, Rz. 16.238. **A.A.** Knobbe-Keuk, RIW 1991, 306 (309); Hock, Wpg 1996, 106 (108).

676 *Anm*: Etwas Anderes gilt nur dann, wenn in dem jeweiligen DBA auch die fiskalisch transparenten PersGes ausdrücklich für abkommensberechtigt erklärt werden, vgl. hierzu den Überblick bei *Piltz*, in: Mössner u.a., Steuerrecht international tätiger Unternehmen, Rz. F 101 ff.

677 So auch Debatin/Wassermeyer-*Piltz*, DBA, Art. 7 OECD-MA, Rz. 100.

678 Bendlinger/Schopper, SWI 2000, 259 (263).

679 Vgl. Debatin/Wassermeyer-*Wassermeyer*, DBA, Art. 5 OECD-MA, Rz. 35 m.w.N.

680 OECD-MK, Art. 5, Tz. 19.1.

die sich mit der „Anwendung des OECD-Musterabkommens auf Personengesellschaften" beschäftigte. In dem hierzu veröffentlichten sog. „Partnership-Report" gelangt die Arbeitsgruppe zu dem Ergebnis, dass die Fristvoraussetzungen des Art. 5 III OECD-MA auf Ebene der „partnership" zu beurteilen seien[681]. Dies solle jedoch ausdrücklich nicht gelten, wenn die Verbindung der Beteiligten lediglich einem „joint venture" oder „consortium" und nicht einer „partnership" entspricht. Wenngleich diese Einschränkung nicht unmittelbar in die Kommentierung zu Art. 5 III OECD-MA eingeflossen ist, stellt sich dennoch die Frage, ob dies nicht mittelbar über die generelle Anknüpfung der Neukommentierung an die Ergebnisse des „Partnership-Reports" erfolgt ist. Ein Anhaltspunkte hierfür lässt sich aus den einleitenden Erwägungen im Musterkommentar ableiten, in denen der OECD-Steuerausschuss ausdrücklich auf den „Partnership-Report" Bezug nimmt[682]. Für den ARGE-Sachverhalt hätte dies zur Konsequenz, dass bei einer ARGE im Baugewerbe - als einem typischen „joint venture" -[683] die Fristberechnung nicht auf Ebene der Gesellschaft, sondern auf Gesellschafterebene vorzunehmen ist[684].

Eine differenzierte Betrachtungsweise nimmt die deutsche Finanzverwaltung ein. Diese unterscheidet im „Betriebsstättenerlass" zwischen der Bau- und Montageausführung durch ein Konsortium und eine Arbeitsgemeinschaft[685]. Während im ersten Fall die Voraussetzungen einer Bau- oder Montagebetriebsstätte für jeden einzelnen Konsorten, d.h. unabhängig von den Leistungen der anderen, geprüft werden müsse, seien die Aktivitäten der ARGE-Partner in sachlicher und zeitlicher Hinsicht als Einheit zu beurteilen. Ob eine Betriebsstätte vorliegt oder nicht, könne somit nur einheitlich für die ARGE beurteilt werden[686]. Die Literatur hat sich dieser Auffassung mehrheitlich angeschlossen[687].

(bb.) Diskussion

Im Grundsatz bestehen keine Zweifel daran, dass jede Betriebsstätte der Gesellschaft zugleich eine Betriebsstätte des Unternehmens eines jeden Gesellschaf-

---

681 OECD, The Application of the OECD Model Tax Convention to Partnerships, Issues in International Taxation No. 6 (1999), S. 32 (Fall 11).

682 OECD-MK, Art. 1, Tz. 2.

683 Vgl. hierzu die Ausführungen unter: *D.II.1.*

684 So Bendlinger/Schopper, SWI 2000, 259 (265); Bendlinger/Remberg/Kuckhoff, IStR 2002, 40 (42) sowie Firlinger, SWI 1994, 22 (27).

685 BMF, BS-Verwaltungsgrundsätze v. 24.12.1999, Tz. 4.3.4, BStBl I 1999, 1076 (1096).

686 Diese Ansicht wird im Übrigen auch vom *österreichischen BMF* vertreten: öBMF, EAS 1535 v. 27.09.1999, SWI 2000, 26; EAS 1583 v. 05.01.2000, SWI 2000, 59.

687 Vgl. Debatin/Wassermeyer-*Schieber*, DBA, Art. 5 OECD-MA, Rz. 144 f.; Krabbe, IWB, F. 3 Gr. 2, 863 (870); Sonntag, IWB, F. 3 Gr. 3, 885 (888).

ters ist. Dies folgt aus der nach deutschem Verständnis für die Besteuerung von Personengesellschaften einschlägigen Mitunternehmerkonzeption.
Hiernach wird jedem Gesellschafter über § 15 I Nr. 2 EStG die gewerbliche Tätigkeit der Gesellschaft zugerechnet, wenn der Gesellschafter Mitunternehmer ist. Dies gilt auch dann, wenn ein Mitunternehmer „passiv" bleibt. Die Grundidee der MU'schaft besteht nämlich gerade darin, dass trotz Arbeitsteilung im Einzelnen der gewerbliche Betrieb insgesamt im Interesse aller Mitunternehmer geführt wird[688]. Folglich ist jede Betriebsstätte der Gesellschaft zugleich eine Betriebsstätte des Gesellschafters und zwar unabhängig davon, ob der Gesellschafter bei deren Gründung beteiligt war oder in ihr tätig ist[689].

Nichts Anderes gilt in der zugrundeliegenden Streitfrage. Für die Berechnung der Betriebsstättenfrist sind die Tätigkeiten der ARGE-Partner in sachlicher und zeitlicher Hinsicht als Einheit zu beurteilen. M.a.W. begründet ein ARGE-Partner auch dann eine Betriebsstätte, wenn seine Tätigkeit isoliert betrachtet nicht betriebsstättenbegründend ist; die Tätigkeit der ARGE insgesamt jedoch die Voraussetzungen hierfür erfüllt. Ausgehend von dieser rechtlichen Wertung können auch reine „Offshore-Partner", d.h. ARGE-Partner die ausschließlich für „Offshore-Leistungen wie z.B. die Lieferung von Anlageteilen, Engineering- und Planungsleistungen verantwortlich sind, eine Betriebsstätte begründen, obwohl sie selbst nicht physisch im Quellenstaat präsent sind. Dies folgt unmittelbar aus der materiell-rechtlichen Qualifikation der ARGE als gewerbliche MU'schaft und gilt unabhängig von den Voraussetzungen des § 180 IV AO.

Wenn dies jedoch uneingeschränkt für ARGEN gilt, muss gleiches auch für Konsortien im Industrieanlagenbau gelten. Bei diesen handelt es sich, trotz der abweichenden Regelung des Innenverhältnisses, um eine gewerbliche MU'schaft i.S.v. §§ 15 I Nr. 2, II EStG[690]. Ausweislich der o.g. Grundsätze sind somit auch bei einem Konsortium die Betriebsstättenvoraussetzungen auf Ebene der MU'schaft und damit einheitlich zu prüfen. Für eine sachliche Differenzierung zwischen ARGEN und Konsortien besteht kein Anlass[691].

Noch weitestgehend ungeklärt ist die Verfahrensweise in den sog. Dreieckskonstellationen. Diese zeichnen sich dadurch aus, dass die ARGE-Partner in verschiedenen Staaten ansässig sind. Schließen sich beispielsweise zwei Unternehmen aus A und B zur gemeinsamen Errichtung einer Industrieanlage in C zusammen, gilt es zu klären, welche Betriebsstättenfrist einschlägig ist, wenn

---

688 Vgl. Piltz, Die PersGes im internationalen Steuerrecht der BRD, S. 81, 154.
689 So im Ergebnis auch: BFH v. 26.02.1992 -I R 85/91-, BStBl II 1992, 937 (939).
690 Vgl. hierzu die entsprechenden Ausführungen in: B.III.1.a.bb.(2.).
691 Tendenziell auch Wassermeyer, FS Kruse, 589 (601).

dem DBA zwischen A-C eine Sechs-Monatsfrist und dem DBA zwischen B-C eine 12-Monatsfrist zugrunde liegt. Wenn die tatsächliche Dauer der Bauausführung oder Montage neun Monate beträgt, bestehen keine Zweifel daran, dass zumindest A eine Betriebsstätte in C begründet. Ob dies auch für B gilt, ist fraglich. *Bendlinger/Schopper* sprechen sich zurecht dagegen aus, auf einen „fiktiven Sitz“ der ARGE abzustellen[692]. Im Ergebnis ist somit davon auszugehen, dass B keine Betriebsstätte in C begründet, da ihm bei Abwesenheit zwar die Einsatzzeiten der ARGE-Partner zugerechnet werden können. Dies gilt jedoch nicht für die Betriebsstätte als solche, wenn nach dem einschlägigen DBA die Voraussetzungen hierfür nicht vorliegen.

(2.) Zwischenergebnis

Für die Berechnung der Betriebsstättenfrist nach § 12 Satz 2 Nr. 8 AO und Art. 5 III OECD-MA ist bei einer ARGE im Baugewerbe auf die Ebene der Gesellschaft abzustellen. Dies folgt aus den Grundprinzipien der Mitunternehmerkonzeption. Für die ARGE-Gesellschafter hat dies zur Konsequenz, dass die ARGE-Bauausführung für sie auch dann betriebsstättenbegründend sein kann, wenn die Tätigkeit des Einzelnen für sich genommen diese Voraussetzungen nicht erfüllt. Diese Grundsätze gelten auch für ein Konsortium.

---

[692] Bendlinger/Schopper, SWI 2000, 259 (264).

H. Umsatzsteuer

Für die umsatzsteuerliche Beurteilung einer ARGE ist es erforderlich zwischen den nach außen auftretenden ARGEN und der Innen-ARGE zu differenzieren.

I. (Außen-)ARGE

Eine (Außen-)ARGE ist Unternehmerin gem. § 2 I UStG[693]. Wie bereits an anderer Stelle ausgeführt, ändert die Projektbezogenheit der ARGE nichts an der Nachhaltigkeit ihrer Betätigung. Da auch die Gesellschafter einer ARGE Unternehmer gem. § 2 I UStG sind, können die Leistungen der Gesellschafter an die ARGE als steuerbare Umsätze der Umsatzsteuerpflicht unterliegen. Hierfür ist es grundsätzlich unerheblich, ob die Gesellschafterleistung als gesellschaftsrechtliche oder nicht-gesellschaftsrechtliche Verpflichtung zu beurteilen ist[694]. Entscheidend ist alleine die Tatsache, ob der Leistung ein mit ihr zusammenhängendes Entgelt (Sonderentgelt) als Gegenleistung gegenübersteht. Dagegen liegt ein nichtsteuerbarer Gesellschafterbeitrag vor, wenn diese Leistung alleine durch die Beteiligung am Gewinn und Verlust der Gesellschaft abgegolten wird.

Im Regelfall einer ARGE verpflichten sich die Gesellschafter bestimmte Leistungen an die ARGE zu erbringen. Nach der Grundkonzeption des gewerbeüblichen Mustervertrages erfolgen diese Beistellungen entgeltlich, auf der Grundlage zweiseitiger schuldrechtlicher Rechtsgeschäfte. Hieraus folgt, dass die in §§ 11 ff. ARGE-MV genannten Partnerleistungen als steuerbare Umsätze der Umsatzsteuerpflicht unterliegen.

Für eine weitergehende Erörterung des sog. „Spitzenausgleichs in der Bauwirtschaft" besteht zumindest auf der Grundlage des Mustervertrages kein Anlass. Beim Spitzenausgleich handelt es sich um eine früher übliche Regelung in den ARGE-Verträgen. Diese war erforderlich, da die Gesellschafterbeistellungen vor der Einführung des Vorsteuerabzugs regelmäßig ohne Sonderentgelt erbracht wurden. Um sicherzustellen, dass alle ARGE-Partner anteilsgemäß ihre Beistellungen an die ARGE erbracht haben, wurde die Differenz zwischen vereinbarter und tatsächlicher Leistung in Form eines Spitzenausgleichs zwischen den ARGE-Partnern ausgeglichen[695]. Diese Regelung hat heute weitestgehend an Bedeutung verloren, da die Beteiligten regelmäßig eine entgeltliche Gesellschafterbeistellung vereinbaren. Vereinbaren die Gesellschafter dennoch, dass sie ihre Lieferungen und Leistungen unentgeltlich an die ARGE erbringen, kann es sich hierbei um einen nichtsteuerbaren Gesellschafterbeitrag handeln. Dies

---

693 Vgl. die in FN 440, 441 zitierte Rspr. sowie Sölch/Ringleb-*Klenk*, UStG, 2, Rz. 54.

694 BFH v. 07.12.1967 -V R 45/65-, BStBl II 1968, 398 (399) [st. Rspr.].

695 Zur umsatzsteuerlichen Beurteilung des sog. *Spitzenausgleichs*: BFH v. 11.12.1969 -V R 129/68-, BStBl II 1970, 358.

setzt jedoch unbedingt voraus, dass die Leistungen nicht gesondert berechnet werden und keinerlei Einfluss auf die Gewinnverteilung haben.

Etwas Anderes galt bislang uneingeschränkt für die umsatzsteuerliche Behandlung der Geschäftsführungsaufgaben. Nach der in ständiger Rechtsprechung vertretenen Auffassung des *BFH* und der Mehrheit in der Literatur sollte es sich bei der Geschäftsführertätigkeit eines Gesellschafters einer Personengesellschaft in aller Regel um keine gegenüber einer anderen Person erbrachte Leistung i.S.v. § 1 I Nr. 1 UStG und damit um einen nichtsteuerbaren Gesellschafterbeitrag handeln[696]. Diese Position hat der *V. Senat* des BFH nunmehr ausdrücklich aufgegeben. Nach einer Entscheidung vom 6.06.2002 soll sich die umsatzsteuerliche Beurteilung von Gesellschafterleistungen fortan alleine danach richten, ob der Gesellschafterbeitrag durch die Beteiligung am Gewinn oder Verlust abgegolten oder ob es sich um Leistungen handelt, die gegen ein Sonderentgelt ausgeführt werden[697]. Ob der Gesellschafter mit der Wahrnehmung der Geschäftsführung zugleich auch Mitgliedschaftsrechte ausübe, sei unbeachtlich, wenn er hierfür ein Entgelt erhalte.

Die Auswirkungen dieser Rechtsprechungsänderung auf die ARGE-Praxis sind unklar. Da es für die Umsatzsteuerpflicht einer Gesellschafterleistung jedoch nur darauf ankommt, dass dieser Leistung eine konkrete Gegenleistung (Entgelt) gegenübersteht, also ein unmittelbarer Zusammenhang zwischen Leistung und Gegenleistung besteht, sind die Bezüge der technischen und kaufmännischen Geschäftsführung als umsatzsteuerpflichtige Leistungen zu qualifizieren. Dass es sich bei der „Vergütung" nach § 10.1 ARGE-MV nicht um ein Dienstleistungsentgelt, sondern um eine Gewinnverteilungsabrede handelt[698], steht dieser Beurteilung nicht entgegen, da es sich bei dieser Vergütung nicht um eine schlichte Beteiligung am Gewinn oder Verlust der ARGE, sondern um eine tätigkeitsbezogene Gegenleistung, d.h. ein Sonderentgelt für die zu erbringenden Geschäftsführungsaufgaben handelt. Von der Finanzverwaltung wurde bislang die Auffassung vertreten, dass sämtliche in §§ 7-9 ARGE-MV enthaltenen Tätigkeiten generell als nichtsteuerbare Geschäftsführungsleistungen angesehen werden können[699]. Diese Verwaltungsregelung steht nicht mehr im Einklang mit der Rechtsprechung und ist damit aufzuheben.

Im Ergebnis gelten diese Grundsätze auch für *Dach-ARGEN* und *Konsortien.*

---

696 BFH v. 17.07.1980 -V R 5/72-, BStBl II 1980, 622 (622).

697 BFH v. 06.06.2002 -V R 43/01-, DStR 2002, 1346 (1347 f.)

698 Vgl. hierzu die vorherigen Ausführungen unter: *A.III.2.c.*

699 BMF, Schreiben v. 12.09.1988 -IV A 2 - S 7100 - 115/88, DB 1988, 2075. Bestätigt für „vergleichbare Arbeitsgemeinschaften" z.B. im Bereich der technischen Gebäudeausrüstung: BMF, Schreiben v. 11.11.1999 -IV D 1 - S 7100 - 130/99, DStR 2000, 113.

II. Innen-ARGE

Eine Innen-ARGE ist mangels einer nach außen gerichteten Tätigkeit kein Unternehmer gem. § 2 I UStG und damit umsatzsteuerlich unbeachtlich. Mangels Unternehmereigenschaft einer Innengesellschaft ist bei dieser ein Leistungsaustausch zwischen den Gesellschaftern und der Innengesellschaft nicht möglich, wohl aber ein solcher unter den Gesellschaftern[700]. Hieraus folgt für die Leistungsbeziehungen einer Innen-ARGE, dass die Lieferungen und Leistungen der Gesellschafter untereinander grundsätzlich steuerbar sind, während die Leistung für den ausgeführten Bauauftrag nur dem nach außen auftretenden Auftragnehmer-Gesellschafter zuzurechnen ist[701]. Dieser hat die „Umsätze der Innen-ARGE" als eigene Umsätze zu behandeln und zu erklären.
Grundsätzlich steuerbar hingegen sind die Umsätze zwischen den Innen-Gesellschaftern und dem Auftragnehmer-Gesellschafter.

I. Steuerliche Nebenpflichten

Zu den steuerlichen Nebenpflichten einer ARGE zählen u.a. der Lohnsteuerabzug für das beschäftigte Personal oder der Steuereinbehalt für empfangene Bauleistungen.

I. Lohnsteuer

Für eine ARGE ergibt sich aus § 38 ff. EStG die Verpflichtung, von den bei ihr beschäftigten Arbeitnehmern die Lohnsteuer einzubehalten und an das örtlich zuständige Finanzamt abzuführen. An der grundsätzlichen Pflicht der ARGE zur Einbehaltung der Lohnsteuer bestehen keine Zweifel, da auch eine GbR Arbeitgeber im lohnsteuerlichen Sinne sein kann. Diese Feststellung war lange Zeit umstritten, da eine GbR aus zivilrechtlicher Sicht kein Arbeitsverhältnis mit einem Arbeitnehmer eingehen konnte. Dieses konnte allenfalls zwischen einem Arbeitnehmer und den Gesellschaftern (in ihrer gesamthänderischen Verbundenheit) zustande kommen. Der *BFH* überwand diese Problematik, indem er einen eigenständigen „steuerrechtlichen Arbeitgeberbegriff" konzipierte[702]. Diese Konstruktion ist mit der inzwischen auch höchstrichterlich anerkannten, zivilrechtlichen Rechtsfähigkeit der Außen-GbR obsolet. Die GbR kann hiernach ohne Weiteres, als eigenständige Vertragspartei einen Dienst- bzw. Arbeitsvertrag abschließen. Aus dieser zivilrechtlichen Arbeitgebereigenschaft folgen unmittelbar die Arbeitgeberpflichten der §§ 38 ff. EStG.

[700] BFH v. 27.05.1982 -V R 110,111/81-, BStBl II 1982, 678 (679).
[701] Vgl. auch Burchardt/Pfülb, ARGE, § 17, Rz. 34.
[702] BFH v. 17.02.1995 -VI R 41/92-, BStBl II 1995, 390 (391).

Die Einbehaltungspflicht der ARGE gem. § 38 III EStG gilt uneingeschränkt für das gesamte von der ARGE eingestellte Personal. Beim abgestellten Personal der Gesellschafter ist zwischen der Abordnung und Freistellung zu differenzieren. Nur im Fall der *Freistellung* tritt das Personal in ein Arbeitsrechtsverhältnis zur ARGE mit der Folge der Einbehaltungspflicht. Gesellschaftsintern zeichnet sich die kaufmännische Geschäftsführung gem. § 8.48 ARGE-MV für die Einhaltung dieser Pflichten verantwortlich. Haftungsschuldner gem. § 42d EStG ist die ARGE, wobei auch die Gesellschafter im Wege der akzessorischen Gesellschafterhaftung i.S.v. § 128 HGB für die Gesellschaftsverbindlichkeiten haften.

II. Steuerabzug bei Bauleistungen

1. Allgemeines

Mit dem „Gesetz zur Eindämmung illegaler Betätigung im Baugewerbe“[703] vom 30.08.2001 hat der Gesetzgeber eine weitere Maßnahme ergriffen, den bisweilen katastrophalen Verhältnissen im Baugewerbe (Schwarzarbeit, Dumpinglöhnen etc.) zu entgegnen. Bereits mit dem StEntlG 1999/2000/2002 hatte der Gesetzgeber den Versuch unternommen, ein Steuerabzugsverfahren bei Vergütungen an ausländische Werkvertragsunternehmer einzuführen. Dieser in § 50a VII EStG normierte Steuerabzug wurde jedoch mit dem nachfolgenden StBerG 1999 wieder aufgehoben, da gegen diese Vorschrift von der Kommission gemeinschaftsrechtliche Bedenken erhoben wurden. Mit dem o.g. Gesetz hat es der Gesetzgeber erneut unternommen, einen Steuerabzug bei Bauleistungen einzuführen. Zur Vermeidung europarechtlicher Bedenken ist das neue Abzugsverfahren für **aus- und inländische Unternehmer** in gleicher Weise durchzuführen.

Trotz dieser Gleichstellung werden in der Literatur erneut Zweifel an der „Europatauglichkeit“ dieses Verfahrens erhoben[704]. Diese Bedenken resultieren aus den zu erwartenden, formellen Hürden für alle Steuerausländer, um eine den Steuerabzug vermeidende Freistellungsbescheinigung erlangen zu können. Nach der Rechtsprechung des *EuGH* können nämlich gemeinschaftsrechtswidrige Benachteiligungen auch durch nationale Verfahrensvorschriften entstehen[705]. Dies ist der Fall, wenn die Durchsetzung der von der Gemeinschaftsrechtsordnung zugebilligten Rechte wegen des Verfahrensrechts praktisch unmöglich oder übermäßig erschwert wird. Die konkrete Benachteiligung der ausländischen Werkunternehmer könnte daraus resultieren, dass inländische Auftraggeber zur Vermeidung des administrativen Aufwandes, der bei der Einhaltung des Steuer-

---

[703] Gesetz zur Eindämmung illegaler Betätigung im Baugewerbe, BStBl I 2001, S. 602 ff.
[704] Kirchhof-*Gosch*, EStG, § 48, Rz. 1; auch Ebling, DStR 2001 *(Beih. 51-52/2001), 1 (26)*.
[705] EuGH v. 14.12.1995 -Rs. C 312/93-, Peterbroeck, Slg 1995, I-4599 (4621).

einbehaltungsverfahrens entsteht, geneigt sein dürften, Aufträge eher an Unternehmer mit gültiger Freistellungsbescheinigung, mithin eher an inländische Unternehmer zu vergeben[706]. In diesem Fall läge eine Verletzung der in Art. 59 EG-Vertrag garantierten Dienstleistungsfreiheit vor.

Nach der gesetzlichen Ausgangslage der §§ 48 ff. EStG sind diese Bedenken unbegründet. In § 48b EStG werden keine besonderen formellen Voraussetzungen aufgestellt, die es einem Steuerausländer unmöglich machen, diese Bescheinigung zu erlangen. Ob der Erwerb dieser Bescheinigung für Steuerausländer jedoch faktisch unmöglich oder übermäßig erschwert wird, hängt von der zukünftigen Rechtsanwendungspraxis durch die Finanzverwaltung ab[707]. Eine abschließende Bewertung kann somit zum jetzigen Zeitpunkt noch nicht erfolgen.

Schließlich sei noch zum *Sinn und Zweck* des Abzugsverfahrens angemerkt, dass dieses Verfahren der Sicherung von Abgabenansprüchen dient, die aus Bauleistungen resultieren können. Aus der Anrechnungsbestimmung des § 48c EStG folgt, dass es sich hierbei um die einbehaltene und angemeldete Lohnsteuer (*str.*)[708], die Einkommen- oder Körperschaftsteuer auf die Gewinne des die Bauleistung erbringenden Unternehmers sowie die anzumeldenden und abzuführenden Abzugsbeträge auf die eigenen empfangenen Bauleistungen des Leistenden handelt. Hieraus folgt, dass mit diesem Verfahren keine neue Steuer begründet wird. Es entsteht weder eine zusätzliche Steuerpflicht noch wird eine höhere Steuerbelastung eingeführt[709]. Die in Wirtschaftskreisen übliche Bezeichnung als „Bauabzugs*steuer*" trifft damit nicht zu[710].

2. Auswirkungen auf die ARGE-Praxis

Nach § 48 Abs. I Satz 1 EStG unterliegen *die* Vergütungen für Bauleistungen dem Steuerabzug, die im Inland gegenüber einer juristischen Person des öffentlichen Rechts oder einem Unternehmer im Sinne des § 2 UStG erbracht werden. Sind diese Voraussetzungen erfüllt, hat der Leistungsempfänger von der Gegenleistung einen Abzug i.H.v. 15 % für Rechnung des Leistenden vorzunehmen.

---

706 Vgl. *Gosch*, in: Kirchhof, EStG, § 48, Rz. 1.

707 So im Ergebnis die *h.M.*: HHR-*Apitz*, EStG, § 48, Rz. 8 sowie die in FN 704 genannten.

708 Für diesen Sicherungszweck auch: FG Düsseldorf v. 04.03.2002 -10 V 1007/02 AE-, EFG 2002, 688 (689).

709 Vgl. Ebling, DStR 2001, *1 (1)*.

710 So auch Diebold, DStZ 2002, 252 (252 ff.) [Zahlungseinbehalt mit Sicherungsfunktion].

a. Die ARGE als Leistender

Sofern eine ARGE eine Bauleistung an einen Leistungsempfänger i.S.v. § 48 I EStG erbringt, steht außer Zweifel, dass dieser zur Einbehaltung verpflichtet ist. Dies gilt nach § 48 Abs. II Satz 1 EStG nicht, wenn die ARGE eine gültige *Freistellungsbescheinigung* nach § 48b EStG vorlegen kann oder die Gegenleistung einen bestimmten Mindestbetrag nicht übersteigt (Bagatellregelung). Welche Voraussetzungen für die Erteilung einer Freistellungsbescheinigung zu beachten sind, ist umstritten.

Nach Auffassung der *Finanzverwaltung* kann für eine ARGE, bei der keine gesonderte Feststellung der Besteuerungsgrundlagen erfolgt (NF-ARGE) und die nicht Arbeitgeber der eingesetzten Arbeitnehmer ist (so im Fall der Abordnung), eine Freistellungsbescheinigung nur dann erteilt werden, wenn alle beteiligten Gesellschafter jeweils über eine eigene Freistellungsbescheinigung verfügen[711]. Hierzu ***kann*** das für die ARGE zuständige Finanzamt die Vorlage sämtlicher Gesellschafter-Bescheinigungen verlangen. In der *Literatur* hingegen wird es für ausreichend erachtet, wenn nur die kaufmännische Geschäftsführung ihre Zuverlässigkeit durch eine Freistellungsbescheinigung nachweist[712]. Allerhöchstens könne daneben noch geprüft werden, ob so viele Partner der ARGE unzuverlässig i.S.v. § 48b EStG seien, dass sie in der ARGE für ein abweichendes Verhalten und die Gefährdung der Steueransprüche sorgen können.

Auf der Grundlage des § 180 IV AO vermag die in der Literatur vertretene Auffassung nicht zu überzeugen. Infolge der generellen Unbeachtlichkeit der NF-ARGE im steuerlichen Verfahrensrecht erscheint es nur konsequent, für die Erteilung einer Freistellungsbescheinigung nicht auf die Ebene der Gesellschaft, sondern auf die Gesellschafterebene abzustellen. Für eine ausreichende Prüfung dieser Verhältnisse ist es jedoch erforderlich, dass sämtliche Gesellschafter ihre „Zuverlässigkeit" ggf. durch die Vorlage einer eigenen Freistellungsbescheinigung nachweisen können. Wenn die ARGE hierzu nicht imstande ist, hat der Leistungsempfänger den Steuerabzug vorzunehmen. In diesen Fällen hat der kaufmännische Geschäftsführer die Beteiligungsverhältnisse an der ARGE dem zuständigen Finanzamt[713] mitzuteilen, damit die Anrechnung gem. § 48c EStG bei den Gesellschaftern erfolgen kann. Werden diese Angaben zu den Beteiligungsverhältnissen nicht gemacht, ist zur Feststellung der Steuerabzugsbeträge

711 BMF, Schr. vom 01.11.2001, IV A 5 -S 1900- 292/01, BStBl I 2001, 804 (807/Rz. 27).

712 Ramackers, BB 2002 *(Beil. 2), 1 (9).*

713 Für alle NF-ARGEN ist das FA zuständig, das für die Umsatzsteuer zuständig ist, vgl. BMF, Schr. v. 01.11.2001, BStBl I 2001, 804 (811/Rz. 69).

ein Feststellungsverfahren gem. § 180 V Nr. 2 AO durchzuführen[714]. Der Befreiungstatbestand des § 180 IV AO greift in diesem Fall nicht ein.

b. Die ARGE als Leistungsempfänger

An der grundsätzlichen Verpflichtung einer ARGE beim Empfang einer Bauleistung den Abzug nach § 48 EStG vorzunehmen, bestehen keine Zweifel. Leistungsempfänger i.S.v. 48 Abs. I Satz 1 EStG können neben natürlichen und juristischen Personen auch Gesellschaften bürgerlichen Rechts sein, wenn diese Unternehmer gem. § 2 UStG sind. Dies trifft bei einer ARGE zu.

Die ARGE hat damit, wenn sie von einem Dritten (Subunternehmer) Bauleistungen empfängt, den Steuerabzug vorzunehmen, es sei denn, dass der Befreiungstatbestand des § 48 II EStG eingreift. Gleiches gilt, wenn ein ARGE-Partner auf Grund eines eigenen Vertrages Bauleistungen gegenüber einer ARGE erbringt. Bei einer Dach-ARGE entsteht somit unzweifelhaft die Verpflichtung der Gesellschaft, von der Gegenleistung für die Gesellschafterleistungen den Steuerabzug vorzunehmen. Dies folgt aus dem nachgelagerten Abschluss der Nachunternehmervertragsverhältnisse, wonach die Gesellschafter einzelne Fachgewerke oder Lose des einheitlichen Bauauftrages als Nachunternehmer an die Dach-ARGE erbringen[715]. Ob dies auch für die Partnerleistungen im Rahmen einer einfachen ARGE gilt, ist zweifelhaft.

Aus der Rechtsnatur der Partnerleistungen jedenfalls ergeben sich keine Bedenken gegen die Qualifikation als Bauleistung i.S.v. § 48 Abs. I Satz 1 EStG[716]. Auf der Grundlage des gewerbeüblichen Mustervertrages handelt es sich hierbei nämlich um solche Leistungen, die im Rahmen von zweiseitigen, schuldrechtlichen Rechtsgeschäften vollzogen werden. Qualifikationskonflikte könnten sich jedoch daraus ergeben, dass die Partnerleistungen nicht als „echte" Bauleistungen i.S.v. § 48 EStG zu beurteilen sind. Nach der Legaldefinition in § 48 Abs. I Satz 3 EStG zählen zu den Bauleistungen alle Leistungen, die der Herstellung, Instandsetzung, Instandhaltung, Änderung oder Beseitigung von Bauwerken dienen. Zu diesen Bauleistungen gehören auch die notwendigen Vorbereitungsarbeiten, wie z.B. für das Einrichten der Baustelle und das Anfahren des Bau-

---

714 Vgl. hierzu auch OFD Kiel, Verfügung v. 11.12.2001 -S 2274a A- St 236, DB 2002, 70.

715 Vgl. zu dieser vertragl. Gestaltung die vorherigen Ausführungen unter: *B.IV*.

716 **A.A.** Ramackers, BB 2002, *1 (8)*. *Ramackers* verneint die Steuerabzugspflicht der ARGE für empfangene Partnerleistungen, da diese Leistungen seiner Meinung nach schlichte Ges'terbeiträge - *ohne konkrete Gegenleistung* - seien. *Anm*: Diese Aussage trifft zumindest nicht auf den gewerbeüblichen Mustervertrag des HDB & ZDB zu.

materials[717]. Abgrenzungsprobleme bereiten in diesem Zusammenhang die Materiallieferungen. Wenn es sich hierbei um schlichte Materialbeistellungen zu einer anderen Bauleistung handelt, ist dies insgesamt als eine einheitliche Bauleistung zu qualifizieren. Es gilt insoweit der allgemeine Grundsatz, wonach die Nebenleistung dem Schicksal der Hauptleistung folgt[718]. M.a.W. ist in Zweifelsfällen stets danach zu fragen, ob es sich bei der betreffenden Leistung um einen unselbständigen Teil einer einheitlichen Bauleistung handelt oder ob diese Leistung unabhängig von der eigentlichen Bauleistung erbracht wird. Wird die Materiallieferung z.B. von einem Baustoffhändler erbracht, ist diese unstreitig nicht als Bauleistung i.S.v. § 48 Abs. I Satz 3 EStG zu qualifizieren[719]. Gleiches soll nach Auffassung der Finanzverwaltung bei einer Arbeitnehmerüberlassung gelten, selbst wenn das überlassene Personal für den Entleiher Bauleistungen erbringt[720].

Für den ARGE-Sachverhalt hat dies zur Konsequenz, dass die in §§ 12 ff. ARGE-MV vorgesehenen Partnerleistungen als Bauleistungen i.S.v. § 48 EStG zu qualifizieren sind. Die ARGE hat damit von der Gegenleistung einen Steuerabzug für Rechnung des leistenden Gesellschafters vorzunehmen. Dieses Ergebnis rechtfertigt sich aus einer wertenden Betrachtung der Gesamtverhältnisse. Obwohl die Partnerleistungen (z.B. Baustofflieferungen o. Geräteüberlassung) isoliert betrachtet, nicht als Bauleistungen zu qualifizieren sind, ergibt sich aus einer Zusammenschau der Verhältnisse eine andere Beurteilung. Zwar ist aus vertraglicher Sicht einzig die ARGE zur Erbringung einer Bauleistung verpflichtet. Zur Erfüllung dieser Verpflichtung ist die ARGE jedoch auf die Leistungen ihrer Gesellschafter angewiesen. Auch wenn die Gesellschafter keine in-sich geschlossene Bauleistung (wie bei der Dach-ARGE), sondern einzelne Leistungskomponenten an die ARGE erbringen, sind diese Einzelkomponenten im Wege einer wertenden Gesamtbetrachtung als eine einheitliche Bauleistung zu erachten. Diese Betrachtungsweise ist auch gerechtfertigt, da es die Unternehmen ansonsten in der Hand hätten, ihren Pflichten aus §§ 48 ff. EStG zu entgehen, indem sie ihre Bauleistung in einzelne Leistungskomponenten aufschlüsseln und gesondert abrechnen.

In der ARGE-Praxis wird diese Abzugspflicht jedoch nur selten eingreifen, da regelmäßig der Befreiungstatbestand des § 48 II EStG einschlägig sein dürfte.

---

[717] Ebling, DStR 2001, *1 (4)*.
[718] So die *h.M.*: BMF, Schr. v. 01.11.2001, BStBl I 2001, 804 (805/Rz. 11); Ramackers, BB 2002, *1 (5)*.
[719] Vgl. Kirchhof-*Gosch*, EStG, § 48, Rz. 9.
[720] BMF, Schr. v. 1.11.2001, BStBl I 2001, 804 (805/Rz. 7). *Zust.* Ebling, DStR 2001, *1 (5)*.

Schlussbetrachtung

Ausweislich des gewählten Themas dieser Abhandlung setzten sich die Ausführungen mit Grundfragen der „Arbeitsgemeinschaft in der Bauwirtschaft“ auseinander. Thematisch wurden dabei sowohl die zivil- und gesellschaftsrechtlichen Grundfragen als auch die steuerlichen Grundzüge der ARGE erörtert. Gleichsam als konkreter Arbeitsauftrag wurde eingangs der Bearbeitung die These aufgestellt, dass sich aus den Eigenarten einer ARGE und dem nur fragmentarisch vorhandenen System kodifizierter ARGE-Vorschriften einige Widersprüche zwischen Rechtsanwendungspraxis und Gesetzesrecht nachweisen lassen.

Diese These hat sich im Verlauf der Bearbeitung bestätigt. Es hat sich gezeigt, dass die in tatsächlicher Hinsicht gegebenen ARGE-Sachverhalte regelmäßig nicht mit den vorhandenen vertraglichen und/oder gesetzlichen Regelungen korrespondieren. Diese Inkongruenz lässt sich im Wesentlichen darauf zurückführen, dass die gesetzlichen Rahmenbestimmungen nicht oder nicht mehr geeignet sind, die tatsächlichen „ARGE-Sachverhalte“ realitätsgerecht zu erfassen. Aus diesem Grund wurden im Laufe der Untersuchung einige Regelungsvorschläge unterbreitet, um dieses gesetzgeberische Defizit auszugleichen. Im Einzelnen wurde hierfür die Einführung eines ARGE-Tatbestandes in *§ 105 III HGB* und die weitreichende Novellierung der *§§ 180 IV AO, 2a GewStG* angeregt. Diese Regelungsvorschläge beruhen dabei im Wesentlichen auf den folgenden, tragenden Ergebnissen dieser Untersuchung:

- Hinsichtlich der Rechtsform einer ARGE zeichnet sich der Meinungsstand in Literatur und Rechtsprechung dadurch aus, dass die ARGE nach der absolut h.M. als Gesellschaft bürgerlichen Rechts zu qualifizieren ist. Diese nahezu einstimmige Rechtsformqualifikation lässt sich damit erklären, dass der in der Praxis dominierende ARGE-Mustervertrag die Gründung einer GbR vorsieht. Dass diese Rechtsformwahl jedoch nur dann Bestand haben kann, wenn nicht die Voraussetzungen der §§ 105 I, 1 II HGB erfüllt sind, wurde mit einem Hinweis auf den im Gesetz angelegten „gesetzlichen Typenzwang“ erörtert. Aus diesem Konkurrenzverhältnis zwischen OHG und GbR ergab sich auch der weitere Prüfungsablauf, denn es galt die Frage zu erörtern, ob die ARGE auf den Betrieb eines Handelsgewerbes gerichtet ist. Diese Frage konnte auf der Grundlage des allgemein anerkannten, handelsrechtlichen Gewerbebegriffs verneint werden, da sich die Projektbezogenheit einer ARGE auf dem ersten Blick als gewerbeschädlich auswirkt. Dies gilt zumindest auf der Grundlage der von der h.M. praktizierten, gesellschaftzweckorientierten *isolierten Betrachtungsweise.*

- Da im Ergebnis jedoch allenthalben Einigkeit bestehen dürfte, dass eine ARGE nach dem äußeren Erscheinungsbild dem typischen Bild eines Gewerbetreibenden entspricht, galt es auch die Frage nach der methodischen Einordnung des handelsrechtlichen Gewerbebegriffs zu beantworten. Hierzu erwies es sich als erforderlich auf die dogmatischen Grundfiguren des Klassen- und Typusbegriffs zurückzugreifen. Sollte es sich nämlich beim handelsrechtlichen Gewerbebegriff um einen Typusbegriff handeln, könnte auf das insoweit problematische Tatbestandsmerkmal der „Planmäßigkeit" gänzlich verzichtet werden, da die Tätigkeit der ARGE insgesamt, unstreitig eine gewerbliche ist. Dieser Rückgriff auf eine typologische Rechtsfindung ist indes abzulehnen. Vielmehr entschied sich der Verf. dafür, an dieser Stelle auf den Sinn und Zweck dieses Tatbestandsmerkmals abzustellen. Hierbei erwies es sich jedoch als problematisch, dass sich der Sinn und Zweck des handelsrechtlichen Gewerbebegriffs nur anhand relativ vage formulierter allgemeiner Ziele des Handelsrechts bestimmen lässt. Eine teleologische Reduktion des Tatbestandsmerkmals „Planmäßigkeit" für den ARGE-Sachverhalt kam daher nicht in Betracht.

- Aus diesem Grund entschloss sich der Verf. zunächst die Stellung der ARGE im kaufmännischen Geschäftsverkehr zu erörtern, um hieraus Argumente für eine abschließende, gesetzgeberische Entschcidung über die Rechtsnatur einer ARGE zu gewinnen. Im Rahmen dieser Erörterungen galt es festzustellen, dass die ARGE in der Rechtsform einer GbR nicht zum Kreis der Normadressaten der §§ 343 ff. HGB zählt. Hieran hat der Rechtsverkehr jedoch ein berechtigtes Interesse. Zur Lösung dieser Problematik, deren außerordentliche Relevanz sich erst seit der höchstrichterlich anerkannten Rechtsfähigkeit der Außen-GbR stellt, hat sich der Vorschlag zur Einführung eines gesonderten ARGE-Tatbestandes in *§ 105 III HGB* als sinnvolle gesetzgeberische Maßnahme erwiesen.

- Im Rahmen der Ausführungen zur rechtlichen Ausgestaltung einer ARGE hat sich die bereits von *Barner* aufgestellte These, wonach die ARGE im Baugewerbe ein besonderer gesellschaftsrechtlicher Typus ist, bestätigen lassen. Die Herausgeber des ARGE-Mustervertrages haben regen Gebrauch davon gemacht, aufgrund der weitestgehend dispositiven §§ 705 ff. BGB ein auf die speziellen Bedürfnisse der Bau-ARGE abgestimmtes Vertragsformular zu entwerfen. Diese im Wege einer langen Rechtsentwicklung mehrfach angepassten ARGE-spezifischen Regelungen haben in der Tat einen vom gesetzlichen Leitbild der GbR erheblich abweichenden Gesellschaftstypus entstehen lassen. Im Rahmen der konkreten Betrachtung dieses Gesellschaftsverhältnisses wurde ein besonderes Augenmerk auf die Bestimmung der Rechtsnatur, der im Mustervertrag vorgesehenen Gesellschafterleistungen gelegt. Hierbei ist festzustellen, dass die von den ARGE-Gesellschaftern zu erbringenden sog. „Partnerleistungen“ auf der Grundlage zweiseitiger schuldrechtlicher Rechtsgeschäfte vollzogen werden. Aus gesellschaftsrechtlicher Sicht sind diese Leistungen daher als „atypische Gesellschafterbeiträge“ zu qualifizieren.

- Für die einkommensteuerrechtliche Beurteilung der Einkünfte eines ARGE-Gesellschafters ist davon auszugehen, dass dieser aus seiner Beteiligung Einkünfte aus Gewerbebetrieb gem. § 15 I Nr. 2 EStG erzielt. Dieses Ergebnis folgt aus der Erkenntnis, dass die ARGE ein gewerbliches Unternehmen bzw. ein Gewerbebetrieb i.S.v. § 15 II EStG ist. Obgleich sich aus der Projektbezogenheit einer ARGE eine vergleichbare Problemstellung wie beim handelsrechtlichen Gewerbebetriebsbegriff ergibt, ist es in diesem Zusammenhang gelungen, im Wege einer eindeutigen, gesetzeszweckorientierten Auslegung das insoweit problematische Tatbestandsmerkmal „Nachhaltigkeit“ auf Null zu reduzieren. Die ARGE betreibt somit ein gewerbliches Unternehmen. Diesem Ergebnis steht auch nicht die Vorschrift des § 2a GewStG entgegen, da sich aus der gesetzlichen Regelungstechnik kein Anwendungsvorrang der gewerbesteuerlichen Vorschrift ableiten lässt. Dass die ARGE-Gesellschafter daneben alle Voraussetzungen eines Mitunternehmers erfüllen, folgt aus deren uneingeschränkter Beteiligung am Gewinn oder Verlust der ARGE sowie aus deren Einfluss auf die unternehmerischen Entscheidungen der ARGE über ihre Mitwirkung in der Aufsichtsstelle. Die ARGE ist damit eine gewerbliche MU’schaft gem. §§ 15 I Nr. 2, II EStG. Gleiches gilt für Dach-ARGEN und Konsortien im Industrieanlagenbau.

- Für die Prüfung der „Gewinnermittlung einer ARGE“ hat es sich als zweckmäßig erwiesen, auf der Basis des § 180 IV AO zwischen Feststellungs-ARGEN und Nicht-Feststellungs-ARGEN zu differenzieren. Der Schwerpunkt der Ausführungen sollte dabei auf den NF-ARGEN liegen, da diese aufgrund ihrer verfahrensrechtlichen Sonderstellung eine Reihe ARGE-spezifischer Problemstellungen eröffnen. Eines dieser Probleme ist die Bestimmung des Konkurrenzverhältnisses zwischen § 180 IV AO und § 15 I Nr. 2 EStG. Die praktische Relevanz und Notwendigkeit der Klärung dieses Konkurrenzverhältnisses folgt aus der Überlegung, dass die von einigen Teilen in der Literatur aus der verfahrensrechtlichen Sonderstellung einer NF-ARGE abgeleitete Betriebsstättenfiktion Auswirkungen auf die Beurteilung der Buchführungspflicht einer ARGE, der steuerrechtlichen Bewertung des Liefer- und Leistungsverkehrs zwischen ARGE und Gesellschafter sowie der steuerlichen Behandlung überlassener Wirtschaftsgüter hat. Diese Betriebsstättenfiktion ist indes abzulehnen. Ein Anwendungsvorrang der verfahrensrechtlichen Sondervorschrift im Verhältnis zum materiellen Recht hat sich nicht nachweisen lassen.

- Für die Rechnungslegungspflicht einer NF-ARGE folgt aus diesen Überlegungen, dass eine ARGE als gewerbliche MU'schaft zur Gewinnermittlung nach § 5 I i.V.m. § 4 I EStG verpflichtet ist, wenn die Voraussetzungen der steuerlichen Buchführungspflicht nach § 141 AO erfüllt sind. Liegen diese Voraussetzungen vor, hat die ARGE eine eigene Steuerbilanz aufzustellen. Dies muss aufgrund der verfahrensrechtlichen Sonderstellung einer NF-ARGE jedoch nicht einheitlich auf Ebene der ARGE erfolgen. Vielmehr besteht für jeden Gesellschafter die Verpflichtung, im Rahmen der steuerlichen Bestimmungen eine eigene „ARGE-Steuerbilanz" aufzustellen. Dieses auf dem ersten Blick erstaunliche Ergebnis folgt aus der zweifelhaften Systematik, dass eine ARGE für die materiell-rechtliche Ermittlung der Einkünfte eine MU'schaft ist, die jedoch aufgrund des § 180 IV AO verfahrensrechtlich nicht als Personengesellschaft behandelt wird. Zur Vermeidung dieser Rechtslage wäre es daher sinnvoller gewesen, auch die materiell-rechtliche Stellung der ARGE als MU'schaft zu beseitigen, so wie dies z.B. in Österreich erfolgt ist.

- Bei der Gewinnrealisation aus den Partnerleistungen im Rahmen des Liefer- und Leistungsverkehrs ist zu beachten, dass diese Gewinne bereits im Zeitpunkt der Leistungserbringung auszuweisen sind. Eine phasenweise Gewinnneutralisation, die durch eine ergebniswirksame Verknüpfung des Liefer- und Leistungsverkehrs mit dem ARGE-Hauptauftrag erreicht werden könnte, kommt nicht in Betracht. Die Rechtsnatur der Partnerleistungen gebietet es vielmehr, die Gewinnrealisation nach den allgemein anerkannten Realisationsgrundsätzen vorzunehmen. Eine Gewinnneutralisation über die Bildung einer Rückstellung für die Rücknahmepflichten aus § 13.42 ARGE-MV kommt ebenfalls nicht in Betracht.

- Hinsichtlich der Verlustantizipation bei unfertigen ARGEN ist weiterhin davon auszugehen, dass die Steuerpflichtigen alle erwarteten Verluste bereits in derjenigen Rechnungsperiode mittels einer Teilwertabschreibung zu berücksichtigen haben, in der sie erstmalig erkannt werden. Für die von der Finanzverwaltung vorgenommene Differenzierung zwischen aufgelaufenen und künftigen Verlusten besteht kein Anlass. Aus der Regelung des § 5 IV a EStG ist kein generelles steuerliches Verbot der Berücksichtigung drohender Verluste herzuleiten. Zur Vermeidung möglicher Wertungswidersprüche wäre der Gesetzgeber damit gut beraten, das Imparitätsprinzip für die steuerliche Gewinnermittlung wieder herzustellen (Wiedereinführung der Drohverlustrückstellung) oder ein für Gewinne und Verluste gleichermaßen geltenden Realisationsprinzips einzuführen (Abschaffung der Teilwertabschreibung).

- Aus Gründen der Gleichmäßigkeit der Besteuerung ist es zudem erforderlich, dass der Gesetzgeber eine Novellierung des § 180 IV AO vornimmt. Mangels eines einheitlichen und gesonderten Feststellungsverfahrens ist nicht sichergestellt, dass der ARGE-Bauauftrag bei allen Gesellschaftern einheitlich bewertet wird. Ein bilanzieller Gleichschritt im Sinne einer gleichmäßigen Bewertung eines verlustbehafteten ARGE-Auftrages dürfte in der Praxis die Ausnahme sein. Wenn der Gesetzgeber jedoch für die Mehrzahl der ARGE-Sachverhalte auf ein Feststellungsverfahren verzichtet, bedeutet dies, dass dieser die Gefahr einer unterschiedlichen Besteuerung nicht sieht oder etwaige Unterschiede toleriert. Die letztgenannte Wertung lässt sich auch aus der Tatbestandsstruktur des § 180 AO ableiten. Nach dem inneren Zusammenhang ist davon auszugehen, dass der Absatz IV einen Spezialtatbestand des Absatz III Nr. 2 (Fall von geringer Bedeutung) darstellt. Diesem Ergebnis kann nicht zugestimmt werden. Die meisten ARGE-Sachverhalte zeichnen sich dadurch aus, dass sie in tatsächlicher Hinsicht kaum Ähnlichkeiten mit den von der Rechtsprechung entwickelten Fällen von geringer Bedeutung haben. Ganz im Gegenteil sogar sind die Einkünfte nicht leicht zu ermitteln und es besteht durchaus die Gefahr widersprüchlicher Entscheidungen. Aus diesem Grund ist das Bedürfnis nach einer Novellierung des § 180 IV AO zu bejahen. Diese Neuregelung könnte in der Weise erfolgen, dass der Kreis der NF-ARGEN durch die Einführung einer Zwei-Jahresfrist eingeschränkt wird. Auf diese Weise wäre sicher gestellt, dass tatsächlich nur die ARGEN vom Feststellungsverfahren ausgenommen werden, bei denen die Gefahr widersprüchlicher Entscheidungen nur in geringem Maße besteht. Im Gegenzug könnte das Feststellungsverfahren für alle übrigen ARGEN dadurch modifiziert werden, dass entweder ein verkürztes oder ein vereinfachtes Verfahren eingeführt wird. Diese Maßnahme rechtfertigt sich aus der Überlegung, dass die Gesellschafter bei der Durchführung eines originären Feststellungsverfahrens gezwungen sind, bedeutende interne Zahlen preiszugeben.

- Für den gewerbesteuerlichen Sondertatbestand in § 2a GewStG ergibt sich ebenfalls ein Regelungsbedarf. In Anbetracht der in der ARGE-Praxis häufig anzutreffenden Zusatz- oder Nebenaufträge erweist es sich als durchaus sach- und interessengerecht eine angemessene Nichtbestandungsregelung einzuführen. Diese Regelung hätte gleichfalls den Vorteil, die Problematik der sog. „faktischen Dauer-ARGE" zu entschärfen. Die oftmals wirtschaftlich sinnlose Vertragsgestaltung einer „Zusatzauftrags-ARGE" wäre damit in der Mehrzahl der Fälle hinfällig.

Literaturverzeichnis

Adler, Hans / Düring, Walther / Schmalz, Kurt [Begr.]	Rechnungslegung und Prüfung der Unternehmen, Kommentar zum HGB, AktG, GmbHG und PublG, 6. Auflage, Bd. 1-6, Stuttgart 1995-1998
Alberts, Martin	Die Gesellschaft bürgerlichen Rechts im Umbruch, (Diss. Jur., Münster), Frankfurt am Main 1994
Albrod, Peter	Die ertragsteuerliche Behandlung von Arbeitsgemeinschaften in der Bauwirtschaft, StBp 1994, S. 6 ff.
Anderson, Detlev	Die Haftungsbeschränkung im neuen ARGE-Vertrag, Bauwirtschaft 1972, S. 791 ff.
Bachner, Thomas	Der Betriebsstättenbegriff nach dem innerstaatlichen Abgabenrecht, SWI 2002, S. 284 ff.
Backhaus, Klaus	Die Gewinnrealisation bei mehrperiodigen Lieferungen und Leistungen in der Aktienbilanz, Zfbf 1980, S. 347 ff.
Barner, Albrecht	Die Arbeitsgemeinschaft in der Bauwirtschaft als besonderer gesellschaftsrechtlicher Typus, (Diss. Jur., Mannheim), München 1971
Barth, Bernhard	Einzelprobleme bei der einkommensteuerlichen Behandlung von inländischen „kleinen" Arbeitsgemeinschaften im Baugewerbe, StBp 1994, S. 153 ff.
Becker, Enno	Die Grundlagen der Einkommensteuer, München/Berlin 1940
Beermann, Albert (Hrsg.)	Steuerliches Verfahrensrecht - Kommentar -, Bd. 1 (§§ 1-100 AO), Bonn (Stand: Mai 2002)
ders.	Bd. 2 (§§ 101-207 AO), Bonn (Stand: Mai 2002)
Bendlinger, Stefan / Remberg, Meinhard / Kuckhoff, Harald	Betriebsstättenbesteuerung im Großanlagenbau, IStR 2002, S. 40 ff.
Bendlinger, Stefan / Schopper, Franz	Organisations- und Kooperationsformen im internationalen Projektgeschäft, SWI 2000, S. 259 ff.
Birkenfeld, Wolfram	Unternehmer und Unternehmen - Neue Entwicklungen im Umsatzsteuerrecht, DStR 1994, S. 81 ff.

Bischof, Stefan Gewinnrealisierung im industriellen Anlagengeschäft, (Diss. Rer. Oec., Erlangen/Nürnberg), München 1997

Blaurock, Uwe Handbuch der Stillen Gesellschaft, 5. Auflage, Köln 1998

Blümich, Walter (Begr.) Kommentar zum EStG, KStG und GewStG, Bd. 2 (§§ 9-21 EStG), München (Stand: März 2002)

Bordewin, Arno Die Einheit der Personengesellschaft im Härtetest des § 6b EStG, in: Festschrift für Ludwig Schmidt zum 65. Geburtstag, hrsg. von A. Raupach u.a., München 1993, S. 421 ff.

Bordewin, Arno / Brandt, Jürgen Kommentar zum Einkommensteuergesetz, Bd. 4 (§§ 10-15a EStG), Heidelberg (Stand: Mai 2002)

Breuninger, Gottfried E. Die BGB-Gesellschaft als Rechtssubjekt im Wirtschaftsleben, (Diss. Jur., Tübingen), Köln 1991

Breyer, Wolfgang / Zwecker, Kai-Thorsten Auswirkungen der neuen BGH-Rechtsprechung zur Parteifähigkeit der Gesellschaft bürgerlichen Rechts auf den besonderen Gerichtsstand bei Werklohnklagen, BauR 2001, S. 705 ff.

Brönner, Herbert Die Besteuerung der Gesellschaften, 17. Auflage, Stuttgart 1999

Buciek, Klaus Fristberechnung bei Montagebetriebsstätten, IStR 1999, S. 629

Budde, Wolfgang Dieter / Clemm, Hermann / Ellrott, Helmut / Förschle, Gerhart / Hoyos, Martin (Bearb.) Beck'scher Bilanz-Kommentar, -Handels- und Steuerrecht (§§ 238-339 HGB)- 4. Auflage, München 1999 *(zit.: Beck BilKom-Bearb., HGB, Paragraph, Rz.)*

Burchardt, Hans-Peter / Pfülb, Wolfgang (Hrsg.) Kommentar zum ARGE- und Dach-ARGE-Vertrag, 3. Auflage, Wiesbaden/Berlin 1998

Busse von Colbe, Walther Langfristige Fertigung, Prüfung der Rechnungslegung, in: Handwörterbuch der Revision, hrsg. von A.G. Coenenberg und K. v. Wysocki, 2. Auflage, Stuttgart 1992, S. 1198 ff.

Bydlinski, Franz	Juristische Methodenlehre und Rechtsbegriff, 2. Auflage, Wien/New York 1991
BWI-Bau (Hrsg.)	Rechnungs- und Berichtswesen der Bau-ARGEN, Düsseldorf 1977
Dauner-Lieb, Barbara	Ein neues Fundament für die BGB-Gesellschaft, DStR 2001, S. 356 ff.
Davies, F.R.	Principles of Tax Law, 3. Auflage, London 1996
Debatin, Helmut / Wassermeyer, Franz	Kommentar zu den Doppelbesteuerungsabkommen, Bd. 1 (OECD-MA), München (Stand: März 2002)
Diebold, Axel	Der Bausteuerabzug - ein „Steuer"-Abzug ohne Steuer?, DStZ 2002, S. 252 ff.
Drüen, Klaus-Dieter	Typus und Typisierung im Steuerrecht, StuW 1997, S. 261 ff.
Ebling, Klaus	Der Steuerabzug bei Bauleistungen, DStR 2001 (Beihefter 51-52/01), S. 1 ff.
Ehrenberg, Victor (Hrsg.)	Handbuch des gesamten Handelsrechts, Bd. 2, Leipzig 1918
Engisch, Karl	Die Idee der Konkretisierung in Recht und Rechtswissenschaft unserer Zeit, 2. Auflage, Heidelberg 1968
ders.	Einführung in das juristische Denken, 8. Auflage, Stuttgart/Berlin/Köln/Mainz 1983
Esser, Josef	Einführung in die Grundbegriffe des Rechtes und Staates, Wien 1949
Fabricius, Fritz	Relativität der Rechtsfähigkeit, (Habil. Jur., Münster), München/Berlin 1963
Fahrenschon, Otto / Burchardt, Hans Peter	Kommentar zum Arbeitsgemeinschaftsvertrag, 2. Auflage, Wiesbaden/Berlin 1982
Falkenroth, Günther	Zur Umsatzsteuerpflicht der Arbeitsgemeinschaft, BB 1952, S. 314 ff.

Feldrappe, Ludwig	Bietergemeinschaft und ARGE, in: Seminar ARGE/Generalunternehmer/Subuntern., Schriftenreihe der Deutschen Gesellschaft für Baurecht, Bd. 19, Wiesbaden/Berlin 1992, S. 1 ff.
Felix, Günther	„Höchstpersönliche" und „betriebliche" Sonderbetriebs-ausgaben, KÖSDI 1987, S. 6991 ff.
Firlinger, Robert	Betriebsstättenbegründung durch ausländische ARGE-Partner bei Anlagenerrichtung im Inland, SWI 1994, S. 22 ff.
Fischer, Peter	Besteuerung unternehmerischer Tätigkeit, FR 2002, S. 597 ff.
ders.	Steuerrechtlicher Typus und rechtsstaatliche Bestimmtheit des Steuergesetzes - Methodologische Anmerkung zur Rechtsprechung des X. Senats des BFH, DStZ 2000, S. 885 ff.
ders.	Auslegungsziele und Verfassung - Zur Bedeutung der Entstehungsgeschichte für die Anwendung von Gesetzen, in: Festschrift für Klaus Tipke zum 70. Geburtstag, hrsg. von J. Lang, Köln 1995, S. 187 ff.
Flume, Werner	Allgemeiner Teil des Bürgerlichen Rechts, 1. Band: Die Personengesellschaft, Berlin/Heidelberg/New York 1977
ders.	Gesellschaft und Gesamthand, ZHR 136 (1972), S. 177 ff.
Früh, Hans-Joachim / Klar, Michael	Joint Ventures - Bilanzielle Behandlung und Berichterstattung, Wpg 1993, S. 493 ff.
Gelhausen, Hans Friedrich	Das Realisationsprinzip im Handels- und Steuerrecht, (Diss. Jur., Bielefeld), Frankfurt 1985
Giefers, Hans-Werner / Ott, Hans	Die Gesellschaft bürgerlichen Rechts, 4. Auflage, Freiburg/Berlin 2000
Gierke, Otto	Handelsgesellschaftsrecht und bürgerliches Recht, Archiv für Bürgerliches Recht 19 (1901), S. 114 ff.

Glanegger, Peter / Güroff, Georg / Kusterer, Stefan / Niedner, Jochen / Peuker, Monika / Ruß, Werner / Selder, Johannes / Stuhlfelner, Ulrich (Hrsg.) — Heidelberger Kommentar zum Handelsgesetzbuch, -Handelsrecht, Bilanzrecht, Steuerrecht-, 5. Auflage, Heidelberg 1999 *(zit.: HK-Bearb., HGB, Paragraph, Rz.)*

Glanegger, Peter / Güroff, Georg — Kommentar zum Gewerbesteuergesetz, 4. Auflage, München 1999

Goette, Wulf — Anmerkung zu BGH v. 29.01.2001 -II ZR 331/00-, DStR 2001, S. 315 ff.

Goldschmidt, Levin — Handbuch des Handelsrechts, Band 1, 2. Auflage, Stuttgart 1875

Gosch, Dietmar — Steuerlicher Zugriff auf Gesellschafter von Personen- und Kapitalgesellschaften, DStZ 1996, S. 417 ff.

ders. — Rechtsprechung im besonderen Blick der Außenprüfung, StBp 1996, S. 218 ff.

Greeve, Gina — Arbeitnehmerüberlassung und Durchführung einer Bau-ARGE mit Auslandsbezug auf der Grundlage des Muster-ARGE-Vertrags, NZBau 2001, S. 525 ff.

Groh, Manfred — Verbindlichkeitsrückstellung und Verlustrückstellung: Gemeinsamkeiten und Unterschiede, BB 1988, S. 27 ff.

Gschwendtner, Hubertus — Die atypisch stille Gesellschaft als beschränkt rechtsfähiges Steuerrechtssubjekt im Einkommensteuerrecht, DStZ 1998, S. 335 ff.

Gundert, Martin — Rechnungslegung und Bilanzierung im Rahmen der sog. Projektfinanzierung, DStR 2000, S. 125 ff.

Haas, Franz Josef — Ist die Bilanzbündeltheorie überholt?, DStR 1997, S. 1706 ff.

Habersack, Mathias — Die Anerkennung der Rechts- und Parteifähigkeit der GbR und der akzessorischen Gesellschafterhaftung durch den BGH, BB 2001, S. 477 ff.

Hadding, Walter	Zur Rechtsfähigkeit und Parteifähigkeit der (Außen-) Gesellschaft bürgerlichen Rechts sowie zur Haftung ihrer Gesellschafter für Gesellschaftsverbindlichkeiten, ZGR 2001, S. 712 ff.
ders.	Zum Erlangen von Rechtsfähigkeit nach dt. Zivilrecht, in: Festschrift für Alfons Kraft zum 70. Geburtstag, hrsg. von G. Hönn, Neuwied/Kriftel 1998, S. 137 ff.
Haiß, Uta	Gewinnabgrenzung bei Betriebsstätten im Internationalen Steuerrecht, Neuwied/Kriftel 2000
Haller, Gerd / Mielicki, Ulrich	Bewertungsprobleme in der Praxis, Bauwirtschaft 12/1997, S. 6 ff.
Hallerbach, Dorothee	Die Personengesellschaft im Einkommensteuerrecht, (Diss. Jur., Augsburg), München 1999
Hassemer, Winfried	Tatbestand und Typus, (Diss. Jur., Saarbrücken), Köln/Berlin/München 1968
Hebestreit, Gernot	Bau-Arbeitsgemeinschaften und HFA-Stellungnahme, DStR 1994, S. 834 ff.
ders.	Die Rechnungslegung bei Joint Ventures - Duplik zur Anmerkung von Früh/Klar, DStR 1994, S. 1707 ff.
Heddäus, Birgit	Grenzen der Bilanzierung von Drohverlustrückstellungen nach geltendem Recht und nach dem Entwurf eines Steuerreformgesetzes 1998, BB 1997, S. 1463 ff.
Heiermann, Wolfgang / Riedl, Richard / Rusam, Martin	Handkommentar zur VOB -Teile A und B-, 9. Auflage, Wiesbaden/Berlin 2000
Heil, Hans-Jürgen	Parteifähigkeit der GbR - der Durchbruch der Gruppenlehre?, NZG 2001, S. 300 ff.
Heil, Paul	Die drei Formen der ARGE, DHH 2000, S. 170 ff.
Heinemann, Norbert	Die verlustfreie Bewertung des Vorratsvermögens nach Wegfall der Drohverlustrückstellung, StBp 2001, S. 200 ff.

Hempel, Carl. G. / Oppenheim, Paul	Der Typusbegriff im Lichte der neuen Logik, Leiden 1936
Hennemann, Marc S.	Sind Leistungen von Tochterfirmen Leistungen im „eigenen Betrieb", BauR 2001, S. 1021 ff.
Herrmann, Carl / Heuer, Gerhard / Raupach, Arndt	Kommentar zum EStG und KStG mit Nebengebieten, Bd. 14 (§§ 38-48d EStG), Köln (Stand: April 2002) *(zit.: HHR-Bearb., EStG, Paragraph, Rz.)*
Hochstein, Reiner / Jagenburg, Walter	Der Arbeitsgemeinschaftsvertrag -Kommentar-, Düsseldorf 1974
Hock, Bernhard	Zur Besteuerungspraxis bei grenzüberschreitenden Beteiligungen an gewerblichen Personengesellschaften, Wpg 1996, S. 106 ff.
Hofer, Hannes F.	Die Bilanzierung nicht kostendeckender Bauaufträge in der Handels- und Steuerbilanz der Bauunternehmen, DStR 2001, S. 635 ff.
Hoffmann, Wolf-Dieter	Bilanzierung und Bewertung der „Halbfertigen Bauten auf fremden Grund" bei Bauunternehmen nach dem Wegfall der Drohverlustrückstellung, DStR 2000, S. 1338 ff.
ders.	Lehren aus Holzmann für die Gewinnermittlung durch Vermögensvergleich, DStR 2000, S. 15 ff.
Hoffmann-Becking, Michael Schippel, Helmut (Hrsg.)	Beck'sches Formularbuch zum Bürgerlichen, Handels- und Wirtschaftsrecht, 6. Auflage, München 1995
Hofmann, Olaf	Die rechtliche Gestaltung von Subunternehmerverträgen, in: Seminar ARGE/Generalunternehmer/Subuntern., Schriftenreihe der Deutschen Gesellschaft für Baurecht, Bd. 19, Wiesbaden/Berlin 1992, S. 66 ff.
Hohloch, Gerhard	Das „consorzio" des italienischen Rechts - Ein Modell für eine „europäische Arbeitsgemeinschaft", RIW 1987, S. 905 ff.
Hopt, Klaus J.	Handelsgesellschaften ohne Gewerbe und Gewinnerzielungsabsicht - Abgrenzungsprobleme zum handelsrechtlichen Gewerbebegriff-, ZGR 16 (1987), S. 145 ff.

Hübschmann, Walter / Hepp, Ernst / Spitaler, Armin (Begr.)	Kommentar zur AO und FGO, Bd. 2 (§§ 5-50 AO), Köln (Stand: Juni 2002) *(zit.: HHSp-Bearb., AO, Paragraph, Rz.)*
dies.	Bd. 5 (§§ 172-201 AO), Köln (Stand: Juni 2002)
Hübl, Leo	Die körperschaftsteuer- und gewerbesteuerrechtlichen Vorschriften des Steueränderungsgesetzes 1965, DStZ/A 1965, S. 147 ff.
Ingenstau, Heinz / Korbion, Hermann (Begr.)	Kommentar zur Verdingungsordnung für Bauleistungen, Teile A und B, 14. Auflage, Düsseldorf 2001
IDW (Hrsg.)	Wirtschaftsprüfer-Handbuch, Bd. 1, 11. Auflage, Düsseldorf 1996
ders.	Stellungnahme des HFA 1/1993 „Zur Bilanzierung von Joint Ventures", Wpg 1993, S. 441 ff.
Joussen, Edgar	Das Ende der Arge als BGB-Gesellschaft?, BauR 1999, S. 1063 ff.
Jung, Mathias	Einkommensteuerliche Abgrenzung des gewerblichen Grundstückshandels (Diss. Jur., Göttingen), Berlin 1998
Karollus, Martin / Artmann, Eveline	Bietergemeinschaften im europäischen Kartellrecht, WBl 2001, S. 453 ff.
Kaufmann, Arthur	Analogie und Natur der Sache - zugleich ein Beitrag zur Lehre vom Typus, Karlsruhe 1965
Kempermann, Michael	Der gewerbliche Grundstückshandel nach der Entscheidung des Großen Senats des BFH vom 10.12.2001, DStR 2002, S. 785 ff.
Kirchhof, Paul (Hrsg.)	EStG KompaktKommentar (Heidelberger Kommentar), 2. Auflage, Heidelberg 2002 *(zit.: Kirchhof-Bearb., EStG, Paragraph, Rz.)*
ders.	Erläuterungen zum Karlsruher Entwurf zur Reform des EStG, DStR 2001, S. 913 ff.
Knobbe-Keuk, Brigitte	Bilanz- und Unternehmenssteuerrecht, 9. Auflage, Köln 1993

Koblenzer, Thomas — Gewerblicher Grundstückshandel - Zeitgleiche Veräußerung mehrerer Eigentumswohnungen an nur einen Erwerber, BB 1999, S. 718 ff.

Koeble, Wolfgang / Schwärzel-Peters, Martin — Gesellschaftsvertragliche Ausgestaltung einer Arbeitsgemeinschaft am Beispiel der „Bau-Arbeitsgemeinschaft", DStR 1996, S. 1734 ff.

Kohl, Steffen — Gewinnrealisierung bei langfristigen Aufträgen, (Diss. Rer. Oec., Saarbrücken), Düsseldorf 1994

Koller, Arnold — Grundfragen einer Typuslehre im Gesellschaftsrecht, Freiburg (CH) 1967

Korn, Klaus — Brennpunkte des Vorsteuerabzugs, KÖSDI 2001, S. 12997 ff.

Krabbe, Helmut — Betriebsstätten-Verwaltungsgrundsätze und Personengesellschaften, IWB Fach 3, Gruppe 2, S. 863 ff.

Krawitz, Norbert — Die bilanzielle Behandlung der langfristigen Auftragsfertigung und Reformüberlegungen unter Berücksichtigung internationaler Entwicklungen, DStR 1997, S. 886 ff.

Krejci, Heinz — Kommentar zum Erwerbsgesellschaftengesetz, Wien 1991

ders. — Gesellschaftsrechtliche Probleme der Bau-ARGE, in: Das Recht der Arbeitsgemeinschaften in der Bauwirtschaft, hrsg. von H. Krejci, Wien 1979, S. 1 ff.

Kühn, Rolf / Hofmann, Ruth — Kommentar zur Abgabenordnung, 17. Auflage, Stuttgart 1995

Küting, Karlheinz / Weber, Claus-Peter (Hrsg.) — Handbuch der Rechnungslegung, -Kommentar zur Bilanzierung und Prüfung-, 4. Auflage, Stuttgart 1995

dies. — Handbuch der Konzern-Rechnungslegung, -Kommentar zur Bilanzierung und Prüfung-, 2. Auflage, Stuttgart 1998

Kunig, Philip — Das Rechtsstaatsprinzip: Überlegungen zu seiner Bedeutung für das Verfassungsrecht der BRD, (Habil. Jur., Hamburg), Tübingen 1986

Lademann, Fritz	Kommentar zum Einkommensteuergesetz, Bd. 6 (§§ 15-18 EStG), Stuttgart (Stand: Oktober 2001)
Lang, Joachim	Die Bemessungsgrundlage der Einkommensteuer: Rechtssystematische Grundlagen steuerlicher Leistungsfähigkeit im deutschen Einkommensteuerrecht, (Habil. Jur., Köln), Köln 1988
ders.	Abgrenzung betrieblicher Einkunftsarten zur privaten Vermögensverwaltung, StKongRep 1988, S. 49 ff.
Langen, Werner	Die Dach-ARGE im Spannungsfeld zwischen Gesellschafts- und Bauvertragsrecht, in: Jahrbuch Baurecht 1999, Düsseldorf 1999, S. 64 ff.
Larenz, Karl	Methodenlehre der Rechtswissenschaft, 6. Auflage, Berlin/Heidelberg 1991
Leenen, Detlef	Typus und Rechtsfindung, (Diss. Jur., München), Berlin 1971
Lenski, Edgar / Steinberg, Wilhelm [Begr.]	Kommentar zum Gewerbesteuergesetz, Bd. 1 (§§ 1-3 GewStG), Köln (Stand: Juni 2002)
Lindken, Theo / Mielicki, Ulrich	Buchhaltung, Zwischenabschlüsse und Schlussbilanz der Bau-Arbeitsgemeinschaften, 5. Auflage, Düsseldorf 2002
Littmann, Eberhard / Bitz, Horst / Pust, Hartmut	Das Einkommensteuerrecht -Kommentar, Bd. 3 (§§ 13-17 EStG), Stuttgart (Stand: August 2002)
Littmann, Eberhard	Die gesetzliche Ordnung der Einkunftsarten in der Einkommensteuer, DStR 1962, S. 94 ff.
Locher, Horst	Das private Baurecht, 6. Auflage, München 1996
Lotz, Burkhard	Der Konsortialvertrag des Anlagenbaus im In- und Ausland, ZfBR 1996, S. 233 ff.
Maaß, Oliver / Siems, Mathias	Die Rechtsfähigkeit der GbR in Deutschland -Ein Vorbild für Österreich, WBl 2002, S. 149 ff.
Marx, Franz Jürgen / Löffler, Christoph	Bilanzierung langfristiger Auftragsfertigung, in: Beck'sches Handbuch der Rechnungslegung, hrsg. von E. Castan u.a., Bd. II, Kap. B 700, München (Stand: Juli 2000)

Meyer-Scharenberg, D. E. / Popp, M. / Woring, S. — Kommentar zum Gewerbesteuergesetz, 2. Auflage, Herne/Berlin 1996

Mössner, Jörg Manfred — Typusbegriffe im Steuerrecht, in: FS für Heinrich Wilhelm Kruse zum 70. Geburtstag, hrsg. von W. Drenseck u.a., Köln 2001, S. 161 ff.

ders. — Wie lange lebt die Betriebsaufspaltung noch?, Stbg 1997, S. 1 ff.

Mössner, J.M. (Hrsg.) — Steuerrecht international tätiger Unternehmen, 2. Auflage, Köln 1998

Müller, Hannes — Die Arbeitsgemeinschaft, (Diss. Jur., Bern), Zürich 1981

Müller, Welf / Hoffmann, W.-D. (Hrsg.) — Beck'sches Handbuch der Personengesellschaften, 1. Auflage, München 1999

Müther, Peter-Hendrik — Anmerkung zu BGH v. 29.01.2001 -II ZR 331/00-, MDR 2001, S. 461 ff.

Mugdan, Benno (Hrsg.) — Die gesamten Materialien zum Bürgerlichen Gesetzbuch für das Deutsche Reich, Bd. 2, Berlin 1899, (Neudruck: Aalen 1979)

Nagel, Bernhard — Deutsches und europäisches Gesellschaftsrecht, München 2000

Nagel, Riever — Gibt es eine OHG mbH?, NZG 2001, S. 202 ff.

Nicklisch, Fritz — Rechtsprobleme des Konsortialvertrages, BB 1999, S. 325 ff.

ders. — BOT-Projekte: Vertragsstrukturen, Risikoverteilung und Streitbeilegung, BB 1998, S. 2 ff.

ders. — Rechtsfragen des Subunternehmervertrags bei Bau- und Anlagenprojekten im In- und Auslandsgeschäft, NJW 1985, S. 2361 ff.

Niehus, Rudolf J. Die Rechnungslegung von Gemeinschaftsunternehmen, in: Handbuch des Jahresabschlusses (Abt. VII/1), hrsg. von K. v. Wysocki und J. Schulze-Osterloh, Köln (Stand: Februar 1997)

N.N. Anmerkung zu BFH v. 18.07.1979 -I R 199/75-, HFR 1980, S. 4 ff.

Oberhammer, Paul Die Gesellschaft nach bürgerlichem Recht -eine Gesamthandsgesellschaft?, JBl 1997, S. 624 ff.

OECD (Hrsg.) The Application of the OECD Model Tax Convention to Partnerships, Issues in International Taxation No. 6, Paris 1999

Palandt, Otto (Begr.) Kommentar zum Bürgerlichen Gesetzbuch, 61. Auflage, München 2002

Paus, Bernhard Rechtsnatur und Bewertung des Bilanzpostens „halbfertige Bauten", DStZ 2001, S. 81 ff.

ders. Besteuerung von „kleinen".Arbeitsgemeinschaften, FR 1998, S. 994

Peifer, Karl-Nikolaus Rechtsfähigkeit und Rechtssubjektivität der Gesamthand -die GbR als OHG?, NZG 2001, S. 296 ff.

Philipowski, Rüdiger Die Abgrenzung der gewerblichen Tätigkeit zu anderen Einkunftsarten im Einkommensteuerrecht, StKongRep 1982, S. 177 ff.

Piltz, Detlev Jürgen Die Personengesellschaften im internationalen Steuerrecht der Bundesrepublik Deutschland, (Diss. Jur., Mannheim), Heidelberg 1981

Pinkernell, Reimar Einkünftezurechnung bei Personengesellschaften, (Diss. Jur., Köln), Berlin 2001

Prinz, Ulrich Die BGB-Gesellschaft im Wirtschaftsverkehr, JFSt 1991/1992, S. 235 ff.

Prütting, Hanns Kommentierung von BGH v. 29.01.2001 -II ZR 331/00-, EWiR 2001, S. 341 ff.

Raisch, Peter — Unternehmensrecht, Bd. 1 Unternehmensprivatrecht: Handels- und Gesellschaftsrecht, Reinbek 1973

Raiser, Thomas — Gesamthandsgesellschaft oder juristische Person - Eine Geschichte ohne Ende?, in: Festschrift für Wolfgang Zöllner zum 70. Geburtstag, hrsg. von M. Lieb., Bd. I, Köln 1998, S. 469 ff.

ders. — Gesamthand und juristische Person im Licht des neuen Umwandlungsrechts, AcP 194 (1994), S. 495 ff.

Ramackers, Arnold — Kommentierung des BMF-Schreibens vom 1.11.2001 zum Steuerabzug von Vergütungen für im Inland erbrachte Bauleistungen, BB 2002 (Beilage 2), S. 1 ff.

Rau, Günter / Dürrwächter, Erich / Flick, Hans / Geist, Reinhold (Begr.) — Kommentar zum Umsatzsteuergesetz, Band 2 (§§ 1-3e UStG), Köln (Stand: August 2002) *(zit.: Rau/Dürrwächter-Bearb., UStG, Paragraph, Rz.)*

Rebmann, Kurt / Säcker, Franz Jürgen / Rixecker, Roland (Hrsg.) — Münchener Kommentar zum Bürgerlichen Gesetzbuch, Bd. 5 (§§ 705-853 BGB), 3. Auflage, München 1997 *(zit.: MüKo-Bearb., BGB, Paragraph, Rz.)*

Reiff, Peter — Die eingetragene Erwerbsgesellschaft, ZVglRWiss 90 (1991), S. 130 ff.

Reinhardt, Fritz — Aufgaben und Bedeutung des Reichsfinanzhofs: Auslegung der Steuergesetze nach nationalsozialistischer Weltanschauung, DStZ 1935, S. 485 ff.

Riegger, Bodo / Weipert, Lutz (Hrsg.) — Münchener Handbuch des Gesellschaftsrechts, Band 1, München 1995

Rincke, Thomas — ARGE - Chance oder Risiko?, Bau-Zeitung (53/1999), S. 77 ff.

Röhricht, Volker / Graf von Westphalen, F. — Kommentar zum Handelsgesetzbuch, 2. Auflage, Köln 2001

Rosener, Wolfgang — Japanische und europäische Standardbedingungen für Konsortien und Joint Ventures, in: Konsortien und JV bei Infrastrukturprojekten, hrsg. von F. Nicklisch, Heidelberg 1998, S. 53 ff.

Roth, Günter H. / Fitz, Hanns — Das neue EGG: Absichten löblich, Gesetzeskunst mangelhaft, WBl 1990, S. 189 ff.

Ruppe, Hans Georg — Möglichkeiten und Grenzen der Übertragung von Einkunftsquellen als Problem der Zurechnung, DStJG 1 (1978), S. 7 ff.

Schaumburg, Harald — Internationales Steuerrecht, 2. Auflage, Köln 1998

Schemmann, Till — Anmerkung zu BGH v. 29.01.2001 -II ZR 331/00-, DNotZ 2001, S. 244 ff.

Schmidt, Karsten — Handelsrecht, 5. Auflage, Köln/Berlin/Bonn/München 1999

ders. — Gesellschaftsrecht, 3. Auflage, Köln/Berlin/Bonn/München 1997

ders. — Die BGB-Außengesellschaft: rechts- und parteifähig, NJW 2001, S. 993 ff.

ders. — „Deklaratorische" und „konstitutive" Registereintragungen nach §§ 1 ff. HGB, ZHR 163 (1999), S. 87 ff.

ders. — Gesellschaft bürgerlichen Rechts, in: Gutachten und Vorschläge zur Überarbeitung des Schuldrechts, hrsg. vom Bundesminister der Justiz, Bd. III, Köln 1983, S. 413 ff. *(zit.: K. Schmidt, Gutachten, [S.])*

Schmidt, Karsten (Hrsg.) — Münchener Kommentar zum Handelsgesetzbuch, Bd. 5 (§§ 343-372), München 2001

Schmidt, Ludwig (Hrsg.) — Kommentar zum Einkommensteuergesetz, 21. Auflage, München 2002

Schmidt-Liebig, Axel — Abgrenzung zwischen gewerblichen und privaten Grundstücksgeschäften, 3. Auflage, Bielefeld 1999

ders. — Errichtung und Verkauf von drei Eigentumswohnungen: kein Gewerbebetrieb?, zugl. Bespr. des Beschlusses des Großen Senats des BFH v. 10.12.2001 - GrS 1/98, NWB Fach 3, S. 11895 ff., (NWB 2002, S. 1087 ff.)

ders. Gewerbliche Grundstücksgeschäfte durch die Errichtung und den Verkauf von drei Eigentumswohnungen, zugl. Anm. zum Vorlagebeschluss v. 29.10.1997 -X R 183/96, BB 1998, S. 1284 ff.

Schön, Wolfgang Zum Merkmal der „Beteiligung am allgemeinen wirtschaftlichen Verkehr" i.S.v. § 15 Abs. 2 EStG, in: Festschrift für Klaus Vogel zum 70. Geburtstag, hrsg. von P. Kirchhof u.a., Heidelberg 2000, S. 661 ff.

Scholz, Kai-Steffen Die BGB-Gesellschaft nach dem Grundsatzurteil des BGH vom 29.01.2001, NZG 2002, S. 153 ff.

Schubert, Werner (Hrsg.) Protokolle der Commission zur Berathung eines allgemeinen deutschen Handelsgesetz-Buches (Neudruck), Band 3, Frankfurt 1984

Schütze, Rolf A. / Weipert, Lutz (Hrsg.) Münchener Vertragshandbuch, Bd. IV, 5. Auflage, München 2002 *(zit.: Münchener VertragsHdb-Bearb., Formular)*

Schulze-Osterloh, Joachim Verfassungsrechtliche Grenzen der bilanzsteuerrechtlichen Gesetzgebung, DStJG 23 (2000), S. 67 ff.

Schwarz, Bernhard (Hrsg.) Kommentar zur Abgabenordnung, Bd. 2, Freiburg (Stand: März 1995)

Seeger, Siegbert F. Die Gewinnerzielungsabsicht -Ein unmögliches Tatbestandsmerkmal, in: Festschrift für Ludwig Schmidt zum 65. Geburtstag, hrsg. von A. Raupach u.a., München 1993, S. 37 ff.

Siegel, Theodor Rückstellungen, Teilwertabschreibungen und Maßgeblichkeitsprinzip, StuB 1999, S. 195 ff.

Soergel, H. T. (Begr.) Kommentar zum Bürgerlichen Gesetzbuch, Bd. 3.1 (§§ 516-651), 12.Aufl., Stuttgart/B./Köln 1998

ders. Bd. 4 (§§ 705-853), 11.Aufl., Stuttgart/B./Köln 1985

Söffing, Günter Gewerblicher Grundstückshandel, DB 1998, S. 1683 ff., 1733 ff.

Sölch, Otto / Ringleb, K. (Begr.) Kommentar zum Umsatzsteuergesetz, München (Stand: April 2002)

Sonntag, Karl Begründung einer Montagebetriebsstätte durch Bau- oder Montageüberwachung, IWB Fach 3, Gruppe 2, S. 885 ff.

Spliedt, Jürgen D. Aufrechnung und Anfechtung während des Eröffnungsverfahrens erwirtschafteter Ansprüche, zugl. Anmerkung zu BGH vom 9.03.2000 -IX ZR 355/98-, DZWIR 2000, S. 418 ff.

Steisslinger, Jörg Der Gewerbebegriff im Handels- und Steuerrecht, (Diss. Jur., Stuttgart), München 1989

Stephan, Klaus-Dieter Vertragsgestaltung bei Internationalen Joint Ventures, in: Internationale Joint Ventures, hrsg. von H. Schaumburg, Stuttgart 1999, S. 97 ff.

Strache, Karl-Heinz Das Denken in Standards, (Diss. Jur., München), Berlin 1968

Strahl, Martin Die typisierende Betrachtungsweise im Steuerrecht, (Diss. Rer. Oec., Köln), Köln 1996

Syben, Gerd Die Baustelle der Bauwirtschaft: Unternehmensentwicklung und Arbeitskräftepolitik auf dem Weg ins 21. Jahrhundert, Berlin 1999

Teichmann, Arndt Gestaltungsfreiheit in Gesellschaftsverträgen, (Habil. Jur., Göttingen), München 1970

Theurer, Anja Anmerkung zu KG v. 22.08.2001 -29 AR 54/01-, BauR 2001, 1791 ff.

Thiery, Gottfried Die Gesellschaft bürgerlichen Rechts als Unternehmer, (Diss. Jur., Wien), Wien 1989

ders. Zum Anwendungsbereich der EEG, in: Festschrift für Walther Kastner zum 90. Geburtstag, hrsg. von P. Doralt u.a., Wien 1992, S. 431 ff.

Timm, Wolfram Die Rechtsfähigkeit der GbR und ihre Haftungsverfassung, NJW 1995, S. 3209 ff.

Timm, Wolfram / Schöne, Torsten Zwingende gesamtschuldnerische Haftung der Mitglieder eines Übernahmekonsortiums?, ZGR 1994, S. 113 ff.

Tipke, Klaus	Die Steuerrechtsordnung, Band I, 2. Auflage, Köln 2000
Tipke, Klaus / Lang, Joachim (Hrsg.)	Steuerrecht, 17. Auflage, Köln 2002
Tipke, Klaus / Kruse, Heinrich Wilhelm	Kommentar zur AO und FGO, Bd. 1 (§§ 1-154 AO), Köln (Stand: April 2002)
dies.	Bd. 2 (§§ 155-368 AO), Köln (Stand: April 2002)
Uelner, Adalbert	Die gewerblich geprägte Personengesellschaft, in: FS für Georg Döllerer, hrsg. B. Knobbe-Keuk u.a., Düsseldorf 1988, S. 661 ff.
Ulmer, Peter	Die höchstrichterlich „enträtselte" GbR, ZIP 2001, S. 585 ff.
Ulmer, Peter / Steffek, Felix	Grundbuchfähigkeit einer rechts- & parteifähigen GbR, NJW 2002, S. 330 ff.
VIBÖ (Hrsg.)	Handbuch für Bau-Arbeitsgemeinschaften, 2. Auflage, Wien (Stand: Februar 2000)
Vetter, Eberhard	Rechtsprobleme der Organisation des Konsortiums bei Groß-Projekten, ZIP 2000, S. 1041 ff.
Vogel, Klaus	Kommentar zum Doppelbesteuerungsabkommen, 3. Auflage, München 1996
Wagner, Antonius	Risiken im Jahresabschluß von Bauunternehmen, (Diss. Rer. Oec., Münster), Düsseldorf 1989
Wagner, Gerd	Haftung der ARGE-Partner untereinander, in: Seminar ARGE/Generalunternehmer/Subuntern., Schriftenreihe der Deutschen Gesellschaft für Baurecht, Bd. 19, Wiesbaden/Berlin 1992, S. 24 ff.
Wallau, Frank / Kayser, Gunter Stephan, Marcel	Die Dach-Arbeitsgemeinschaft für mittelständische Bauunternehmen: eine empirische Untersuchung am Beispiel des Erweiterungsbaus des BMWi in Berlin; Wiesbaden 1999
Wassermeyer, Franz	Die Betriebsstätte - ein in vielerlei Hinsicht unbekanntes Wesen, in: FS für H. W. Kruse zum 70. Geburtstag, hrsg. von W. Drenseck u.a., Köln 2001, S. 589 ff.

Wauer, G. Umsatzsteuerliche Unternehmereigenschaft der Arbeitsgemeinschaft, BB 1957, S. 961 ff.

Weber-Grellet, Heinrich Anmerkung zu BFH v. 10.12.2001 -GrS 1/98-, DStR 2002, S. 492 ff.

ders. Verlustabzug auch bei sonstigen Einkünften -Anmerkung zum Beschluss des 2. Senats des BVerfG v. 30.09.1998 -2 BvR 1818/91-, DStR 1998, S. 1781 ff.

ders. Anmerkung zu BFH v. 29.10.1997 -X R 183/96-, FR 1998, S. 313 ff.

ders. Der Typus des Typus, in: Festschrift für Heinrich Beisse zum 70. Geburtstag, hrsg. von W. D. Budde u.a., Düsseldorf 1997, S. 551 ff

ders. Anmerkung zu BFH v. 3.07.1995 -GrS 1/93-, DStR 1995, S. 1341 ff.

Wertenbruch, Johannes Die Parteifähigkeit der GbR - die Änderungen für die Gerichts- und Vollstreckungspraxis, NJW 2002, S. 324 ff.

ders. BGB-Gesellschaft als Kommanditistin - oder: Der lange Weg zur Anerkennung im Rechtsverkehr, BB 2001, S. 737 ff.

Westermann, Harm Peter Vertragsfreiheit und Typengesetzlichkeit im Recht der Personengesellschaften (Habil. Jur., Köln), Berlin/Heidelberg 1970

ders. Erste Folgerungen aus der Anerkennung der Rechtsfähigkeit der BGB-Gesellschaft, NZG 2001, S. 289 ff.

Wieland, Karl Handelsrecht, Bd. 1, München/Leipzig 1921

Winnefeld, Robert Bilanz-Handbuch, 2. Auflage, München 2000

Wiwen-Nilsson, Tore Key Issues in Consortium Contracts, in: Konsortien und JV bei Infrastrukturprojekten, hrsg. von F. Nicklisch, Heidelberg 1998, S 43 ff.

Woerner, Lothar Ertragsteuerliche Auswirkungen von Leistungsbeziehungen zwischen Personengesellschaften und ihren Gesellschaftern unter besonderer Berücksichtigung mittelbarer Leistungen, StKongRep 1982, S. 193 ff.

Zerhusen, Jörg Mandatspraxis privates Baurecht, Köln/Berlin/Bonn/München 1999

Zippelius, Reinhold Die Verwendung von Typen in Normen und Prognosen, in: Festschrift für Karl Engisch zum 70. Geburtstag, hrsg. von P. Bockelmann u.a., Frankfurt 1969, S. 224 ff.

Zöllner, Wolfgang Rechtsfähigkeit der BGB-Gesellschaft -ein Sachverstands- oder Kommunikationsproblem?, in: Festschrift für Alfons Kraft zum 70. Geburtstag, hrsg. von G. Hönn u.a., Neuwied/Kriftel 1998, S. 701 ff.

Zugmaier, Oliver Einkünftequalifikation im Einkommensteuerrecht, (Diss. Jur., Augsburg), Augsburg 1998

*Arbeitsgemeinschaftsvertrag - Fassung 2000 - (Auszug)**

Herausgegeben vom Hauptverband der Deutschen Bauindustrie e.V. und vom Zentralverband des Deutschen Baugewerbes e.V.

Präambel

Nachfolgende Unternehmen - Gesellschafter - schließen sich zu einer Arbeitsgemeinschaft (ARGE) - Gesellschaft des bürgerlichen Rechts - zusammen. Sie verpflichten sich, im Verhältnis ihrer Beteiligung ihre volle unternehmerische Leistung zur Erreichung des gesellschaftlichen Zweckes einzusetzen und sich hierbei gegenseitig zu unterstützen. Für die Rechtsbeziehungen der Gesellschafter untereinander und bei der Vertretung der ARGE Dritten gegenüber gelten in nachstehender Reihenfolge

a.) die Bestimmungen dieses Vertrages (ARGE-Vertrag, Fassung 2000)

b.) die §§ 705 ff. BGB. Die Haftung regelt sich nach § 276 BGB unter Ausschluss der leichten Fahrlässigkeit.

§ 1 Gesellschafter

§ 2 Name, Sitz und Zweck

(2.1) Die ARGE führt den Namen: Arbeitsgemeinschaft ...

(2.2) Sitz der ARGE: [...]

(2.3) Zweck der ARGE ist die gemeinsame Durchführung der durch den Auftraggeber ... laut mündlichem/schriftlichem Auftrag vom ... Az./Betr. Nr. ... übertragenen Bauarbeiten ... .
Der Zweck der ARGE erstreckt sich auch auf die Durchführung von Neben- und Zusatzarbeiten, die zeitlich und räumlich mit dem Bauobjekt zusammenhängen. Arbeiten, die nach Beendigung der Bauarbeiten vergeben werden, gelten nicht mehr als mit dem Auftrag zusammenhängende Arbeiten.

§ 3 Beteiligung und Haftung

Das Beteiligungsverhältnis der Gesellschafter untereinander und ihre Anteile an allen Rechten und Pflichten, besonders an Gewinn und Verlust, an Bürgschaft, Haftung und Gewährleistung werden wie folgt festgelegt: [...]. Die gesamtschuldnerische Haftung Dritten, besonders dem Auftraggeber gegenüber wird hierdurch nicht berührt.

---

* Der Verf. bedankt sich bei den Herausgebern des Mustervertrages und beim Bauverlag für die freundliche Veröffentlichungsgenehmigung.

§ 4 Gesellschafterleistungen

(4.1) Die Gesellschafter sind verpflichtet, zur Erreichung des Gesellschaftszwecks im Verhältnis ihrer Beteiligung (§ 3) Beiträge und Leistungen (z.B. Gestellung von Geldmitteln, Bürgschaften, Geräten, Stoffen, Personal - Personalgestellung jedoch nicht als einzige vertragliche Leistung -) an die ARGE zu erbringen und den sich aus diesem Vertrag ergebenden Verpflichtungen ordnungsgemäß und zeitgerecht nachzukommen*.

(4.2) Kommt ein Gesellschafter seinen Verpflichtungen gegenüber der ARGE trotz schriftlicher Aufforderung und angemessener Nachfristsetzung nicht nach, so hat er, unbeschadet aller weiteren Ansprüche und Rechte der übrigen Gesellschafter aus diesem Vertrag, für die Zeit vom Ablauf der Nachfrist bis zur vollständigen Erfüllung der Verpflichtung nachstehende Ausgleichszahlungen - auch wenn ihn ein Verschulden nicht trifft - bezogen auf die jeweils geschuldete Leistung an die ARGE zu entrichten. [...]

(4.3) Wenn der Umfang der von dem säumigen Gesellschafter nicht erbrachten Leistung im Verhältnis zu seiner geschuldeten Gesamtleistung einen Ausgleich durch Änderung des Beteiligungsverhältnisses billigerweise geboten erscheinen lässt, so können die übrigen Gesellschafter unbeschadet § 4.2 eine entsprechende Änderung des Beteiligungsverhältnisses einstimmig beschließen. Das neu festgesetzte Beteiligungsverhältnis wird wirksam mit dem Ende des Monats, in dem der Beschluss zugegangen ist. [...]

(4.4) Der Anspruch auf Erfüllung und die Geltendmachung eines über die Ausgleichzahlung hinausgehenden Schadens werden durch das Begehren auf Ausgleichzahlung und/oder Herabsetzung des Beteiligungsverhältnisses nicht ausgeschlossen.

§ 5 Organe der ARGE

Die Organe der ARGE sind

(5.1) die Aufsichtsstelle (Gesellschafterversammlung)
(5.2) die technische Geschäftsführung
(5.3) die kaufmännische Geschäftsführung
(5.4) die Bauleitung

---

* Die gesellschaftsrechtliche Eigenart der ARGE besteht darin, dass die in § 4.1 genannten Beistellungen auf der Grundlage zweiseitiger schuldrechtlicher Rechtsgeschäfte, d.h. als sog. Drittleistungen der Gesellschafter an die Gesellschaft, stattfinden. Diese schuldrechtlichen Vertragsbeziehungen bestehen u.a. aus einzelnen Kaufverträgen bei Stoffen (vgl. § 13), Mietverträgen bei Geräten (vgl. § 14) sowie Personalüberlassung (vgl. § 12) als zusätzliche Leistung neben anderen schuldrechtlichen Verpflichtungen, jeweils zu den bereits im ARGE-Vertrag diesbezüglich vereinbarten Konditionen, - unter Einschluss des Verschuldensmaßstabes gemäß Präambel.

§ 6 Aufsichtsstelle

(6.1) Jeder Gesellschafter ist in der Aufsichtsstelle vertreten

(6.2 - 6.3) [...]

(6.4) Die Aufsichtsstelle ist das oberste Organ der ARGE.

(6.41) Die Aufsichtsstelle entscheidet in allen Fragen von grundsätzlicher Bedeutung und in Fragen, die sie selbst ihrer Beschlussfassung unterwirft oder die ihr von einem Gesellschafter zu diesem Zweck unterbreitet werden. [...]

(6.42) Die Aufsichtsstelle ist beschlussfähig, wenn alle Gesellschafter rechtzeitig unter Angabe der Tagesordnung eingeladen und vertreten sind.
Ist die Aufsichtsstelle nicht beschlussfähig, so entscheidet sie nach Feststellung der Beschlussfähigkeit in einer zweiten rechtzeitig einberufenen Sitzung ohne Rücksicht auf die Zahl der erschienenen Gesellschafter. [...]

(6.5) Sitzungen der Aufsichtsstelle [...]

(6.6) Die Beschlüsse bedürfen der Einstimmigkeit der anwesenden Gesellschafter (§ 6.42), soweit dieser Vertrag nichts anders bestimmt.
Ist Einstimmigkeit nicht zu erzielen und eine Beschlussfassung unaufschiebbar, so entscheidet in einer unverzüglich erneut, frühestens auf den folgenden Tag einzuberufenden Sitzung der Aufsichtsstelle in Abweichung von § 6.4 die einfache Stimmenmehrheit der anwesenden Gesellschafter. Bei Stimmengleichheit entscheidet der nach § 7 oder § 8 zuständige geschäftsführende Gesellschafter. Die gesellschaftsrechtliche Verantwortung der Gesellschafter untereinander wird durch diese Regelung nicht berührt. [...]

(6.7.) Sitzungsniederschriften [...]

(6.8) Die schriftliche Zustimmung aller Gesellschafter ist erforderlich für Änderungen und Ergänzungen des ARGE-Vertrages, das Betreiben gerichtlicher Verfahren sowie in den Fällen von § 11.8.
Eine unterschriebene Niederschrift ersetzt diese Schriftform nicht.
Die Aufsichtsstelle kann durch einstimmigen Beschluss der übrigen Gesellschafter der technischen Geschäftsführung oder der kaufmännischen Geschäftsführung oder der Bauleitung ihre Befugnis aus wichtigem Grund entziehen. [...]

§ 7 Technische Geschäftsführung

(7.1) Die technische Geschäftsführung der ARGE wird dem Gesellschafter ... übertragen. Er ist verantwortlich für die ordnungsgemäße technische Durchführung des Bauvorhabens unter Beachtung aller einschlägigen Gesetze und Bestimmungen, für die Einhaltung des ARGE-Vertrages und der Beschlüsse der Aufsichtsstelle in technischer Hinsicht.

(7.2) Die technische Geschäftsführung vertritt die ARGE gegenüber dem Auftraggeber, in kaufmännischen Angelegenheiten im Einverständnis mit der kaufmännischen Geschäftsführung; gegenüber Dritten nur, soweit es sich um technische Belange handelt. Sie verwendet Briefbogen der ARGE und unterzeichnet mit dem Namen der ARGE und dem Zusatz „Technische Geschäftsführung".
Ein Antrag auf Eröffnung des Insolvenzverfahrens über das Vermögen der ARGE kann nur gemeinschaftlich von allen Gesellschaftern gestellt werden.

(7.3) Form der technischen Berichterstattung [...]

(7.4) Die technische Geschäftsführung umfasst insbesondere
- (7.41) verantwortliche Überwachung der Bauarbeiten sowie Unterweisung und Überwachung der Bauleitung auf der Baustelle;
- (7.42) Beschaffung aller erforderlichen bau- und gewerberechtlichen Arbeitsgenehmigungen, soweit deren Beschaffung in die Zuständigkeit der ARGE fällt; [...]
- (7.45) Abschluss von Nachunternehmerverträgen im Einverständnis mit der kaufmännischen Geschäftsführung, soweit die Aufsichtsstelle ihre Zustimmung erteilt hat. Die Nachunternehmerverträge sind gemeinsam von der technischen/von der kaufmännischen Geschäftsführung zu unterschreiben; Aufträge an Gesellschafter oder mit ihnen verbundene Unternehmen jedoch immer gemeinsam von der technischen und kaufmännischen Geschäftsführung. [...]
- (7.46) Verhandlungen und Erklärungen gegenüber dem Auftraggeber über die Abwicklung des Bauvertrages, insbesondere über wesentliche Fragen der Bauausführung, über Auslegung, Änderungen und Erweiterungen des Bauvertrages sowie über die Genehmigung von Nachträgen im Einverständnis mit der Aufsichtsstelle;
- (7.47 - 7.49) [...]

(7.5) [...]

(7.6) Die technische Geschäftsführung hat dem/den anderen Gesellschafter/n über alle wesentlichen Geschäftsvorfälle, insbesondere durch rechtzeitige Übersendung von Durchschlägen und Abschriften des Schriftwechsels, unverzüglich Bericht zu erstatten. Von allen Besichtigungen der Baustelle durch Außenstehende ist den Gesellschaftern rechtzeitig Kenntnis zu geben, um ihnen die Teilnahme zu ermöglichen.

§ 8 Kaufmännische Geschäftsführung

(8.1) Die kaufmännische Geschäftsführung der ARGE wird dem Gesellschafter ... übertragen. Er ist verantwortlich für die ordnungsgemäße Durchführung sämtlicher kaufmännischer Arbeiten der ARGE unter Beachtung aller einschlägigen Gesetze und Bestimmungen, für die Einhaltung des ARGE-Vertrages und der Beschlüsse der Aufsichtsstelle in kaufmännischer Hinsicht.

(8.2) Die kaufmännische Geschäftsführung vertritt die ARGE gegenüber Dritten in kaufmännischen Belangen. Sie verwendet Briefbogen der ARGE und unterzeichnet mit dem Namen der ARGE und dem Zusatz „Kaufmännische Geschäftsführung".
Ein Antrag auf Eröffnung des Insolvenzverfahrens über das Vermögen der ARGE kann nur gemeinschaftlich von allen Gesellschaftern gestellt werden.

(8.3) Form der Berichterstattung [...]

(8.4) Die kaufmännische Geschäftsführung umfasst insbesondere
- (8.41) verantwortliche Überwachung aller kaufmännischen Arbeiten auf der Baustelle und für die Baustelle; [...]
- (8.44) Buchführung und Aufstellung von kurzfristigen Ergebnisübersichten (Ergebnisrechnung und Vermögensübersicht), der Schlussbilanz und einer etwaigen Auseinandersetzungsbilanz, soweit diese Arbeiten nicht von der Bauleitung ausgeführt werden (siehe § 8.51);
- (8.45) Einkauf und Materialverwaltung, soweit nicht die Bauleitung damit beauftragt wird (siehe § 13.2);
- (8.46) Überwachung der Lohn- und Gehaltsbuchführung, [...]
- (8.47) Ausfertigung des ARGE-Vertrages und Mitwirkung beim Abschluss von Verträgen aller Art;
- (8.48) Bearbeitung aller Steuerangelegenheiten der ARGE einschließlich der Vertretung der ARGE bei Betriebsprüfungen. [...]
- (8.49) Aufbewahrung der kaufmännischen Unterlagen nach Maßgabe der gesetzlichen Bestimmungen. Erforderlichenfalls entscheidet die Aufsichtsstelle, welche Unterlagen als kaufmännische Unterlagen gelten.

(8.5) Die Führung der Buchhaltung sowie der Lohn- und Gehaltsbuchhaltung wird wie folgt geregelt:
Alle Buchungen sind durch ordnungsgemäße und von den verantwortlichen Sachbearbeitern abgezeichnete Belege nachzuweisen. Die Belege müssen vom Bauleiter und von dem verantwortlichen Kaufmann anerkannt sein. [...]

(8.6) Die Ergebnisübersichten mit Kontoauszügen sind monatlich/vierteljährlich jeweils bis zum ... des dem Stichtag folgenden Monats sämtlichen Gesellschaftern zu übersenden. Die Ergebnisübersichten sowie deren Anlagen müssen dem angemessenen Informationsbedürfnis des/der anderen Gesellschafter/s genügen.

Nach Anerkennung der Schlussrechnung durch den Auftraggeber soll die vorläufige Schlussbilanz spätestens innerhalb eines Monats aufgestellt und den Gesellschaftern vorgelegt werden. In besonderen Fällen kann die Aufsichtsstelle eine andere Frist festlegen.
Nach Abwicklung aller Geschäftsvorfälle sind die Schlussbilanz und ein Schlussprotokoll aufzustellen. Einsprüche gegen die Schlussbilanz können nur in schriftlicher Form mit Begründung innerhalb von drei Monaten nach Zustellung erhoben werden. Nach Eintritt der Feststellungswirkung sind alle in der Schlussbilanz enthaltenen Ansätze und Bewertungen abschließend und endgültig.
Gewährleistungsrückstellungen sind von jedem Gesellschafter in der eigenen Bilanz vorzunehmen.

(8.7) [...]

(8.8) Die kaufmännische Geschäftsführung hat den/die anderen Gesellschafter über alle wesentlichen kaufmännischen Geschäftsvorfälle, insbesondere durch Übersendung von Durchschlägen und Abschriften des Schriftwechsels, unverzüglich zu unterrichten. [...]

§ 9 Bauleitung

(9.1) Die Bauleitung hat folgende Aufgaben:

(9.11) Der Bauleitung obliegt die Durchführung des Bauauftrages einschließlich Erstellung der Abrechnungsunterlagen nach Weisung der technischen und kaufmännischen Geschäftsführung. Sie ist bevollmächtigt, mit den örtlichen Organen des Auftraggebers über Fragen örtlichen Charakters zu verhandeln. Zu Verhandlungen über Änderungen oder wesentliche Erweiterungen des Bauvertrages ist sie nur mit vorheriger Ermächtigung der Aufsichtsstelle berechtigt.

(9.12) Die Bauleitung hat den Gesellschaftern und der Fachkraft für Arbeitssicherheit bis zum ... des folgenden Monats technische Wochen-/Monatsberichte zu übersenden. Ferner hat sie den Gesellschaftern für jeden Monatsletzten den Personalstand, unterteilt nach Gesellschaftern und Berufsgruppen, nach abgestelltem und örtlich eingestelltem Personal bekanntzugeben.

(9.13) Die Bauleitung meldet den Gesellschaftern bis zum ... eines jeden Monats die im Vormonat erbrachte Bauleistung.

(9.14) Die Bauleitung zeichnet mit dem Namen der ARGE gemäß § 2.1 und dem Zusatz „Bauleitung".

(9.2) Personelle Besetzung

(9.21) Technisch:
Bauleiter: ... von ... .
Stellvertreter: ... von ... .

(9.22) Kaufmännisch
Kaufmann: ... von ... .
Stellvertreter: ... von ... .

(9.3) Zeichnungsberechtigt sind Bauleiter und Kaufmann gemeinsam; im Verhinderungsfall zeichnet der Stellvertreter.

§ 10 Vergütung für Sonderleistungen

(10.1) Die Vergütung für die technische und kaufmännische Geschäftsführung sowie die Führung der Buchhaltung, der Lohn- und Gehaltsbuchhaltung, für EDV-Auswertungen und die Fachkraft für Arbeitssicherheit wird wie folgt festgelegt:

(10.11) Für die technische Geschäftsführung ... v.H. des Umsatzes.
(10.12) Kaufmännische Buchhaltung und Buchhaltung
(10.121) Für die kaufmännische Geschäftsführung ... v.H. des Umsatzes.
(10.122) Für die Buchhaltung einschl. Zahlungsverkehr ... v.H. des Umsatzes.
(10.13) Für die Lohnbuchhaltung [...]
(10.14) Für die Gehaltsbuchhaltung [...]
(10.15) Für die nachstehend aufgeführten EDV-Auswertungen [...]
(10.16) Für die Fachkraft für Arbeitssicherheit [...]

(10.2) Die Entwurfs- und Planbearbeitungen sowie die Aufstellung von statischen Berechnungen
(*10.21*) vergibt die Aufsichtsstelle.
(*10.22*) werden dem Gesellschafter ... übertragen.
(*10.231*) setzt die Aufsichtsstelle die Vergütung fest.
(*10.232*) erhält der ausführende Gesellschafter
(*10.232.1*) eine Pauschalvergütung [...]
(*10.232.2*) eine Vergütung von ... v.H. des Umsatzes [...]
(*10.232.3*) eine Erstattung der nachgewiesenen Kosten.

(10.3) Die Arbeitsvorbereitung [...] (vgl. §§ 10.21 ff.)

(10.4) Stunden-Soll-Ist-Vergleich und/oder Kostenarten-Soll-Ist-Vergleich [...] (vgl. §§ 10.21 ff.)

(10.5) In der Vergütung zu §§ 10.1, 10.2, 10.3 und 10.4 sind die Zuschläge (im Sinne § 12.37) und alle von den Gesellschaftern aufgewandten Gehalts- und Gehaltsnebenkosten sowie die Kosten für Büro- und Zeichenmaterial, Telefon, Reisekosten, Vorhaltung der Büros und Büroeinrichtungen usw. enthalten. [...]

(10.6) Gewährleistungsarbeiten und besondere Arbeiten der Gesellschafter

(10.61) Gewährleistungsarbeiten der Gesellschafter für die ARGE werden der ARGE bzw. anteilig dem/den anderen Gesellschafter/n zu folgenden Sätzen berechnet: [...]

(10.62) Die nachstehend genannten besonderen Arbeiten, die mit Einwilligung der Aufsichtsstelle von einem Gesellschafter für die ARGE durchgeführt werden: [...]

(10.7) Unterkunftskosten [...]

(10.8) Allgemeine Geschäftskosten der Gesellschafter werden durch die ARGE nicht vergütet. [...]

(10.9) Bemessungsgrundlagen [...]

§ 11 Finanzen

(11.1) Die erforderlichen Geldmittel sind von den Gesellschaftern entsprechend ihrem Beteiligungsverhältnis und unter Berücksichtigung der jeweiligen Kontenstände der Gesellschafter nach Anforderung der kaufmännischen Geschäftsführung zur Verfügung zu stellen.

(11.2) Die verfügbaren Gelder sind in nachstehender Reihenfolge zu verwenden:

(11.21) Rückerstattung von Auslagen eines Gesellschafters für die ARGE,

(11.22) Deckung der laufenden Ausgaben,

(11.23) Zurückzahlung eines fälligen Bankkredits der ARGE,

(11.24) monatliche Angleichung der Gesellschafterkonten entsprechend dem Beteiligungsverhältnis (siehe auch § 11.3),

(11.25) Auszahlung darüber hinaus verfügbarer Geldmittel an die Gesellschafter entsprechend dem Beteiligungsverhältnis. Hierfür sind auf Verlangen auch nur eines Gesellschafters Bürgschaften eines als Zoll- und Steuerbürgen zugelassenen Kreditinstitutes oder Kreditversicherers als Sicherheit zu stellen.

Die Ermittlung für Angleichungen und Auszahlungen ist allen Gesellschaftern schriftlich mitzuteilen.

(11.3) Sollten die verfügbaren Geldmittel nicht zur monatlichen Angleichung der Gesellschafterkonten ausreichen, so sind die in Rückstand befindlichen Gesellschafter auf Aufforderung unverzüglich zur Bareinlage zwecks Kontenangleichung verpflichtet.

(11.4) Die Bezahlung der Gesellschafter-Rechnungen erfolgt nur im Rahmen der Kontenangleichung, mit Ausnahme der Rechnungen gem. § 13.212.2 und der Rechnungen für Nachunternehmerleistungen, die gem. § 11.22 zu bezahlen sind. Die Verpflichtung der Gesellschafter zum Ausgleich untereinander wird davon nicht berührt.

(11.5) Verzinsung der Gesellschafterleistungen [...]

(11.6) Bankkonten der ARGE [...]

(11.7) Den Gesellschaftern ist bis zum ... monatlich ein Finanzplan mit Stichtag ... für die nächste Periode einzusenden.

(11.8) Die Aufnahme von Bankkrediten, die Ausstellung und Annahme von Wechseln sowie die Abtretung von Forderungen der ARGE gegen Dritte bedürfen der schriftlichen Zustimmung aller Gesellschafter. Die Abtretung von Forderungen der ARGE gegen einen Gesellschafter bedarf der schriftlichen Zustimmung der übrigen Gesellschafter.

§ 12 Personal

(12.1) Das für die Durchführung der Arbeiten benötigte Personal ist von den Gesellschaftern entsprechend ihrem Beteiligungsverhältnis nach Maßgabe der Beschlüsse der Aufsichtsstelle zur Verfügung zu stellen. Das von den Gesellschaftern an die ARGE abgestellte Personal (siehe § 12.2) untersteht der Weisungsbefugnis der ARGE.
Fremde Arbeitskräfte werden von den nach Beschluss der Aufsichtsstelle ermächtigten Organe der ARGE eingestellt. [...]

(12.2) Abstellung des Personals

(12.21) Art der Abstellung

(*12.211*) Die Angestellten, Poliere und Lohnempfänger werden von der Stammfirma zur ARGE abgeordnet

(*12.212*) Die Angestellten, Poliere und Lohnempfänger werden von der Stammfirma zur ARGE freigestellt.

(12.22) Abordnung
Im Fall der Abordnung zur ARGE tritt das Personal nicht in ein Arbeitsverhältnis zur ARGE und erhält weiterhin die laufenden Bezüge von der Stammfirma in der bisherigen Höhe.
Die der Stammfirma durch die Abordnung entstehenden Kosten werden ihr gem. § 12.3 durch die ARGE vergütet.

(12.23) Freistellung
Im Fall der Freistellung gem. RTV Angestellte bzw. RTV Poliere und BRTV tritt das Personal in ein Arbeitsverhältnis zur ARGE und erhält die laufenden Bezüge durch die ARGE in der bisherigen Höhe,

soweit die Aufsichtsstelle nichts Abweichendes beschließt. Sämtliche Kosten, die für das freigestellte Personal neben den laufenden Bezügen entstehen, trägt die ARGE, soweit nicht in diesem Vertrag etwas Anderes festgelegt ist.
Die Abrechnung erfolgt gem. § 12.4.

(12.3) Vergütung für abgeordnetes Personal [...]

(12.4) Vergütung für freigestelltes Personal [...]

(12.6) Sonstige Abrechnungsvorschriften [...]

(12.7) Übertritt abgestellten Personals zu einem anderen Gesellschafter [...]

§ 13 Stoffe

(13.1) Zu den Stoffen im Sinne von § 13 gehören

(13.11) Verbrauchsstoffe, das sind Baustoffe, Baubetriebsstoffe, Bauhilfsstoffe, die zum Verbrauch auf der Baustelle bestimmt sind.
(13.12) Gebrauchsstoffe (Vorhaltestoffe), das sind Gegenstände der Baustellenausstattung und Werkzeuge sowie Vorhalteholz (einschließlich Schal- und Absteifholz), die zum Gebrauch auf der Baustelle bestimmt sind. Im Zweifelsfalle gelten alle in der Baustellenausstattungs- und Werkzeugliste (BAL) enthaltenen Gegenstände der Baustellenausstattung und Werkzeuge als Gebrauchsstoffe.
(13.13) Geräte, die gemäß den Festlegungen in § 14.1 wie Gebrauchsstoffe zu behandeln sind.
(13.14) Nicht zu den Stoffen im Sinne von § 13 zuzurechnen sind die zu den Geräten gehörenden Werkzeuge und die für sie notwendigen Ersatz- einschließlich Verschleissteile. Sie sind gem. § 14.54 zu behandeln.

(13.2) Die ARGE beschafft

(13.21) Verbrauchsstoffe durch Kauf von Dritten oder - in Ausnahmefällen - von den Gesellschaftern
(13.211) Kauf von Dritten
(13.212) Kauf von den Gesellschaftern
(13.212.1) Die ARGE kauft Verbrauchsstoffe von den Gesellschaftern zu Konkurrenzpreisen ohne die im ARGE-Vertrag vorgesehenen Zuschläge, sofern nicht die Aufsichtsstelle ausdrücklich etwas Anderes bestimmt.
(13.212.2) Der Kauf von Verbrauchsstoffen von Nebenbetrieben der Gesellschafter wird wie eine Lieferung Dritter behandelt.

(13.22) Gebrauchsstoffe durch Kauf von den Gesellschaftern oder von Dritten.
Bei der Beschaffung von Gebrauchsstoffen ist in erster Linie auf die gebrauchten Bestände der Gesellschafter zurückzugreifen. Die Gesellschafter haben die Gebrauchsstoffe entsprechend ihrem Beteiligungsverhältnis der ARGE zur Verfügung zu stellen. Soweit die Gesellschafter hierzu nicht in der Lage sind, erfolgt durch die ARGE der Kauf von Dritten. Neue Gebrauchsstoffe sollen in der Regel durch Kauf von Dritten analog § 13.21 beschafft werden.
Die Verrechnung der Gebrauchsstoffe richtet sich nach § 13.3 ff.

(13.3) Gebrauchsstoffe werden gemäß den nachstehenden Bestimmungen zum Zeitwert gem. § 13.31 gekauft und evtl. rückverkauft, soweit in §§ 13.325, 13.33 und 13.34 nichts Anderes festgelegt ist

(13.31) Der Zeitwert wird wie folgt festgelegt:

Zustand bei Kauf bzw. Rückverkauf	Zeitwert in v.H. vom Neuwert	
	für Kauf durch die ARGE	für Rückverkauf durch die ARGE
neu	100	90
gebraucht	75	50

Die Preise für den Kauf gelten *ab Versandstelle/frei Verwendungsstelle.*
Die Preise für den Rückverkauf gelten *ab Versandstelle/frei Verwendungsstelle.*

(13.32) Bemessungsgrundlage des Neuwertes [...]

(13.4) Verwertung der Reststoffe

(13.41) Freigewordene Stoffe werden grundsätzlich an den Gesellschafter zurückgegeben, der sie hingegeben hat. Zu gegebener Zeit ist von der Baustelle den Gesellschaftern eine Zusammenstellung der Stoffe zu übersenden, die zur Verteilung anstehen.

(13.42) Vorbehaltlich einer anderweitigen Bestimmung im Einzelfall sind die Gesellschafter verpflichtet, freigewordene Stoffe mengenmäßig im gleichen Verhältnis zurückzunehmen, in dem sie von ihnen hingegeben worden sind. Nicht verbrauchte, von Dritten beschaffte Stoffe werden entsprechend dem Beteiligungsverhältnis und nach den Beschlüssen der Aufsichtsstelle an die Gesellschafter oder an Dritte verkauft.

(13.43) Für die Bewertung gilt § 13.31, für die Neuwertermittlung sind für Gebrauchsstoffe die Bestimmungen §§ 13.32 und 13.34 maßgebend, bei Verbrauchsstoffen die gezahlten Einkaufspreise.

(13.5) Rechnungen [...]

(13.6) Ordnungsbestimmungen [...]

§ 14 Geräte

(14.1) Begriff
Geräte im Sinne dieser Bestimmungen sind Gegenstände, die ihrer Art nach in der Baugeräteliste mit monatlichen Abschreibungs- und Verzinsungsbeträgen enthalten sind, soweit nicht in §§ 13.33 und 13.34 etwas Anderes vereinbart ist. [...]

(14.2) Beschaffung, Disposition und Verkauf

(14.21) Beistellungspflicht der Gesellschafter
Die für die Bauausführungen notwendigen Geräte sind von den Gesellschaftern entsprechend ihrem Beteiligungsverhältnis für die erforderliche Zeit beizustellen. Die Aufsichtsstelle bestimmt die von den einzelnen Gesellschaftern zu stellenden Geräte und trifft die Verfügung über den Einsatz und die Vorhaltezeit.
Jeder Gesellschafter hat das für sein Gerät erforderliche geeignete Bedienungspersonal abzustellen. Dies gilt besonders für Groß- und Spezialgeräte. Unter Bedienungspersonal sind nur die Geräteführer, nicht jedoch ihre Hilfskräfte zu verstehen. [...]

(14.22) Abruf
Die Geräte werden von der Bauleitung nach Weisung der Aufsichtsstelle rechtzeitig, möglichst schriftlich abgerufen. Die Disposition über die Geräte auf der Baustelle steht der Bauleitung nach den Weisungen der Aufsichtsstelle zu.

(14.23) Freimeldung [...]

(14.24) An- und Verkauf von ARGE-Geräten
Sollten in Ausnahmefällen Geräte von der ARGE gekauft werden, so entscheidet die Aufsichtsstelle über den Ankauf/bei Geräten mit einem Anschaffungswert von über EUR ... über den Ankauf. Der Einkauf richtet sich nach § 8.45. Von der ARGE gekaufte Geräte sind bei Freiwerden im Allgemeinen an die Gesellschafter zum Tageswert unter Berücksichtigung des Beteiligungsverhältnisses zu verkaufen. Bei Nichteinigung über den Abgabewert werden ARGE-eigene Geräte an den höchstbietenden Gesellschafter verkauft, es sei denn, dass ein Dritter mehr bietet. [...]

(14.3) Gerätebeistellung durch die Gesellschafter

(14.31) Allgemeine Grundsätze
Die Beistellung erfolgt, soweit nicht schriftlich etwas Anderes vereinbart wird, im Rahmen eines Mietverhältnisses gegen Berechnung der Gerätevorhaltekosten. Diese bestehen aus der Abschreibung und

Verzinsung gem. § 14.41 und den Reparaturkosten gem. § 14.42. Die ARGE ist zur ordnungsgemäßen Wartung der Geräte verpflichtet.

(14.32) Berechnungsmaßstab [...]

(14.33) Büromaschinen und Kassenschränke [...]

(14.34) Beginn und Ende der Gerätevorhaltung [...]

(14.4) Vergütung an die Gesellschafter für die Beistellung

(14.41) Die Gesellschafter berechnen der ARGE monatlich folgende Sätze: [...]

(14.5) Ausführung und Verrechnung von Reparaturarbeiten [...]

(14.6) Schadensregelung für Geräte [...]

(14.7) Ordnungsbestimmungen [...]

(14.8 - 14.9) [...]

§ 15 Verpackungskosten, Be- und Entladekosten, Transportkosten

§ 16 Versicherungen

§ 17 Steuern

(17.1) Lohnsteuer

Für das von der ARGE abgerechnete Personal hat die ARGE die Lohnsteueranmeldungen zu erstellen und die Lohnsteuer an das zuständige Finanzamt abzuführen.

(17.2) Umsatzsteuer

Die ARGE hat die Umsatzsteuer-Voranmeldungen und –Erklärungen zu erstellen, die Umsatzsteuer an das zuständige Finanzamt abzuführen und zu erstattende Vorsteuern vom Finanzamt anzufordern.

(17.3) Gewerbesteuer

(17.31) Gewerbesteuer im Normalfall

Gewerbesteuer entrichten die Gesellschafter anteilig zu eigenen Lasten.

(17.32) Gewerbesteuer bei ARGEN mit selbständiger Gewerbesteuerpflicht

Im Fall der selbständigen Gewerbesteuerpflicht hat die ARGE die Gewerbesteuer zu entrichten. Der sich aus der Gewerbesteuer ergebende Aufwand wird vor der endgültigen Ergebnisverteilung den Gesellschaftern im Verhältnis ihres Anteils am einheitlichen Gewerbesteuermessbetrag angelastet.

(17.4) Kraftfahrzeugsteuer

(17.41) Die Bezahlung der Kraftfahrzeugsteuer hat durch den Kraftfahrzeughalter zu erfolgen.

(17.42) Die Kraftfahrzeugsteuer für beigestellte, im Straßenverkehr zugelassene Fahrzeuge berechnen die beistellenden Gesellschafter der ARGE

(17.5) Umsatzsteuer für Umsätze zwischen Gesellschafter und ARGE

Auf ihre - steuerbaren und steuerpflichtigen - Lieferungen und Leistungen an die ARGE berechnen die Gesellschafter die Umsatzsteuer gesondert. Ebenso verfährt die ARGE bei ihren Lieferungen und Leistungen an die Gesellschafter.

(17.6) Andere Steuern

Soweit der ARGE nicht ausdrücklich die Bearbeitung von Steuerangelegenheiten von den Gesellschaftern übertragen worden ist und soweit ihr die Bearbeitung von Steuerangelegenheiten nicht gesetzlich obliegt, ist die Bearbeitung Sache eines jeden Gesellschafter; insoweit kann die ARGE die Gesellschafter der ARGE nicht vertreten.

§ 18 Beiträge zu Verbänden , besondere Umlagen und dergleichen

§ 19 Prüfung und Überwachung

§ 20 Bürgschaften für Dritte und Abtretung von Forderungen aus dem ARGE-Vertrag

§ 21 Gewährleistung

§ 22 Vertragsdauer

Der ARGE-Vertrag beginnt mit der Aufnahme der ersten Geschäftstätigkeit der ARGE, spätestens aber mit dem Zustandekommen des Bauvertrages und endet mit der Erfüllung der sich aus ihm und dem Bauvertrag ergebenden Rechte und Pflichten, insbesondere der Gewährleistungspflichten.
Beschließen die Gesellschafter vorzeitig die Auflösung der ARGE, so haften sie - ungeachtet der gesamtschuldnerischen Haftung im Außenverhältnis - im Innenverhältnis weiter anteilig.

§ 23 Ausscheiden eines Gesellschafters

(23.1) Kündigung durch einen Gesellschafter

Kündigt ein Gesellschafter die ARGE aus wichtigem Grund gem. § 723 BGB, so scheidet er aus.

(23.2) Tod des Inhabers eines Einzelunternehmens

(23.21) Ist an der ARGE ein Einzelunternehmen beteiligt und stirbt dessen Inhaber, so wird die ARGE mit dessen Erben - gleiches gilt für Vermächtnisnehmer - fortgesetzt, wenn

(23.211) sein Unternehmen nur auf einen voll geschäftsfähigen Erben übergegangen ist oder - bei Übergang auf mehrere Erben - diese den übrigen Gesellschaftern innerhalb von sechs Wochen nach Erbfall einen voll geschäftsfähigen Miterben benannt haben, der von ihnen beauftragt worden ist, sie uneingeschränkt im Rahmen der ARGE zu vertreten,

(23.212) und der Alleinerbe oder der benannte Miterbe oder ein von diesen innerhalb von sechs Wochen nach Erbfall schriftlich benannter, mit uneingeschränkter Vertretungsmacht ausgestatteter Beauftragter die Gewähr dafür bietet, dass er die Rechte und Pflichten aus dem ARGE-Vertrag in gleicher Weise wie der Erblasser wahrnehmen bzw. erfüllen kann.

(23.22) Hat der Erbe/Haben die Erben das Vorliegen der Voraussetzungen von §§ 23.211 und 23.212 den übrigen Gesellschaftern nicht bis zum Ablauf von sechs Wochen nachgewiesen, so können diese den Erben /die Erben mit einer Frist von einem Monat zu einem Monatsende durch Mehrheitsbeschluss - bei einer zweigliedrigen ARGE durch Erklärung des anderen Gesellschafters - aus der ARGE ausschließen. [...]

(23.3) Auflösen einer Gesellschaft
Ist an der ARGE eine Gesellschaft beteiligt und wird diese, gleich aus welchem Rechtsgrund, aufgelöst, so können die übrigen Gesellschafter die von der Auflösung betroffene Gesellschaft mit einer Frist von einem Monat zu einem Monatsende durch Mehrheitsbeschluss - bei einer zweigliedrigen ARGE durch Erklärung des anderen Gesellschafters - aus der ARGE ausschließen.

(23.4) Ausschluss eines Gesellschafters aus wichtigem Grund

(23.41) Ein Gesellschafter kann durch einstimmigen Beschluss der übrigen Gesellschafter ausgeschlossen werden, wenn er einen wichtigen Grund gesetzt hat und ihm vorher Gelegenheit zur Anhörung gegeben wurde. Ein wichtiger Grund liegt u.a. vor, wenn ein Gesellschafter wesentlichen Verpflichtungen, wie z.B. zur Gestellung von Geldmitteln, Bürgschaften, Geräten, Stoffen, Personal oder Zahlung einer verwirkten Ausgleichszahlung trotz schriftlicher Inverzugsetzung nicht oder nicht gehörig nachkommt oder wenn ein Insolvenzantrag von einem Dritten gegen ihn gestellt wurde.

(24.42) Bei einer zweigliedrigen ARGE kann ein Gesellschafter aus wichtigem Grund nur durch gerichtliche Entscheidung (§ 27) ausgeschlossen werden.

(23.5) Ausschluss eines Gesellschafters aus wichtigem Grund

Ein Gesellschafter kann durch Beschluss der einfachen Mehrheit der übrigen Gesellschafter oder - bei einer zweigliedrigen ARGE - durch Erklärung des anderen Gesellschafters ausgeschlossen werden,

(23.51) wenn er die Zahlungen eingestellt oder über sein Vermögen das Insolvenzverfahren beantragt oder seinen Gläubigern einen außergerichtlichen Vergleichsvorschlag unterbreitet hat.

(23.52) *entfallen*

(23.53) wenn durch einen Gläubiger des Gesellschafters in die ARGE-Beteiligung vollstreckt worden ist und der Gesellschafter nicht innerhalb eines Monats, gerechnet von der Zustellung des Pfändungs- und Überweisungsbeschlusses an die Gesellschafter, die Aufhebung der Pfändung und Überweisung bewirkt hat,

(23.54) wenn durch einen Gläubiger des Gesellschafters ein von diesem der ARGE zur Verfügung gestelltes Gerät gepfändet worden ist und der Gesellschafter die Aufhebung der Pfändung nicht innerhalb eines Monats, vom Tage der Pfändung an gerechnet, bewirkt hat.

Der Beschluss ist dem auszuschließenden Gesellschafter in einer von den zustimmenden Gesellschaftern unterschriebenen Ausfertigung durch Einschreiben zu übersenden.

(23.6) Zwangsläufiges Ausscheiden eines Gesellschafters

Ein Gesellschafter scheidet aus

(23.61) wenn ein Gläubiger dieses Gesellschafters nach § 725 BGB kündigt;

(23.62) wenn über sein Vermögen das Insolvenzverfahren eröffnet oder die Eröffnung mangels Masse abgelehnt wird.

(23.7) Zeitpunkt des Ausscheidens bei Ausschluss

Als Zeitpunkt des Ausscheidens gilt

(23.71) im Fall von § 23.41 das Ende des Monats, in welchem der Gesellschafterbeschluss dem auszuschließenden Gesellschafter zugegangen ist.

(23.72) im Fall von § 23.42 das Ende des Monats, in welchem

(23.721) bei Vereinbarung des Schiedsgerichts das Schiedsverfahren eingeleitet wird

(23.722) bei Zuständigkeit des ordentlichen Gerichts die Klage eingereicht wird, sofern die Zustellung demnächst erfolgt.

(23.73) im Fall von § 23.51 der Tag, an dem der Beschluss oder die Erklärung über den Ausschluss dem auszuschließenden Gesellschafter zugegangen ist.

(23.74) *entfallen*

(23.75) im Fall von §§ 23.53 und 23.54 der Tag, bis zu welchem der Gesellschafter die Aufhebung der Pfändung und Überweisung bewirkt haben muss.

(23.76) im Fall von § 23.61 der Tag des Zugangs der Kündigung oder der Ablehnung der Erfüllung.
(23.77) im Fall von § 23.62 der Tag der Eröffnung oder Ablehnung des Insolvenzverfahrens.

(23.8) Einwendungen des betroffenen Gesellschafters [...]

§ 24 Folgen des Ausscheidens und Auseinandersetzung

(24.1) In allen Fällen des Ausscheidens eines Gesellschafters wird die ARGE von den übrigen Gesellschaftern fortgesetzt. Die Beteiligungsquoten der übrigen Gesellschafter werden neu bestimmt, indem die Quote des ausscheidenden Gesellschafters den verbleibenden Gesellschaftern im Verhältnis ihrer Beteiligung gem. § 3 anwächst.
Verbleibt nur ein Gesellschafter, so übernimmt dieser ohne besonderen Übertragungsakt mit dinglicher Wirkung die Anteile des ausscheidenden Gesellschafters. Der verbleibende Gesellschafter führt die Geschäfte der ARGE mit allen Rechten und Pflichten zu Ende.
Vollmachten des ausscheidenden Gesellschafters (z.B. Bankvollmachten) erlöschen zu dem in § 23.7 festgelegten Zeitpunkt des Ausscheidens.

(24.2) Scheidet ein Gesellschafter, gleichgültig aus welchem Grund, aus der ARGE aus, so hat der oder haben die verbleibende/n Gesellschafter zur Ermittlung des Ausscheidungsguthabens eine Auseinandersetzungsbilanz zum Stichtag des Ausscheidens zu erstellen.
Der ausgeschiedene Gesellschafter nimmt am Gewinn und Verlust der bis zu seinem Ausscheiden ausgeführten Arbeiten teil; er nimmt nicht teil am Gewinn und Verlust noch auszuführender Arbeiten und schwebender Geschäfte, mit Ausnahme bereits erkennbarer Verluste. Die Haftung nach § 24.4 bleibt unberührt. In der Auseinandersetzungsbilanz sind die Aktive und Passiva, soweit nicht anders feststellbar, im Wege der Schätzung unter Anwendung des § 738 II BGB zu ermitteln. Insbesondere ist - unabhängig vom Stand des Bauvorhabens im Zeitpunkt des Ausscheidens - eine angemessene Bewertung des Gewährleistungsrisikos und sonstiger Risiken bezüglich des Gesamtbauvorhabens vorzunehmen. Für die Bewertung des Gewährleistungsrisikos gilt ein Prozentsatz von *2% / ...%* des Auftragswertes ohne Umsatzsteuer der zum Stichtag erbrachten und vertragsmäßig noch zu erbringenden Leistungen als angemessen, es sei denn, dass zum Zeitpunkt der Bilanzaufstellung ein höherer Ansatz begründet ist.
Ein etwaiger Geschäftswert der ARGE ist nicht zu berücksichtigen.
Einsprüche gegen die Auseinandersetzungsbilanz können nur in schriftlicher Form mit Begründung innerhalb von drei Monaten nach Zustellung erhoben werden.
Nach Eintritt der Feststellungswirkung sind alle in der Auseinandersetzungsbilanz enthaltenen Ansätze und Bewertungen abschließend und endgültig.

(24.3) Sind der Umfang und die Höhe möglicher Gewährleistungs- sowie sonstiger Verpflichtungen und Risiken nicht hinreichend zu überblicken, so kann die ARGE in den Fällen des Ausscheidens das Ausscheidungsguthaben des ausgeschiedenen Gesellschafters bis zur Erfüllung alle Gewährleistungsansprüche und sonstigen möglichen Verpflichtungen der ARGE zurückhalten.

(24.4) Der ausgeschiedene Gesellschafter haftet - unabhängig vom Ergebnis der Auseinandersetzungsbilanz - den verbleibenden Gesellschaftern gegenüber entsprechend der Höhe seines früheren Anteils auch für solche Gewährleistungs- und sonstige Verpflichtungen sowie Verluste in bezug auf das Gesamtbauvorhaben, welche erst nach Aufstellung der Auseinandersetzungsbilanz erkennbar geworden sind, deren Ursachen jedoch schon zum Zeitpunkt seines Ausscheidens gesetzt waren.
Die Haftung entfällt, wenn der ausgeschiedene Gesellschafter nachweist, dass die in der ARGE verbliebenen Gesellschafter diese Verpflichtungen und/oder Verluste allein zu vertreten haben.

(24.5) Ein nach § 23 ausgeschiedener Gesellschafter haftet darüber hinaus für alle Kosten, welche der ARGE durch sein Ausscheiden entstehen.

(24.6) Einen sich aus der Auseinandersetzungsbilanz ergebenden Verlustanteil hat der ausgeschiedene Gesellschafter unverzüglich auszugleichen.

(24.7) Gegenüber Banken und Behörden sowie sonstigen Dritten gilt das Ausscheiden eines Gesellschafters als gehörig nachgewiesen, wenn es ihnen durch Vorlage dieses Vertrages und des Beschlusses der übrigen Gesellschafter bzw. der schriftlichen Erklärung der verbleibenden Gesellschafter oder der gerichtlichen Entscheidung (§ 27) glaubhaft gemacht wird.

(24.8) Der nach §§ 23.2 ff. ausgeschiedene Gesellschafter kann nicht verlangen, dass die ARGE bzw. der verbliebene Gesellschafter ihn von gemeinschaftlich fälligen, noch nicht fälligen oder bedingten Verbindlichkeiten befreit, diese erfüllt oder für diese Sicherheit leistet.

(24.9) Die von dem ausgeschiedenen Gesellschafter im Rahmen der vereinbarten Mietverhältnisse der ARGE überlassenen Geräte (§ 14) und Stoffe (§ 13) sind der ARGE gegen Zahlung der in diesem Vertrag vereinbarten Mieten solange zu belassen, wie sie von der ARGE zur Erreichung des Gesellschaftszwecks benötigt werden.
Unabhängig besteht für die anderen Gesellschafter an den in ihrem Mitbesitz befindlichen Geräten und Stoffen des ausscheidenden Gesellschafters wegen aller aus diesem Vertrag bestehenden Ansprüche gegen den ausscheidenden Gesellschafter ein entgeltliches Nutzungs- und Verwertungspfandrecht.
Auf Verlangen und nach Wahl der ARGE bzw. des verbliebenen Gesellschafters hat ein nach §§ 23.2 ff. ausgeschiedener Gesellschafter das von ihm abge-

stellte Personal der ARGE gegen die in diesem Vertrag vereinbarte Vergütung (§ 12) bis zur Beendigung der Bauarbeiten zu belassen.

§ 25 Zusätzliche Vereinbarungen

§ 26 Teilunwirksamkeit

§ 27 Schiedsgericht, Gerichtsstand

Österreichisches Erwerbsgesellschaftengesetz (Auszug)[721]

§ 1 Eingetragene Erwerbsgesellschaft

(1.) Eine Gesellschaft, die auf einen gemeinschaftlichen Erwerb unter gemeinsamer Firma gerichtet ist, zu deren Zweck jedoch eine offene Handelsgesellschaft oder eine Kommanditgesellschaft nicht gegründet werden kann, ist

1. eine offene Erwerbsgesellschaft, wenn bei keinem der Gesellschafter die Haftung gegenüber den Gesellschaftsgläubigern beschränkt ist, und
2. eine Kommandit-Erwerbsgesellschaft, wenn bei einem oder einigen der Gesellschafter die Haftung gegenüber den Gesellschaftsgläubigern auf den Betrag einer bestimmten Vermögenseinlage beschränkt ist (Kommanditisten), während bei dem anderen Teil der Gesellschafter eine Beschränkung der Haftung nicht stattfindet (persönlich haftende Gesellschafter).

§ 2 Firma

(1.) Die Firma der offenen Erwerbsgesellschaft hat die Bezeichnung „offene Erwerbsgesellschaft", die Firma der Kommandit-Erwerbsgesellschaft hat die Bezeichnung „Kommandit-Erwerbsgesellschaft" zu enthalten. Diese Bezeichnungen dürfen mit „OEG" oder „KEG" abgekürzt werden.

(2.) Die Firma eines Einzelkaufmanns oder einer Handelsgesellschaft darf nur unter Aufnahme der im Abs. 1 vorgesehenen Bezeichnung fortgeführt werden. Vollkaufleute oder Handelsgesellschaften dürfen die Firma einer offenen Erwerbsgesellschaft oder einer Kommandit-Erwerbsgesellschaft nur unter Weglassung dieser Bezeichnung oder mit einem die Nachfolge andeutenden Zusatz, andere Einzelunternehmer dürfen sie nicht fortführen.

§ 3 Eintragung

(1.) Gesellschaften nach § 1 Z 1 und 2 sind zur Eintragung in das Firmenbuch anzumelden. Vor der Eintragung bestehen sie als solche nicht.

(2.) Im Übrigen gelten die Bestimmungen über das Firmenbuch.

§ 4 Anzuwendende Bestimmungen des Handelsrechts

(1.) Auf eingetragene Erwerbsgesellschaften sind die Vorschriften des Handelsgesetzbuchs und der Vierten Einführungsverordnung zum Handelsgesetzbuch über

---

[721] Erwerbsgesellschaftengesetz vom 24.04.1990.

die offene Handelsgesellschaft und die Kommanditgesellschaft sowie - unter Bedachtnahme auf die §§ 2 und 6 - die für diese Gesellschaften geltenden Vorschriften über die Firma anzuwenden.

(2.) Zur Führung von Handelsbüchern sind eingetragene Erwerbsgesellschaften als solche nicht verpflichtet.

§ 5 Gewerberecht

(1.) Die Bestimmungen des Gewerberechts über Personengesellschaften des Handelsrechts und andere Bestimmungen, die den Erwerb und die Ausübung von Befugnissen durch Personengesellschaften des Handelsrechts regeln, gelten auch für eingetragene Erwerbsgesellschaften.

§ 6 Freie Berufe

(1.) Ist Zweck einer eingetragenen Erwerbsgesellschaft die Ausübung eines freien Berufs, so darf diese Berufsausübung nur im Einklang mit den berufsrechtlichen Vorschriften erfolgen.

(2.) Soweit die berufsrechtlichen Vorschriften für die Firma nichts Anderes vorsehen, hat die Firma einen Hinweis auf den ausgeübten freien Beruf zu enthalten. An die Stelle der Bezeichnung „offene Erwerbsgesellschaft“ kann die Bezeichnung „Partnerschaft“ oder - sofern die Firma nicht die Namen aller Gesellschafter enthält - der Zusatz „und Partner“, an die Stelle der Bezeichnung „Kommandit-Erwerbsgesellschaft“ kann die Bezeichnung „Kommandit-Partnerschaft“ treten.

Entwurf eines Erwerbsgesellschaftengesetzes (nach Alberts)[722]

§ 1 Erwerbsgesellschaften

(1) Wird eine Gesellschaft, ohne Handelsgesellschaft zu sein, zum Betrieb eines Gewerbes oder eines sonstigen Unternehmens eingegangen, so kann sie durch Bestimmung im Gesellschaftsvertrag als Erwerbsgesellschaft ausgestaltet werden.

(2.) Eine offene Erwerbsgesellschaft (OEG) liegt vor, wenn bei keinem der Gesellschafter die Haftung gegenüber den Gesellschaftsgläubigern beschränkt ist.

(3.) Eine Kommanditerwerbsgesellschaft (KEG) liegt vor, wenn bei zumindest einem Gesellschafter die Haftung gegenüber den Gesellschaftsgläubigern auf den Betrag einer bestimmten Vermögenseinlage beschränkt ist (Kommanditist), während bei zumindest einem anderen Gesellschafter eine Beschränkung der Haftung nicht stattfindet (persönlich haftender Gesellschafter).

(4.) Auch Arbeitsgemeinschaften, die auf die Durchführung eines Großprojekts gerichtet sind, steht die Rechtsform der Erwerbsgesellschaft offen.

§ 2 Sollerwerbsgesellschaften

(1.) Eine Gesellschaft, die ein Gewerbe oder ein sonstiges Unternehmen betreibt, ist auch ohne dahingehende Bestimmung im Gesellschaftsvertrag Erwerbsgesellschaft, wenn nach Art und Umfang ein in kaufmännischer Weise eingerichteter Geschäftsbetrieb erforderlich ist.

§ 3 Eintragung

(1.) Die Gesellschaften nach den §§ 1 und 2 sind bei dem Gericht, in dessen Bezirk sie ihren Sitz haben, zur Eintragung in das Handelsregister anzumelden.

(2.) Die Anmeldung hat zu enthalten:
1. den Namen, Vornamen, Stand und Wohnort jedes Gesellschafters;
2. die Firma der Gesellschaft und den Ort, wo sie ihren Sitz hat;
3. den Zeitpunkt des Geschäftsbeginns.

(3.) Vor der Eintragung bestehen die Erwerbsgesellschaften als solche nicht.

---

[722] Vgl. Alberts, Die GbR im Umbruch, S. 175 ff.

§ 4 Firma

(1.) Die Firma einer offenen Erwerbsgesellschaft hat den Namen wenigstens eines der Gesellschafter und die Bezeichnung „offene Erwerbsgesellschaft“ zu enthalten. Die Bezeichnung „offene Erwerbsgesellschaft“ darf mit „OEG“ abgekürzt werden.

(2.) Die Firma einer Kommanditerwerbsgesellschaft [...].

§ 5 Rechtliche Selbständigkeit

(1.) Die eingetragenen Erwerbsgesellschaften können unter ihrer Firma Rechte erwerben und Verbindlichkeiten eingehen. Sie können vor Gericht klagen und verklagt werden.

(2.) Zur Zwangsvollstreckung in das Gesellschaftsvermögen ist ein gegen die Gesellschaft gerichteter vollstreckbarer Schuldtitel erforderlich.

§ 6 Freie Berufe

(1.) Ist Zweck einer Erwerbsgesellschaft die Ausübung eines freien Berufs, hat die Firma einen Hinweis auf den jeweiligen freien Beruf zu enthalten. An die Stelle der Bezeichnung „offene Erwerbsgesellschaft“ kann die Bezeichnung „Partnerschaft“ treten. An die Stelle der Bezeichnung „Kommanditerwerbsgesellschaft“ kann die Bezeichnung „Kommanditpartnerschaft“ treten.

(2.-4.) [...]

§ 7 Anwendbarkeit handelsrechtlicher Bestimmungen

(1.) Soweit durch dieses Gesetz keine abweichenden Regelungen getroffen worden sind, finden auf eingetragene Erwerbsgesellschaften die Vorschriften über die Handelsfirma, die offene Handelsgesellschaft und die Kommanditgesellschaft entsprechende Anwendung.

(2.) Zur Führung von Handelsbüchern sind eingetragene Erwerbsgesellschaften als solche nicht verpflichtet.

Bilanzierung von Bau-Arbeitsgemeinschaften

*Gutachten vom Betriebswirtschaftlichen Institut der Bauindustrie**

Stellungnahme zu dem Entwurf einer Verlautbarung des HFA „Zur Bilanzierung von Joint Venture, die in den IDW-Fachnachrichten Nr. 10/1992 und danach in mehreren Fachzeitschriften veröffentlicht wurde.

Die Arbeitsgemeinschaft im Baugewerbe (im folgenden abgekürzt als ARGEN) werden in der o.g. Verlautbarung expressis verbis nur im zweiten Satz des ersten Absatzes erwähnt. Dadurch entsteht der Eindruck, dass die Verfasser die branchentypische Kooperation in Form von Gemeinschaftsbaustellen denselben Bilanzierungsnormen zu unterwerfen beabsichtigen wie die Joint Ventures jedweder Art.

Die ARGE ist aber mit sonstigen Joint Ventures gerade nicht vergleichbar. Sie ist die übliche Kooperationsform mehrerer Bauunternehmen ausschließlich bei der Bauausführung, und sie wird nur für einen einzelnen Bauauftrag jeweils neu gegründet.
Dieser besondere Charakter der ARGE wird dadurch unterstrichen, dass es seit vielen Jahren einen von den beiden Spitzenverbänden der deutschen Bauwirtschaft herausgegebenen und empfohlenen Muster-Arbeitsgemeinschaftsvertrag gibt. Dieser wird ständig weiterentwickelt und den Gegebenheiten der Praxis angepasst (zur Zeit gilt die Fassung 1987). Dieser ARGE-Mustervertrag wird so gut wie ausschließlich bei allen ARGEN von Bauunternehmen aller Größenordnungen angewandt.

Wenn ARGEN den sonstigen Joint Ventures gleichgesetzt würden, träte eine von der bisherigen gewachsenen und bewährten Praxis abweichende Erfassung der ARGEN in den Jahresabschlüssen der Bauunternehmen ein. Dies würde bedeuten, dass für eine ganze Branchen die testierten Jahresabschlüsse vergangener Jahren in Zweifel gezogen würden. Abgesehen davon würde eine Gleichsetzung von ARGEN mit sonstigen - mit diesen nicht vergleichbaren - Joint Ventures gegen geltendes Recht und gewachsene GoB verstoßen. Aus diesem Grunde können die ARGEN nicht unter die vorgesehen Regelung fallen. Wir beschränken uns im Folgenden auf grundlegende Argumente:

1. Eine Bilanzierung der Beteiligung an ARGEN im Finanzanlagevermögen verbietet sich nach § 247 II HGB.

a.) „Das Finanzanlagevermögen (...) umfasst diejenigen Vermögensgegenstände, die durch Kapitalüberlassung an andere Unternehmen entstanden sind."[723] Das Engagement in einer ARGE ist von seiner Natur her gerade nicht darauf gerichtet, dauerhaft der ARGE Kapital zur Verfügung zu stellen.

---

* Der Verf. bedankt sich beim *BWI-Bau* für die freundliche Veröffentlichungsgenehmigung. An dieser Stelle sei noch einmal darauf hingewiesen, dass das Gutachten auf dem Rechtsstand (01/1993) steht.

723 Kupsch, P.: Das Finanzanlagevermögen: in: Handbuch des Jahresabschlusses, Abt. II/3, Rz. 1.

Der weitaus überwiegende Teil der Gesellschafterbeiträge bei einer ARGE besteht in der Beistellung von Personal, Stoffen, Geräten und sonstigen Drittleistungen. Alle diese Beistellungen erfolgen gegen im ARGE-Vertrag dem Grunde und der Höhe nach vereinbarte Vergütungen. Auch die Tätigkeiten der technischen und kaufmännischen Geschäftsführung werden gesondert vergütet, sind also wie die Beistellungen keine gesellschaftsrechtlich begründeten Leistungen, die durch den Anteil am Gewinn oder Verlust der ARGE abgegolten werden. Mit Ausnahme der Finanzeinschüsse - die nur von untergeordneter Bedeutung sind - erfolgen bei einer ARGE also keinerlei gesellschaftsrechtlich begründeten Leistungen der Partnerunternehmen, sondern nur auf schuldrechtlicher Basis erbrachte Lieferungen und Leistungen. Aufgrund schuldrechtlicher Beziehungen entstandene Forderungen und Verbindlichkeiten sind aber - darin besteht Übereinstimmung mit dem HFA-Entwurf (Nr. 4, letzter Absatz) - als eigenständige Vermögens- und Schuldposten getrennt von einem evtl. auszuweisenden Anteil zu bilanzieren.

b.) Selbst die Überlassung von Finanzmittel der Partner an eine ARGE darf nach § 247 II HGB nicht im Finanzanlagevermögen ausgewiesen werden, da es dieser Überlassung eindeutig an der dort geforderten Dauerhaftigkeit fehlt. Die Finanzierung bei der ARGE beschränkt sich auf die Vorfinanzierung der Bauleistung[724], wie sie sich generell aus dem deutschen Werkvertragsrecht ergibt. Genauer gesagt, benötigt eine ARGE von ihrer Grundlegung her Geldmittel der Gesellschafter nur zur Finanzierung ihrer eigenen auszahlungswirksamen Baukosten. Diese beschränken sich im Wesentlichen auf von Dritten bezogene Lieferungen und Leistungen. Gesellschafterrechnungen führen nach den Bestimmungen des ARGE-Vertrages nicht zu laufenden Auszahlungen der ARGE. § 11.4 ARGE-MV bestimmt, dass die Bezahlung von Gesellschafterrechnungen nur im Rahmen der Angleichung der Verrechnungskonten der Gesellschafter erfolgt. Der laufende Leistungsaustausch zwischen einer ARGE und ihren Gesellschaftern wird unbar auf diesen Verrechnungskonten erfasst. Im überwiegend üblichen Fall der Abordnung des Personals (§ 12.22 ARGE-MV) von den Partnern zur ARGE fallen bei der ARGE auch keine Lohnzahlungen an. Somit ist der direkte Finanzbedarf einer ARGE relativ gering. Durch die vom Auftraggeber eingehenden Abschlagszahlungen (§ 16 Nr. 1 VOB/B[725]) hat eine ARGE üblicherweise relativ rasch einen Finanzmittelüberschuss. Dieser verbleibt aber in der Praxis regelmäßig nicht bei der ARGE, sondern wird bis auf eine geringe „eiserne Reserve" auf dem ARGE-Bankkonto an die Gesellschafter ausgezahlt.

Dies ist die übliche und auch wirtschaftlich geforderte Vorgehensweise bei ARGEN. Dies wird auch durch die Regelungen in § 11 des Mustervertrages zur Verwendung verfügbarer Finanzmittel unterstrichen. Der ARGE-Kommentar betont, dass freie Finanzmittel nicht unnötig bei der ARGE gebunden werden sollen, „vor allem dann nicht, wenn die Gesellschafter höhere Beiträge eingeschossen und die-

---

724 Vgl. Fahrenschon/Burchardt, ARGE, § 11, Rz. 4.

725 *Anm*: Jetzt auch § 632a BGB i.d.F. des Schuldrechtsmodernisierungsgesetzes v. 26.11.2001.

se ihrem eigenen Unternehmen entzogen haben."[726] Daraus wird deutlich, dass es sich bei den Einschüssen in ARGEN in der gewachsenen Praxis eindeutig um eine gewollt kurzfristige Überlassung von Kapital handelt.

c.) Somit scheidet die vom HFA-Entwurf (Nr. 3.1 Abs. 2) vorgesehene Bilanzierung von ARGEN auch bei einer voraussichtlich Dauer von mehr als einem Jahr im Finanzanlagevermögen aus. Diese willkürliche Festlegung entspricht nicht den wirtschaftlichen Gegebenheiten und führt nicht zu einem den tatsächlichen Verhältnissen entsprechenden Bild der Vermögens-, Finanz- und Ertragslage. Der Gesetzgeber hat bei Vermögensgegenständen, die im Umlaufvermögen auszuweisen sind, durchaus längere Laufzeiten als ein Jahr zugrundegelegt (Vermerke „davon" bei den Forderungen und sonstigen Vermögensgegenständen).

Abgesehen von der Willkürlichkeit dieses Zeitrahmens fehlt es dem finanziellen Engagement von Bauunternehmen in einer ARGE aus den o.g. Gründen an der Dauerhaftigkeit überhaupt. Es bleibt nur die bisherige in der Bauwirtschaft übliche Erfassung aller Leistungen der Partner an eine ARGE im Umlaufvermögen. Dem Grundsatz der Bilanzklarheit entsprechend, ist es zu diesem Zwecke in der gesamten Bauwirtschaft üblich, das gesetzliche Bilanzgliederungsschema um die Position „Forderungen an Arbeitsgemeinschaften" zu erweitern. Die Position „Verbindlichkeiten gegenüber Arbeitsgemeinschaften" trägt dem Umstand Rechnung, dass der Leistungsaustausch zwischen Gesellschaftern und ARGE auch einen - aus Sicht des Gesellschafters - passivischen Charakter annehmen kann. Dies verdeutlicht zusätzlich den kurzfristigen Charakter des finanziellen Engagements in einer ARGE.

d.) Die bisherige Bilanzierungspraxis stellt darüber hinaus - anders als eventuell bei sonstigen Joint Ventures - sicher, dass alle Risiken für die Gesellschafter aus dem ARGE-Auftrag Berücksichtigung finden. Die nach dem Imparitätsprinzip vorzunehmende verlustfreie Bewertung auch der in Arbeitsgemeinschaft ausgeführten Bauaufträge wird analog wie für eigene Aufträge durchgeführt: Im Rahmen der Inventur wird jede ARGE einzeln bewertet, und damit werden sowohl bereits eingetretene wie auch drohende zukünftige Verluste durch Abwertung einer Forderung an die Arbeitsgemeinschaft bzw. durch Bildung einer entsprechenden Rückstellung berücksichtigt.

e.) Die Finanzeinschüsse der Gesellschafter einer ARGE getrennt von den auf schuldrechtlicher Basis erbrachten Lieferungen und Leistungen als sonstigen Vermögensgegenstand zu erfassen, wie es der HFA-Entwurf für den Fall eines Ausweises im Umlaufvermögen vorsieht, entspricht wegen des oben Gesagten nicht der wirtschaftlichen Realität. Es handelt sich auch bei den Finanzeinschüssen um Leistungen der Gesellschafter, die den übrigen Beitragsleistungen gleichgestellt sind.

---

[726] Fahrenschon/Burchardt, ARGE, § 11, Rz. 15.

So stellt § 4.1 ARGE-MV die Einbringung von Finanzmitteln und die Gestellung von Bürgschaften, Geräten, Stoffen und Personal gleichwertig auf eine Stufe. Zwar sollten alle Beitragsarten für sich im Verhältnis der Beteiligung erbracht werden, jedoch können durchaus Minderleistungen bei einer Beitragsart durch entsprechende Mehrleistung bei anderen ausgeglichen werden. Dabei sind gerade die Finanzmittel dazu bestimmt, Minderleistungen bei anderen Beitragsarten im Rahmen der Angleichung der Gesellschafterkonten auszugleichen (vgl. § 11.3 ARGE-MV).

Fazit:

Die oben beschriebene und gewachsene und allgemein praktizierte Behandlung der ARGEN in der Bilanz in Anlehnung an die GoB kann als branchentypischer GoB angesehen werden. Somit ist die Aussage des HFA-Entwurfs, dass derzeit für die Bilanzierung von Anteilen an BGB-Gesellschaften noch keine allgemein anerkannten Grundsätze existieren (Nr. 1, 3. Absatz) für den Fall der ARGE nicht richtig. Die Bauwirtschaft hat für die Bilanzierung von ARGEN Grundsätze entwickelt, die von allen bilanzierenden und publizitätspflichtigen Unternehmen der Branche im Wesentlichen einheitlich gehandhabt werden und die den gesetzlichen Vorschriften sowie den Grundsätzen ordnungsgemäßer Buchführung und Bilanzierung entsprechen. Eine Weiterentwicklung - im Sinne eines zutreffenderen Einblicks in die Vermögenslage - durch die geforderte neue Handhabung ist nicht zu erkennen, da für den weitaus überwiegenden Teil der Gesellschafterleistungen, der ja auf schuldrechtlicher Basis beruht, sowieso keine Änderung eintreten würde.

2. Ein Ausweis des ARGE-Ergebnisses in der GuV unter einer anderen Position als den Umsatzerlösen widerspricht der Generalnorm des § 264 II HGB.

a.) Ein Ausweis des Ergebnisses einer ARGE unter dem Finanzergebnis scheidet nach dem oben Gesagten von vornherein aus, da die Beteiligung an einer ARGE nicht unter dem Finanzanlagevermögen bilanziert werden darf.

b.) Der vom HFA-Entwurf (Nr. 3.4) für den Fall der Bilanzierung im Umlaufvermögen geforderte Ausweis unter den sonstigen betrieblichen Erträgen bzw. Aufwendungen entspricht aber nicht den praktischen wirtschaftlichen Gegebenheiten: Das Bauen in Arbeitsgemeinschaften gehört zu den typischen Tätigkeiten eines Bauunternehmens. Nach § 277 I HGB sind aber unter den Umsatzerlösen „die Erlöse aus dem Verkauf und der Vermietung oder Verpachtung von für die gewöhnliche Geschäftstätigkeit der Kapitalgesellschaft typischen Erzeugnissen und Waren sowie von für die gewöhnliche Geschäftstätigkeit der Kapitalgesellschaft typischen Dienstleistungen nach Abzug von Erlösschmälerungen und der Umsatzsteuer auszuweisen." Deshalb sind nicht nur die laufenden Erlöse der Gesellschafter aus Lieferungen und Leistungen an eine ARGE als Umsatzerlöse zu erfassen. Da die Ergebnisse aus ARGEN ebenfalls aus der Bautätigkeit entstanden sind und als wesentlicher Unternehmensgegenstand von Bauunternehmen anzusehen sind, werden diese ARGE-Ergebnisse in der Bauwirtschaft aufgrund langjähriger Bilanzierungspraxis unter den Umsatzerlösen ausgewiesen. Diese Regelung ist sachgerecht und sollte beibehalten werden.

c.) Ein Ausweis des Ergebnisanteils einer ARGE in der Position „sonstige betriebliche Erträge“ bzw. „sonstige betriebliche Aufwendungen“ würde auch deshalb der Generalnorm des „true and fair view“ widersprechen, weil das Ergebnis einer ARGE in sehr starkem Maße von den Vergütungen für die Lieferungen und Leistungen der Gesellschafter an die ARGE abhängt: relativ hohe Vergütungen für die Gesellschafter mindern unter sonst gleichen Gegebenheiten den ARGE-Gewinn, relativ niedrige Vergütungen erhöhen ihn. Die Erlöse aus Lieferungen und Leistungen getrennt von den Erlösen bzw. Erlösschmälerungen in verschiedenen Positionen der GuV zu erfassen, würde den Einblick in die Ertragslage eines Bauunternehmens wesentlich verfälschen, da beide Vorgänge untrennbar verbunden sind.

3. Da eine ARGE keine Unternehmenseigenschaft besitzt, entfällt eine Einbeziehung in den Konzernabschluss und in die Liste des Anteilsbesitzes nach § 285 Nr. 11 HGB.

a.) „(...) solche Wirtschaftseinheiten (sind) als Unternehmen anzusehen, die i.S.d. funktionalen Unternehmensbegriffs selbständiger Träger unternehmerischer Planungs- und Entscheidungsgewalt sind. (...) Sie müssen in abgrenzbarer Weise eigenerwerbswirtschaftliche Ziele verfolgen (...).“[727] Nun ist es aber für ARGEN geradezu typisch, dass sie nicht selbständig planen und entscheiden. Alle Planungs- und Entscheidungsgewalt verbleibt in den Händen der Gesellschafter. Die ARGE ist quasi nur der verlängerte Arm der Gesellschafter, der einen bestimmten, von den Gesellschaftern geplanten und gesteuerten Bauauftrag arbeitsmäßig abwickelt.

Dieses Fehlen von Entscheidungsbefugnissen auf der Ebene der ARGE ist der eindeutige und erklärte Wille der Gesellschafter im ARGE-Mustervertrag. Die Regelungen zur Entscheidungsfindung in der Aufsichtsstelle in § 6 ARGE-MV stellen dies deutlich heraus. Die Aufsichtsstelle ist - anders als es ihr Name ausdrückt - eben nicht nur ein Aufsichtsorgan, sondern als Gesellschafterversammlung das oberste Organ der ARGE (vgl. § 6.41 ARGE-MV). Die im Mustervertrag vorgesehenen Geschäftsführungsorgane haben also gegen den Willen eines jeden Gesellschafters keinerlei Möglichkeit, Entscheidungen zu treffen. Jede Entscheidung eines geschäftsführenden Gesellschafters kann durch jeden Gesellschafter durch Anrufung der Aufsichtsstelle widerrufen werden. In der Aufsichtsstelle ist jeder Gesellschafter vertreten[728] und hat i.d.R. unabhängig von seiner Beteiligung eine Stimme[729]. Darüber hinaus legt § 6.6 ARGE-MV fest, dass bis auf ganz wenige Ausnahmen (wegen Unaufschiebbarkeit) alle Entscheidungen der Einstimmigkeit der Gesellschafter bedürfen.

---

[727] ADS, HGB, § 271, Rz. 9.

[728] § 6.1 ARGE-MV.

[729] Fahrenschon/Burchardt, ARGE, § 6, Rz. 7.

Diese strikten Regelungen bewirken, dass im Fall einer ARGE die Gesellschaft keine Entscheidung gegen den Willen auch nur eines Gesellschafters treffen kann. Dies ist Ausfluss des autonomen Selbstbestimmungsrechts eines jeden Gesellschafters innerhalb einer ARGE, nach dem jeder Gesellschafter im Rahmen seiner gesellschaftsrechtlichen Treuepflicht seinen individuellen Entscheidungsfreiraum behalten darf[730]. Die Gesellschafter einer ARGE wollen also gerade alle Fäden in der Hand behalten. Die unternehmerische Entscheidungsgewalt liegt somit auf der Ebene der Gesellschafter und nicht auf der Ebene der Gesellschaft, wenn es sich um eine ARGE handelt. Die ARGE ist nur Ausführungsorgan des Willens der Gesellschafter.

b.) Die fehlende Unternehmenseigenschaft einer ARGE wird noch dadurch unterstrichen, dass sie keinerlei - sonst für Bauunternehmen typische - akquisitorische Aktivitäten entwickelt. Sie führt nur einen einzigen, von den Gesellschaftern akquirierten Bauauftrag praktisch aus. Die ARGE verfolgt also keine eigenständigen erwerbswirtschaftlichen Ziele, sondern nur diejenigen der Gesellschafter.

Zu diesem Schluss kommt auch *Barner*, wenn er ausführt: „Die ARGE ist also ein Unternehmensteilzusammenschluss auf Zeit (...). Aus dieser Sicht stellt sich die ARGE als ein sich geschlossener, voll funktionsfähiger wirtschaftlicher Organismus dar, dem jedoch die letzte wirtschaftliche Selbständigkeit fehlt. Die in die ARGE eingebrachten Teile gehen zu keinem Zeitpunkt eine untrennbare Verbindung ein. Hat der aus Teilen anderer Organismen geschaffene, eigene wirtschaftliche Organismus seinen Zweck erfüllt, gehen seine Teile wieder restlos in den alten Organismen auf."[731]

c.) Darüber hinaus geht die ARGE keine rechtlichen Verpflichtungen zu Dritten ein, was für ein Unternehmen ansonsten üblich ist. Als BGB-Gesellschaft fehlt ihr von deren Natur her die eigene Rechtspersönlichkeit. Als solche unterhält die ARGE keine Rechtsbeziehungen zu Dritten, da die Gesellschafter, aber nicht die Gesellschaft als solche, am Rechtsverkehr teilnehmen[732].

d.) Bei Hochstein/Jagenburg wird weiterhin die Kaufmannseigenschaft einer ARGE i.S.d. § 2 HGB (Sollkaufmann) verneint, was wiederum gegen die Qualifizierung einer ARGE als Unternehmen spricht: „Außerdem ist unter einem „Gewerbebetrieb", den jedes Handelsgewerbe notwendig voraussetzt, aber auch nur eine dauernde, berufsmäßig ausgeübte Tätigkeit zu verstehen, die auf Erzielung eines Gewinns ausgerichtet ist. Arbeitsgemeinschaften stellen dagegen regelmäßig Unternehmenszusammenschlüsse auf Zeit dar (...). Sie sind also gerade nicht auf Dauer angelegt, d.h. auf eine unbestimmte Vielzahl von Geschäften als Ganzes." Die Kaufmannseigenschaft ist danach also nicht durch eine so beiläufige Eigen-

730 Fahrenschon/Burchardt, ARGE, § 11, Rz. 3.

731 Barner, Die ARGE in der Bauwirtschaft als besonderer gesellschaftsrechtlicher Typus, S. 80.

732 Fahrenschon/Burchardt, Exkurs, Rz. 6. *Anm*: Dies ist vom heutigen Standpunkt aus **obsolet**., vgl. BGH v. 29.01.2001 -II ZR 331/00-, BGHZ 146, 341 ff.

schaft der ARGE wie eine Auftragslaufzeit von mehr als einem Jahr gegeben, sondern an die wiederholte Absicht, Gewinne zu erzielen, geknüpft.

Düsseldorf, 26. Januar 1993

Bilanzierung von Bau-Arbeitsgemeinschaften

Stellungnahme vom Betriebswirtschaftlichen Ausschuss des Hauptverbandes der Deutschen Bauindustrie

Der Hauptfachausschuss des Instituts der Wirtschaftsprüfer (IDW) hat im Juli 1993 eine Stellungnahme „Zur Bilanzierung von Joint Ventures“ abgegeben. In dieser Verlautbarung ist auch die Berufsauffassung in Prüfungs- und Bilanzierungsfragen von Arbeitsgemeinschaften festgelegt.

Der Betriebswirtschaftliche Ausschuss des Hauptverbandes der Deutschen Bauindustrie hat sich nach eingehenden Vorarbeiten zahlreicher Fachleute aus Bauunternehmen aller Größenordnungen mit der Stellungnahme befasst und ist zu folgendem Ergebnis gekommen:[733]

1. Hinsichtlich der typischen Bau-Arbeitsgemeinschaften ist festzuhalten, dass die bisherige Bilanzierungspraxis beibehalten werden kann, weil folgende Kriterien erfüllt sind:

    - Die Partnerunternehmen haben einen Teil ihrer gewöhnlichen Geschäftstätigkeit in die Arbeitsgemeinschaft ausgelagert, d.h. die Arbeitsgemeinschaft wird nur für die Abwicklung eines zeitlich befristeten Auftrages gegründet.

    - Die Arbeitsgemeinschaft verfolgt somit keine eigenständigen erwerbswirtschaftlichen Ziele und besitzt keine Unternehmenseigenschaft.

    - Die Gesellschafter leisten keine festen Einlagen, sondern sie stellen der ARGE nur kurzfristige Mittel in variabler Höhe entsprechend dem jeweiligen Finanzbedarf zur Vorfinanzierung der Bauausführung zur Verfügung (Konto „Einzahlungen und Auszahlungen“ aus Kontengruppe 25, BKR 87).

    - Die Arbeitsgemeinschaft verfügt über keine eigenständigen Leitungsorgane, da alle wesentlichen Entscheidungen auf der Gesellschafterebene (Aufsichtsstelle) gefällt werden.

    - Maschinen, Geräte, Material und Personal werden auf schuldrechtlicher Basis zur Verfügung gestellt.

2. Arbeitsgemeinschaften mit Unternehmenscharakter, d.h. bei denen die obigen Abgrenzungskriterien für die typische Bau-Arbeitsgemeinschaft nicht vorliegen, haben die in der Verlautbarung aufgestellten Bilanzierungsgrundsätze zu beachten. Auch in diesen Fällen sind die wirtschaftlichen und rechtlichen Rahmenbedingun-

---

733 Quellenhinweis: BWI-Bau-Stellungnahme: Zur Bilanzierung von Bau-Arbeitsgemeinschaften.

gen als Gesamtheit zu würdigen, um eine den tatsächlichen Verhältnissen entsprechende Bilanzierung vornehmen zu können.

3. Für die Bilanzierung bei den Partnerunternehmen der typischen Bau-Arbeitsgemeinschaften verbleibt es daher bei folgender Handhabung:

- Die Arbeitsgemeinschaftskonten werden im Umlaufvermögen als Forderungen gegen Arbeitsgemeinschaften bzw. Verbindlichkeiten gegenüber Arbeitsgemeinschaften (Kontengruppe 25 bzw. 43, BKR 87) bilanziert.

- Die anteiligen Ergebnisse aus den Arbeitsgemeinschaften werden in der GuV unter den Umsatzerlösen ausgewiesen.

Voraussetzung für die Beibehaltung dieser Bilanzierungsmethode ist, dass in Zukunft im Anhang des Jahresabschlusses der Anteil der in Arbeitsgemeinschaften abgewickelten Aufträge am Gesamtvolumen der in der Berichtsperiode abgewickelten Aufträge angegeben wird.

Weitere Voraussetzung ist, dass im Anhang - wie bisher - auf die Einbeziehung der anteiligen Arbeitsgemeinschaftsergebnisse in die Umsatzerlöse hingewiesen wird.

Arbeitsgemeinschaften im Baugewerbe

Erlass des Bundesministeriums für Finanzen vom 18. Oktober 1958
[öBMfF, AÖFV 1958, S. 655 ff.]

Die Ermittlung der in sinngemäßer Anwendung des § 15 Z. 2 EStG 1953 als Sonderbetriebsausgaben des Arbeitsgemeinschaftspartners abzuziehenden Beträge bereitet in der Praxis in der Regel unverhältnismäßige Schwierigkeiten. Der im ho. Erl. vom 22. Juni 1956 anerkannte, als Faustregel gedachte Umsatzschlüssel hat sich jedoch als den wirtschaftlichen Verhältnissen vielfach nicht entsprechend erwiesen. Die Aufteilung der Absetzung für Abnutzung, der vorzeitigen Abschreibungen, der Teilwertabschreibungen und des Reparatur- und Instandhaltungsaufwandes für die vermieteten Geräte und Maschinen ist daher in Zukunft nach dem Verhältnis der Einsatzzeiten bei den einzelnen Arbeitsgemeinschaften und den Eigenbaustellen vorzunehmen. Es ist nicht zu beanstanden, wenn die Verhältniszahlen auf Grund der den einzelnen Argen (Eigenbaustellen) in der Betriebsbuchhaltung des Partners angelasteten Beträge ermittelt werden. Voraussetzung ist jedoch, dass die für die einzelnen Geräte und Maschinen nach der tatsächlichen Einsatzzeit angelastete fiktive Gerätemiete für alle Argen (Eigenbaustellen) nach demselben Schlüssel berechnet wurde.

Die sonstigen durch die Beteiligung an einer Arge anfallenden Aufwendungen (Zentralregie) sind weiterhin nach dem Verhältnis der wirtschaftlichen Umsätze (Erlöse) der Eigenbaustellen zu dem Anteil an den Arge-Umsätzen aufzuteilen. Der auf die einzelne ARGE entfallende Betrag ist, wenn der Partner die Geschäftsführung inne hat, voll als Sonderbetriebsausgabe bei der einheitlichen Gewinnfeststellung für die ARGE zu berücksichtigen. Ist der Partner nicht Geschäftsführer, so sind als Sonderbetriebsausgabe nur zwei Drittel des nach dem Umsatzschlüssel ermittelten Betrages zu berücksichtigen.

Es ist nicht zu beanstanden, wenn die nach den obigen Weisungen ermittelten Sonderbetriebsausgaben die Vergütungen nach § 15 Z. 2 EStG 1953 übersteigen. Sind die ausgewiesenen Gerätemieten jedoch wesentlich geringer als die entsprechenden Aufwendungen, abgesehen von den Auswirkungen von vorzeitigen Abschreibungen oder Teilwertabschreibungen, ist zu prüfen, ob die Gerätemieten, nach wirtschaftlichen Grundsätzen beurteilt, in angemessener Höhe verrechnet wurden [...].

Synopse ausgewählter ARGE-Musterverträge

Land	Deutschland	Deutschland	Frankreich	Frankreich
Bezeichnung	*Arbeitsgemeinschaft*	*Dach-Arbeitsgemeinschaft*	*Groupement momentané d'entreprises conjointes*	*Groupement momentané d'entreprises solidaires*
Herausgeber	Hauptverband der deutschen Bauindustrie & Zentralverband des deutschen Baugewerbes	Hauptverband der deutschen Bauindustrie	Fédération Nationale des Travaux Publics & Fédération Française du Bâtiment	Fédération Nationale des Travaux Publics & Fédération Française du Bâtiment
Rechtsform	Gesellschaft bürgerlichen Rechts (h.M.) §§ 705 ff. BGB	Gesellschaft bürgerlichen Rechts (h.M.) §§ 705 ff. BGB	Kein „affectio societatis“	Kein „affectio societatis“
Haftung	gesamtschuldnerisch	*ggü. Auftraggeber*: GS *ggü. Dritten*: Loshaftung	*ggü. Auftraggeber*: Haftung des Mandataire *ggü. Dritten*: Loshaftung	*ggü. Auftraggeber*: GS *ggü. Dritten*: Loshaftung
Gesellschafter-versammlung	Aufsichtsstelle	Aufsichtsstelle	Comite de Contrôle	Comite de Contrôle
Geschäftsführung	Technische GF Kaufmännische GF	Technische GF Kaufmännische GF	Mandataire (Bevollmächtigter)	Mandataire (Bevollmächtigter)
Bauleitung	Bauleitung	(-)	Mandataire (Bevollmächtigter)	Coordinateur (Bauleiter)
Bauausführung	Gesamtbauleistung	Teilbauleistung (NU-Vergabe)	Teilbauleistung („lots“)	Gesamtbauleistung
Vergütung	Partnerleistungen Gewinnanteil	Los-Vergütung	Los-Vergütung	Gewinnanteil

Synopse ausgewählter ARGE-Musterverträge (II)

Niederlande	Österreich	Schweiz	International	International
Combinatie	*Arbeitsgemeinschaft*	*Arbeitsgemeinschaft*	*Europäische Arbeitsgemeinschaft*	*Europäische Arbeitsgemeinschaft*
Vereniging Grootbedrijf Bouwnijverheid (VG-Bouw)	Vereinigung Industrieller Bauunternehmungen Österreichs (VIBÖ)	Schweizerischer Baumeisterverband (SBV)	Fédération Internationale Européenne de la Construction (FIEC)	Fédération Internationale Européenne de la Construction (FIEC)
Vennootschap onder Firma (~OHG)	Gesellschaft bürgerlichen Rechts §§ 1175 ff. ABGB	Einfache Gesellschaft Art. 530 ff. OR (~GbR)	Recht des Mitgliedsstaates	Recht des Mitgliedsstaates
gesamtschuldnerisch	gesamtschuldnerisch	gesamtschuldnerisch	gesamtschuldnerisch	*ggü. Auftraggeber*: (fak.) GS *ggü. Dritten*: Loshaftung
Vorstand	Firmenrat	Baukommission	Aufsichtsstelle	Komitee
Vorstand	Technische GF Kaufmännische GF	Federführung	Aufsichtsstelle (fak.) Geschäftsführer kaufmännische Aufgaben	Federführendes Unternehmen
Projektleiter	Bauleitung	Technische Leitung Kaufmännische Leitung Örtliche Baustellenleitung	Direktor technische Geschäftsführung	Federführendes Unternehmen
Gesamtbauleistung	Gesamtbauleistung	Gesamtbauleistung	Gesamtbauleistung	Teilbauleistungen
Partnerleistung Gewinnanteil	Partnerleistungen	Partnerleistungen	Gewinnanteil	Los-Vergütung

FSC
www.fsc.org
MIX
Papier | Fördert
gute Waldnutzung
FSC® C083411

Kolibri 360 GmbH
Ferdinand-Jühlke-Straße 7
99095 Erfurt, Deutschland
produktsicherheit@kolibri360.de

Druck:
CPI Druckdienstleistungen GmbH
im Auftrag der
Kolibri 360 GmbH
Ferdinand-Jühlke-Str. 7
99095 Erfurt